ESTUDO SISTEMATIZADO
DA DOUTRINA ESPÍRITA

TOMO II

Organização
Cecília Rocha

ESTUDO SISTEMATIZADO
DA DOUTRINA ESPÍRITA

PROGRAMA FUNDAMENTAL
TOMO II

Copyright © 2007 by
FEDERAÇÃO ESPÍRITA BRASILEIRA – FEB

2ª edição revista e atualizada – 3ª impressão – 3,5 mil exemplares – 3/2025

ISBN 978-65-5570-177-7

Todos os direitos reservados. Nenhuma parte desta publicação pode ser reproduzida, armazenada ou transmitida, total ou parcialmente, por quaisquer métodos ou processos, sem autorização do detentor do *copyright*.

FEDERAÇÃO ESPÍRITA BRASILEIRA – FEB
SGAN 603 – Conjunto F – Avenida L2 Norte
70830-106 – Brasília (DF) – Brasil
www.febeditora.com.br
editorial@febnet.org.br
+55 61 2101 6161

Pedidos de livros à FEB
Comercial
Tel.: (61) 2101 6161 – comercial@febnet.org.br

Adquirindo esta obra, você está colaborando com as ações de assistência e promoção social da FEB e com o Movimento Espírita na divulgação do Evangelho de Jesus à luz do Espiritismo.

Dados Internacionais de Catalogação na Publicação (CIP)
(Federação Espírita Brasileira – Biblioteca de Obras Raras)

R672e   Rocha, Cecília (Org.), 1919-2012

     Estudo sistematizado da doutrina espírita: programa fundamental / Cecília Rocha (organizadora). – 2. ed. – 3. imp. – Brasília: FEB, 2025.

     V. 2; 384 p.; 25 cm

     Inclui referências

     ISBN 978-65-5570-177-7

     1. Espiritismo – Estudo e ensino. 2. Espíritas – Educação. I. Federação Espírita Brasileira. II. Título.

CDD 133.9
CDU 133.7
CDE 60.02.00

SUMÁRIO

Apresentação 9
Atualização do Programa ESDE 10
Explicações necessárias 12

MÓDULO IX
Lei Divina ou Natural 15

ROTEIRO 1 – Lei Natural: definição e caracteres 16
ROTEIRO 2 – O bem e o mal 30

MÓDULO X
Lei de Adoração 38

ROTEIRO 1 – Adoração: significado e objetivo 39
ROTEIRO 2 – A prece: importância, eficácia e ação 46
ROTEIRO 3 – Evangelho no lar 57

MÓDULO XI
Lei de Liberdade 67

ROTEIRO 1 – Liberdade de pensar e liberdade de consciência. 68
ROTEIRO 2 – Livre-arbítrio e responsabilidade 79
ROTEIRO 3 – Livre-arbítrio e fatalidade 86
ROTEIRO 4 – Lei de Causa e Efeito 94

MÓDULO XII
Lei do Progresso **113**

ROTEIRO 1 – Progresso intelectual e progresso moral 114

ROTEIRO 2 – Influência do Espiritismo no progresso da Humanidade 124

MÓDULO XIII
Lei de Sociedade e Lei do Trabalho **136**

ROTEIRO 1 – Necessidade da vida social 137

ROTEIRO 2 – Vida em família e laços de parentesco 145

ROTEIRO 3 – Necessidade do trabalho 153

ROTEIRO 4 – Limite do trabalho e do repouso 167

MÓDULO XIV
Lei de Destruição e Lei de Conservação **174**

ROTEIRO 1 – Destruição necessária e destruição abusiva 175

ROTEIRO 2 – Flagelos destruidores 184

ROTEIRO 3 – Instinto e inteligência 196

ROTEIRO 4 – O necessário e o supérfluo 208

ROTEIRO 5 – Valorização e conservação da vida 220

MÓDULO XV
Lei de Igualdade **231**

ROTEIRO 1 – Igualdade natural e desigualdade de aptidões ... 232

ROTEIRO 2 – Desigualdades sociais. Igualdade de direitos do homem e da mulher 242

ROTEIRO 3 – Desigualdade das riquezas: as provas da riqueza e da pobreza 250

MÓDULO XVI
Lei de Reprodução **258**

ROTEIRO 1 – Casamento e celibato 259

ROTEIRO 2 – Obstáculos à reprodução.................................... 270

ROTEIRO 3 – O aborto 277

MÓDULO XVII
Lei de Justiça, Amor e Caridade... **286**

ROTEIRO 1 – Justiça e direitos naturais 287

ROTEIRO 2 – Caridade e amor ao próximo 298

MÓDULO XVIII
A perfeição moral **308**

ROTEIRO 1 – Os caracteres da perfeição moral...................... 309

ROTEIRO 2 – Conhecimento de si mesmo............................... 316

ROTEIRO 3 – O homem de bem.. 325

MÓDULO XIX
Esperanças e Consolações... **333**

ROTEIRO 1 – Penas e gozos terrestres 334

ROTEIRO 2 – Penas e gozos futuros 343

Orientações pedagógico-doutrinárias 354

Sugestões de dinâmicas de estudo 363

Planejamento do estudo espírita 374

APRESENTAÇÃO

Este livro é o segundo tomo do Programa Fundamental da proposta revista e atualizada para o Estudo Sistematizado da Doutrina Espírita (ESDE).

Aqui são abordados assuntos constantes das partes terceira e quarta de *O livro dos espíritos* que tratam, respectivamente, das Leis Morais e das Esperanças e Consolações.

Os 33 roteiros, distribuídos em 11 módulos, oferecem oportunidade para refletir a respeito da conduta moral ante os imperativos da nossa evolução espiritual.

ATUALIZAÇÃO DO PROGRAMA ESDE

Em atendimento à demanda do Movimento Espírita brasileiro e fiel ao Programa ESDE, a Federação Espírita Brasileira (FEB) apresenta atualizações em procedimentos pedagógicos, respeitando o conteúdo conforme edição de 2007.

São claras as orientações da Espiritualidade Superior quanto ao Programa:

> Um programa de estudo sistematizado da Doutrina Espírita, sem nenhum demérito para todas as nobres tentativas que têm sido feitas ao largo dos anos, num esforço hercúleo para interessar os neófitos no conhecimento consciente da Nova Revelação, é o programa da atualidade sob a inspiração do Cristo (Mensagem psicofônica recebida pelo médium Divaldo Pereira Franco, na Reunião do Conselho Federativo Nacional da FEB, no dia 27 de novembro de 1983, em Brasília, DF, no lançamento da Campanha de Estudo Sistematizado da Doutrina Espírita. In: *Reformador*, jan. 1984, p. 25(29)-27(31)).

Nas comemorações dos 35 anos do Estudo Sistematizado da Doutrina Espírita (ESDE), a coordenação nacional da Área de Estudo do Espiritismo do Conselho Federativo Nacional da FEB (CFN-FEB) consultou o médium Divaldo Pereira Franco sobre a possibilidade de entrevistar os Espíritos Bezerra de Menezes, Angel Aguarod, Francisco Thiesen e Cecília Rocha, para que dessem algumas orientações e diretrizes relativas, particularmente, ao ESDE:

BEZERRA DE MENEZES:

Graças ao trabalho profícuo do ESDE, a divulgação correta e acessível da Doutrina Espírita vem encontrando maior ressonância nas mentes e nos sentimentos.

[...]

Tem sido um excelente instrumento pedagógico para a divulgação do Espiritismo.

Angel Aguarod:

O que sugeriríamos diz respeito a maior exposição do nosso programa, elucidando os presidentes dos centros espíritas a adotarem o método facilitador, mediante conferências especializadas e comentários frequentes sobre a sua eficiência.

Francisco Thiesen:

Somente quando o Movimento Espírita se encontrava consolidado, graças à seriedade dos centros e instituições espíritas, é que se tornou possível o surgimento do ESDE, considerando-se a qualidade do seu programa e a revelação espiritual transmitida por médiuns sérios e devotados, escritores e conferencistas fiéis à Codificação, confirmando na atualidade a obra incomparável de Allan Kardec.

Tornaram-se paradigmas esses laboriosos instrumentos do Alto, para a ampla divulgação do Espiritismo, ora reunidos em um programa abrangente e disciplinado, que facilita o estudo e a vivência da Doutrina.

Cecília Rocha:

O ESDE facilita o entendimento da Doutrina Espírita, contribuindo seguramente com os textos que complementam as diretrizes estabelecidas, não somente elas, mas também a ampliação do conhecimento humano defluente do estudo sério e bem amplo apresentado.

Eu solicitaria a esses admiráveis e dedicados trabalhadores da Doutrina de Jesus que se entreguem a esse mister com amor, estando vigilantes para as necessidades que os tempos vierem a apresentar, tornando cada vez mais eficiente o programa iluminativo. (Reformador, abr. 2018, p. 45 a 48).

EXPLICAÇÕES NECESSÁRIAS

O Programa do Estudo Sistematizado da Doutrina Espírita (ESDE) oferece uma visão panorâmica do Espiritismo, fundamentada nos assuntos existentes em *O livro dos espíritos*.

O objetivo fundamental deste Programa, como dos anteriores, é propiciar condições para estudar o Espiritismo de forma séria, regular e contínua, tendo como base as obras codificadas por Allan Kardec e o Evangelho de Jesus, conforme os esclarecimentos prestados na Apresentação.

O seu conteúdo doutrinário está distribuído em dois programas, assim especificado:

Programa Fundamental – subdividido em dois tomos. O Tomo I contém 8 e o Tomo II contém 11 módulos de estudo.

Programa Complementar – constituído de um único tomo, com 8 módulos de estudo.

A formatação pedagógica-doutrinária utiliza, em ambos os programas, o sistema de módulos para agrupar assuntos semelhantes, os quais são desenvolvidos em unidades básicas denominadas *roteiros de estudo*.

A duração mínima prevista para a execução do Programa é de dois anos.

Cada roteiro de estudo, em princípio, deverá ser desenvolvido em reuniões semanais de 90 a 120 minutos.

Todos os roteiros contêm: a) uma página de rosto, em que estão definidos o número e o nome do módulo, os objetivos específicos e o conteúdo básico, norteador do assunto a ser desenvolvido em cada encontro; b) formulários de subsídios, existentes em número variável segundo a complexidade do assunto, redigidos em linguagem didática de acordo com os objetivos específicos e o conteúdo básico do roteiro; c) formulário de referências; d) um formulário de sugestões didáticas que indica como aplicar e avaliar o assunto de forma dinâmica e diversificada, este apenas nas orientações ao facilitador. Alguns roteiros contam também com anexos, glossários ou notas de rodapé, bem como recomendações de atividades extrarreunião.

Sugere-se que nas reuniões semanais, seja utilizada a mediação dialógica, permeada com o trabalho em grupo, o estudo e reflexões dos assuntos, o compartilhamento de pesquisas, dentre outras, evitando a monotonia e o cansaço.

No Programa, ora apresentado, foram inseridas citações evangélicas pertinentes aos temas dos módulos e feitos os seguintes ajustes, sem prejuízo do conteúdo:

Tomo I:

a) alteração na sequência dos módulos;

b) inclusão do módulo Movimento Espírita;

c) exclusão dos módulos Lei Divina ou Natural e Lei de Adoração;

d) ajustes em alguns roteiros;

e) atualização de terminologias;

f) sugestões de atividades;

g) inclusão de reflexão individual ao término do estudo de cada roteiro;

h) inclusão de orientações pedagógico-doutrinárias.

Tomo II:

a) inclusão dos módulos Lei Divina ou Natural e Lei de Adoração;

b) atualização de terminologias;

c) sugestões de atividades;

d) inclusão de reflexão individual ao término do estudo de cada roteiro;

e) inclusão do roteiro Valorização e sustentação da vida (Módulo XIV, Roteiro 5);

f) inclusão de orientações pedagógico-doutrinárias.

Tomo Único:

a) exclusão do módulo Movimento Espírita;

b) atualização de terminologias;

c) sugestões de atividades;

d) inclusão de reflexão individual ao término do estudo de cada roteiro;

e) inclusão de orientações pedagógico-doutrinárias.

* * *

Os vídeos sugeridos na apostila podem ser acessados pelo link ou pelo QR Code respectivo.

Para ter acesso pelo link, basta digitar o endereço no navegador de internet. Para acessar pelo QR Code, utilize o aplicativo da câmera do celular/tablet ou de um leitor de QR Code, apontando-a para a imagem.

■ PROGRAMA FUNDAMENTAL

MÓDULO IX
Lei Divina ou Natural

OBJETIVO GERAL

Propiciar entendimento da Lei Divina ou Natural.

"Amarás o Senhor teu Deus com todo o teu coração, com toda tua alma, e com toda a tua mente, este é o primeiro e grande mandamento. O segundo, semelhante a este: Amarás o teu próximo como a ti mesmo. Nestes dois mandamentos está dependurada toda a lei e os profetas"
– JESUS (*Mateus*, 22:37 a 40).

ROTEIRO 1

LEI NATURAL: DEFINIÇÃO E CARACTERES

1 **OBJETIVOS ESPECÍFICOS**

» Analisar as principais características da Lei Natural.

» Refletir sobre o conceito de Lei Natural, segundo o Espiritismo.

2 **CONTEÚDO BÁSICO**

» *A Lei Natural é a Lei de Deus. É a única verdadeira para a felicidade do homem. Indica-lhe o que deve fazer ou deixar de fazer e ele só é infeliz quando dela se afasta* (Allan Kardec, O livro dos espíritos, q. 614).

» A Lei Natural tem como características ser *"Eterna e imutável como o próprio Deus"* (Allan Kardec, O livro dos espíritos, q. 615).

» Todas as leis da *"[...] Natureza são Leis Divinas, pois que Deus é o autor de tudo [...]"* (Allan Kardec, O livro dos espíritos, q. 617).

» *Entre as Leis Divinas, umas regulam o movimento e as relações da matéria bruta: as leis físicas, cujo estudo pertence ao domínio da Ciência*

As outras dizem respeito especialmente ao homem considerado em si mesmo e nas suas relações com Deus e com seus semelhantes. Contêm as regras da vida do corpo, bem como as da vida da alma: são as Leis Morais (Allan Kardec, O livro dos espíritos, comentário de Kardec à q. 617).

3 SUGESTÕES DIDÁTICAS

3.1 SUGESTÃO 1:

Introdução

Introduzir o tema do encontro, transmitindo aos participantes informações gerais sobre a definição e as características fundamentais da Lei Natural.

Desenvolvimento

Em seguida, dividir os participantes em pequenos grupos, orientando-os na realização das seguintes atividades:

a) leitura dos subsídios deste Roteiro;

b) troca de opiniões sobre o assunto;

c) seleção, no texto lido, de ideias relacionadas à definição, às características e à classificação da Lei Natural;

d) transcrição das ideias selecionadas para um formulário, entregue pelo facilitador após a conclusão da etapa "c" (ver Anexo 1);

e) indicação de um representante para relatar, em plenário, as ideias selecionadas pelo grupo.

Solicitar aos relatores que apresentem os resultados do trabalho, evitando repetir informações anteriormente prestadas pelos demais representantes dos grupos.

Fazer, se necessário, alguns ajustes nas conclusões apresentadas.

Conclusão

Apresentar, então, em cartaz ou projeção, o formulário (Anexo 1) corretamente preenchido, para que os participantes o comparem com as suas respostas.

Avaliação

O estudo será considerado satisfatório se os participantes souberem selecionar corretamente, nos subsídios, as ideias referentes à definição, características e classificação da Lei Divina.

Técnica(s): exposição; trabalho em pequenos grupos.

Recurso(s): subsídios do Roteiro; formulário de Compreensão da Lei Divina ou Natural (Anexo 1).

Atividade de preparação para a Sugestão 1 do próximo encontro de estudo:

» Solicitar aos participantes leitura do texto, extraído do livro *Boa nova*, capítulo 7 – *A luta contra o mal*, do Espírito Humberto de Campos (Anexo 2), e a realização do exercício proposto.

3.2 SUGESTÃO 2:

Introdução

Iniciar o estudo apresentando a questão 614 de *O livro dos espíritos*, em recurso visual:

Que se deve entender por Lei Natural?

Ouvir os comentários dos participantes, e, em seguida, fazer a leitura da resposta:

"A Lei Natural é a Lei de Deus. É a única verdadeira para a felicidade do homem. Indica-lhe o que deve fazer ou deixar de fazer e ele só é infeliz quando dela se afasta."

Desenvolvimento

Propor a leitura oral comentada de *O evangelho segundo o espiritismo*, capítulo 17 – *Sede perfeitos*, item 3. Os participantes revezam-se na leitura, comentando, se quiserem. O facilitador esclarece dúvidas e complementa informações enriquecendo o estudo.

(O ideal é que todos tenham o exemplar da obra, ou a cópia do texto.)

Dividir os participantes em grupos para fazerem o estudo das questões de *O livro dos espíritos*:

Grupo 1 – questões 614 a 618, 647 e 648;

Grupo 2 – questões 619 a 628.

Após o estudo nos grupos, em discussão circular, os grupos resumem o assunto, destacando as perguntas que acharam mais interessantes.

Nesse momento, o facilitador esclarece dúvidas e complementa informações enriquecendo o estudo, destacando pontos importantes, com base, também, nos subsídios do Roteiro.

Propor a seguinte reflexão individual (não há a necessidade de comentário):

Como eu vivencio a Lei de Deus?

Conclusão

Encerrar o estudo, reforçando a importância de reconhecermos que

> Entre as Leis Divinas, umas regulam o movimento e as relações da matéria bruta: as leis físicas, cujo estudo pertence ao domínio da Ciência.
>
> As outras dizem respeito especialmente ao homem considerado em si mesmo e nas suas relações com Deus e com seus semelhantes. Contêm as regras da vida do corpo, bem como as da vida da alma: são as Leis Morais (Allan Kardec, *O livro dos espíritos*, comentário de Kardec à q. 617)
>
> Imutável só há o que vem de Deus. Tudo o que é obra dos homens está sujeito a mudança. As Leis da Natureza são as mesmas em todos os tempos e em todos os países [...] (Allan Kardec, *O evangelho segundo o espiritismo*, cap. 22, it. 2).

Avaliação

O estudo será considerado satisfatório se as ideias dos participantes refletirem entendimento do assunto.

Técnica(s): explosão de ideias; leitura comentada; estudo de grupo; discussão circular.

Recurso(s): recurso visual; subsídios do Roteiro; *O evangelho segundo o espiritismo*; *O livro dos espíritos*.

3.3 SUGESTÃO 3:

Introdução

Iniciar o estudo com a leitura comentada do texto de *O evangelho segundo o espiritismo*, capítulo 17 – *Sede perfeitos*, item 3.

Desenvolvimento

Dividir os participantes em grupos para fazerem o estudo das questões de *O livro dos espíritos*:

Grupo 1 – questões 614 a 618, 647 e 648;

Grupo 2 – questões 619 a 628.

Após o estudo nos grupos, em discussão circular, os grupos resumem o assunto, destacando as perguntas que acharam mais interessantes.

Em seguida, iniciar uma discussão circular:

» Por que dizemos acreditar em Deus e cumprir sua Lei praticando tantas ações, às vezes, pequenas, que sabemos ir de encontro à Lei Divina?

» Por que é tão difícil viver de acordo com a Lei Divina – Amor?

» O que nos falta para a compreensão e prática da Lei?

Nesse momento, o facilitador esclarece dúvidas e complementa informações enriquecendo o estudo, destacando pontos importantes.

Propor a seguinte reflexão individual (não há a necessidade de comentário):

Como eu vivencio a Lei de Deus?

Conclusão

Encerrar o estudo, reforçando a importância de reconhecermos que:

> Entre as Leis Divinas, umas regulam o movimento e as relações da matéria bruta: as leis físicas, cujo estudo pertence ao domínio da Ciência.
>
> As outras dizem respeito especialmente ao homem considerado em si mesmo e nas suas relações com Deus e com seus semelhantes. Contêm as regras da vida do corpo, bem como as da vida da alma: são as Leis Morais (Allan Kardec, *O livro dos espíritos*, comentário de Kardec à q. 617).

Avaliação

O estudo será considerado satisfatório se as ideias dos participantes refletirem entendimento do assunto.

Técnica(s): leitura comentada; estudo de grupo; discussão circular.

Recurso(s): subsídios do Roteiro; *O evangelho segundo o espiritismo*; *O livro dos espíritos*.

Atividade de preparação para o próximo encontro de estudo – Sugestão 2:

Esta atividade pode ser proposta a um grupo pequeno de participantes ou pesquisa livre para todos:

» Fazer o estudo dos itens 1 a 10, do capítulo 3 – *O bem e o mal*, de *A gênese*: Origem do bem e do mal.

» Fazer um pequeno resumo (no máximo 25 linhas) destacando pontos que julgar importantes.

4   SUBSÍDIOS

> *A Lei Natural é a Lei de Deus. É a única verdadeira para a felicidade do homem. Indica-lhe o que deve fazer ou deixar de fazer e ele só é infeliz quando dela se afasta.*[1]

São características fundamentais da Lei de Deus: a eternidade e a imutabilidade, atributos do próprio Deus, que a criou.[2]

> *Todas as [leis] da Natureza são Leis Divinas, pois que Deus é o autor de tudo. O sábio estuda as leis da matéria, o homem de bem estuda e pratica as da alma.*[3]

> *Entre as Leis Divinas, umas regulam o movimento e as relações da matéria bruta: as leis físicas, cujo estudo pertence ao domínio da Ciência.*

> *As outras dizem respeito especialmente ao homem considerado em si mesmo e nas suas relações com Deus e com seus semelhantes. Contêm as regras da vida do corpo, bem como as da vida da alma: são as Leis Morais.*[4]

A Lei de Deus está escrita "Na consciência".[5] Em razão disto,

> *Todos podem conhecê-la, mas nem todos a compreendem. Os homens de bem e os que se decidem a investigá-la são os que melhor a compreendem. Todos, entretanto, a compreenderão um dia, porquanto forçoso é que o progresso se efetue.*[6]

A Lei de Deus é continuamente revelada aos homens, não obstante estar ela escrita na consciência, porque é passível de ser esquecida e desprezada pelo ser humano. Quis, assim, Deus que ela fosse sempre lembrada.[7] "[...] *Em todos os tempos houve homens que tiveram essa missão. São Espíritos Superiores, que encarnam com o fim de fazer progredir a Humanidade.*"[8]

Esses missionários, porém, quando encarnados, podem ser influenciados pela vida no plano físico e, cometendo enganos, induzem a Humanidade a se transviar por princípios falsos. Isso aconteceu com

> *[...] aqueles que não eram inspirados por Deus e que, por ambição, tomaram sobre si um encargo que lhes não fora cometido. Todavia, como eram, afinal, homens de gênio, mesmo entre os erros que ensinaram, grandes verdades muitas vezes se encontram.*[9]

O amor ao próximo, ensinado por Jesus, é um preceito que resume a Lei de Deus.

> *Certamente esse preceito encerra todos os deveres dos homens uns para com os outros. Cumpre, porém, se lhes mostre a aplicação que comporta, do contrário deixarão de cumpri-lo, como o fazem presentemente. Ademais, a Lei Natural abrange todas as circunstâncias da vida e esse preceito compreende só uma parte da lei. Aos homens são necessárias regras precisas; os preceitos gerais e muito vagos deixam grande número de portas abertas à interpretação.*[10]

Para que seja mais bem explicitada, a Lei Natural pode ser dividida

> [...] em dez partes, compreendendo as leis de adoração, trabalho, reprodução, conservação, destruição, sociedade, progresso, igualdade, liberdade e, por fim, a de justiça, amor e caridade [...].

> Essa divisão da Lei de Deus em dez partes é a de Moisés e de natureza a abranger todas as circunstâncias da vida, o que é essencial. Podes, pois, adotá-la, sem que, por isso, tenha qualquer coisa de absoluto, como não o tem nenhum dos outros sistemas de classificação, que todos dependem do prisma pelo qual se considere o que quer que seja. A última lei é a mais importante, por ser a que faculta ao homem adiantar-se mais na Vida Espiritual, visto que resume todas as outras.[11]

A vivência da Lei de Deus conduz o homem ao bem. E o "[...] *verdadeiro homem de bem é o que cumpre a lei de justiça, de amor e de caridade, na sua maior pureza* [...]".[12] Por extensão, "[...] *Reconhece-se o verdadeiro espírita pela sua transformação moral e pelos esforços que emprega para domar suas inclinações más* [...]".[13]

Dessa forma,

> Tanto *quanto podemos perceber o Pensamento Divino, imanente em todos os seres e em todas as coisas, o Criador se manifesta a nós outros – criaturas conscientes, mas imperfeitas – por meio de leis que lhe expressam os objetivos no rumo do Bem Supremo.*[14]

> Lembremo-nos, pois, de que no concerto admirável da Criação, somente será possível regenerar e burilar a nós mesmos para que a vida imperecível em nós se retrate vitoriosa, mas não nos esqueçamos de que, apesar da grandeza cósmica, nosso desequilíbrio no mal pode comprometer todo o sistema em que as Leis Divinas se expressam, através do trono sublime da Natureza [...].[15]

REFERÊNCIAS

[1] KARDEC, Allan. *O livro dos espíritos*. Trad. Guillon Ribeiro. 93. ed. 9. imp. (Edição Histórica). Brasília: FEB, 2019. q. 614.

[2] _____. _____. q. 615.

[3] _____. _____. q. 617.

[4] _____. _____. Comentário de Kardec à q. 617-a.

[5] _____. _____. q. 621.

[6] _____. _____. q. 619.

[7] _____. _____. q. 621-a.

[8] _____. _____. q. 622.

[9] _____. _____. q. 623.

[10] _____. _____. q. 647.

11 _____. _____. q. 648.
12 _____. *O evangelho segundo o espiritismo*. Trad. Guillon Ribeiro. 131. ed. 14. imp. (Edição Histórica). Brasília: FEB, 2019. cap. 17, it. 3.
13 _____. _____. it. 4.
14 XAVIER, Francisco Cândido. *Justiça divina*. Pelo Espírito Emmanuel. 14. ed. 6. imp. Brasília: FEB, 2017. cap. 51 – *Nas leis do destino*.
15 _____. *Inspiração*. Pelo Espírito Emmanuel. 1. ed. São Bernardo do Campo (SP): Grupo Espírita Emmanuel, 1978. cap. *Diante do Universo*, p. 72 e 73.

ANEXO 1

Formulário de Compreensão da Lei Divina ou Natural:

Conceito	Características	Classificação

ANEXO 2

Atividade extrarreunião – leitura de texto e exercício (ver Anexo 3):

A LUTA CONTRA O MAL

De todas as ocorrências da tarefa apostólica, os encontros do Mestre com os endemoninhados constituíam os fatos que mais impressionavam os discípulos.

A palavra "diabo" era então compreendida na sua justa acepção. Segundo o sentido exato da expressão, era ele o adversário do bem, simbolizando o termo, dessa forma, todos os maus sentimentos que dificultavam o acesso das almas à aceitação da Boa-Nova e todos os homens de vida perversa, que contrariavam os propósitos da existência pura, que deveriam caracterizar as atividades dos adeptos do Evangelho.

Dentre os companheiros do Messias, Tadeu era o que mais se deixava impressionar por aquelas cenas dolorosas. Aguçavam-lhe, sobremaneira, a curiosidade de homem, os gritos desesperados dos Espíritos malfazejos, que se afastavam de suas vítimas sob a amorosa determinação do Mestre Divino. Quando os pobres obsidiados deixavam escapar um suspiro de alívio, Tadeu volvia os olhos para Jesus, maravilhado de seus feitos.

Certo dia em que o Senhor se retirara, com Tiago e João, para os lados de Cesareia de Filipe, uma pobre demente lhe foi trazida, a fim de que ele, Tadeu, anulasse a atuação dos Espíritos perturbadores que a subjugavam. Entretanto, apesar de todos os esforços de sua boa vontade, Tadeu não conseguiu modificar a situação. Somente no dia imediato, ao anoitecer, na presença confortadora do Messias, foi possível à infeliz dementada recuperar o senso de si mesma.

Observando o fato, Tadeu caiu em sério e profundo cismar. Por que razão o Mestre não lhes transmitia, automaticamente, o poder de expulsar os demônios malfazejos, para que pudessem dominar os adversários da causa divina? Se era tão fácil a Jesus a cura integral dos endemoninhados, por que motivo não provocava Ele de vez a aproximação geral de todos os inimigos da luz, a fim de que, pela sua autoridade, fossem definitivamente convertidos ao Reino de Deus? Com o cérebro torturado por graves cogitações e sonhando possibilidades maravilhosas para que cessassem todos os combates entre os ensinamentos do Evangelho e os seus inimigos, o discípulo inquieto procurou avistar-se particularmente com o Senhor, de modo a expor-lhe com humildade suas ideias íntimas.

* * *

Numa noite tranquila, depois de lhe escutar as ponderações, perguntou-lhe Jesus, em tom austero:

– Tadeu, qual o principal objetivo das atividades de tua vida?

Como se recebesse uma centelha de inspiração superior, respondeu o discípulo com sinceridade:

– Mestre, estou procurando realizar o Reino de Deus no coração.

– Se procuras semelhante realidade, por que a reclamas no adversário em primeiro lugar? Seria justo esqueceres as tuas próprias necessidades nesse sentido? Se buscamos atingir o infinito da sabedoria e do amor em nosso Pai, indispensável se faz reconheçamos que todos somos irmãos no mesmo caminho!...

– Senhor, os Espíritos do mal são também nossos irmãos? – inquiriu, admirado, o apóstolo.

– Toda a criação é de Deus. Os que vestem a túnica do mal envergarão um dia a da redenção pelo bem. Acaso poderias duvidar disso? O discípulo do Evangelho não combate propriamente o seu irmão, como Deus nunca entra em luta com seus filhos; aquele apenas combate toda manifestação de ignorância, como o Pai que trabalha incessantemente pela vitória do seu amor, com a Humanidade inteira.

– No entanto, não seria justo – ajuntou o discípulo, com certa convicção – convocarmos todos os gênios malfazejos para que se convertessem à verdade dos Céus?

O Mestre, sem se surpreender com essa observação, disse:

– Por que motivo não procede Deus assim?... Porventura, teríamos nós uma substância de amor mais sublime e mais forte que a do seu coração paternal? Tadeu, jamais olvidemos o bom combate. Se alguém te convoca ao labor ingrato da má semente, não desdenhes a boa luta pela vitória do bem, encarando qualquer posição difícil como ensejo sagrado para revelares a tua fidelidade a Deus. Abraça sempre o teu irmão. Se o adversário do reino te provoca ao esclarecimento de toda a verdade, não desprezes a hora de trabalhar pela vitória da luz; mas segue o teu caminho no mundo atento aos teus próprios deveres, pois não nos consta que Deus abandonasse as suas atividades divinas para impor a renovação moral dos filhos ingratos, que se rebelaram na sua casa. Se o mundo parece povoar-se de sombras, é preciso reconhecer que as Leis de Deus são sempre as mesmas, em todas as latitudes da vida.

"É indispensável meditar na lição de nosso Pai e não estacionar a meio do caminho que percorremos. Os inimigos do Reino se empenham em batalhas sangrentas? Não olvides o teu próprio trabalho. Padecem no inferno das ambições desmedidas? Caminha para Deus. Lançam a perseguição contra a Verdade? Tens contigo a Verdade Divina que o mundo não te poderá roubar, nunca. Os grandes patrimônios da vida não pertencem às forças da Terra, mas às do Céu. O homem que dominasse o mundo inteiro com a sua força, teria de quebrar a sua espada sangrenta, ante os direitos inflexíveis da morte. E, além desta vida, ninguém te perguntará pelas obrigações que tocam a Deus, mas, unicamente, pelo mundo interior que te pertence a ti mesmo, sob as vistas amoráveis de nosso Pai.

Que diríamos de um rei justo e sábio que perguntasse a um só de seus súditos pela justiça e pela sabedoria do reino inteiro? Entretanto, é natural que o súdito seja inquirido acerca dos trabalhos que lhe foram confiados, no plano geral, sendo também justo se lhe pergunte pelo que foi feito de seus pais, de sua companheira, de seus filhos e irmãos. Andas assim tão esquecido desses problemas fáceis e singelos? Aceita a luta, sempre que fores julgado digno dela e não te esqueças, em todas as circunstâncias, de que construir é sempre melhor."

Tadeu contemplou o Mestre, tomado de profunda admiração. Seus esclarecimentos lhe caíam no espírito como gotas imensas de uma nova luz.

– Senhor – disse ele –, vossos raciocínios me iluminam o coração; mas, terei errado externando meus sentimentos de piedade pelos Espíritos malfazejos? Não devemos, então, convocá-los ao bom caminho?

– Toda intenção excelente – redarguiu Jesus – será levada em justa conta no Céu, mas precisamos compreender que não se deve tentar a Deus. Tenho aceitado a luta como o Pai ma envia e tenho esclarecido que a cada dia basta o seu trabalho. Nunca reuni o colégio dos meus companheiros para provocar as manifestações dos que se comprazem na treva; reuni-os, em todas as circunstâncias e oportunidades, suplicando para o nosso esforço a inspiração sagrada do Todo-Poderoso. O adversário é sempre um necessitado que comparece ao banquete das nossas alegrias e, por isso, embora não o tenha convocado, convidando somente os aflitos, os simples e os de boa vontade, nunca lhe fechei as portas do coração, encarando a sua vinda como uma oportunidade de trabalho, de que Deus nos julga dignos.

O apóstolo humilde sorriu, saciado em sua fome de conhecimento, porém acrescentou, preocupado com a impossibilidade em que se via de atender eficazmente à vítima que o procurara:

– Senhor, vossas palavras são sempre sábias; entretanto, de que necessitarei para afastar as entidades da sombra, quando o seu império se estabeleça nas almas?!...

– Voltamos, assim, ao início das nossas explicações – retrucou Jesus –, pois, para isso, necessitas da edificação do Reino no âmago do teu Espírito, sendo este o objetivo de tua vida. Só a luz do Amor Divino é bastante forte para converter uma alma à Verdade. Já viste algum contendor da Terra convencer-se sinceramente tão só pela força das palavras do mundo? As dissertações filosóficas não constituem toda a realização. Elas podem ser um recurso fácil da indiferença ou uma túnica brilhante, acobertando penosas necessidades. O Reino de Deus, porém, é a edificação divina da luz. E a luz ilumina, dispensando os longos discursos. Capacita-te de que ninguém pode dar a outrem aquilo que ainda não possua no coração. Vai! Trabalha sem cessar pela tua grande vitória. Zela por ti e ama a teu próximo, sem olvidares que Deus cuida de todos.

***

Tadeu guardou os esclarecimentos de Jesus, para retirar de sua substância o mais elevado proveito no futuro.

No dia seguinte, desejando destacar, perante a comunidade dos seus seguidores, a necessidade de cada qual se atirar ao esforço silencioso pela sua própria edificação evangélica, o Mestre esclareceu ao seus apólogos singelos, como se encontra dentro da narrativa de *Lucas* [11:24 a 26]: – "Quando o espírito imundo sai do homem, anda por lugares áridos, procurando, e não o achando diz: – Voltarei para a casa donde saí; e, ao chegar, acha-a varrida e adornada. Depois, vai e leva mais sete espíritos piores do que ele, que ali entram e habitam; e o último estado daquele homem fica sendo pior do que o primeiro".

Então, todos os ouvintes das pregações do lago compreenderam que não bastava ensinar o caminho da verdade e do bem aos Espíritos perturbados e malfazejos; que indispensável era edificasse cada um a fortaleza luminosa e sagrada do Reino de Deus, dentro de si mesmo.

HUMBERTO DE CAMPOS

FONTE: XAVIER, Francisco Cândido. *Boa nova*. Pelo Espírito Humberto de Campos. 37. ed. 6. imp. Brasília: FEB, 2020. cap. 7.

ANEXO 3:

Exercício de interpretação de texto:

I. Ligue, na listagem abaixo, as palavras da coluna da esquerda às da direita, tendo como base a leitura do texto do Anexo 2 (veja o exemplo):

1. Boa-Nova	a) procurar realizar o Reino de Deus no coração.
2. Diabo	b) é a edificação da fortaleza luminosa e sagrada do Reino de Deus, dentro de si mesmo.
3. Demônios malfazejos	c) é um símbolo do adversário do bem.
4. Bem	d) significa notícia feliz; notícia da salvação do mundo por Jesus Cristo; Evangelho de Jesus.
5. Capacita-te de que ninguém pode dar a outrem	e) propriamente o seu irmão, combate toda manifestação da ignorância.
6. O adversário	f) é qualquer oposição ao bem. Os que vestem a túnica do mal envergarão um dia a da redenção pelo bem.
7. O mal	g) é sempre um necessitado.
8. O discípulo do Evangelho não combate	h) são os Espíritos perturbadores ou obsessores.
9. O principal objetivo das atividades da vida é	i) aquilo que ainda não possua no coração.

II. Considerando o título do texto – *A luta contra o mal* –, interprete as seguintes palavras do último parágrafo do texto:

» *Então todos os ouvintes [...] compreenderam que não bastava ensinar o caminho da verdade e do bem aos Espíritos perturbados e malfazejos; que indispensável era edificasse cada um a fortaleza luminosa e sagrada do Reino de Deus, dentro de si mesmo.*

ROTEIRO 2

O BEM E O MAL

1 OBJETIVOS ESPECÍFICOS

» Analisar a questão do bem e do mal, segundo a Doutrina Espírita.

» Refletir sobre as consequências da prática do mal e da vivência do bem sob a óptica do ser espiritual.

2 CONTEÚDO BÁSICO

» *O bem é tudo o que é conforme à Lei de Deus; o mal, tudo o que lhe é contrário. Assim, fazer o bem é proceder de acordo com a Lei de Deus. Fazer o mal é infringi-la* (Allan Kardec, O livro dos espíritos, q. 630).

» *A Lei de Deus é a mesma para todos; porém o mal depende principalmente da vontade que se tenha de o praticar. O bem é sempre o bem e o mal sempre o mal, qualquer que seja a posição do homem. Diferença só há quanto ao grau da responsabilidade* (Allan Kardec, O livro dos espíritos, q. 636).

» *[...] Tanto mais culpado é o homem, quanto melhor sabe o que faz* (Allan Kardec, O livro dos espíritos, q. 637).

» *As circunstâncias dão relativa gravidade ao bem e ao mal. Muitas vezes, comete o homem faltas, que, nem por serem consequência da posição em que a sociedade o colocou, se tornam menos repreensíveis. A responsabilidade do homem é proporcionada aos meios de que ele dispõe para compreender o bem e o mal. Assim, mais culpado é, aos olhos de Deus, o homem instruído que pratica uma simples injustiça, do que o selvagem ignorante que se entrega aos seus instintos* (Allan Kardec, O livro dos espíritos, comentário de Kardec à q. 637).

3 SUGESTÕES DIDÁTICAS

3.1 SUGESTÃO 1:

Introdução

Solicitar aos participantes que releiam, silenciosa e individualmente, o texto *A luta contra o mal*, do Espírito Humberto de Campos, indicado na atividade extrarreunião do encontro anterior (ver Anexo 2 do Roteiro 1).

Desenvolvimento

Terminada a leitura, dividir os participantes em pequenos grupos, orientando-os na realização das seguintes atividades:

1) troca de opiniões sobre o assunto desenvolvido no texto;

2) realização do exercício de interpretação de leitura, proposto no Anexo 3 do Roteiro 1. É importante que a realização deste exercício tenha, como base, as contribuições individuais previstas na atividade extra;

3) indicação de um colega para representar o grupo e relatar, em plenária, as conclusões do trabalho.

Solicitar aos representantes que apresentem o resultado do exercício desenvolvido no trabalho em grupo.

Em seguida, entregar a cada participante um número, pedindo ao grupo que forme um grande círculo. Mostrar, então, uma caixa que deverá circular pelo grupo. Esclarecer que a caixa contém tiras de papel, nas quais estão escritas frases com conceitos de *bem* e de *mal*, extraídas dos subsídios.

Informar que os participantes que receberam número ímpar devem retirar uma tira de papel da caixa, ler a frase em voz alta, e explicar se o conceito, aí existente, é de *bem* ou de *mal*. Os demais participantes – os que receberam número par – devem complementar a explicação do colega.

Observação: O facilitador deve ficar atento às colocações do grupo, prestando esclarecimentos doutrinários, se for preciso.

Conclusão

Realizar, como fechamento do estudo, breve exposição sobre o conceito espírita de *bem* e de *mal*, esclarecendo que o homem instruído tem mais responsabilidade em praticar o bem. Orientar-se pelo conteúdo dos subsídios deste Roteiro.

Avaliação

O estudo será considerado satisfatório se os participantes realizarem corretamente o exercício de interpretação de leitura e explicarem corretamente os conceitos de bem e de mal.

Técnica(s): interpretação de texto; trabalho em pequenos grupos; discussão circular; exposição.

Recurso(s): texto do Espírito Humberto de Campos: *A luta contra o mal*; subsídios deste Roteiro; exercício de interpretação de texto (Anexo 3 do Roteiro 1); frases-conceito de *bem* e de *mal*.

3.2 SUGESTÃO 2:

Introdução

Iniciar o estudo com a pergunta

Qual a origem do bem e do mal?

Desenvolvimento

Ouvir breves comentários e convidar os participantes para apresentarem o resultado de seu estudo proposto no encontro anterior: *A gênese*, capítulo 3 – *O bem e o mal*, itens 1 a 10: Origem do bem e do mal.

Em seguida, fazer a leitura comentada dos subsídios do Roteiro.

Iniciar uma discussão circular:

» *Como se pode distinguir o bem do mal?*

"Não fazer aos outros o que não queremos para nós" é um princípio de justiça. Podemos aplicar esse conceito para distinguirmos o bem do mal? etc.

Nesse momento, o facilitador esclarece dúvidas e complementa informações enriquecendo a discussão.

Propor a seguinte reflexão individual (não há a necessidade de comentário):

Qual a definição que faço de mal e de bem?

Conclusão

Encerrar o estudo, enfatizando que:

"O bem é tudo o que é conforme à Lei de Deus; o mal, tudo o que lhe é contrário. Assim, fazer o bem é proceder de acordo com a Lei de Deus. Fazer o mal é infringi-la." (Allan Kardec, *O livro dos espíritos*, q. 630).

"A Lei de Deus é a mesma para todos; porém o mal depende principalmente da vontade que se tenha de o praticar. O bem é sempre o bem e o mal sempre o mal, qualquer que seja a posição do homem. Diferença só há quanto ao grau da responsabilidade." (Allan Kardec, *O livro dos espíritos*, q. 636).

"[...] Tanto mais culpado é o homem, quanto melhor sabe o que faz." (Allan Kardec, *O livro dos espíritos*, q. 637).

Avaliação

O estudo será considerado satisfatório se as ideias dos participantes refletirem entendimento do assunto.

Técnica(s): explosão de ideias; exposição de grupo; leitura comentada; discussão circular.

Recurso(s): subsídios do Roteiro, *O livro dos espíritos*; *A gênese*.

4 SUBSÍDIOS

Sendo Deus o princípio de todas as coisas e sendo todo sabedoria, todo bondade, todo justiça, tudo o que d'Ele procede há de participar dos seus atributos, porquanto o que é infinitamente sábio, justo e bom nada pode produzir que seja ininteligente, mau e injusto. O mal que observamos não pode ter n'Ele a sua origem.[16]

Com efeito, esclarece Emmanuel,

O Determinismo Divino se constitui de uma só Lei, que é a do amor para a comunidade universal. Todavia, confiando em si mesmo, mais do que em Deus, o homem transforma a sua fragilidade em foco de ações contrárias a essa mesma Lei, efetuando, desse modo, uma intervenção indébita na Harmonia Divina.

Eis o mal.

Urge recompor os elos sagrados dessa Harmonia sublime.

Eis o resgate.

Vede, pois, que o mal, essencialmente considerado, não pode existir para Deus, em virtude de representar um desvio do homem, sendo zero na Sabedoria e na Providência Divinas.

O Criador é sempre o Pai generoso e sábio, justo e amigo, considerando os filhos transviados como incursos em vastas experiências. Mas, como Jesus e os seus prepostos são seus cooperadores divinos, e eles próprios instituem as tarefas contra

> *o desvio das criaturas humanas, focalizam os prejuízos do mal com a força de suas responsabilidades educativas, a fim de que a Humanidade siga retamente no seu verdadeiro caminho para Deus.*[17]

Dessa forma, o "[...] *bem é tudo o que é conforme à Lei de Deus; o mal, tudo o que lhe é contrário. Assim, fazer o bem é proceder de acordo com a Lei de Deus. Fazer o mal é infringi-la.*[18] Não é difícil ao homem distinguir o bem do mal "[...] *quando crê em Deus e o quer saber. Deus lhe deu a inteligência para distinguir um do outro*".[19] Basta, para isso, que aplique a si mesmo o preceito de Jesus "[...] *vede o que queríeis que vos fizessem ou não vos fizessem. Tudo se resume nisso* [...]".[20]

Note-se, entretanto, que a "[...] *regra do bem e do mal, que se poderia chamar de reciprocidade ou de solidariedade, é inaplicável ao proceder pessoal do homem para consigo mesmo* [...]".[21] É importante que o homem conheça os seus limites. A Lei Natural, neste sentido, é-lhe guia seguro desse proceder, como explicam os Espíritos Superiores:

> *Quando comeis em excesso, verificais que isso vos faz mal. Pois bem, é Deus quem vos dá a medida daquilo de que necessitais. Quando excedeis dessa medida, sois punidos. Em tudo é assim. A Lei Natural traça para o homem o limite das suas necessidades. Se ele ultrapassa esse limite, é punido pelo sofrimento. Se atendesse sempre à voz que lhe diz – basta, evitaria a maior parte dos males, cuja culpa lança à Natureza.*[22]

> *A Lei de Deus é a mesma para todos; porém o mal depende principalmente da vontade que se tenha de o praticar. O bem é sempre o bem e o mal sempre o mal, qualquer que seja a posição do homem. Diferença só há quanto ao grau da responsabilidade.*[23]

"[...] *Tanto mais culpado é o homem, quanto melhor sabe o que faz.*"[24]

> *As circunstâncias dão relativa gravidade ao bem e ao mal. Muitas vezes, comete o homem faltas, que, nem por serem consequência da posição em que a sociedade o colocou, se tornam menos repreensíveis. A responsabilidade do homem é proporcionada aos meios de que ele dispõe para compreender o bem e o mal. Assim, mais culpado é, aos olhos de Deus, o homem instruído que pratica uma simples injustiça, do que o selvagem ignorante que se entrega aos seus instintos.*[25]

A ambição desvairada, o orgulho, o egoísmo, entre outras paixões inferiores, podem levar o homem a destruir o seu semelhante. Dizem os Espíritos Superiores que essa "[...] *necessidade desaparece, entretanto, à medida que a alma se depura, passando de uma a outra existência. Então, mais culpado é o homem, quando o pratica, porque melhor o compreende*".[26] Essa compreensão se expressa, por exemplo, quando, nas situações de legítima defesa, o agredido busca salvar a sua vida.²⁷ ou, ainda, quando, nas guerras, procede com sentimento de humanidade.²⁸

De toda forma, o mal recai sempre sobre o seu causador. Aquele que induz o seu semelhante a praticar o mal pela posição em que o coloca tem mais responsabilidade do que este último, porque "[...] *cada um será punido, não só pelo mal que haja feito, mas também pelo mal a que tenha dado lugar*".²⁹ De igual modo, aquele que, embora não praticando o mal, se aproveita do mal praticado por outrem, é tão culpado quanto este, uma vez que aproveitar "[...] *do mal é participar dele. Talvez não fosse capaz de praticá-lo; mas, desde que, achando-o feito, dele tira partido, é que o aprova; é que o teria praticado, se pudera, ou se ousara*".³⁰

Pode-se dizer que

> *Os males de toda espécie, físicos ou morais, que afligem a Humanidade, formam duas categorias que importa distinguir: a dos males que o homem pode evitar e a dos que lhe independem da vontade. Entre os últimos, cumpre se incluam os flagelos naturais.*³¹
>
> *Tendo o homem que progredir, os males a que se acha exposto são um estimulante para o exercício da sua inteligência, de todas as suas faculdades físicas e morais, incitando-o a procurar os meios de evitá-los. Se ele nada houvesse de temer, nenhuma necessidade o induziria a procurar o melhor; o espírito se lhe entorpeceria na inatividade; nada inventaria, nem descobriria. A dor é o aguilhão que o impele para a frente, na senda do progresso.*³²
>
> *Porém, os males mais numerosos são os que o homem cria pelos seus vícios, os que provêm do seu orgulho, do seu egoísmo, da sua ambição, da sua cupidez, de seus excessos em tudo. Aí a causa das guerras e das calamidades que estas acarretam, das dissensões, das injustiças, da opressão do fraco pelo forte, da maior parte, afinal, das enfermidades.*
>
> *Deus promulgou leis plenas de sabedoria, tendo por único objetivo o bem. Em si mesmo encontra o homem tudo o que lhe é necessário para cumpri-las. A consciência lhe traça a rota, a Lei Divina lhe está gravada no coração e, ademais, Deus lha lembra constantemente por intermédio de seus messias e profetas, de todos os Espíritos encarnados que trazem a missão de o esclarecer, moralizar e melhorar e, nestes últimos tempos, pela multidão dos Espíritos desencarnados que se manifestam em toda parte. Se o homem se conformasse rigorosamente com as Leis Divinas, não há duvidar de que se pouparia aos mais agudos males e viveria ditoso na Terra. Se assim não procede, é por virtude do seu livre-arbítrio: sofre então as consequências do seu proceder.*³³
>
> *Entretanto, Deus, todo bondade, pôs o remédio ao lado do mal, isto é, faz que do próprio mal saia o remédio. Um momento chega em que o excesso do mal moral se torna intolerável e impõe ao homem a necessidade de mudar de vida.*

> *Instruído pela experiência, ele se sente compelido a procurar no bem o remédio, sempre por efeito do seu livre-arbítrio. Quando toma melhor caminho, é por sua vontade e porque reconheceu os inconvenientes do outro. A necessidade, pois, o constrange a melhorar-se moralmente, para ser mais feliz, do mesmo modo que o constrangeu a melhorar as condições materiais da sua existência.*[34]
>
> *Pode dizer-se que o mal é a ausência do bem, como o frio é a ausência do calor. Assim como o frio não é um fluido especial, também o mal não é atributo distinto; um é o negativo do outro. Onde não existe o bem, forçosamente existe o mal. Não praticar o mal já é um princípio do bem. Deus somente quer o bem; só do homem procede o mal. Se na Criação houvesse um ser preposto ao mal, ninguém o poderia evitar; mas, tendo o homem a causa do mal em si mesmo, tendo simultaneamente o livre-arbítrio e por guia as Leis Divinas, evitá-lo-á sempre que o queira.*[35]
>
> *O mal não tem, pois, existência real, não há mal absoluto no Universo, mas em toda a parte a realização vagarosa e progressiva de um ideal superior; em toda a parte se exerce a ação de uma força, de um poder, de uma coisa que, conquanto nos deixe livres, nos atrai e arrasta para um estado melhor. Por toda a parte, a grande lida dos seres trabalhando para desenvolver em si, à custa de imensos esforços, a sensibilidade, o sentimento, a vontade, o amor!*[36]

Em suma, diremos que

> [...] *o bem é o único determinismo divino dentro do Universo, determinismo que absorve todas as ações humanas, para as assinalar com o sinete da fraternidade, da experiência e do amor* [...].[37]

REFERÊNCIAS

16   KARDEC, Allan. *A gênese*. Trad. Guillon Ribeiro. 53. ed. 9. imp. (Edição Histórica). Brasília: FEB, 2020. cap. 3, it. 1.

17   XAVIER, Francisco Cândido. *O consolador*. Pelo Espírito Emmanuel. 29. ed. 11. imp. Brasília: FEB, 2020, q. 135.

18   KARDEC, Allan. *O livro dos espíritos*. Trad. Guillon Ribeiro. 93. ed. 9. imp. (Edição Histórica). Brasília: FEB, 2019. q. 630.

19   _____. _____. q. 631.

20   _____. _____. q. 632.

21   _____. _____. q. 633.

22   _____. _____.

23   _____. _____. q. 636.

24   _____. _____. q. 637.

25   _____. _____. Comentário de Kardec à q. 637.

26   _____. _____. q. 638.

27 _____. _____. q. 748.
28 _____. _____. q. 749.
29 _____. _____. q. 639.
30 _____. _____. q. 640.
31 _____. *A gênese*. Trad. Guillon Ribeiro. 53. ed. 9. imp. (Edição Histórica). Brasília: FEB, 2020. cap. 3, it. 3.
32 _____. _____. it. 5.
33 _____. _____. it. 6.
34 _____. _____. it. 7.
35 _____. _____. it. 8.
36 DENIS, Léon. *O problema do ser do destino e da dor*. 32. ed. 11. imp. Brasília: FEB, 2019. 2ª pt. O Problema do Ser, cap. 18 – *Justiça e responsabilidade. O problema do mal.*
37 XAVIER, Francisco Cândido. *Brasil, coração do mundo, pátria do evangelho*. Pelo Espírito Humberto de Campos. 34. ed. 8. imp. Brasília: FEB, 2015. cap. 15 – *A Revolução Francesa*.

PROGRAMA FUNDAMENTAL

MÓDULO X
Lei de Adoração

OBJETIVO GERAL

Favorecer entendimento do significado e objetivo da Lei de Adoração.

"Pai Nosso, que estás nos céus, santificado seja o teu nome, venha o teu reino; seja feita a tua vontade, como no céu também sobre a terra. O pão nosso diário, dá-nos hoje, perdoa-nos nossas dívidas, como também perdoamos nossos devedores; e não nos deixes em tentação, mas livra-nos do mal [...]" – Jesus (*Mateus*, 6:9 a 13).

ROTEIRO 1

ADORAÇÃO: SIGNIFICADO E OBJETIVO

1 OBJETIVO ESPECÍFICO

» Refletir sobre o significado e o objetivo da adoração.

2 CONTEÚDO BÁSICO

» A adoração consiste *"Na elevação do pensamento a Deus. Deste, pela adoração, aproxima o homem sua alma"* (Allan Kardec, *O livro dos espíritos*, q. 649).

» *A adoração está na Lei Natural, pois resulta de um sentimento inato no homem. Por essa razão é que existe entre todos os povos, se bem que sob formas diferentes* (Allan Kardec, *O livro dos espíritos*, q. 652).

» *A adoração verdadeira é do coração. Em todas as vossas ações, lembrai-vos sempre de que o Senhor tem sobre vós o seu olhar* (Allan Kardec, *O livro dos espíritos*, q. 653).

» *É hipócrita aquele cuja piedade se cifra nos atos exteriores. Mau exemplo dá todo aquele cuja adoração é afetada e contradiz o seu procedimento* (Allan Kardec, *O livro dos espíritos*, q. 654).

3 SUGESTÕES DIDÁTICAS

3.1 SUGESTÃO 1:

Introdução

No início do encontro, lembrar que, na década de 60, no século XX, os homens estavam tão inebriados com o progresso científico que, em diversos jornais e revistas, foram publicados artigos que decretavam a *morte de Deus*. Deus estava *morto*, porque com o avanço científico, seria possível demonstrar a inutilidade do poder divino na resolução dos problemas humanos. Entretanto, com o passar do tempo, vimos que a Ciência vem se revelando incapaz de atender as necessidades crescentes do homem, sejam elas físicas, emocionais, afetivas, sociais ou espirituais. Persiste, pois, a importância da crença em Deus e a necessidade de adorá-lo, segundo as possibilidades de cada um.

Explicar também que a adoração é uma das Leis Naturais, porque é resultante de um sentimento inato no homem. Por esse motivo, é que todos os povos sempre adoraram a Deus, embora de formas diferentes.

Desenvolvimento

Pedir, em seguida, aos participantes que, em duplas, emitam um conceito de *adoração*.

Ouvir as respostas das duplas.

Explicar em que consiste a adoração segundo o Espiritismo, esclarecendo sobre diversas formas de adoração conhecidas, de acordo com o progresso humano.

Solicitar aos grupos que leiam os dois últimos parágrafos dos subsídios, e, em seguida, informe, em plenário, o significado de adoração, segundo a Doutrina Espírita.

Ouvir as interpretações dos participantes, esclarecendo possíveis dúvidas.

Conclusão

Concluir o estudo, reforçando a ideia de que o processo de adoração acompanha a evolução do homem. Quanto mais este evolui, intelectual e moralmente, mais se aperfeiçoam a sua concepção de Deus e a forma de adorá-lo.

Avaliação

O estudo será considerado satisfatório se os participantes, nos trabalhos realizados, souberem conceituar adoração e explicar a maneira de adorar a Deus segundo o Espiritismo.

Técnica(s): exposição; estudo em duplas; trabalho em pequenos grupos.

Recurso(s): subsídios do Roteiro; papel; lápis/caneta.

3.2 SUGESTÃO 2:

Introdução

Iniciar o estudo com uma explosão de ideia: *O livro dos espíritos*, questão 649.

A adoração consiste na elevação do pensamento a Deus. Deste, pela adoração, aproxima o homem sua alma.

Desenvolvimento

Após as manifestações dos participantes, convidá-los para a leitura oral comentada das questões 649 a 656 de *O livro dos espíritos*.

Terminada a atividade acima, propor uma discussão circular:

» *Como conceituarmos "adoração"?*

» *Como entender "elevação do pensamento a Deus"?*

Nesse momento, o facilitador esclarece dúvidas e complementa informações enriquecendo a discussão, com base nos subsídios do Roteiro e nas questões de *O livro dos espíritos*.

Propor a seguinte reflexão individual (não há a necessidade de comentário):

Eu me considero filho(a) de Deus?

Conclusão

Encerrar o estudo, refletindo com Emmanuel em *Pão nosso*, capítulo 48 – *Compreendamos*, psicografia de Francisco Cândido Xavier, FEB Editora:

> A mais elevada concepção de Deus que podemos abrigar no santuário do espírito é aquela que Jesus nos apresentou, em no-lo revelando Pai amoroso e justo, à espera dos nossos testemunhos de compreensão e de amor.

Avaliação

O estudo será considerado satisfatório se as ideias dos participantes refletirem entendimento do assunto.

Técnica(s): explosão de ideias; meditação; leitura comentada; discussão circular.

Recurso(s): áudio; subsídios do Roteiro, *O livro dos espíritos*.

Atividade de preparação para o próximo encontro de estudo – Sugestão 2:

Esta atividade pode ser proposta para grupos (com acompanhamento do facilitador).

Fazer a leitura destacando ideias principais dos textos do capítulo 27 – *Pedi e obtereis* de *O evangelho segundo o espiritismo*, para apresentação (10 minutos para cada grupo):

Grupo 1 – itens 1 a 8.

Grupo 2 – itens 9 a 15.

Grupo 3 – itens 16, 17 e 22.

Observação: Para a apresentação dos grupos podem ser utilizados recursos visuais e técnicas de estudos.

4 SUBSÍDIOS

O vocábulo *adoração* significa, segundo o *Dicionário Houaiss da língua portuguesa*, ato ou efeito de adorar, que está intimamente relacionado à palavra veneração, culto que se rende a alguém ou algo considerado divindade. No sentido vulgar do termo, *adorar* traduz-se como prestar culto à divindade. Todavia, afirmam os Espíritos Superiores que *adoração* consiste na "[...] *elevação do pensamento a Deus. Deste, pela adoração, aproxima o homem sua alma*".[38]

Esclarecem também que

> *A adoração está na Lei Natural, pois resulta de um sentimento inato no homem. Por essa razão é que existe entre todos os povos, se bem que sob formas diferentes.*[39]

> *Tempos houve em que cada família, cada tribo, cada cidade e cada raça tinha os seus deuses particulares, em cujo louvor o fogo divino ardia constantemente na lareira ou nos altares dos templos que lhes eram dedicados.*

> *Retribuindo essas homenagens (assim se acreditava), os deuses tudo faziam pelos seus adoradores, chegando até a se postar à frente dos exércitos das comunas ou das nações a que pertenciam, ajudando-as em guerras defensivas ou de conquista.*[40]

É importante destacar que

> *A palavra* deus *tinha, entre os Antigos, acepção muito ampla. Não indicava, como presentemente, uma personificação do Senhor da Natureza. Era uma qualificação genérica, que se dava a todo ser existente fora das condições da Humanidade. Ora, tendo-lhes as manifestações espíritas revelado a existência de seres incorpóreos a atuarem como potência da Natureza, a esses seres deram eles o nome de* deuses,

como lhes damos atualmente o de Espíritos. Pura questão de palavras, com a única diferença de que, na ignorância em que se achavam, mantida intencionalmente pelos que nisso tinham interesse, eles erigiram templos e altares muito lucrativos a tais deuses, ao passo que hoje os consideramos simples criaturas como nós, mais ou menos perfeitas e despidas de seus invólucros terrestres. Se estudarmos atentamente os diversos atributos das divindades pagãs, reconheceremos, sem esforço, todos os de que vemos dotados os Espíritos nos diferentes graus da escala espírita, o estado físico em que se encontram nos mundos superiores, todas as propriedades do perispírito e os papéis que desempenham nas coisas da Terra.[41]

Para entendermos a adoração, precisamos reconhecer que esta acompanha o processo evolutivo da criatura humana, uma vez que, como o homem evolui intelectual e moralmente, aperfeiçoa também sua concepção de Deus e a sua forma de adorá-lo. Podemos, então, acompanhar com nitidez a transformação histórica da ideia de Deus ocorrida na nossa Humanidade: partindo das primitivas ideias politeístas, alcançamos significativo progresso religioso com o monoteísmo, a despeito de ainda presos às manifestações de culto exterior. Nesse ponto da história religiosa do planeta, a nossa rota evolutiva abre-se em uma bifurcação, estabelecida pelo surgimento do Cristianismo. Assim, os povos do hemisfério ocidental abraçam as ideias cristãs, enquanto os povos do hemisfério oriental se mantêm presos às tradições religiosas do seu passado remoto.

É oportuno assinalar que

Vindo iluminar o mundo com a sua divina luz, o Cristianismo não se propôs destruir uma coisa que está na Natureza. Orientou, porém, a adoração para Aquele a quem é devida. Quanto aos Espíritos, a lembrança deles se há perpetuado, conforme os povos, sob diversos nomes, e suas manifestações, que nunca deixaram de produzir-se, foram interpretadas de maneiras diferentes e muitas vezes exploradas sob o prestígio do mistério. Enquanto para a religião essas manifestações eram fenômenos miraculosos, para os incrédulos sempre foram embustes. Hoje, mercê de um estudo mais sério, feito à luz meridiana, o Espiritismo, escoimado das ideias supersticiosas que o ensombraram durante séculos, nos revela um dos maiores e mais sublimes princípios da Natureza.[42]

Devemos considerar, no entanto, que longe ainda nos encontramos de adorar Deus em espírito e verdade, conforme preconiza o Espiritismo, e lembrando a mensagem cristã. Muitas interpretações religiosas ainda trazem o ranço das manifestações ritualísticas, visíveis nos seus cerimoniais de culto externo.

Emmanuel, a propósito, lembra-nos que

> *Nos tempos primevos, como na atualidade, o homem teve uma concepção antropomórfica de Deus. Nos períodos primários da civilização, como preponderavam as leis de força bruta e a Humanidade era uma aglomeração de seres que nasciam da brutalidade e da aspereza, que apenas conheciam os instintos nas suas manifestações, a adoração aos seres invisíveis que personificavam os seus deuses era feita de sacrifícios inadmissíveis em vossa época. Hodiernamente, nos vossos tempos de egoísmo utilitário, Deus é considerado como poderoso magnata, a quem se pode peitar com bajulação e promessa, no seio de muitas doutrinas religiosas.*[43]

Os Espíritos orientadores da Codificação Espírita nos esclarecem que a "[...] *adoração verdadeira é do coração. Em todas as vossas ações, lembrai-vos sempre de que o Senhor tem sobre vós o seu olhar*".[44]

Esclarecem igualmente que a adoração exterior será útil,

> [...] *se não consistir num vão simulacro. É sempre útil dar um bom exemplo, mas os que somente por afetação e amor-próprio o fazem, desmentindo com o proceder a aparente piedade, mau exemplo dão e não imaginam o mal que causam.*[45]

Na verdade, continuam elucidando os Espíritos Codificadores,

> *Deus prefere os que o adoram do fundo do coração, com sinceridade, fazendo o bem e evitando o mal, aos que julgam honrá-lo com cerimônias que os não tornam melhores para com os seus semelhantes.*
>
> *Todos os homens são irmãos e filhos de Deus. Ele atrai a si todos os que lhe obedecem às leis, qualquer que seja a forma sob que as exprimam.*
>
> *É hipócrita aquele cuja piedade se cifra nos atos exteriores. Mau exemplo dá todo aquele cuja adoração é afetada e contradiz o seu procedimento.*
>
> *Declaro-vos que somente nos lábios e não na alma tem religião aquele que professa adorar o Cristo, mas que é orgulhoso, invejoso e cioso, duro e implacável para com outrem, ou ambicioso dos bens deste mundo. Deus, que tudo vê, dirá: o que conhece a verdade é cem vezes mais culpado do mal que faz, do que o selvagem ignorante [...]. E como tal será tratado no dia da justiça. Se um cego, ao passar, vos derriba, perdoá-lo-eis; se for um homem que enxerga perfeitamente bem, queixar-vos-eis e com razão.*
>
> *Não pergunteis, pois, se alguma forma de adoração há que mais convenha, porque equivaleria a perguntardes se mais agrada a Deus ser adorado num idioma do que noutro. Ainda uma vez vos digo: até ele não chegam os cânticos, senão quando passam pela porta do coração.*[46]

REFERÊNCIAS

[38] KARDEC, Allan. *O livro dos espíritos*. Trad. Guillon Ribeiro. 93. ed. 9. imp. (Edição Histórica). Brasília: FEB, 2019. q. 649.

39 _____. _____. q. 652.
40 CALLIGARIS, Rodolfo. *As leis morais*. 15. ed. 5. imp. Brasília: FEB, 2016. cap. 10 – *Como adorar a Deus?*.
41 KARDEC, Allan. *O livro dos espíritos*. Trad. Guillon Ribeiro. 93. ed. 9. imp. (Edição Histórica). Brasília: FEB, 2019. Comentário de Kardec à q. 668.
42 _____. _____.
43 XAVIER, Francisco Cândido. *Emmanuel*. Pelo Espírito Emmanuel. 28. ed. 5. imp. Brasília: FEB, 2016. II – Doutrinando a Ciência, cap. 15 – *A ideia da imortalidade*, it. 15.3 O antropomorfismo.
44 KARDEC, Allan. *O livro dos espíritos*. Trad. Guillon Ribeiro. 93. ed. 9. imp. (Edição Histórica). Brasília: FEB, 2019. q. 653.
45 _____. _____. q. 653-a.
46 _____. _____. q. 654.

ROTEIRO 2

A PRECE: IMPORTÂNCIA, EFICÁCIA E AÇÃO

1 OBJETIVOS ESPECÍFICOS

» Analisar o mecanismo de ação e eficácia da prece.

» Refletir sobre a importância da prece.

» Refletir sobre a prece como mecanismo de autoconhecimento.

2 CONTEÚDO BÁSICO

» *A prece é um ato de adoração. Orar a Deus é pensar n'Ele; é aproximar-se d'Ele; é pôr-se em comunicação com Ele. A três coisas podemos propor-nos por meio da prece: louvar, pedir, agradecer* (Allan Kardec, *O livro dos espíritos*, q. 659).

» *Pela prece, obtém o homem o concurso dos bons Espíritos que acorrem a sustentá-lo em suas boas resoluções e a inspirar-lhe ideias sãs* [...] (Allan Kardec, *O evangelho segundo o espiritismo*, cap. 27, it. 11).

» *Há quem conteste a eficácia da prece, com fundamento no princípio de que, conhecendo Deus as nossas necessidades, inútil se torna expor-lhas* [...]

» *Sem dúvida alguma, há Leis Naturais e imutáveis que não podem ser ab-rogadas ao capricho de cada um; mas, daí a crer-se que todas as circunstâncias da vida estão submetidas à fatalidade, vai grande distância. Se assim fosse, nada mais seria o homem do que instrumento passivo, sem livre-arbítrio e sem iniciativa* [...] (Allan Kardec, *O evangelho segundo o espiritismo*, cap. 27, it. 6).

» *O Espiritismo torna compreensível a ação da prece, explicando o modo de transmissão do pensamento, quer no caso em que o ser a quem oramos acuda ao nosso apelo, quer no em que apenas lhe chegue o nosso pensamento [...]* (Allan Kardec, O evangelho segundo o espiritismo, cap. 27, it. 10).

» *O essencial não é orar muito, mas orar bem. Essas pessoas supõem que todo o mérito está na longura da prece e fecham os olhos para os seus próprios defeitos. Fazem da prece uma ocupação, um emprego do tempo, nunca, porém, um estudo de si mesmas. A ineficácia, em tais casos, não é do remédio, sim da maneira por que o aplicam.* (Allan Kardec, O livro dos espíritos, q. 660-a).

3   SUGESTÕES DIDÁTICAS

3.1 SUGESTÃO 1:

Introdução

Apresentar as palavras: *orar* e *rezar*.

Pedir aos participantes que façam distinção entre os dois vocábulos.

Ouvir as respostas, esclarecendo pontos que não ficaram claros na interpretação dos participantes.

Desenvolvimento

Em seguida, fazer uma exposição dialogada a respeito do conceito de prece, de acordo com o item 4.1 dos subsídios do Roteiro.

Favorecer a participação de todos, durante a exposição, dirigindo-lhes algumas questões.

Organizar os participantes em pequenos grupos para a realização da seguinte tarefa:

1) ler o conteúdo básico dos itens 4.2 e 4.3 dos subsídios, assinalando os pontos de maior relevância;

2) trocar ideias entre si a respeito da importância, eficácia e ação da prece;

3) analisar a prece como mecanismo de autoconhecimento;

4) indicar um relator para apresentar as conclusões do trabalho em grupo, em plenária.

Ouvir os relatos, esclarecendo possíveis dúvidas.

Conclusão

Encerrar o estudo com a apresentação – em recurso visual – da prece *Pai-Nosso* (*Mateus*, 6:9 a 13), que deverá ser lida por um dos participantes.

Avaliação

O estudo será considerado satisfatório se os participantes demonstrarem, pela participação no estudo, que atingiram os objetivos propostos no Roteiro.

Técnica(s): exposição dialogada; trabalho em pequenos grupos; exposição.

Recurso(s): subsídios do Roteiro; recursos visuais; prece: *Pai-Nosso*.

3.2 SUGESTÃO 2:

Introdução

Iniciar o encontro com a apresentação dos resultados do trabalho solicitado aos grupos, no encontro anterior, como atividade extra.

Desenvolvimento

Fazer comentários pertinentes aos resultados apresentados, destacando pontos interessantes e importantes observados pelos grupos (tempo aproximado de até 45 minutos).

Propor uma reflexão, em discussão circular:

» *O que é a prece?*
» *Qual é o mecanismo de ação da prece?*
» *Qual o seu alcance?*
» *Qual a sua eficácia?*

Nesse momento, o facilitador esclarece dúvidas e complementa informações enriquecendo a reflexão, com base nos textos do Evangelho e nos subsídios do Roteiro.

Propor a seguinte reflexão individual (não há a necessidade de comentário):

Como se dá minha relação com Deus?

Conclusão

Encerrar o estudo com a apresentação, em recurso visual, da prece *Pai-Nosso* (*Mateus*, 6:9 a 13), que deverá ser lida por um dos participantes.

Avaliação

O estudo será considerado satisfatório se as ideias dos participantes refletirem entendimento do assunto.

Técnica(s): exposição de grupo; leitura comentada; discussão circular.

Recurso(s): *O evangelho segundo o espiritismo*; subsídios do Roteiro.

3.3 SUGESTÃO 3:

Introdução

Iniciar o encontro com a leitura comentada do texto de *O evangelho segundo o espiritismo*, capítulo 27 – *Pedi e obtereis*, item 23: Felicidade que a prece proporciona.

Desenvolvimento

Dividir os participantes em grupos e propor o seguinte estudo (em 20 minutos):

Grupo 1 – questões 658 a 660 de *O livro dos espíritos*;

Grupo 2 – questões 661 a 663 de *O livro dos espíritos*;

Grupo 3 – questões 664 a 666 de *O livro dos espíritos*;

Grupo 4 – capítulo 27, itens 5 a 8 de *O evangelho segundo o espiritismo*;

Grupo 5 – capítulo 27, itens 9 a 12 de *O evangelho segundo o espiritismo*.

Cada grupo elege um representante que fará a apresentação do conteúdo estudado, ou o grupo pode repartir entre eles a apresentação do assunto (5 minutos para cada grupo).

Propor uma reflexão, em discussão circular:

» *Que conclusão podemos chegar acerca do mecanismo de ação e a eficácia da prece?*

Nesse momento, o facilitador esclarece dúvidas e complementa informações enriquecendo a reflexão, com base em todo conteúdo estudado.

Propor a seguinte reflexão individual (não há a necessidade de comentário):

Como se dá minha relação com Deus?

Conclusão

Encerrar o estudo com um dos vídeos sugeridos no item 3.4 Sugestão 4.

Avaliação

O estudo será considerado satisfatório se as ideias dos participantes refletirem entendimento do assunto.

Técnica(s): exposição de grupo; leitura comentada; discussão circular.

Recurso(s): vídeo: *O evangelho segundo o espiritismo*; subsídios do Roteiro.

3.4 SUGESTÃO 4:

Vídeos para reflexão:

Poema da gratidão, pelo Espírito Amélia Rodrigues, psicografia de Divaldo P. Franco: (4:55), disponível em:

https://bit.ly/3gkTMaL

Ensina-nos a Orar, pelo Espírito Amélia Rodrigues, psicografia de Divaldo P. Franco: (9:48), disponível em:

https://bit.ly/39FdY5Y

4 SUBSÍDIOS

4.1 CONCEITO DE PRECE

O Espírito V. Monod, em mensagem em *O evangelho segundo o espiritismo*, afirma:

> O dever primordial de toda criatura humana, o primeiro ato que deve assinalar a sua volta à vida ativa de cada dia, é a prece. Quase todos vós orais, mas quão poucos são os que sabem orar! Que importam ao Senhor as frases que

maquinalmente articulais umas às outras, fazendo disso um hábito, um dever que cumpris e que vos pesa como qualquer dever?

A prece do cristão, do espírita, seja qual for o seu culto, deve ele dizê-la logo que o Espírito haja retomado o jugo da carne; deve elevar-se aos pés da Majestade Divina com humildade, com profundeza, num ímpeto de reconhecimento por todos os benefícios recebidos até àquele dia; pela noite transcorrida e durante a qual lhe foi permitido, ainda que sem consciência disso, ir ter com os seus amigos, com os seus guias, para haurir, no contato com eles, mais força e perseverança. Deve ela subir humilde aos pés do Senhor, para lhe recomendar a vossa fraqueza, para lhe suplicar amparo, indulgência e misericórdia. Deve ser profunda, porquanto é a vossa alma que tem de elevar-se para o Criador, de transfigurar-se, como Jesus no Tabor, a fim de lá chegar nívea e radiosa de esperança e de amor.[47]

"A prece é um ato de adoração. [...]"[48]

A prece é uma invocação, mediante a qual o homem entra, pelo pensamento, em comunicação com o ser a quem se dirige [...] Podemos orar por nós mesmos ou por outrem, pelos vivos ou pelos mortos. As preces feitas a Deus escutam-nas os Espíritos incumbidos da execução de suas vontades; as que se dirigem aos bons Espíritos são reportadas a Deus. Quando alguém ora a outros seres que não a Deus, fá-lo recorrendo a intermediários, a intercessores, porquanto nada sucede sem a vontade de Deus.[49]

É ainda o Espírito V. Monod que nos aconselha:

Deveis orar incessantemente, sem que, para isso, se faça mister vos recolhais ao vosso oratório, ou vos lanceis de joelhos nas praças públicas. A prece do dia é o cumprimento dos vossos deveres, sem exceção de nenhum, qualquer que seja a natureza deles. Não é ato de amor a Deus assistirdes os vossos irmãos numa necessidade, moral ou física? Não é ato de reconhecimento o elevardes a ele o vosso pensamento, quando uma felicidade vos advém, quando evitais um acidente, quando mesmo uma simples contrariedade apenas vos roça a alma, desde que vos não esqueçais de exclamar: Sede bendito, meu Pai?! Não é ato de contrição o vos humilhardes diante do supremo Juiz, quando sentis que falistes, ainda que somente por um pensamento fugaz, para lhe dizerdes: Perdoai-me, meu Deus, pois pequei (por orgulho, por egoísmo, ou por falta de caridade); dai-me forças para não falir de novo e coragem para a reparação da minha falta?!

Isso independe das preces regulares da manhã e da noite e dos dias consagrados. Como o vedes, a prece pode ser de todos os instantes, sem nenhuma interrupção acarretar aos vossos trabalhos [...][50]

Léon Denis analisa que

A prece deve ser uma expansão íntima da alma para com Deus, um colóquio solitário, uma meditação sempre útil, muitas vezes fecunda. É, por excelência,

> o refúgio dos aflitos, dos corações magoados. Nas horas de acabrunhamento, de pesar íntimo e de desespero, quem não achou na prece a calma, o reconforto e o alívio a seus males? Um diálogo misterioso se estabelece entre a alma sofredora e a potência evocada. A alma expõe suas angústias, seus desânimos; implora socorro, apoio, indulgência. E, então, no santuário da consciência, uma voz secreta responde: é a voz daquele donde dimana toda a força para as lutas deste mundo, todo o bálsamo para as nossas feridas, toda a luz para as nossas incertezas. E essa voz consola, reanima, persuade; traz-nos a coragem, a submissão, a resignação estoicas. E, então, erguemo-nos menos tristes, menos atormentados; um raio de sol divino luziu em nossa alma, fez despontar nela a esperança.[51]

É importante destacar que o *Pai-Nosso*, oração ensinada por Jesus (*Mateus*, 6:9 a 13), contém os três pontos considerados objeto da prece: um pedido, um agradecimento, ou uma glorificação.[52]

O *Pai-Nosso* representa

> [...] *o mais perfeito modelo de concisão, verdadeira obra-prima de sublimidade na simplicidade. Com efeito, sob a mais singela forma, ela resume todos os deveres do homem para com Deus, para consigo mesmo e para com o próximo. Encerra uma profissão de fé, um ato de adoração e de submissão; o pedido das coisas necessárias à vida e o princípio da caridade. Quem a diga, em intenção de alguém, pede para este o que pediria para si.*
>
> *Contudo, em virtude mesmo da sua brevidade, o sentido profundo que encerram as poucas palavras de que ela se compõe escapa à maioria das pessoas. Daí vem o dizerem-na, geralmente, sem que os pensamentos se detenham sobre as aplicações de cada uma de suas partes [...]*[53]

Os Espíritos Superiores nos esclarecem a respeito da forma correta de agir quanto às petições que fazemos durante as nossas preces:

> *A vossa prece deve conter o pedido das graças de que necessitais, mas de que necessitais em realidade. Inútil, portanto, pedir ao Senhor que vos abrevie as provas, que vos dê alegrias e riquezas. Rogai-lhe que vos conceda os bens mais preciosos da paciência, da resignação e da fé. Não digais, como o fazem muitos: "Não vale a pena orar, porquanto Deus não me atende." Que é o que, na maioria dos casos, pedis a Deus? Já vos tendes lembrado de pedir-lhe a vossa melhoria moral? Oh! não; bem poucas vezes o tendes feito. O que preferentemente vos lembrais de pedir é o bom êxito para os vossos empreendimentos terrenos e haveis com frequência exclamado: "Deus não se ocupa conosco; se se ocupasse, não se verificariam tantas injustiças." Insensatos! Ingratos! Se descêsseis ao fundo da vossa consciência, quase sempre deparariéis, em vós mesmos, com o ponto de partida dos males de que vos queixais. Pedi, pois, antes de tudo, que vos possais melhorar e vereis que torrente de graças e de consolações se derramará sobre vós.*[54]

4.2 IMPORTÂNCIA DA PRECE

A prece se reveste de importância capital em qualquer situação.

> Pela prece, obtém o homem o concurso dos bons Espíritos que acorrem a sustentá-lo em suas boas resoluções e a inspirar-lhe ideias sãs. Ele adquire, desse modo, a força moral necessária a vencer as dificuldades e a volver ao caminho reto, se deste se afastou. Por esse meio, pode também desviar de si os males que atrairia pelas suas próprias faltas. Um homem, por exemplo, vê arruinada a sua saúde, em consequência de excessos a que se entregou, e arrasta, até o termo de seus dias, uma vida de sofrimento: terá ele o direito de queixar-se, se não obtiver a cura que deseja? Não, pois que houvera podido encontrar na prece a força de resistir às tentações.[55]

Admitamos, entretanto, que o homem nada possa fazer para evitar a ocorrência de certos males da vida, males que não se encontram relacionados à imprevidência ou aos excessos humanos.

Nessa situação, em especial,

> [...] facilmente se concebe a ação da prece, visto ter por efeito atrair a salutar inspiração dos Espíritos bons, granjear deles força para resistir aos maus pensamentos, cuja realização nos pode ser funesta. Nesse caso, o que eles fazem não é afastar de nós o mal, porém, sim, desviar-nos do mau pensamento que nos pode causar dano; eles em nada obstam ao cumprimento dos decretos de Deus, nem suspendem o curso das Leis da Natureza; apenas evitam que as infrinjamos, dirigindo o nosso livre-arbítrio. Agem, contudo, à nossa revelia, de maneira imperceptível, para nos não subjugar a vontade. O homem se acha então na posição de um que solicita bons conselhos e os põe em prática, mas conservando a liberdade de segui-los ou não. Quer Deus que seja assim, para que aquele tenha a responsabilidade dos seus atos e o mérito da escolha entre o bem e o mal. É isso o que o homem pode estar sempre certo de receber, se o pedir com fervor, sendo, pois, a isso que se podem sobretudo aplicar estas palavras: "Pedi e obtereis".[56]

> [...] A prece [...] é sempre um atestado de boa vontade e compreensão, no testemunho da nossa condição de Espíritos devedores... Sem dúvida, não poderá modificar o curso das leis, diante das quais nos fazemos réus sujeitos a penas múltiplas, mas renova-nos o modo de ser, valendo não só como abençoada plantação de solidariedade em nosso benefício, mas também como vacina contra a reincidência no mal. Além disso, a prece faculta-nos a aproximação com os grandes benfeitores que nos presidem os passos, auxiliando-nos a organização de novo roteiro para a caminhada segura.[57]

Em qualquer situação, a prece não deve traduzir-se como

> [...] movimento mecânico de lábios, nem disco de fácil repetição no aparelho da mente. É vibração, energia, poder. A criatura que ora, mobilizando as próprias forças, realiza trabalhos de inexprimível significação. Semelhante estado psíquico

descortina forças ignoradas, revela a nossa origem divina e coloca-nos em contato com as fontes superiores. Dentro dessa realização, o Espírito, em qualquer forma, pode emitir raios de espantoso poder.[58]

A oração é divina voz do espírito no grande silêncio.

Nem sempre se caracteriza por sons articulados na conceituação verbal, mas, invariavelmente, é prodigioso poder espiritual comunicando emoções e pensamentos, imagens e ideias, desfazendo empecilhos, limpando estradas, reformando concepções e melhorando o quadro mental em que nos cabe cumprir a tarefa a que o Pai nos convoca.[59]

A importância da prece é facilmente evidenciada quando aprendemos a fazer distinções entre rezar e orar.

Rezar é repetir palavras segundo fórmulas determinadas. É produzir eco que a brisa dissipa, como sucede à voz do sino que no espaço se espraia e morre.

Orar é sentir. O sentimento é intraduzível. Não há palavra que o defina com absoluta precisão. O mais rico vocabulário do mundo é pobre para traduzir a grandeza de um sentimento. Não há fórmula que o contenha, não há molde que o guarde, não há modelo que o plasme. [...]

[...]

Orar é irradiar para Deus, firmando desse modo nossa comunhão com Ele. A oração é o poder dos fiéis. Os crentes oram. Os impostores e os supersticiosos rezam. Os crentes oram a Deus. Os hipócritas, quando rezam, dirigem-se à sociedade em cujo meio vivem. Difícil é compreender-se o crente em seus colóquios com a Divindade. Os fariseus rezavam em público para serem vistos, admirados, louvados.[60]

4.3 EFICÁCIA E AÇÃO DA PRECE

Há quem conteste a eficácia da prece, com fundamento no princípio de que, conhecendo Deus as nossas necessidades, inútil se torna expor-lhas. E acrescentam os que assim pensam que, achando-se tudo no Universo encadeado por leis eternas, não podem as nossas súplicas mudar os decretos de Deus.

Sem dúvida alguma, há Leis Naturais e imutáveis que não podem ser ab-rogadas ao capricho de cada um; mas, daí a crer-se que todas as circunstâncias da vida estão submetidas à fatalidade, vai grande distância. Se assim fosse, nada mais seria o homem do que instrumento passivo, sem livre-arbítrio e sem iniciativa. Nessa hipótese, só lhe caberia curvar a cabeça ao jugo dos acontecimentos, sem cogitar de evitá-los; não devera ter procurado desviar o raio. Deus não lhe outorgou a razão e a inteligência, para que ele as deixasse sem serventia; a vontade, para não querer; a atividade, para ficar inativo. Sendo livre o homem de agir num sentido ou noutro, seus atos lhe acarretam, e aos demais, consequências subordinadas ao que ele faz ou não. Há, pois, devidos à sua iniciativa, sucessos que forçosamente escapam à fatalidade e que não quebram a harmonia das leis universais, do mesmo modo que o avanço ou o atraso do ponteiro de um relógio não anula a lei do movimento sobre a qual se funda o mecanismo. Possível é, portanto, que Deus aceda a certos pedidos, sem perturbar a imutabilidade das leis que regem o conjunto, subordinada sempre essa anuência à sua vontade.[61]

Percebe-se a eficácia e a ação da prece nos efeitos ou resultados obtidos.

[...] os raios divinos, expedidos pela oração santificadora, convertem-se em fatores adiantados de cooperação eficiente e definitiva na cura do corpo, na renovação da alma e iluminação da consciência. Toda prece elevada é manancial de magnetismo criador e vivificante e toda criatura que cultiva a oração, com o devido equilíbrio do sentimento, transforma-se, gradativamente, em foco irradiante de energias da Divindade.[62]

[...] o trabalho da prece é mais importante do que se pode imaginar no círculo dos encarnados. Não há prece sem resposta. E a oração, filha do amor, não é apenas súplica. É comunhão entre o Criador e a criatura, constituindo, assim, o mais poderoso influxo magnético que conhecemos. Acresce notar, porém, [...] que a rogativa maléfica conta, igualmente, com enorme potencial de influenciação. Toda vez que o Espírito se coloca nessa atitude mental, estabelece um laço de correspondência entre ele e o Além. Se a oração traduz atividade no bem divino, venha de donde vier, encaminhar-se-á para o Além em sentido vertical, buscando as bênçãos da vida superior, cumprindo-nos advertir que os maus respondem aos maus nos planos inferiores, entrelaçando-se mentalmente uns com os outros. É razoável, porém, destacar que toda prece impessoal dirigida às Forças Supremas do Bem, delas recebe resposta imediata, em nome de Deus. Sobre os que oram nessas tarefas benditas, fluem, das esferas mais altas, os elementos-força que vitalizam nosso mundo interior, edificando-nos as esperanças divinas, e se exteriorizam, em seguida, contagiados de nosso magnetismo pessoal, no intenso desejo de servir com o Senhor.[63]

REFERÊNCIAS

[47] KARDEC, Allan. *O evangelho segundo o espiritismo*. Trad. Guillon Ribeiro. 131. ed. 14. imp. (Edição Histórica). Brasília: FEB, 2019. cap. 27, it. 22.

[48] _____. *O livro dos espíritos*. Trad. Guillon Ribeiro. 93. ed. 9. imp. (Edição Histórica). Brasília: FEB, 2019. q. 659.

[49] _____. *O evangelho segundo o espiritismo*. Trad. Guillon Ribeiro. 131. ed. 14. imp. (Edição Histórica). Brasília: FEB, 2019. cap. 27, it. 9.

[50] _____._____. it. 22.

[51] DENIS, Léon. *Depois da morte*. Trad. João Lourenço de Souza. 28. ed. 4. imp. Brasília: FEB, 2016. 5ª pt. O Caminho Reto, cap. 51 – A prece.

52 KARDEC, Allan. *O livro dos espíritos*. Trad. Guillon Ribeiro. 93. ed. 9. imp. (Edição Histórica). Brasília: FEB, 2019. q. 659.

53 _____. *O evangelho segundo o espiritismo*. Trad. Guillon Ribeiro. 131. ed. 14. imp. (Edição Histórica). Brasília: FEB, 2019. cap. 28, it. 2.

54 _____. _____. cap. 27, it. 22.

55 _____. _____. it. 11.

56 _____. _____. it. 12.

57 XAVIER, Francisco Cândido. *Ação e reação*. Pelo Espírito André Luiz. 30. ed. 13. imp. Brasília: FEB, 2020. cap. 19 – *Sanções e auxílios*.

58 _____. *Missionários da luz*. Pelo Espírito André Luiz. 45. ed. 13. imp. Brasília: FEB, 2020. cap. 6 – *A oração*.

59 _____. *Vinha de luz*. Pelo Espírito Emmanuel. 1. ed. 15. imp. Brasília: FEB, 2020. cap. 98 – *A prece recompõe*.

60 VINÍCIUS. *Nas pegadas do mestre*. 12. ed. 4. imp. Brasília: FEB, 2015. cap. *Rezar e orar*.

61 KARDEC, Allan. *O evangelho segundo o espiritismo*. Trad. Guillon Ribeiro. 131. ed. 14. imp. (Edição Histórica). Brasília: FEB, 2019. cap. 27, it. 6.

62 XAVIER, Francisco Cândido. *Missionários da luz*. Pelo Espírito André Luiz. 45. ed. 13. imp. Brasília: FEB, 2020. cap. 6 – *A oração*.

63 _____. *Os mensageiros*. Pelo Espírito André Luiz. 47. ed. 11. imp. Brasília: FEB, 2018. cap. 25 – *Efeitos da oração*.

ROTEIRO 3

EVANGELHO NO LAR

1 OBJETIVOS ESPECÍFICOS

» Analisar as características dessa reunião, à luz do Espiritismo.

» Refletir sobre a importância do estudo do Evangelho no lar para a harmonia da família.

2 CONTEÚDO BÁSICO

» *Mas a hora vem, e agora é, em que os verdadeiros adoradores adorarão o Pai em espírito e em verdade; porque o Pai procura a tais que assim o adorem (João, 4:23).*

» *Porque onde estiverem dois ou três reunidos em meu nome, aí estou eu no meio deles (Mateus, 18:20).*

» *O culto do Evangelho no lar não é uma inovação, é uma necessidade em toda parte onde o Cristianismo lance raízes de aperfeiçoamento e sublimação* (Emmanuel, *Luz no lar*, cap. 1 – Culto cristão no lar).

» *Organizemos o nosso agrupamento doméstico do Evangelho. O Lar é o coração do organismo social. Em casa, começa nossa missão no mundo. Entre as paredes do templo familiar, preparamo-nos para a vida com todos.* (Scheilla, *Luz no lar*, cap. 9 – Luz no lar).

» O culto ou estudo do Evangelho no lar *é um encontro semanal, previamente marcado, com o objetivo de reunir a família em torno dos ensinamentos evangélicos, à luz do Espiritismo, e sob a assistência dos benfeitores espirituais* (Folheto do Evangelho no Lar, FEB).

3 SUGESTÕES DIDÁTICAS

3.1 SUGESTÃO 1:

Introdução

Pedir ao grupo que leia e explique o significado da poesia *Jesus em casa*, do Espírito Irene S. Pinto, capítulo 2 do livro *Luz no lar*, psicografada por Francisco Cândido Xavier (ver a poesia no final deste Módulo).

Ouvir as explicações, esclarecendo possíveis dúvidas.

Desenvolvimento

Fazer uma breve exposição sobre o estudo do Evangelho no lar, orientando-se pelas seguintes questões:

» *O que é Evangelho no lar?*
» *Qual a importância do Evangelho no lar?*
» *Que livros devem ser estudados nessa reunião?*
» *Qual o tempo de duração da reunião?*
» *É conveniente a manifestação de Espíritos?*
» *Pode-se colocar água para ser magnetizada?*
» *Pode-se aplicar passe nas pessoas antes do encerramento da reunião?*

Terminada a exposição, apresentar as etapas de estudo do Evangelho no lar.

Em seguida, entregar a cada participante uma cópia do Roteiro para o encontro do Evangelho no lar (ver subsídios: item 4.3 – Roteiro para estudo do Evangelho no lar) para leitura e troca de ideias.

Pedir-lhes que façam uma simulação do estudo do Evangelho no lar, tendo como base as instruções contidas no Roteiro que lhes foi entregue.

Observação: Colocar à disposição dos participantes exemplares de livros de mensagens espíritas (ex.: *Pão nosso, Fonte viva* etc.) e de *O evangelho segundo o espiritismo*. Não ultrapassar o tempo de 15 minutos na simulação.

Conclusão

Fazer comentários pertinentes, se necessário.

Avaliação

O estudo será considerado satisfatório se os participantes seguirem o Roteiro de realização do Evangelho no lar, realizando-a corretamente a tarefa proposta.

Técnica(s): análise de texto; exposição; simulação do Evangelho no lar.

Recurso(s): poesia; subsídios deste Roteiro; *O evangelho segundo o espiritismo* e outras obras espíritas de mensagens.

3.2 SUGESTÃO 2:

Introdução

Iniciar os estudos com a pergunta

Como proteger nosso lar?

Ouvir os comentários dos participantes.

Desenvolvimento

Fazer uma breve exposição acerca do que é "o evangelho no lar" e de sua "importância", com base nos textos do Roteiro.

Convidá-los para a leitura oral comentada do subsídio: item 4.3 – Roteiro para estudo do Evangelho no lar.

Em seguida, dividir os participantes em até quatro grupos e propor o planejamento de estudo do Evangelho no lar.

Um exemplar da obra *O evangelho segundo o espiritismo* para cada grupo.

Indicar um capítulo da obra para ser estudado, por exemplo: capítulo 15 – *Fora da caridade não há salvação*.

Pedir para que cada grupo escolha um pequeno texto do capítulo para ser compartilhado, em estudo, com a grupo (15 minutos para cada grupo).

Não há a necessidade de repetir todos os passos do Roteiro.

O primeiro grupo faz a prece inicial e seu estudo. Segue o segundo grupo com o estudo que escolheu, seguido do terceiro e o quarto, ou o último, além de seu estudo faz a prece final, depois dos comentários finais.

Após o estudo, o facilitador esclarece dúvidas e complementa informações enriquecendo a reflexão, com base nos textos do Evangelho e nos subsídios do Roteiro.

Propor a seguinte reflexão individual (não há a necessidade de comentário):

Qual a importância de fazer o Evangelho no lar em minha casa?

Conclusão

Encerrar o estudo com a leitura do poema *Jesus em casa*, do Espírito Irene S. Pinto, capítulo 2 do livro *Luz no lar*, psicografado por Francisco Cândido Xavier, por um dos participantes.

Avaliação

O estudo será considerado satisfatório se as ideias dos participantes refletirem entendimento do assunto.

Técnica(s): explosão de ideias; leitura comentada; estudo de grupo.

Recurso(s): *O evangelho segundo o espiritismo*; subsídios do Roteiro.

4 SUBSÍDIOS

4.1 O EVANGELHO NO LAR É UM ATO DE ADORAÇÃO A DEUS

Os Espíritos Superiores nos esclarecem que

> A prece é um ato de adoração. Orar a Deus é pensar n'Ele; é aproximar-se d'Ele; é pôr-se em comunicação com Ele. A três coisas podemos propor-nos por meio da prece: louvar, pedir, agradecer.[64]

> [...] Nunca poderemos enumerar todos os benefícios da oração. Toda vez que se ora num lar, prepara-se a melhoria do ambiente doméstico. Cada prece do coração constitui emissão eletromagnética de relativo poder. Por isso mesmo, o culto familiar do Evangelho não é tão só um curso de iluminação interior, mas também processo avançado de defesa exterior, pelas claridades espirituais que acende em torno. O homem que ora traz consigo inalienável couraça. O lar que cultiva a prece transforma-se em fortaleza [...].[65]

Sendo assim, a reunião ou culto do Evangelho no lar é uma "[...] reunião semanal da família, em dia e hora certos, para o estudo do Evangelho à luz da Doutrina Espírita e oração em conjunto".[66] Podemos dizer, em outras palavras, que é uma reunião familiar de estudo e reflexão dos ensinamentos de Jesus, interpretados à luz da Doutrina Espírita, na qual se utiliza a prece como instrumento de ligação com o Senhor da Vida.

Nós, espíritas, entendemos que

> O [...] lar não é somente a moradia dos corpos, mas, acima de tudo, a residência das almas. O santuário doméstico, que encontre criaturas amantes da oração e dos sentimentos elevados, converte-se em campo sublime das mais belas florações e colheitas espirituais [...].[67]

O Evangelho no lar é também considerado um ato de adoração a Deus porque

> Não há serviço da fé viva, sem aquiescência e concurso do coração.
>
> Se possível, continuemos trabalhando sob a tormenta, removendo os espinheiros da discórdia ou transformando as pedras do mal em flores de compreensão, suportando, com heroísmo, o clima de sacrifício, mas, se a ventania nos compele a pausas de repouso, não admitamos o bolor do desânimo nos serviços iniciados.
>
> Sustentemos em casa a chama de nossa esperança, estudando a Revelação Divina; praticando a fraternidade e crescendo em amor e sabedoria, porque segundo a promessa do Evangelho Redentor, "onde estiverem dois ou três corações reunidos em seu nome" aí estará Jesus, amparando-nos para a ascensão à Luz Celestial, hoje, amanhã e sempre.[68]

O estudo do Evangelho no lar sob a orientação da verdade espírita conduz-nos ao entendimento da Lei de Deus porque

> Jesus não veio destruir a lei, isto é, a Lei de Deus; veio cumpri-la, isto é, desenvolvê-la, dar-lhe o verdadeiro sentido e adaptá-la ao grau de adiantamento dos homens. Por isso é que se nos depara, nessa lei, os princípios dos deveres para com Deus e para com o próximo, base da sua doutrina. [...] Combatendo constantemente o abuso das práticas exteriores e das falsas interpretações, por mais radical reforma não podia fazê-las passar, do que as reduzindo a esta última prescrição: "Amar a Deus acima de todas as coisas e o próximo como a si mesmo", e acrescentando: aí estão todas as leis e os profetas.[69]

4.2 IMPORTÂNCIA DO EVANGELHO NO LAR

A seguinte mensagem do Espírito Emmanuel destaca, de forma clara e inequívoca, a importância do Evangelho no lar:

> O culto do Evangelho no lar não é uma inovação, é uma necessidade em toda parte onde o Cristianismo lance raízes de aperfeiçoamento e sublimação.
>
> A Boa-Nova seguiu da manjedoura para as praças públicas e avançou da casa humilde de Simão Pedro para a glorificação no Pentecostes.
>
> A palavra do Senhor soou, primeiramente, sob o teto simples de Nazaré e, certo, se fará ouvir, de novo, por nosso intermédio, antes de tudo, no círculo dos nossos familiares e afeiçoados, com os quais devemos atender às obrigações que nos competem no tempo.

> *Quando o ensinamento do Mestre vibra entre as quatro paredes de um templo doméstico, os pequeninos sacrifícios tecem a felicidade comum.*
>
> *A observação impensada é ouvida sem revolta.*
>
> *A calúnia é isolada no algodão do silêncio.*
>
> *A enfermidade é recebida com calma.*
>
> *O erro alheio encontra compaixão.*
>
> *A maldade não encontra brechas para insinuar-se.*
>
> *E aí, dentro desse paraíso que alguns já estão edificando, em benefício deles e dos outros, o estímulo é um cântico de solidariedade incessante, a bondade é uma fonte inexaurível de paz e entendimento, a gentileza é inspiração de todas as horas, o sorriso é a sombra de cada um e a palavra permanece revestida de luz, vinculada ao amor que o Amigo Celeste nos legou.*
>
> *Somente depois da experiência evangélica do lar, o coração está realmente habilitado para distribuir o pão divino da Boa-Nova junto da multidão, embora devamos o esclarecimento amigo e o conselho santificante aos companheiros da romagem humana, em todas as circunstâncias.*
>
> *Não olvidemos, assim, os impositivos da aplicação com o Cristo, no santuário familiar, onde nos cabe o exemplo de paciência, compreensão, fraternidade, serviço, fé e bom ânimo, sob o reinado legítimo do amor, porque, estudando a palavra do Céu em quatro Evangelhos, que constituem o Testamento da Luz, somos, cada um de nós, o quinto Evangelho inacabado, mas vivo e atuante, que estamos escrevendo com os próprios testemunhos, a fim de que a nossa vida seja uma revelação de Jesus, aberta ao olhar e à apreciação de todos, sem necessidade de utilizarmos muitas palavras na advertência ou na pregação.*[70]

Os espíritas, em geral, e os participantes de grupos mediúnicos, em particular, precisam

> *[...] compreender a necessidade do culto do Evangelho no lar.*
>
> *Pelo menos, semanalmente, é aconselhável se reúna com os familiares ou com alguns parentes, capazes de entender a importância da iniciativa, em torno dos estudos da Doutrina Espírita, à luz do Evangelho do Cristo e sob a cobertura moral da oração.*
>
> *Além dos companheiros desencarnados que estacionam no lar ou nas adjacências dele, há outros irmãos já desenfaixados da veste física, principalmente os que remanescem das tarefas de enfermagem espiritual no grupo, que recolhem amparo e ensinamento, consolação e alívio, da conversação espírita e da prece em casa.*
>
> *O culto do Evangelho no abrigo doméstico equivale a lâmpada acesa para todos os imperativos do apoio e do esclarecimento espiritual.*[71]

4.3 ROTEIRO PARA O ESTUDO DO EVANGELHO NO LAR

Na reunião do Evangelho e oração em família evocamos a presença de benfeitores espirituais, familiares e demais Espíritos amigos para, em conjunto, participar desses momentos de paz. Trata-se, na verdade, de uma modalidade de encontro espírita, que deve ser caracterizada pela seriedade e continuidade, a despeito da simplicidade que encerra. Os benfeitores espirituais acorrem ao nosso lar, auxiliando-nos no que for possível, afastando entidades perturbadoras do reduto doméstico, amparando os Espíritos mais necessitados, que se revelam sensíveis às vibrações e elucidações que o serviço religioso do Evangelho no lar propicia.[72]

4.3.1 Finalidade

Trata-se de uma reunião com o objetivo de reunir a família em torno dos ensinamentos evangélicos à luz da Doutrina Espírita, e sob a assistência de benfeitores espirituais.

4.3.2 Participantes

Poderão participar do estudo do Evangelho todas as pessoas integrantes do lar, inclusive as crianças.

4.3.3 Desenvolvimento

a) prece inicial;

b) leitura e comentário de página evangélica com a participação de todos os presentes. O estudo pode ser enriquecido, conforme o caso, com poesia, história ou narrativa de fatos reais;

c) prece de encerramento (ocasião em que se pode orar pelos que não puderam estar presentes: parentes, amigos, vizinhos etc.).

4.4.4 Recomendações

a) o tempo de duração do estudo do Evangelho no lar não deve ultrapassar uma hora;

b) recomenda-se a leitura de *O evangelho segundo o espiritismo*, do *Evangelho em casa* e outras páginas evangélicas;

c) abster-se de manifestações de Espíritos;

d) pode-se colocar água para ser fluidificada [magnetizada] pelos benfeitores espirituais;

e) é conveniente que a reunião seja semanal;

f) a presença de visita não deverá ser motivo para a não realização do estudo do Evangelho no lar, convidando-se os visitantes a dele participarem.⁷³

REFERÊNCIAS

⁶⁴ KARDEC, Allan. *O livro dos espíritos*. Trad. Guillon Ribeiro. 93. ed. 9. imp. (Edição Histórica). Brasília: FEB, 2019. q. 659.

⁶⁵ XAVIER, Francisco Cândido. *Os mensageiros*. Pelo Espírito André Luiz. 47. ed. 11. imp. Brasília: FEB, 2018. cap. 37 – *No santuário doméstico*.

⁶⁶ CFN-FEB (Conselho Federativo Nacional da Federação Espírita Brasileira). *Orientação ao centro espírita*. 1. ed. Brasília: FEB, 2007. III – Atendimento Espiritual no Centro Espírita, it. F – Atividade de "Evangelho no lar", subit. 1. Conceito.

⁶⁷ XAVIER, Francisco Cândido. *Missionários da luz*. Pelo Espírito André Luiz. 45. ed. 13. imp. Brasília: FEB, 2020. cap. 6 – *A oração*.

⁶⁸ _____. *Luz no lar*. Por diversos Espíritos. 12. ed. 5. imp. Brasília: FEB, 2016. cap. 9 – *Luz no lar* (Scheilla).

⁶⁹ KARDEC, Allan. *O evangelho segundo o espiritismo*. Trad. Guillon Ribeiro. 131. ed. 14. imp. (Edição Histórica). Brasília: FEB, 2019. cap. 1, it. 3.

⁷⁰ XAVIER, Francisco Cândido. *Luz no lar*. Por diversos Espíritos. 12. ed. 5. imp. Brasília: FEB, 2016. cap. 1 – *Culto cristão no lar* (Emmanuel).

⁷¹ XAVIER, Francisco Cândido; VIEIRA, Waldo. *Desobsessão*. Pelo Espírito André Luiz. 28. ed. 12. imp. Brasília: FEB, 2017. cap. 70 – *Culto do Evangelho no lar*.

⁷² XAVIER, Francisco Cândido. *E a vida continua...* Pelo Espírito André Luiz. 35. ed. 9. imp. Brasília: FEB, 2018. cap. 13 – *Tarefas novas*.

⁷³ CFN-FEB (Conselho Federativo Nacional da Federação Espírita Brasileira). *Orientação ao centro espírita*. 1. ed. Brasília: FEB, 2007. III – Atendimento Espiritual no Centro Espírita, it. F – Atividade de "Evangelho no lar", subits. 2 a 5.

JESUS EM CASA

O culto do Mestre em casa
É novo sol que irradia
A música da alegria
Em santa e bela canção.
É a glória de Deus que vaza
O Dom da Graça Divina,
Que regenera e ilumina
O templo do coração.

Ouvida a bênção da prece,
Na sala doce e tranquila,
A lição do bem cintila
Como um poema a brilhar.
O verbo humano enaltece
A caridade e a esperança.
Tudo é bendita mudança
No plano familiar.

Anula-se a malquerença,
A frase é contente e boa.
Quem guarda ofensas, perdoa,
Quem sofre, agradece à cruz.
A maldade escuta e pensa
É o vício da rebeldia
Perde a máscara sombria...
Toda névoa faz-se luz!

Na casa fortalecida
Por semelhante alimento,
Tudo vibra entendimento
Sublime e renovador.
O dever governa a vida,
Vozes brandas falam calmas...
É Jesus chamando as almas
Ao Reino do Eterno Amor!

Irene S. Pinto

FONTE: XAVIER, Francisco Cândido. *Luz no lar*. 12. ed. 5. imp. Brasília: FEB, 2016. cap. 2.

PROGRAMA FUNDAMENTAL

MÓDULO XI
Lei de Liberdade

OBJETIVO GERAL

Possibilitar entendimento da Lei de Liberdade.

"[...] Se vós permanecerdes na minha palavra, sois verdadeiramente meus discípulos. E conhecereis a verdade, e a verdade vos libertará" — Jesus (*João*, 8:31 e 32).

LIBERDADE DE PENSAR E LIBERDADE DE CONSCIÊNCIA

1. **OBJETIVOS ESPECÍFICOS**

   » Analisar as características da Lei de Liberdade.
   » Refletir sobre o significado de liberdade de pensar e liberdade de consciência.

2. **CONTEÚDO BÁSICO**

   » A liberdade no relacionamento humano é sempre relativa porque desde "[...] *que juntos estejam dois homens, há entre eles direitos recíprocos que lhes cumpre respeitar; não mais, portanto, qualquer deles goza de liberdade absoluta.*" (Allan Kardec, *O livro dos espíritos*, q. 826).

   » *Haverá no homem alguma coisa que escape a todo constrangimento e pela qual goze ele de absoluta liberdade?* "No pensamento goza o homem de ilimitada liberdade, pois que não há como pôr-lhe peias. Pode-se-lhe deter o voo, não aniquilá-lo." (Allan Kardec, *O livro dos espíritos*, q. 833).

   » *Será a liberdade de consciência uma consequência da de pensar?* "A consciência é um pensamento íntimo, que pertence ao homem, como todos os outros pensamentos." (Allan Kardec, *O livro dos espíritos*, q. 835).

   » *Para respeitar a liberdade de consciência, dever-se-á deixar que se propaguem doutrinas perniciosas, ou poder-se-á, sem atentar contra aquela liberdade, procurar trazer ao caminho da verdade os que se transviaram obedecendo a falsos princípios?* "Certamente que podeis e até deveis; mas, ensinai, a exemplo de Jesus, *servindo-vos da brandura e da persuasão* e não da força, o que seria pior do que a crença daquele a quem desejaríeis convencer [...]" (Allan Kardec, *O livro dos espíritos*, q. 841).

3 SUGESTÕES DIDÁTICAS

3.1 SUGESTÃO 1:

Introdução

Solicitar aos participantes que façam, individualmente, uma leitura silenciosa das questões 825, 826, 833, 835 e 841 de *O livro dos espíritos*.

Esclarecer que esta leitura será utilizada como referência para a realização da atividade de grupo que será proposta em seguida.

Desenvolvimento

Concluída a atividade individual, dividir os participantes em pequenos grupos, orientando-os na realização de um acróstico, formado de nove frases, a partir da palavra LIBERDADE. A construção do acróstico prevê a utilização das seguintes regras:

1) cada frase deve ser objetiva e iniciada por uma das letras da palavra LIBERDADE, escolhida como guia (ver exemplo no Anexo 1);

2) é importante que exista um encadeamento de ideias nas nove frases, evitando a redação de frases soltas;

3) as frases elaboradas não podem fugir das ideias desenvolvidas nas questões de *O livro dos espíritos*, lidas no início do estudo;

4) o grupo deve indicar um participante para apresentar, em plenária, o acróstico.

Ouvir a leitura dos acrósticos e, após a conclusão da atividade, pedir ao grupo que indique o melhor, analisando em conjunto as razões da escolha.

Em seguida, solicitar aos participantes que se organizem em círculo para a discussão do assunto do Roteiro.

Propor-lhes, então, questões claras e concisas relacionadas aos objetivos específicos do Roteiro. As questões devem ser discutidas uma a uma. Esclarecer aos participantes que cada um disporá de um minuto para a sua manifestação: completando, refutando, levantando dúvidas ou apresentando ideias divergentes. Escolher um dos participantes para cronometrar a fala dos colegas.

Dar início à discussão, ouvindo o primeiro participante. Terminado o minuto da fala, passar a palavra a outro, prosseguindo com a discussão até que todos tenham apresentado contribuições sobre o tema.

Observação: É importante que os participantes não interrompam as falas nem façam apartes, de forma que todos tenham a chance de participar da discussão.

Conclusão

Apresentar uma síntese do assunto discutido, destacando as contribuições que enriqueceram o estudo.

Avaliação

O estudo será considerado satisfatório se a construção do acróstico seguiu as regras estabelecidas; o grupo participou efetivamente da discussão, apresentando contribuições num clima de serenidade e de companheirismo.

Técnica(s): trabalho em pequenos grupos; discussão circular, exposição.

Recurso(s): *O livro dos espíritos*; acróstico; lápis/caneta; papel.

3.2 SUGESTÃO 2:

Introdução

Iniciar os estudos com a pergunta

É possível ao homem gozar de liberdade absoluta?

Ouvir os comentários dos participantes, e, em seguida, fazer a leitura da questão 825 de *O livro dos espíritos*:

> *Haverá no mundo posições em que o homem possa jactar-se de gozar de absoluta liberdade?*
>
> "Não, porque todos precisais uns dos outros, assim os pequenos como os grandes."

Perguntar se alguém gostaria de fazer algum comentário sobre a resposta dada pelos Espíritos.

Desenvolvimento

Dividir os participantes em três grupos para a seguinte atividade:

Grupo 1 – Leitura comentada das questões 825 a 828 de *O livro dos espíritos*.

Refletir: *O que é liberdade natural? O que dizem os Espíritos sobre liberdade natural?*

Grupo 2 – Leitura comentada das questões 829 a 834 de *O livro dos espíritos*.

Refletir sobre: *O que dizem os Espíritos sobre escravidão? Como entendermos a liberdade de pensar?*

Grupo 3 – Leitura comentada das questões 835 a 842 de *O livro dos espíritos*.

Refletir sobre: *O que dizem os Espíritos sobre liberdade de consciência?*

Após a conclusão da atividade acima (em até 25 minutos) os grupos apresentam o resultado de suas reflexões.

Propor a leitura oral e comentada do texto do Roteiro.

Em seguida, a discussão circular:

» *O que é liberdade natural?*
» *Como agir com liberdade de acordo com a Lei Divina?*
» *O que é liberdade de consciência?*

Nesse momento, o facilitador esclarece dúvidas e complementa informações enriquecendo a discussão.

Propor a seguinte reflexão individual (não há a necessidade de comentário):

Eu vivo a liberdade de acordo com a Lei Natural ou Divina?

Conclusão

Encerrar o estudo lendo a poesia *A subconsciência*, de Augusto dos Anjos, extraída do livro *Parnaso de além-túmulo* (ver Anexo 2).

Avaliação

O estudo será considerado satisfatório se as ideias dos participantes refletirem entendimento do assunto.

Técnica(s): explosão de ideias; trabalho de grupo; leitura comentada; discussão circular.

Recurso(s): subsídios do Roteiro; *O livro dos espíritos*.

3.3 SUGESTÃO 3:

Introdução

Orientamos propor o videodebate após estudo do conteúdo do Roteiro.

Passar o vídeo *O nosso pensamento cria a vida que procuramos* – Haroldo Dutra Dias, disponível em:

https://bit.ly/3qvJdGB

Orientações para o debate (entre os participantes) pós-vídeo: *O que é o pensamento?*

» *Em que princípios faço minhas escolhas?*
» *Acredito na reencarnação? Que diferença faz acreditar ou não?*
» *Como o conhecimento da Lei de Liberdade auxilia em nossas escolhas?*
» *Como mantenho meus pensamentos nas diversas atitudes da vida?*
» *Faço escolhas segundo a crença "proibido ou liberado" ou porque entendo o porquê me faz bem ou mal tal escolha?* etc.

Nesse momento, o facilitador esclarece dúvidas e complementa informações enriquecendo a discussão.

Propor a seguinte reflexão individual (não há a necessidade de comentário):

Eu vivo a liberdade de acordo com a Lei Natural ou Divina?

Conclusão

Encerrar o estudo lendo a poesia *A subconsciência*, de Augusto dos Anjos, extraída do livro *Parnaso de além-túmulo* (ver Anexo 2).

Avaliação

O estudo será considerado satisfatório se as ideias dos participantes refletirem entendimento do assunto.

Técnica(s): videodebate com discussão circular.

Recurso(s): vídeo.

Outras sugestões de vídeos:

O seu pensamento cria a sua realidade – o porquê das coisas (8:25), disponível em:

https://bit.ly/3lGFvGB

4 SUBSÍDIOS

Liberdade é a faculdade que permite ao indivíduo decidir ou agir conforme sua própria vontade.

Desta forma,

> *O homem é, por natureza, dono de si mesmo, isto é, tem o direito de fazer tudo quanto achar conveniente ou necessário à conservação e ao desenvolvimento de sua vida.*
>
> *Essa liberdade, porém, não é absoluta, e nem poderia sê-lo, pela simples razão de que, convivendo em sociedade, o homem tem o dever de respeitar esse mesmo direito em cada um de seus semelhantes.*[74]

Para que o homem pudesse gozar de liberdade absoluta, seria necessário que ele vivesse isolado, como o eremita no deserto. "[...] *Desde que juntos estejam dois homens, há entre eles direitos recíprocos que lhes cumpre respeitar* [...]".[75] A liberdade é, portanto, relativa, devendo ser adequada à liberdade do outro, pois a liberdade e o direito de uma pessoa terminam onde começam a liberdade e o direito do outro.

A compreensão da Lei de Liberdade nos faz perceber que, para progredir, precisamos uns dos outros e que todos temos direitos recíprocos, que precisam ser respeitados, uma vez que qualquer prejuízo que provoquemos ao semelhante, em decorrência dos nossos atos, não ficará impune perante a Lei de Deus. É por esta razão que o ensinamento de Jesus de *não fazer aos outros o que não gostaríamos que os outros nos fizessem* (Mateus, 7:12) – ensinamento conhecido como regra de ouro – estabelece os limites da nossa liberdade e nos orienta como viver em sociedade, conforme os direitos e os deveres que nos cabem.

A Lei de Liberdade é bem compreendida quando aprendemos a fazer relação entre a liberdade de pensar e a liberdade de consciência. Como sabemos, a liberdade de pensar é plena no ser humano: *"No pensamento goza o homem de ilimitada liberdade, pois que não há como pôr-lhe peias [...]".*[76] Voando nas asas do pensamento, a mente espiritual reflete as próprias ideias e as ideias das mentes com as quais se afiniza, nos processos naturais de sintonia.

> *Nos seres primitivos, [a mente] aparece sob a ganga do instinto, nas almas humanas surge entre as ilusões que salteiam a inteligência, e revela-se nos Espíritos aperfeiçoados por brilhante precioso a retratar a Glória Divina.*
>
> *Estudando-a de nossa posição espiritual, confinados que nos achamos entre a animalidade e a angelitude, somos impelidos a interpretá-la como o campo de nossa consciência desperta, na faixa evolutiva em que o conhecimento adquirido nos permite operar.*[77]

Compreende-se, pois, que o pensamento tudo move, *"[...] criando e transformando, destruindo e refazendo para acrisolar e sublimar [...]".*[78] A consciência, nesse contexto, representa, como nos esclarecem os Espíritos da Codificação, *"[...] um pensamento íntimo, que pertence ao homem, como todos os outros pensamentos".*[79]

> *A consciência é [...] o centro da personalidade, centro permanente, indestrutível, que persiste e se mantém através de todas as transformações do indivíduo. A consciência é não somente a faculdade de perceber, mas também o sentimento que temos de viver, agir, pensar, querer. É una e indivisível. [...]*[80]

No entanto, à medida que os Espíritos evoluem, a consciência do bem e do mal está mais bem definida neles, de sorte que a liberdade de consciência, regulando as relações interpessoais, reflete *"[...] um dos caracteres da verdadeira civilização e progresso".*[81]

A consciência, entendida como faculdade de estabelecer julgamentos morais ou juízos de valor, é um atributo pelo qual o homem pode conhecer e julgar sua realidade e a realidade do outro. Os julgamentos feitos pela consciência e as interpretações de atos e fatos do cotidiano apresentam limitações, visto que estão fundamentados em parâmetros morais que cada um estabelece para si. É ela fruto de experiências e crenças individuais, elaboradas no contexto cultural em que a criatura humana está inserida, e que se manifesta de acordo com a evolução espiritual do ser. Assim, enquanto a liberdade de pensar é ilimitada, a liberdade de consciência sofre restrição, já que depende do nível evolutivo do Espírito.

A consciência não esclarecida pode alimentar ideias malsãs, gerar e provocar ações, moral e eticamente, abusivas, resultando na manifestação de sofrimentos e desarmonias para si mesma e para o próximo. Os embaraços à liberdade de consciência, a propagação de doutrinas perniciosas e a escravidão humana são exemplos de desvios provocados por Espíritos imperfeitos, dominados pelo orgulho e pelo egoísmo. Devemos agir com cautela quando condenamos as ações, as ideias ou as crenças das pessoas, a fim de que não atentemos contra a liberdade de consciência.

No entanto, é oportuno considerar que

> *Reprimir os atos exteriores de uma crença, quando acarretam qualquer prejuízo a terceiros, não é atentar contra a liberdade de consciência, pois que essa repressão em nada tira à crença a liberdade, que ela conserva integral.*[82]

Por outro lado, sempre que nos é possível, podemos e devemos trazer ao caminho da verdade os que se transviaram, *servindo-nos*, a exemplo de Jesus, *da brandura e da persuasão e não da força.*[83]

Como nos esclarecem os Espíritos Superiores,

> *[...] Se alguma coisa se pode impor, é o bem e a fraternidade. Mas não cremos que o melhor meio de fazê-los admitidos seja obrar com violência. A convicção não se impõe.*[84]

Outro abuso da manifestação da consciência é a escravidão, ou seja, a submissão da vontade, do cerceamento da liberdade de ir e vir, de agir e de pensar do ser. A escravidão, independentemente das formas em que se manifeste, é contrária à Lei de Deus, porque é um abuso de força, mesmo quando faz parte dos costumes de um povo.

> *É contrária à Natureza a lei humana que consagra a escravidão, pois que assemelha o homem ao irracional e o degrada física e moralmente.*[85]

A escravidão humana é um mal.

> *O mal é sempre o mal e não há sofisma que faça se torne boa uma ação má. A responsabilidade, porém, do mal é relativa aos meios de que o homem disponha para compreendê-lo. Aquele que tira proveito da lei da escravidão é sempre culpado de violação da Lei da Natureza [...]*[86]

A despeito de todo sofrimento existente no planeta, é certo que a Humanidade tem progredido, ocorrendo uma preocupação mundial de valorizar a paz entre os povos e entre os indivíduos:

De século para século, menos dificuldade encontra o homem para pensar sem peias e, a cada geração que surge, mais amplas se tornam as garantias individuais no que tange à inviolabilidade do foro íntimo.

[...]

Nas dissensões religiosas, as chamas das fogueiras foram substituídas pelas luzes do esclarecimento, e na catequese filosófica ou política, estejamos certos, daqui para o futuro, buscar-se-á empregar, cada vez mais, a força da persuasão em vez da imposição pela força.[87]

REFERÊNCIAS

74 CALLIGARIS, Rodolfo. *As leis morais*. 15. ed. 5. imp. Brasília: FEB, 2016. cap. 34 – *A Lei de Liberdade*.

75 KARDEC, Allan. *O livro dos espíritos*. Trad. Guillon Ribeiro. 93. ed. 9. imp. (Edição Histórica). Brasília: FEB, 2019. q. 826.

76 _____. _____. q. 833.

77 XAVIER, Francisco Cândido. *Pensamento e vida*. Pelo Espírito Emmanuel. 19. ed. 4. imp. Brasília: FEB, 2016. cap. 1 – *O espelho da vida*.

78 _____. _____.

79 KARDEC, Allan. *O livro dos espíritos*. Trad. Guillon Ribeiro. 93. ed. 9. imp. (Edição Histórica). Brasília: FEB, 2019. q. 835.

80 DENIS, Léon. *O problema do ser, do destino e da dor*. 32. ed. 11. imp. Brasília: FEB, 2019. 3ª pt. As Potências da Alma, cap. 21 – *A consciência. O sentido íntimo*.

81 KARDEC, Allan. *O livro dos espíritos*. Trad. Guillon Ribeiro. 93. ed. 9. imp. (Edição Histórica). Brasília: FEB, 2019. q. 837.

82 _____. _____. Comentário de Kardec à q. 840.

83 _____. _____. q. 841.

84 _____. _____.

85 _____. _____. Comentário de Kardec à q. 829.

86 _____. _____. q. 830

87 CALLIGARIS, Rodolfo. *As leis morais*. 15. ed. 5. imp. Brasília: FEB, 2016. cap. 34 – *A Lei de Liberdade*.

ANEXO 1

Modelo de construção de acróstico:

> » Palavra-guia: Deus

Referência: *O livro dos espíritos*, questões 1, 4 a 9.

> » Acróstico:

Donde vem o sentimento instintivo da existência de um Criador Supremo?

Este sentimento, escrito na nossa consciência, se origina no axioma: não há efeito sem causa.

Unidos pela força dessa informação, percebemos que, para crer-se em Deus, basta se lance o olhar sobre as obras da Criação.

Sendo assim – esclarece o Espiritismo –, se o poder de uma inteligência se julga pelas suas obras, *Deus é a inteligência suprema, causa primária de todas as coisas.*

ANEXO 2

A SUBCONSCIÊNCIA

Há, sim, a inconsciência prodigiosa
Que guarda pequeninas ocorrências
De todas as vividas existências
Do Espírito que sofre, luta e goza.

Ela é a registradora misteriosa
Do subjetivismo das essências,
Consciência de todas as consciências,
Fora de toda a sensação nervosa.

Câmara da memória independente,
Arquiva tudo rigorosamente
Sem massas cerebrais organizadas,

Que o neurônio oblitera por momentos,
Mas que é o conjunto dos conhecimentos
Das nossas vidas estratificadas.

AUGUSTO DOS ANJOS

FONTE: XAVIER, Francisco Cândido. *Parnaso de além-túmulo*. 19. ed. 4. imp. Brasília: FEB, 2016.

ROTEIRO 2

LIVRE-ARBÍTRIO E RESPONSABILIDADE

1 OBJETIVOS ESPECÍFICOS

» Refletir sobre o conceito de livre-arbítrio.

» Analisar a relação entre livre-arbítrio e responsabilidade.

2 CONTEÚDO BÁSICO

» *Tem o homem o livre-arbítrio de seus atos?* "Pois que tem a liberdade de pensar, tem igualmente a de obrar. Sem o livre-arbítrio, o homem seria máquina." (Allan Kardec, *O livro dos espíritos*, q. 843).

» *O livre-arbítrio é* [...] a faculdade que tem o indivíduo de determinar a sua própria conduta, *ou, em outras palavras, a possibilidade que ele tem de,* entre duas ou mais razões suficientes de querer ou de agir, escolher uma delas e fazer que prevaleça sobre as outras. (Rodolfo Calligaris, *As leis morais*, cap. 35 – O livre-arbítrio).

» *A liberdade e a responsabilidade são correlativas no ser e aumentam com sua elevação; é a responsabilidade do homem que faz sua dignidade e moralidade. Sem ela, não seria ele mais do que um autômato, um joguete das forças ambientes: a noção de moralidade é inseparável da de liberdade.*

A responsabilidade é estabelecida pelo testemunho da consciência, que nos aprova ou censura segundo a natureza de nossos atos. [...]

Se a liberdade humana é restrita, está pelo menos em via de perfeito desenvolvimento, porque o progresso não é outra coisa mais do que a extensão do livre-arbítrio no indivíduo e na coletividade. [...] *O livre-arbítrio é, pois, a expansão da personalidade e da consciência.*

Para sermos livres é necessário querer sê-lo e fazer esforço para vir a sê-lo, libertando-nos da escravidão da ignorância e das paixões baixas, substituindo o império das sensações e dos instintos pelo da razão. (Léon Denis, *O problema do ser, do destino e da dor*, 3ª pt., cap. 22 – *O livre-arbítrio*).

3 SUGESTÕES DIDÁTICAS

3.1 SUGESTÃO 1:

Introdução

Fazer breve exposição do tema do estudo, tendo como referência os objetivos deste Roteiro. Orientar-se pelas seguintes informações, retiradas dos subsídios:

» O livre-arbítrio é a faculdade que tem o indivíduo de determinar a sua própria conduta.

» O homem tem livre-arbítrio de seus atos porque tem liberdade de pensar e de obrar. Sem o livre-arbítrio, o homem seria uma máquina.

» O direito natural de liberdade está atrelado ao de responsabilidade, ou seja, quanto mais livre é o indivíduo, mais responsável ele é.

Desenvolvimento

Em seguida, pedir aos participantes que se organizem em dois grupos, entregando-lhes um *kit* composto de: folhas de papel, lápis ou caneta e cartões com 3 ou 4 figuras impressas (ver exemplos no Anexo).

Propor-lhes que construam, coletivamente, uma história, incluindo a relação do livre-arbítrio com a responsabilidade e buscando inspiração nas figuras que lhes foram entregues. Para tanto, seguir as seguintes orientações:

1) ater-se ao tema e aos objetivos do Roteiro, assim como às ideias desenvolvidas na exposição inicial;

2) consultar os subsídios e o facilitador, se necessário;

3) escrever a história, de forma objetiva;

4) escolher um colega para narrar a história, em nome do grupo.

Ouvir as histórias criadas pelos grupos, acrescentando comentários pertinentes.

Conclusão

Fazer o fechamento do estudo, utilizando as Referências 5 e 6, de Emmanuel e Léon Denis, respectivamente.

Avaliação

O estudo será considerado satisfatório se as histórias construídas pelos grupos guardarem efetiva relação com o tema e com os objetivos deste Roteiro.

Técnica(s): exposição; construindo uma história.

Recurso(s): recursos visuais; figuras impressas; Roteiro para o trabalho em grupo; histórias construídas pelos participantes.

3.2 SUGESTÃO 2:

Introdução

Iniciar os estudos apresentando a definição de livre-arbítrio:

LIVRE-ARBÍTRIO: vontade própria; domínio ou poder absoluto. (*Minidicionário da língua portuguesa*. Instituto Antônio Houaiss. Objetiva).

Em seguida, apresentar a seguinte questão para reflexão e comentário

Tem o homem o livre-arbítrio de seus atos?

Ouvir os comentários dos participantes, e, em seguida, fazer a leitura da questão 843 de *O livro dos espíritos*:

> *Tem o homem o livre-arbítrio de seus atos?*
> "Pois que tem a liberdade de pensar, tem igualmente a de obrar. Sem o livre--arbítrio, o homem seria máquina."

Desenvolvimento

Ouvir o comentário da grupo e propor a leitura oral e comentada do subsídio do Roteiro, seguida de discussão circular:

» *Qual a definição de livre-arbítrio segundo a Doutrina Espírita?*

» *Qual a relação entre livre-arbítrio e responsabilidade?*

Nesse momento, o facilitador esclarece dúvidas e complementa informações enriquecendo a discussão, destacando pontos importantes da relação entre livre-arbítrio e responsabilidade.

Propor a seguinte reflexão individual (não há a necessidade de comentário):

Qual a minha compreensão de responsabilidade e livre-arbítrio? Levo em conta o meu semelhante?

Conclusão

Fazer o fechamento do estudo, utilizando as Referências 5 e 6, de Emmanuel e Léon Denis, respectivamente.

Avaliação

O estudo será considerado satisfatório se as ideias dos participantes refletirem entendimento do assunto.

Técnica(s): explosão de ideias; discussão circular.

Recurso(s): subsídios da apostila, vídeo.

4 SUBSÍDIOS

> *O livre-arbítrio é* [...] a faculdade que tem o indivíduo de determinar a sua própria conduta, *ou, em outras palavras, a possibilidade que ele tem de,* entre duas ou mais razões suficientes de querer ou de agir, escolher uma delas e fazer que prevaleça sobre as outras.[88]

O livre-arbítrio é a condição básica para que a pessoa programe a sua vida e construa o seu futuro, entendendo, porém, que os direitos, limitações e capacidades individuais devem ser respeitados pelas regras da vida em sociedade. A pessoa percebe, instintivamente, os limites da sua liberdade, uma vez que, intrinsecamente livre, criado por Deus para ser feliz, o homem traz na própria consciência a compreensão desses limites.

O direito natural de liberdade está atrelado ao de responsabilidade, ou seja, quanto mais livre é o indivíduo, mais responsável ele é. A responsabilidade produz o amadurecimento do Espírito ao longo das experiências vividas nos planos material e espiritual. As noções de responsabilidade são observadas, inicialmente, no cumprimento dos deveres sociais e morais para consigo mesmo e para com o próximo em geral. À medida que aprende a associar as noções de liberdade e de responsabilidade, a pessoa melhor exercita o seu livre-arbítrio, sendo impulsionada por um sentimento superior, que lhe permite desenvolver ações de amor ao próximo.

O ser humano responsável sabe, na verdade, dosar os próprios limites, entendendo que a sua liberdade termina onde começa a do próximo. O homem tem livre-arbítrio de seus atos porque tem a liberdade de pensar e de obrar. "[...] *Sem o livre-arbítrio, o homem seria uma máquina*",[89] não teria responsabilidade pelo mal que praticasse, nem mérito pelo bem que fizesse. O livre-arbítrio que considera a Lei de Liberdade e o senso de responsabilidade, habilita o Espírito a agir equilibradamente nas diferentes situações do cotidiano.

Deus nos deu a liberdade e o livre-arbítrio como instrumentos de felicidade. A liberdade nos é concedida para que possamos ter uma visão mais lúcida de nós mesmos e das demais pessoas, de forma a discernir que papel devemos exercer na sociedade, quais são os nossos limites e possibilidades, assim como os dos semelhantes.

Devemos considerar que

> *Há liberdade de agir, desde que haja vontade de fazê-lo. Nas primeiras fases da vida, quase nula é a liberdade, que se desenvolve e muda de objeto com o desenvolvimento das faculdades. Estando seus pensamentos em concordância com o que a sua idade reclama, a criança aplica o seu livre-arbítrio àquilo que lhe é necessário.*[90]

A criança, sendo menos livre em razão de suas limitações naturais é, consequentemente, menos responsável pelos próprios atos. O adulto é considerado responsável pelos seus atos e suas atitudes porque suas faculdades orgânicas e psíquicas estão desenvolvidas, devendo, desta forma, assumir as consequências das ações praticadas.

Não podemos deixar de considerar, entretanto, que o processo de amadurecimento espiritual é gradual, estando diretamente subordinado à lei do esforço próprio. As nossas imperfeições espirituais refletem o nosso estado evolutivo. Nesse sentido, os orientadores espirituais nos esclarecem que

> *As predisposições instintivas são as do Espírito antes de encarnar. Conforme seja este mais ou menos adiantado, elas podem arrastá-lo à prática de atos repreensíveis, no que será secundado pelos Espíritos que simpatizam com essas disposições. Não há, porém, arrastamento irresistível, uma vez que se tenha a vontade de resistir [...].*[91]

> *O Espírito que, de algum modo, já armazenou certos valores educativos, é convocado para esse ou aquele trabalho de responsabilidade junto de outros seres em provação rude, ou em busca de conhecimentos para a aquisição da liberdade. Esse trabalho deve ser levado a efeito na linha reta do bem, de modo que [...] seja o bom cooperador de seu Pai Supremo, que é Deus. O administrador de*

uma instituição, o chefe de uma oficina, o escritor de um livro, o mestre de uma escola, têm a sua parcela de independência para colaborar na obra divina, e devem retribuir a confiança espiritual que lhes foi deferida. Os que se educam e conquistam direitos naturais, inerentes à personalidade, deixam de obedecer, de modo absoluto, no determinismo da evolução, porquanto estarão aptos a cooperar no serviço das ordenações, podendo criar as circunstâncias para a marcha ascensional de seus subordinados ou irmãos em humanidade, no mecanismo de responsabilidade da consciência esclarecida.[92]

Em suma, pode dizer-se que

> A liberdade e a responsabilidade são correlativas no ser e aumentam com sua elevação; é a responsabilidade do homem que faz sua dignidade e moralidade. Sem ela, não seria ele mais do que um autômato, um joguete das forças ambientes: a noção de moralidade é inseparável da de liberdade.
>
> A responsabilidade é estabelecida pelo testemunho da consciência, que nos aprova ou censura segundo a natureza de nossos atos. [...]
>
> Se a liberdade humana é restrita, está pelo menos em via de perfeito desenvolvimento, porque o progresso não é outra coisa mais do que a extensão do livre-arbítrio no indivíduo e na coletividade. [...] O livre-arbítrio é, pois, a expansão da personalidade e da consciência. Para sermos livres é necessário querer sê-lo e fazer esforço para vir a sê-lo, libertando-nos da escravidão da ignorância e das paixões baixas, substituindo o império das sensações e dos instintos pelo da razão.[93]

REFERÊNCIAS

[88] CALLIGARIS, Rodolfo. *As leis morais*. 15. ed. 5. imp. Brasília: FEB, 2016. cap. 35 – *O livre-arbítrio*.

[89] KARDEC, Allan. *O livro dos espíritos*. Trad. Guillon Ribeiro. 93. ed. 9. imp. (Edição Histórica). Brasília: FEB, 2019. q. 843.

[90] _____._____. q. 844.

[91] _____._____. q. 845.

[92] XAVIER, Francisco Cândido. *O consolador*. 29. ed. 11. imp. Brasília: FEB, 2020. q. 134.

[93] DENIS, Léon. *O problema do ser, do destino e da dor*. 32. ed. 11. imp. Brasília: FEB, 2019. 3ª pt. As Potências da Alma, cap. 22 – *O livre-arbítrio*.

ROTEIRO 2 – Livre-arbítrio e responsabilidade

ANEXO

Exemplos de figuras para a construção coletiva de história:

ROTEIRO 3

LIVRE-ARBÍTRIO E FATALIDADE

1 OBJETIVOS ESPECÍFICOS

» Refletir sobre o conceito de fatalidade.

» Analisar a relação entre o livre-arbítrio e a fatalidade.

2 CONTEÚDO BÁSICO

» *Haverá fatalidade nos acontecimentos da vida, conforme o sentido que se dá a este vocábulo? Quer dizer: todos os acontecimentos são predeterminados? E, neste caso, que vem a ser do livre-arbítrio?* "A fatalidade existe unicamente pela escolha que o Espírito fez, ao encarnar, desta ou daquela prova para sofrer. Escolhendo-a, instituiu para si uma espécie de destino, que é a consequência mesma da posição em que vem a achar-se colocado. Falo das provas físicas, pois, pelo que toca às provas morais e às tentações, o Espírito, conservando o livre-arbítrio quanto ao bem e ao mal, é sempre senhor de ceder ou de resistir [...]" (Allan Kardec, *O livro dos espíritos*, q. 851).

» *A questão do livre-arbítrio se pode resumir assim: O homem não é fatalmente levado ao mal; os atos que pratica não foram previamente determinados; os crimes que comete não resultam de uma sentença do destino. Ele pode, por prova e por expiação, escolher uma existência em que seja arrastado ao crime, quer pelo meio em que se ache colocado, quer pelas circunstâncias que sobrevenham, mas será sempre livre de agir ou não agir. Assim, o livre-arbítrio existe para ele, quando no estado de Espírito, ao fazer a escolha da existência e das provas e, como encarnado, na faculdade de ceder ou de resistir aos arrastamentos a que todos nos temos voluntariamente submetido [...]*

[...]

Contudo, a fatalidade não é uma palavra vã. Existe na posição que o homem ocupa na Terra e nas funções que aí desempenha, em consequência do gênero de vida que seu Espírito escolheu como prova, expiação ou missão. Ele sofre fatalmente todas as vicissitudes dessa existência e todas as tendências boas ou más, que lhe são inerentes.
[...]

Há fatalidade, portanto, nos acontecimentos que se apresentam, por serem estes consequência da escolha que o Espírito fez da sua existência de homem. Pode deixar de haver fatalidade no resultado de tais acontecimentos, visto ser possível ao homem, pela sua prudência, modificar-lhes o curso [...] (Allan Kardec, O livro dos espíritos, q. 872).

3 SUGESTÕES DIDÁTICAS

3.1 SUGESTÃO 1:

Introdução

Retomar, rapidamente, o assunto do Roteiro 2 – Livre-arbítrio e responsabilidade, comentando as seguintes palavras do escritor e teatrólogo irlandês George Bernard Shaw (1856–1950), Prêmio Nobel de Literatura, em 1925:

» *Liberdade significa responsabilidade. Por esta razão a maioria dos homens a teme.*

Desenvolvimento

Dividir, em seguida, os participantes em duplas, entregando a cada um tiras de papel com frases sobre o tema do Roteiro 3 – Livre-arbítrio e fatalidade (ver Anexo).

Pedir para as duplas que façam leitura da frase recebida, interpretando as ideias expressas pelo autor. Pedir-lhes também que escrevam, no verso da tira de papel, a interpretação que deram à frase.

Concluída a atividade, ouvir a leitura das frases e as respectivas interpretações.

Desenvolver um debate geral, destacando:

1) o conceito de fatalidade sob o ponto de vista espírita (ver *O livro dos espíritos*, q. 851 e 866);

2) as relações existentes entre livre-arbítrio e a fatalidade (ver q. 872 de *O livro dos espíritos*, e q. 131 de *O consolador*).

Conclusão

Citar exemplos – retirados de livros, jornais ou revistas – que ilustrem o conceito espírita de fatalidade, isto é, provas ou expiações que o Espírito deva passar, previamente estipuladas no planejamento reencarnatório.

Avaliação

O estudo será considerado satisfatório se as duplas interpretarem corretamente as frases e o grupo participar do debate.

Técnica(s): exposição; estudo em duplas; debate.

Recurso(s): tiras de papel com frases sobre livre-arbítrio e fatalidade; exemplos de livros, jornais ou revistas.

3.2 SUGESTÃO 2:

Introdução

Iniciar os estudos apresentando a definição de fatalidade:

FATALIDADE: destino inevitável; fatalismo. (*Minidicionário da língua portuguesa*. Instituto Antônio Houaiss. Objetiva).

Convidar os participantes para comentários.

Desenvolvimento

Em seguida, dividir os participantes em trios e pedir que façam a leitura e comentem entre eles as questões 851, 852 e 866 de *O livro dos espíritos* (o ideal é que todos tenham a obra em mãos ou a cópia das questões).

Após o trabalho dos grupos iniciar uma discussão circular:

» *Como definir fatalidade segundo a Doutrina Espírita?*

» *Qual a relação entre livre-arbítrio e fatalidade?*

» *Como entender "destino" segundo a Doutrina Espírita?*

Nesse momento, o facilitador esclarece dúvidas e complementa informações enriquecendo a discussão, destacando pontos importantes do assunto com base nos subsídios do Roteiro e nas questões de *O livro dos espíritos*.

Propor a seguinte reflexão individual (não há a necessidade de comentário):

Como conduzo meu "destino", analisando minhas escolhas ou deixando as coisas acontecerem?

Conclusão

Citar exemplos – retirados de livros, jornais ou revistas – que ilustrem o conceito espírita de fatalidade, isto é, provas ou expiações que o Espírito deva passar, previamente estipuladas no planejamento reencarnatório.

Avaliação

O estudo será considerado satisfatório se as ideias dos participantes refletirem entendimento do assunto.

Técnica(s): explosão de ideias; estudo em grupo; discussão circular.

Recurso(s): exemplos de livros, jornais ou revistas; *O livro dos espíritos*.

Atividade de preparação para o próximo encontro de estudo – Sugestão 3.2:

Esta atividade pode ser proposta a um grupo pequeno de participantes ou pesquisa livre para todos:

» Leitura do capítulo 20 – *Maria de Magdala* do livro *Boa nova*.

» Destacar pontos importantes: mudança de pensamentos, sentimentos e em consequência de vida.

» Leitura dos subsídios do Roteiro.

4 SUBSÍDIOS

A Doutrina Espírita ensina que

> *A fatalidade existe unicamente pela escolha que o Espírito fez, ao encarnar, desta ou daquela prova para sofrer. Escolhendo-a, instituiu para si uma espécie de destino, que é a consequência mesma da posição em que vem a achar-se colocado* [...].[94]

Essas provas planejadas são de natureza física (deficiências no corpo físico, doenças, limitações financeiras etc.),

> [...] *pois, pelo que toca às provas morais e às tentações, o Espírito, conservando o livre-arbítrio quanto ao bem e ao mal, é sempre senhor de ceder ou de resistir. Ao vê-lo fraquear, um bom Espírito pode vir-lhe em auxílio, mas não pode influir sobre ele de maneira a dominar-lhe a vontade* [...].[95]

As doutrinas que pregam a existência de um fatalismo comandando a vida da pessoa em todos os sentidos, do nascimento à morte, ensinam

> [...] que todos os acontecimentos estão previamente fixados por uma causa sobrenatural, cabendo ao homem apenas o regozijar-se, se favorecido com uma boa sorte, ou resignar-se, se o destino lhe for adverso.
>
> Os predestinacionistas baseiam-se na soberania da graça divina, ensinando que desde toda a eternidade algumas almas foram predestinadas a uma vida de retidão e, depois da morte, à bem-aventurança celestial, enquanto outras foram de antemão marcadas para uma vida reprovável e, consequentemente, precondenadas às penas eternas do inferno. Se Deus regula, antecipadamente, todos os atos e todas as vontades de cada indivíduo – argumentam –, como pode este indivíduo ter liberdade para fazer ou deixar de fazer o que Deus terá decidido que ele venha a fazer?[96]

Os deterministas, a seu turno, sustentam que as ações e a conduta do indivíduo, longe de serem livres, dependem integralmente de uma série de contingências a que ele não pode furtar-se, como os costumes, o caráter e a índole da raça a que pertença; o clima, o solo e o meio social em que viva; a educação, os princípios religiosos e os exemplos que receba; além de outras circunstâncias não menos importantes, quais o regime alimentar, o sexo, as condições de saúde etc.[97]

Essas doutrinas, como se vê, reduzem o homem a simples autômato, sem mérito nem responsabilidade.

O Espiritismo nos apresenta ensinamentos mais concordantes com a justiça, bondade e misericórdia divinas. A fatalidade é entendida como um produto do livre-arbítrio, cujos acontecimentos resultam de escolhas previamente definidas, na maioria das vezes, no Plano Espiritual. Essas escolhas refletem sempre a necessidade de progresso espiritual, e podem ser modificadas segundo o livre-arbítrio da pessoa, ou replanejadas, em se considerando o benefício que pode resultar para alguém. Na verdade, o planejamento reencarnatório é flexível, adaptado às circunstâncias e aos resultados esperados. É por esta razão que os Espíritos Superiores afirmam: "[...] *A fatalidade, verdadeiramente, só existe quanto ao momento em que deveis aparecer e desaparecer deste mundo*".[98] Afastada, nesta situação, a hipótese do suicídio – sempre vista como uma transgressão à Lei Divina –, não devemos temer qualquer perigo que ameace a nossa integridade física, porque não pereceremos se a nossa hora não tiver chegado. Porém, é oportuno destacar que, pelo fato de ser infalível a hora da morte, não se deve deduzir que sejam inúteis as precauções para evitá-la. O fato de o homem pressentir que a sua vida corre perigo constitui um aviso dos bons Espíritos para que se desvie do mal e reprograme seus atos.

Existem pessoas que parecem ser perseguidas por uma fatalidade, independentemente da maneira como procedem. Neste caso, são provas que, escolhidas anteriormente, aconteceriam de qualquer forma. No entanto, devemos considerar a hipótese de que tais provações reflitam apenas as consequências de faltas cometidas em razão de atos impensados, na atual existência.

O exercício do livre-arbítrio, tendo em vista a nossa felicidade espiritual, é uma tarefa árdua que devemos persistir sem desânimo.

> – A luta e o trabalho são tão imprescindíveis ao aperfeiçoamento do Espírito, como o pão material é indispensável à manutenção do corpo físico. É trabalhando e lutando, sofrendo e aprendendo, que a alma adquire as experiências necessárias na sua marcha para a perfeição.[99]

Nunca há fatalidade nas opções morais, pois uma decisão pessoal infeliz não deve ser vista como uma má-sorte ou como imposição de Deus aos seus filhos. Esta é a razão de os Espíritos Superiores nos afirmarem:

> [...] Ora, aquele que delibera sobre uma coisa é sempre livre de fazê-la, ou não. Se soubesse previamente que, como homem [encarnado], teria que cometer um crime, o Espírito estaria a isso predestinado. Ficai, porém, sabendo que ninguém há predestinado ao crime e que todo crime, como qualquer outro ato, resulta sempre da vontade e do livre-arbítrio.[100]

Em suma, a fatalidade que parece presidir aos destinos, é resultante de escolhas estipuladas no nosso planejamento reencarnatório e do nosso livre-arbítrio nas ações cotidianas. Dessa forma, atentos à orientação que um dos Espíritos da Codificação nos dá:

> Tu mesmo escolheste a tua prova. Quanto mais rude ela for e melhor a suportares, tanto mais te elevarás. Os que passam a vida na abundância e na ventura humana são Espíritos pusilânimes, que permanecem estacionários. Assim, o número dos desafortunados é muito superior ao dos felizes deste mundo, atento que os Espíritos, na sua maioria, procuram as provas que lhes sejam mais proveitosas. [...] Acresce que a mais ditosa existência é sempre agitada, sempre perturbada, quando mais não seja, pela ausência da dor.[101]

REFERÊNCIAS

[94] KARDEC, Allan. *O livro dos espíritos*. Trad. Guillon Ribeiro. 93. ed. 9. imp. (Edição Histórica). Brasília: FEB, 2019. q. 851.

[95] _____. _____.

96 CALLIGARIS, Rodolfo. *As leis morais*. 15. ed. 5. imp. Brasília: FEB, 2016. cap. 35 – *O livre-arbítrio*.
97 _____. _____.
98 KARDEC, Allan. *O livro dos espíritos*. Trad. Guillon Ribeiro. 93. ed. 9. imp. (Edição Histórica). Brasília: FEB, 2019. q. 859.
99 XAVIER, Francisco Cândido. *O consolador*. Pelo Espírito Emmanuel. 29. ed. 11. imp. Brasília: FEB, 2020. q. 131.
100 KARDEC, Allan. *O livro dos espíritos*. Trad. Guillon Ribeiro. 93. ed. 9. imp. (Edição Histórica). Brasília: FEB, 2019. q. 861.
101 _____. _____. q. 866.

ANEXO

Pensamentos sobre livre-arbítrio e fatalidade:

O homem "[...] que tem a liberdade de pensar, tem igualmente a de obrar. Sem o livre-arbítrio, seria máquina" – Allan Kardec. (*O livro dos espíritos*, q. 843).

"[...] A existência de cada homem é resultante de seus atos e pensamentos" –Humberto de Campos (*Palavras do infinito*, cap. *O elemento dominante*).

"O livre-arbítrio não é absoluto, mas sim relativo – relativo à posição ocupada pelo homem na escala dos valores espirituais" – Martins Peralva (*O pensamento de Emmanuel*, cap. 32 – *Espiritismo e livre-arbítrio*).

"O único homem que nunca comete erros é aquele que nunca faz coisa alguma. Não tenha medo de errar, pois você aprenderá a não cometer duas vezes o mesmo erro." – Roosevelt

"O futuro do homem não está nas estrelas, mas sim na sua vontade." – Shakespeare

"Nenhum vento sopra a favor de quem não sabe para onde ir." – Sêneca

"As enfermidades são os resultados não só dos nossos atos como também dos nossos pensamentos." – Ghandi

"[...] Não há fatalidade para o mal e sim destinação para o bem. É por isso que a todas as criaturas foi concedida a bênção da razão, como luz consciencial no caminho." – Emmanuel (*Nosso livro*, Espíritos diversos, cap. *O destino*).

"Uma coisa posso afirmar e provar com palavras e atos: é que nos tornamos melhores se cremos que é nosso dever seguir em busca da verdade desconhecida." – Sócrates

"[...] O homem não é fatalmente levado ao mal; os atos que pratica não foram previamente determinados; os crimes que comete não resultam de uma sentença do destino [...]" – Allan Kardec, (*O livro dos espíritos*, q. 872).

ROTEIRO 4

LEI DE CAUSA E EFEITO

1 OBJETIVOS ESPECÍFICOS

» Refletir sobre o livre-arbítrio e a Lei de Causa e Efeito.

» Analisar o princípio de ação e reação, segundo o entendimento espírita.

2 CONTEÚDO BÁSICO

» *Sendo infinita a Justiça de Deus, o bem e o mal são rigorosamente considerados, não havendo uma só ação, um só pensamento mau que não tenha consequências fatais, como não há uma única ação meritória, um só bom movimento da alma que se perca [...]* (Allan Kardec, O céu e o inferno, 1ª pt., cap. 7, 8º Código penal da vida futura).

» *Toda falta cometida, todo mal realizado, é uma dívida contraída que deverá ser paga; se o não for em uma existência, sê-lo-á na seguinte ou seguintes, porque todas as existências são solidárias entre si. Aquele que se quita numa existência não terá necessidade de pagar segunda vez.* (Allan Kardec, O céu e o inferno, 1ª pt., cap. 7, 9º Código penal da vida futura).

» *De duas espécies são as vicissitudes da vida, ou, se o preferirem, promanam de duas fontes diferentes, que importa distinguir. Umas têm sua causa na vida presente; outras, fora desta vida.*

Remontando-se à origem dos males terrestres, reconhecer-se-á que muitos são consequência natural do caráter e do proceder dos que os suportam. (Allan Kardec, O evangelho segundo o espiritismo, cap. 5, it. 4).

3 SUGESTÕES DIDÁTICAS

3.1 SUGESTÃO 1:

Introdução

Realizar breve introdução do assunto, de forma que fique explicado o entendimento espírita a respeito:

a) da Lei de Causa e Efeito;

b) da diferença existente entre a Lei de Causa e Efeito, propriamente dita, e a pena de Talião, do "dente por dente" e "olho por olho" (ver no Anexo desse Roteiro a poesia *Causa e Efeito*, Silva Ramos, retirada do livro *Poetas redivivos*).

Desenvolvimento

Em seguida, solicitar aos participantes que se organizem em três grupos para, respectivamente, ler os relatos dos casos nos subsídios desse Roteiro:

a) item 4.1 – 1º caso – Verdugo e vítima;

b) item 4.2 – 2º caso – Dívida agravada;

c) item 4.3 – 3º caso – Dívida e resgate;

d) item 4.4 – 4º caso – O assassino Lemaire.

Pedir aos grupos que troquem ideias sobre o assunto lido, realizando depois a tarefa que se segue:

1) fazer uma sinopse ou esquema dos principais pontos, classificados como perdas e como benefícios, no que se refere à manifestação da Lei de Causa e Efeito na vida dos personagens;

2) destacar, nos pontos classificados, em que há infração à Lei de Liberdade e em que está manifestada a Justiça e Bondade Divinas;

3) indicar relatores para apresentar, em plenária, as conclusões do estudo do caso, orientando-se pelos seguintes passos:

a) um colega relata o caso resumidamente, em plenária;

b) outro participante expõe sobre os pontos classificados como perdas e benefícios;

c) um terceiro relator destaca, nos pontos classificados, infrações à Lei de Liberdade e manifestações da Justiça e Bondade Divinas.

Ouvir as conclusões dos grupos, esclarecendo possíveis dúvidas.

Observação: Colocar à disposição dos grupos: fita adesiva, papel pardo ou cartolina, pincéis atômicos de cores variadas para, se necessário, serem utilizados nas apresentações.

Conclusão

Explicar, ao final, o significado das palavras de Jesus (*Mateus*, 26:52): "[...] Mete a tua espada no seu lugar; porque todos os que lançarem mão da espada, à espada morrerão". Assim como as do Apóstolo Paulo (*Gálatas*, 6:7): "Não vos enganeis; Deus não se deixa escarnecer; pois tudo o que o homem semear, isso também ceifará".

Avaliação

O estudo será considerado satisfatório se os participantes realizarem corretamente o estudo de caso, seguindo as orientações recebidas.

Técnica(s): exposição; estudo de caso.

Recurso(s): subsídios do Roteiro; citações do Novo Testamento.

3.2 SUGESTÃO 2:

Introdução

Iniciar o estudo comentando sobre o livro *Boa nova* e as mensagens nele contidas.

Desenvolvimento

Fazer uma breve exposição dialogada sobre a Lei de Causa e Efeito, considerando os conteúdos que já foram estudados: liberdade de consciência; responsabilidade, livre-arbítrio e fatalidade, reencarnação, provas e expiações etc.

Em seguida, propor uma discussão circular acerca do estudo solicitado, na semana anterior, como atividade extrarreunião: capítulo 20 – *Maria de Magdala* do livro *Boa nova*:

» *Qual a maior mudança de Maria de Magdala?*

» *Quais as consequências percebidas na vida de Magdala após seu encontro com Jesus?*

» *Como avaliar a Lei de Causa e Efeito em sua trajetória?*

> Qual a relação entre: ação e reação; livre-arbítrio; fatalidade e destino?

> Posso minimizar minhas provas morais? etc.

Distribuir para a grupo os códigos, abaixo, que constam no Código penal da vida futura, Primeira parte, capítulo 7 – *As penas futuras segundo o Espiritismo* de *O céu e o inferno*:

13º código

A duração do castigo depende da melhoria do Espírito culpado.

Nenhuma condenação por tempo determinado lhe é prescrita. O que Deus exige por termo de sofrimentos é um melhoramento sério, efetivo, sincero, de volta ao bem.

Deste modo o Espírito é sempre o árbitro da própria sorte, podendo prolongar os sofrimentos pela pertinácia no mal, ou suavizá-los e anulá-los pela prática do bem.

Uma condenação por tempo predeterminado teria o duplo inconveniente de continuar o martírio do Espírito renegado, ou de libertá-lo do sofrimento quando ainda permanecesse no mal. Ora, Deus, que é justo, só pune o mal *enquanto existe*, e deixa de *o punir quando não existe mais*; por outra, o mal moral, sendo por si mesmo causa de sofrimento, fará este durar enquanto subsistir aquele, ou diminuirá de intensidade à medida que ele decresça.

16º código

O *arrependimento*, conquanto seja o primeiro passo para a regeneração, não basta por si só; são precisas a *expiação* e a *reparação*.

Arrependimento, *expiação* e *reparação* constituem, portanto, as três condições necessárias para apagar os traços de uma falta e suas consequências. O arrependimento suaviza os travos da expiação, abrindo pela esperança o caminho da reabilitação; *só a reparação, contudo, pode anular o efeito destruindo-lhe a causa. Do contrário, o perdão seria uma graça, não uma anulação.*

Fazer a leitura oral com participação do grupo nos comentários e reflexões.

Em seguida, pedir aos participantes que relacionem na história de Magdala os conceitos trazidos por Allan Kardec nesses dois itens.

Nesse momento, o facilitador esclarece dúvidas e complementa informações enriquecendo a discussão.

Propor a seguinte reflexão individual (não há a necessidade de comentário):

Minhas escolhas levam em conta as consequências que posso sofrer?

Conclusão

Fazer o fechamento do estudo lendo o 10° Código penal da vida futura, Primeira parte, capítulo 7 – *As penas futuras segundo o Espiritismo* de *O céu e o inferno*:

10° código

> O Espírito sofre, quer no mundo corporal, quer no espiritual, a consequência das suas imperfeições. As misérias, as vicissitudes padecidas na vida corpórea, são oriundas das nossas imperfeições, são expiações de faltas cometidas na presente ou em precedentes existências.
>
> Pela natureza dos sofrimentos e vicissitudes da vida corpórea, pode julgar-se a natureza das faltas cometidas em anterior existência, e das imperfeições que as originaram.

Avaliação

O estudo será considerado satisfatório se as ideias dos participantes refletirem entendimento do assunto.

Técnica(s): exposição dialogada; discussão circular; leitura oral.

Recurso(s): subsídios do Roteiro, *O céu e o inferno*.

4 SUBSÍDIOS

A "Lei de Ação e Reação", ou princípio de causa e efeito, está relacionada à Lei de Liberdade e à sábia manifestação da Justiça e Bondade Divinas.

Os atos praticados contra a Lei de Liberdade, própria ou alheia, nos conduzem à questão do livre-arbítrio, assim resumida:

> [...] *O homem não é fatalmente levado ao mal; os atos que pratica não foram previamente determinados; os crimes que comete não resultam de uma sentença do destino. Ele pode, por prova e por expiação, escolher uma existência em que seja arrastado ao crime, quer pelo meio onde se ache colocado, quer pelas circunstâncias que sobrevenham, mas será sempre livre de agir ou não agir. Assim, o livre-arbítrio existe para ele, quando no estado de Espírito, ao fazer a escolha da existência e das provas e, como encarnado, na faculdade de ceder ou de resistir aos arrastamentos a que todos nos temos voluntariamente submetido. Cabe à educação combater essas más tendências* [...].[102]

Devemos ressaltar que

> Sem o livre-arbítrio, o homem não teria nem culpa por praticar o mal, nem mérito em praticar o bem. E isto a tal ponto está reconhecido que, no mundo, a censura ou o elogio são feitos à intenção, isto é, à vontade. Ora, quem diz vontade diz liberdade. Nenhuma desculpa poderá, portanto, o homem buscar, para os seus delitos, na sua organização física, sem abdicar da razão e da sua condição de ser humano, para se equiparar ao bruto [...].[103]

O homem possui o suficiente livre-arbítrio para tomar decisões, e, se

> [...] ele cede a uma sugestão estranha e má, em nada lhe diminui a responsabilidade, pois lhe reconhece o poder de resistir, o que evidentemente lhe é muito mais fácil do que lutar contra a sua própria natureza. Assim, de acordo com a Doutrina Espírita, não há arrastamento irresistível: o homem pode sempre cerrar ouvidos à voz oculta que lhe fala no íntimo, induzindo-o ao mal, como pode cerrá-los à voz material daquele que lhe fale ostensivamente [...].

> Essa teoria da causa determinante dos nossos atos ressalta, com evidência, de todo o ensino que os Espíritos hão dado. Não só é sublime de moralidade, mas também, acrescentaremos, eleva o homem aos seus próprios olhos. Mostra-o livre de subtrair-se a um jugo obsessor, como livre é de fechar sua casa aos importunos. Ele deixa de ser simples máquina, atuando por efeito de uma impulsão independentemente da sua vontade, para ser um ente racional, que ouve, julga e escolhe livremente de dois conselhos um. Aditemos que, apesar disto, o homem não se acha privado de iniciativa, não deixa de agir por impulso próprio, pois que, em definitivo, ele é apenas um Espírito encarnado que conserva, sob o envoltório corporal, as qualidades e os defeitos que tinha como Espírito. Conseguintemente, as faltas que cometemos têm por fonte primária a imperfeição do nosso próprio Espírito, que ainda não conquistou a superioridade moral que um dia alcançará, mas que, nem por isso, carece de livre-arbítrio [...].[104]

A Justiça e Bondade Divinas estão evidentes nas manifestações da Lei de Causa e Efeito.

> [...] desde que admita a existência de Deus, ninguém o pode conceber sem o infinito das perfeições. Ele necessariamente tem todo o poder, toda a justiça, toda a bondade, sem o que não seria Deus. Se é soberanamente bom e justo, não pode agir caprichosamente, nem com parcialidade. Logo, as vicissitudes da vida derivam de uma causa e, pois que Deus é justo, justa há de ser essa causa. Isso o de que cada um deve bem compenetrar-se [...].[105]

> Sendo infinita a Justiça de Deus, o bem e o mal são rigorosamente considerados, não havendo uma só ação, um só pensamento mau que não tenha consequências fatais, como não há uma única ação meritória, um só bom movimento da alma que se perca, mesmo para os mais perversos, por isso que constituem tais ações um começo de progresso.[106]

> *Se admitimos a Justiça de Deus, não podemos deixar de admitir que esse efeito tem uma causa; e se esta causa não se encontra na vida presente, deve achar-se antes desta, porque em todas as coisas a causa deve preceder ao efeito; há, pois, necessidade de a alma já ter vivido, para que possa merecer uma expiação.*[107]

A expiação é, assim, a manifestação da Lei de Causa e Efeito em decorrência de faltas anteriormente cometidas. Dessa forma, "Toda falta cometida, todo mal realizado é uma dívida contraída que deverá ser paga [...]".[108]

> *O Espírito sofre, quer no mundo corporal, quer no espiritual, a consequência das suas imperfeições. As misérias, as vicissitudes padecidas na vida corpórea, são oriundas das nossas imperfeições.*[109]

> *O fato de haver uma relação de causalidade nos problemas, doenças e dores que enfrentamos – consequência de nossas ações – não significa que as causas estejam necessariamente em vidas anteriores.*

> *Muitos males que nos afligem têm origem em nosso comportamento na vida atual.*

> *E há enfermidades, limitações e deficiências físicas que são decorrentes de mau uso, isto é, usamos mal o corpo e lhe provocamos estragos.*

> *[...]*

> *Isso acontece particularmente com vícios e indisciplinas que geram graves problemas de saúde.*[110]

Por esta razão, ensinam os Espíritos Superiores:

> *De duas espécies são as vicissitudes da vida, ou, se o preferirem, promanam de duas fontes diferentes, que importa distinguir. Umas têm sua causa na vida presente; outras, fora desta vida.*

> *Remontando-se à origem dos males terrestres, reconhecer-se-á que muitos são consequência natural do caráter e do proceder dos que os suportam.*[111]

> *[...] É na vida corpórea que o Espírito repara o mal de anteriores existências, pondo em prática resoluções tomadas na Vida Espiritual. Assim se explicam as misérias e vicissitudes da vida mundana que, à primeira vista, parecem não ter razão de ser. Justa são elas, no entanto, como espólio do passado [...].*[112]

> *A quem, então, há de o homem responsabilizar por todas essas aflições, senão a si mesmo? O homem, pois, em grande número de casos, é o causador de seus próprios infortúnios; mas, em vez de reconhecê-lo, acha mais simples, menos humilhante para sua vaidade acusar a sorte, a Providência, a má fortuna, a má estrela, ao passo que a má estrela é apenas a sua incúria.*[113]

> *O conhecimento da Lei de Causa e Efeito nos permite compreender, em plenitude, a justiça perfeita de Deus.*

> *Sentimos que tudo tem uma razão de ser, que nada acontece por acaso.*

> *Males e sofrimentos variados que enfrentamos estão relacionados com o nosso passado [recente ou remoto].*
>
> *É a conta a pagar.*
>
> *Mas há outro aspecto,* muito importante:
>
> *Se a dor é a moeda pela qual resgatamos o passado, Deus nos oferece abençoada alternativa – o Bem.*
>
> *Todo esforço em favor do próximo amortiza nossos débitos, tornando mais suave o resgate.*[114]

Em *Mateus*, 26:47 a 52, encontramos referências ao princípio de ação e reação:

> *E estando ele ainda a falar, eis que veio Judas, um dos doze, e com ele grande multidão com espadas e varapaus, vinda da parte dos principais sacerdotes e dos anciãos do povo. Ora, o que o traía lhes dava um sinal, dizendo: Aquele que eu beijar, esse é: prendei-o. E logo, aproximando-se de Jesus, disse: Salve, Rabi. E o beijou. Jesus, porém, lhe disse: Amigo, a que vieste? Nisto, aproximando-se eles, lançaram mão de Jesus, e o prenderam. E eis que um dos que estavam com Jesus, estendendo a mão, puxou da espada e, ferindo o servo do sumo sacerdote, cortou-lhe uma orelha. Então Jesus lhe disse: Mete a tua espada no seu lugar; porque todos os que lançarem mão da espada, à espada morrerão.*

Lucas informa que, em seguida, Jesus tocou a orelha do homem e a curou. O Apóstolo Paulo diz algo semelhante na *Epístola aos gálatas* (6:7): "Não vos enganeis; Deus não se deixa escarnecer; pois tudo o que o homem semear, isso também ceifará".

Vemos, assim, que

> *Há uma relação de causalidade entre o mal que praticamos e o mal que sofremos depois.*
>
> *O prejuízo que impomos ao semelhante é débito em nossa conta, na contabilidade divina.*[115]

Entretanto, é oportuno lembrar que não devemos confundir a Lei de Causa e Efeito com a pena de Talião ou com a legislação de Moisés, que preconizam "dente por dente" e "olho por olho". A Lei de Causa e Efeito, segundo o entendimento espírita, refere-se tanto à manifestação da justiça, bondade e misericórdia divinas quanto à necessidade evolutiva do ser humano de reparar erros cometidos, decorrentes das infrações cometidas contra a Lei de Liberdade.

> *Quando Jesus afirma que quem usa a espada com a espada perecerá, ou Paulo proclama que tudo o que semearmos colheremos, reportam-se ao fato de que*

receberemos de volta todo o mal que praticarmos, em sofrimentos correspondentes, *não necessariamente idênticos, o que equivaleria à sua perpetuação.*

[...]

As sanções divinas não dependem do concurso humano.

Todo prejuízo causado ao semelhante provocará desajustes em nosso corpo espiritual, o perispírito, os quais, nesta mesma existência ou em existências futuras, se manifestarão na forma de males redentores.[116]

A literatura espírita é rica de inúmeros exemplos sobre a Lei de Causa e Efeito. A título de ilustração, citaremos quatro casos.

4.1 – 1º CASO: VERDUGO E VÍTIMA[117]

O Espírito Irmão X nos conta a seguinte história:

O rio transbordava.

Aqui e ali, na crista espumosa da corrente pesada, boiavam animais mortos ou deslizavam toras e ramarias.

Vazantes em torno davam expansão ao crescente lençol de massa barrenta.

Famílias inteiras abandonavam casebres, sob a chuva, carregando aves espantadiças, quando não estivessem puxando algum cavalo magro.

Quirino, o jovem barqueiro, que vinte e seis anos de sol no sertão haviam enrijado de todo, ruminava plano sinistro.

Não longe, em casinhola fortificada, vivia Licurgo, conhecido usurário das redondezas.

Todos o sabiam proprietário de pequena fortuna a que montava guarda, vigilante.

Ninguém, no entanto, poderia avaliar-lhe a extensão, porque, sozinho, envelhecera e, sozinho, atendia às próprias necessidades.

"O velho" – dizia Quirino de si para consigo – "será atingido na certa. É a primeira vez que surge uma cheia como esta. Agarrado aos próprios haveres, será levado de roldão... E se as águas devem acabar com tudo, porque não me beneficiar? O homem já passou dos 70... Morrerá a qualquer hora. Se não for hoje, será amanhã, depois de amanhã... E o dinheiro guardado? Não poderia servir para mim, que estou moço e com pleno direito ao futuro?..."

O aguaceiro caía sempre, na tarde fria.

O rapaz, hesitante, bateu à porta da choupana molhada.

– Seu Licurgo! Seu Licurgo!...

E, ante o rosto assombrado do velhinho que assomara à janela, informou:

– Se o senhor não quer morrer, não demore. Mais um pouco de tempo e as águas chegarão. Todos os vizinhos já se foram...

– Não, não... – resmungou o proprietário –, moro aqui há muitos anos. Tenho confiança em Deus e no rio... Não sairei.

– Venho fazer-lhe um favor...

– Agradeço, mas não sairei.

Tomado de criminoso impulso, o barqueiro empurrou a porta mal fechada e avançou sobre o velho, que procurou em vão reagir.

– Não me mate, assassino!

A voz rouquenha, contudo, silenciou nos dedos robustos do jovem.

Quirino largou para um lado o corpo amolecido, como traste inútil, arrebatou pequeno molho de chaves do grande cinto e, em seguida, varejou todos os escaninhos...

Gavetas abertas mostravam cédulas mofadas, moedas antigas e diamantes, sobretudo diamantes.

Enceguecido de ambição, o moço recolhe quanto acha.

A noite chuvosa descera completa...

Quirino toma os despojos da vítima num cobertor e, em minutos breves, o cadáver mergulha no rio.

Logo após, volta à casa despovoada, recompõe o ambiente e afasta-se, enfim, carregando a fortuna.

Passado algum tempo, o homicida não vê que uma sombra se lhe esgueira à retaguarda.

É o Espírito Licurgo, que acompanha o tesouro.

Pressionado pelo remorso, o barqueiro abandona a região e instala-se em grande cidade, com pequena casa comercial, e casa-se, procurando esquecer o próprio arrependimento, mas recebe o velho Licurgo, reencarnado, por seu primeiro filho...

4.2 – 2º CASO: DÍVIDA AGRAVADA[118]

O Espírito André Luiz nos relata a manifestação da Lei de Causa e Efeito numa situação muito comum na atualidade.

O assistente [Silas] interrompeu a operação socorrista e falou-nos bondoso:

– Temos aqui asfixiante problema de conta agravada.

E, designando a jovem mãe, agora extenuada, continuou:

– Marina veio de nossa Mansão para auxiliar a Jorge e Zilda, dos quais se fizera devedora. No século passado, interpôs-se entre os dois, quando recém-casados, impelindo-os a deploráveis leviandades, que lhes valeram angustiosa demência no Plano Espiritual. Depois de longos padecimentos e desajustes, permitiu o Senhor que muitos amigos intercedessem junto aos poderes superiores, para que se lhes recompusesse o destino, e os três renasceram no mesmo quadro social, para o trabalho regenerativo. Marina, a primogênita do lar de nossa irmã Luísa, recebeu a incumbência de tutelar a irmãzinha menor, que assim se desenvolveu ao calor de seu fraternal carinho, mas, quando moças feitas, há alguns anos, eis que, segundo o programa de serviço traçado antes da reencarnação, a jovem Zilda reencontra Jorge e reatam, instintivamente, os elos afetivos do pretérito. Amam-se com fervor e confiam-se ao noivado. Marina, porém, longe de corresponder às promessas esposadas no mundo maior, pelas quais lhe cabia amar o mesmo homem, no silêncio da renúncia construtiva, amparando a irmãzinha, outrora repudiada esposa, nas lutas purificadoras que a atualidade lhe ofertaria, passou a maquinar projetos inconfessáveis, tomada de intensa paixão. Completamente cega e surda aos avisos da sua consciência, começou a envolver o noivo da irmã em larga teia de seduções e, atraindo para o seu escuso objetivo o apoio de entidades caprichosas e enfermiças, por intermédio de doentios desejos, passou a hipnotizar o moço, espontaneamente, com o auxílio dos vampiros desencarnados, cuja companhia aliciara sem perceber... E Jorge, inconscientemente dominado, transferiu-se do amor por Zilda à simpatia por Marina, observando que a nova afetividade lhe crescia assustadoramente no íntimo, sem que ele mesmo pudesse controlar-lhe a expansão... Decorridos breves meses, dedicavam-se ambos a encontros ocultos, nos quais se comprometeram um com o outro na maior intimidade... Zilda notou a modificação do rapaz, mas procurava desculpar-lhe a indiferença à conta de cansaço no trabalho e dificuldades na vida familiar. Todavia, faltando apenas duas semanas para a realização do consórcio, surpreende-se a pobrezinha com a inesperada e aflitiva confissão... Jorge expõe-lhe a chaga que lhe excrucia o mundo interior... Não lhe nega admiração e carinho, mas desde muito reconhece que somente Marina deve ser-lhe a companheira no lar. A noiva preterida sufoca o pavoroso desapontamento que a subjuga e, aparentemente, não se revolta. Mas, introvertida e desesperada, consegue na mesma noite do entendimento a dose de formicida com que põe termo à existência física. Alucinada de dor, Zilda, desencarnada, foi recolhida por nossa irmã Luísa, que já se achava antes dela em nosso mundo, admitida na Mansão pelos méritos maternais. A genitora desditosa rogou o amparo de nossos Maiores. Na posição de mãe, apiedava-se de ambas as jovens, uma vez que a filha traidora, aos seus olhos, era mais infeliz que a filha escarnecida, embora esta última houvesse adquirido o grave débito dos suicidas, em seu caso atenuado pela alienação mental em que a moça se vira, sentenciada sem razão a inqualificável abandono... Examinando o assunto, carinhosamente, pelo ministro Sânzio [...], determinou ele que Marina fosse considerada devedora em conta agravada por ela mesma. E, logo após a decisão, providenciou para que Zilda fosse recambiada ao lar para receber aí os cuidados merecidos. Marina falhara na prova de renúncia em favor da irmã que *lhe era credora generosa, mas condenara-se ao sacrifício pela mesma irmãzinha, agora imposta pelo aresto da Lei ao seu convívio, na situação de filha terrivelmente sofredora e imensamente amada. Foi assim que Jorge e Marina, livres, casaram-se, recolhendo da Terra a comunhão afetiva pela qual suspiravam; entretanto, dois anos após o enlace, receberam Zilda em rendado berço, como filhinha estremecida. Mas... desde os primeiros meses do rebento adorado, identificara-lhe a dolorosa prova. Zilda, hoje chamada Nilda, nasceu surda-muda e mentalmente retardada, em consequência do trauma perispirítico experimentado na morte por envenenamento voluntário. Inconsciente e atormentada nos refolhos do ser pelas recordações asfixiantes do passado recente, chora quase que dia e noite... Quanto mais sofre, porém, mais ampla ternura recolhe dos pais que a amam com extremados desvelos de compaixão e carinho... [...]*

Silenciou o assistente.

Achávamo-nos, eu e Hilário, assombrados e comovidos.

O problema era doloroso do ponto de vista humano, contudo encerrava precioso ensinamento da Justiça Divina.

4.3 – 3º CASO: DÍVIDA E RESGATE[119]

Relata-nos Irmão X emocionante manifestação da Lei de Causa e Efeito, ocorrida entre os séculos XIX e XX.

Na antevéspera do Natal de 1856, Dona Maria Augusta Correia da Silva, senhora de extensos haveres, retornava à fazenda, às margens do Paraíba, após quase um ano de passeio repousante na Corte.

Acompanhada de numerosos amigos que lhe desfrutariam a festiva hospitalidade, a orgulhosa matrona, na tarde chuvosa e escura, recebia os 62 cativos de sua casa que, sorridentes e humildes, lhe pediam a bênção.

Na sala grande, nobremente assentada em velha poltrona sobre largo estrado que lhe permitisse mais amplo golpe de vista, fazia um gesto de complacência, à distância, para cada servidor que exclamava de joelhos:

– Louvado seja Nosso Senhor Jesus Cristo, "sinhá"!

– Louvado seja! – acentuava Dona Maria com terrível severidade a transparecer-lhe da voz.

Velhinhos de cabeça branca, homens rudes do campo, mulheres desfiguradas pelo sofrimento, moços e crianças desfilavam nas boas-vindas.

Contudo, em ângulo recuado, pobre moça mestiça, sustentando nos braços duas crianças recém-nascidas, sob a feroz atenção de capataz desalmado, esperava a sua vez.

Foi a última que se aproximou para a saudação.

A fazendeira soberana levantou-se, empertigada, chamou para junto de si o Cérbero humano que seguia de perto a jovem escrava, e, antes que a pobrezinha lhe dirigisse a palavra, falou-lhe, duramente:

– Matilde, guarde as crias na senzala e encontre-me no terreiro. Precisamos conversar.

A interpelada obedeceu sem hesitação.

E afastando-se do recinto, na direção do quintal, Dona Maria Augusta e o assessor, de azorrague em punho, cochichavam entre si.

No grande pátio que a noite agora amortalhava em sombra espessa, a mãezinha infortunada veio atender à ordenação recebida.

– Acompanhe-nos! – determinou Dona Maria, austeramente.

Guiadas pelo rude capitão do mato, as duas mulheres abordaram a margem do rio transbordante.

Nuvens formidandas coavam no céu os medonhos rugidos de trovões remotos...

Derramava-se o Paraíba, em soberbo espetáculo de grandeza, dominando o vale extenso.

Dona Maria pousou o olhar coruscante na mestiça humilhada e falou:

– Diga de quem são essas duas "crias" nascidas em minha ausência!

– De "Nhô" Zico, "sinhá"!

– Miserável! – bradou a proprietária poderosa – meu filho não me daria semelhante desgosto. Negue essa infâmia!

– Não posso! Não posso!

A patroa encolerizada relanceou o olhar pela paisagem deserta e bramiu, rouquenha:

– Nunca mais verá você essas crianças que odeio...

– Ah! "sinhá" – soluçou a infeliz –, não me separe dos meninos! Não me separe dos meninos! Pelo amor de Deus!...

– Não quero você mais aqui e essas crias serão entregues à venda.

– Não me expulse, "sinhá"! Não me expulse!

– Desavergonhada, de hoje em diante você é livre!

E depois de expressivo gesto para o companheiro, acentuou, irônica:

– Livre, poderá você trabalhar noutra parte para comprar esses rebentos malditos.

Matilde sorriu, em meio a pranto copioso, e exclamou:

– Ajude-me, "sinhá"... Se é assim, darei meu sangue para reaver meus filhinhos...

Dona Maria Augusta indicou-lhe o Paraíba enorme e sentenciou:

– Você está livre, mas fuja de minha presença. Atravesse o rio e desapareça!

– "Sinhá", assim não! Tenha piedade de sua cativa! Ai, Jesus! Não posso morrer...

Mas, a um sinal da patroa, o capataz envilecido estalou o chicote no dorso da jovem, que oscilou, indefesa, caindo na corrente profunda.

– Socorro! Socorro, meu Deus! Valei-me, Nosso Senhor! – gritou a mísera, debatendo-se nas águas.

Todavia, daí a instantes, apenas um cadáver de mulher descia rio abaixo, ante o silêncio da noite...

Cem anos passaram...

Na antevéspera do Natal de 1956, Dona Maria Augusta Correia da Silva, reencarnada, estava na cidade de Passa-Quatro, no sul de Minas Gerais.

Mostrava-se noutro corpo de carne, como quem mudara de vestimenta, mas era ela mesma, com a diferença de que, em vez de rica latifundiária, era agora apagada mulher, em rigorosa luta para ajudar ao marido na defesa do pão.

Sofria no lar as privações dos escravos de outro tempo.

Era mãe, padecendo aflições e sonhos... Meditava nos filhinhos, ante a expectação do Natal, quando a chuva, sobre o telhado, se fez mais intensa.

Horrível temporal desabava na região.

Alagara-se tudo em derredor da casa singela.

A pobre senhora, vendo a água invadir-lhe o reduto doméstico, avançou para fora, seguida do esposo e das crianças...

As águas, porém, subiam sempre em turbilhão envolvente e destruidor, arrastando o que se lhes opusesse à passagem.

Diante da ex-fazendeira, erguia-se um rio inesperado e imenso e, em dado instante, esmagada de dor, ante a violenta separação do companheiro e dos pequeninos, tombou na caudal, gritando em desespero:

– Socorro! Socorro, meu Deus! Valei-me, Nosso Senhor!

Todavia, decorridos alguns momentos, apenas um cadáver de mulher descia corrente abaixo, ante o silêncio da noite...

A antiga sitiante do Vale do Paraíba resgatou o débito que contraíra perante a Lei.

4.4 – 4º CASO: O ASSASSINO LEMAIRE[120]

Condenado à pena última pelo júri de Aisne e executado a 31 de dezembro de 1857. Evocado em 29 de janeiro de 1858.

1) Rogo a Deus Todo-Poderoso permitir ao assassino Lemaire, executado a 31 de dezembro de 1857, que venha até nós. *Resp.* – Eis-me aqui.

2) Como pôde tão prontamente atender ao nosso apelo? *Resp.* – Raquel o disse.

3) Vendo-nos, que sensação experimentais? *Resp.* – A de vergonha.

4) Como pode uma jovem, mansa como um cordeiro, servir de intermediário a um ser sanguinário como vós? *Resp.* – Deus o permite.

5) Conservastes os sentidos até o último momento? *Resp.* – Sim.

6) Após a execução, tivestes imediata noção dessa nova existência? *Resp.* – Eu estava imerso em grande perturbação, da qual, aliás, ainda não me libertei. Senti uma dor imensa, afigurando-se-me ser o coração quem sofria. Vi rolar não sei quê aos pés do cadafalso; vi o sangue que corria e mais pungente se me tornou minha dor.

7) Era uma dor puramente física, análoga à que resultaria de um grande ferimento, pela amputação de um membro, por exemplo? *Resp.* – Não; figurai-vos antes um remorso, uma grande dor moral.

8) Quando começastes a sentir essa dor? *Resp.* – Desde que fiquei livre.

9) Mas a dor física do suplício, quem a experimentava: o corpo ou o Espírito? *Resp.* – A dor moral estava em meu Espírito, sentindo o corpo a dor física; mas o Espírito desligado também dela se ressentia.

10) Vistes o corpo mutilado? *Resp.* – Vi qualquer coisa de informe, à qual me parecia integrado; entretanto, reconhecia-me intacto, isto é, que eu era eu mesmo...

11) Que impressões vos advieram desse fato? *Resp.* – Eu sentia bastante a minha dor, estava completamente ligado a ela.

12) Será verdade que o corpo vive ainda alguns instantes depois da decapitação, tendo o supliciado a consciência das suas idéias? *Resp.* – O Espírito retira-se pouco a pouco; quanto mais o retém os laços materiais, menos pronta é a separação.

13) Quanto tempo isso dura? *Resp.* – Mais ou menos. (Ver a resposta precedente.)

14) Dizem que se há notado a expressão de cólera e movimentos na fisionomia de certos supliciados, como se quisessem falar; será isso efeito de contrações nervosas, ou ato da vontade? *Resp.* – Da vontade, visto que o Espírito não se havia ainda desligado.

15) Qual o primeiro sentimento que experimentastes ao entrar na nova existência? *Resp.* – Um sofrimento intolerável, uma espécie de remorso pungente, cuja causa ignorava.

16) Acaso vos achastes reunido aos vossos cúmplices concomitantemente supliciados? *Resp.* – Infelizmente, sim, por desgraça nossa, pois essa visão recíproca é um suplício contínuo, exprobrando-se uns aos outros os seus crimes.

17) Tendes encontrado as vossas vítimas? *Resp.* – Vejo-as... são felizes; seus olhares perseguem-me... sinto que me varam o ser e debalde tento fugir-lhes.

18) Que impressão vos causam esses olhares? *Resp.* – Vergonha e remorso. Ocasionei-os voluntariamente e ainda os abomino.

19) E qual a impressão que lhes causais? *Resp.* – De piedade.

20) Terão por sua vez o ódio e o desejo de vingança? *Resp.* – Não; seus votos atraem para mim a expiação. Não podeis avaliar o suplício horrível de tudo devermos àqueles a quem odiamos.

21) Lamentais a perda da vida corporal? *Resp.* – Apenas lamento os meus crimes. Se o fato ainda dependesse de mim, não mais sucumbiria.

22) Como fostes conduzido à vida criminosa que levastes? *Resp.* – Compreendei! Eu me julgava forte; escolhi uma rude prova; cedi às tentações do mal.

23) O pendor para o mal estava na vossa natureza, ou fostes também influenciado pelo meio em que vivestes? *Resp.* – Sendo um Espírito inferior, a tendência para o mal estava na minha própria natureza. Quis elevar-me rapidamente, mas pedi mais do que comportavam minhas forças.

24) Se tivésseis recebido sãos princípios de educação, ter-vos-íeis desviado da senda criminosa? *Resp.* – Sim, mas eu havia escolhido a condição do nascimento.

25) Acaso não vos poderíeis ter feito homem de bem? *Resp.* – Um homem fraco é incapaz tanto para o bem quanto para o mal. Poderia, talvez, corrigir na vida o mal inerente à minha natureza, mas nunca me elevar à prática do bem.

26) Quando encarnado, acreditáveis em Deus? *Resp.* – Não.

27) Dizem que na última hora vos arrependestes; é verdade? *Resp.* – Porque acreditei num Deus vingativo, era natural que o temesse.

28) E agora o vosso arrependimento é mais sincero? *Resp.* – Pudera! Vejo o que fiz...

29) Que pensais de Deus, agora? *Resp.* – Sinto-o, mas não o compreendo.

30) Achais justo o castigo que vos infligiram na Terra? *Resp.* – Sim.

31) Esperais obter o perdão dos vossos crimes? *Resp.* – Não sei.

32) Como pretendeis repará-los? *Resp.* – Por novas provações, conquanto me pareça que existe uma eternidade entre elas e mim.

33) Essas provas se cumprirão na Terra ou num outro mundo? *Resp.* – Não sei.

34) Como podereis expiar vossas faltas passadas numa nova existência, se não lhes guardais a lembrança? *Resp.* – Delas terei a presciência.

35) Onde vos achais agora? *Resp.* – Estou no meu sofrimento.

36) Perguntamos qual o lugar em que vos encontrais... *Resp.* – Perto de Ermance.

37) Estais reencarnado ou errante? *Resp.* – Errante; se estivesse reencarnado, teria esperança. Já disse: parece-me que a eternidade está entre mim e a expiação.

38) Uma vez que assim é, sob que forma vos veríamos, se tal nos fosse possível? *Resp.* – Ver-me-íeis sob a minha forma corpórea: a cabeça separada do tronco.

39) Poderíeis aparecer-nos? *Resp.* – Não. Deixai-me.

40) Poderíeis dizer-nos como vos evadistes da prisão de Montdidier? *Resp.* – Nada mais sei... é tão grande o meu sofrimento, que apenas guardo a lembrança do crime... Deixai-me.

41) Poderíamos concorrer para vos aliviar esse sofrimento? *Resp.* – Fazei votos para que sobrevenha a expiação.

REFERÊNCIAS

102 KARDEC, Allan. *O livro dos espíritos*. Trad. Guillon Ribeiro. 93. ed. 9. imp. (Edição Histórica). Brasília: FEB, 2019. q. 872.

103 _____. _____.

104 _____. _____.

105 _____. *O evangelho segundo o espiritismo*. Trad. Guillon Ribeiro. 131. ed. 14. imp. (Edição Histórica). Brasília: FEB, 2019. cap. 5, it. 3.

106 _____. *O céu e o inferno*. Trad. Manuel Justiniano Quintão. 61. ed. 8. imp. (Edição Histórica). Brasília: FEB, 2020. 1ª pt., cap. 7, it. Código penal da vida futura), 8º código.

107 _____. *O que é o espiritismo*. Trad. Redação de *Reformador* em 1884. 56. ed. 7. imp. (Edição Histórica). Brasília: FEB, 2019. cap. 3, q. 134.

108 _____. *O céu e o inferno*. Trad. Manuel Justiniano Quintão. 61. ed. 8. imp. (Edição Histórica). Brasília: FEB, 2020. 1ª pt., cap. 7, it. Código penal da vida futura), 9º código.

109 _____. _____. 10º código.

110 SIMONETTI, Richard. *Conheça o espiritismo*. 5. ed. 2. imp. Brasília: FEB. 2018. cap. 15 – *O efeito e a causa*.

111 KARDEC, Allan. *O evangelho segundo o espiritismo*. Trad. Guillon Ribeiro. 131. ed. 14. imp. (Edição Histórica). Brasília: FEB, 2019. cap. 5, it. 4.

112 _____. *O céu e o inferno*. Trad. Manuel Justiniano Quintão. 61. ed. 8. imp. (Edição Histórica). Brasília: FEB, 2020.1ª pt., cap. 7, it. Código penal da vida futura), 31º código.

113 _____. *O evangelho segundo o espiritismo*. Trad. Guillon Ribeiro. 131. ed. 14. imp. (Edição Histórica). Brasília: FEB, 2019. cap. 5, it. 4.

114 SIMONETTI, Richard. *Conheça o espiritismo*. 5. ed. 2. imp. Brasília: FEB. 2018. cap. 15 – *O efeito e a causa*.

115 _____. _____.

116 _____. _____.

117 XAVIER, Francisco Cândido. *Contos desta e doutra vida*. Pelo Espírito Irmão X. 14. ed. 1. imp. Brasília: FEB. 2013. cap. 12 – *Verdugo e Vítima*.

118 _____. *Ação e reação*. Pelo Espírito André Luiz. 30. ed. 13. imp. Brasília. FEB. 2020. cap. 12 – *Dívida agravada*.

119 _____. *Contos e apólogos*. Pelo Espírito Irmão X. 14. ed. 1. imp. Brasília. FEB. 2013. cap. 23 – *Dívida e resgate*.

120 KARDEC, Allan. *Revista Espírita*: jornal de estudos psicológicos. ano 1, n. 3, mar. 1858. Conversas familiares de Além-Túmulo, it. *O assassino Lemaire*. Trad. Evandro Noleto Bezerra. 5. ed. 1. imp. Brasília: FEB, 2014.

ANEXO

CAUSA E EFEITO

"Bate!..." – ordena o senhor, em subido mirante,
Ao capataz que espanca o escravo fugitivo
"Bate mais!... Bate mais!..." E o mísero cativo
Estorcega-se e geme ao látego triunfante.

Esse vai, outro vem... A mesma voz troante
Ao rebenque feroz... O mesmo olhar altivo!...
Cada servo a tombar, padeça, morto vivo,
Cada corpo a cair nunca mais se levante!...

Morre o senhor, um dia... E, Espírito culpado,
Em pranto, roga a Deus lhe corrija o passado...
Renasce e serve ao bem, atormentado embora!...

Hoje, em leito fidalgo, a dor lhe impede a fala,
Sente no peito em fogo o relho da senzala
E estorcega-se e geme ao câncer que o devora!...

SILVA RAMOS

FONTE: XAVIER, Francisco Cândido. *Poetas redivivos*. 4. ed. Brasília: 2007.

■ **PROGRAMA FUNDAMENTAL**

MÓDULO XII
Lei do Progresso

OBJETIVO GERAL

Possibilitar entendimento da Lei do Progresso e da contribuição do Espiritismo no processo evolutivo da Humanidade.

"Eis que estou convosco todos os dias, até a consumação da era" – Jesus (*Mateus*, 28:20).

ROTEIRO 1

PROGRESSO INTELECTUAL E PROGRESSO MORAL

1 OBJETIVOS ESPECÍFICOS

» Analisar a relação entre progresso moral e progresso intelectual.

» Refletir sobre os obstáculos ao progresso moral e as maneiras de afastá-los.

2 CONTEÚDO BÁSICO

» *Há duas espécies de progresso, que uma a outra se prestam mútuo apoio, mas que, no entanto, não marcham lado a lado: o progresso intelectual e o progresso moral [...]* (Allan Kardec, *O livro dos espíritos*, comentário de Kardec à q. 785).

» *O progresso moral acompanha sempre o progresso intelectual?* "Decorre deste, mas nem sempre o segue imediatamente." (Allan Kardec, *O livro dos espíritos*, q. 780).

» O progresso intelectual engendra o progresso moral fazendo "[...] compreensíveis o bem e o mal. O homem, desde então, pode escolher. O desenvolvimento do livre-arbítrio acompanha o da inteligência e aumenta a responsabilidade dos atos." (Allan Kardec, *O livro dos espíritos*, q. 780-a).

» *Qual o maior obstáculo ao progresso?* "O orgulho e o egoísmo. Refiro-me ao progresso moral, porquanto o intelectual se efetua sempre. À primeira vista, parece mesmo que o progresso intelectual reduplica a atividade daqueles vícios, desenvolvendo a ambição e o gosto das riquezas, que, a seu turno, incitam o homem a empreender pesquisas que lhe esclareçam o Espírito. Assim é que tudo se prende, no mundo moral, como no mundo físico, e que do próprio mal pode nascer o bem. Curta, porém, é a duração desse estado de coisas, que mudará à proporção que o homem compreender melhor que, além da que o gozo dos bens terrenos proporciona, uma felicidade existe maior e infinitamente mais duradoura." (Allan Kardec, *O livro dos espíritos*, q. 785).

3 SUGESTÕES DIDÁTICAS

3.1 SUGESTÃO 1:

Introdução

Realizar, no início do encontro, exposição sobre o conteúdo doutrinário da questão 780 de *O livro dos espíritos*, inclusive as questões 780-a e 780-b. É importante que esta exposição reflita o conteúdo básico das ideias expressas pelos Espíritos Superiores (ver Anexo 1).

Desenvolvimento

Dividir os participantes em pequenos grupos, para a realização da seguinte tarefa:

1) ler os subsídios do Roteiro;

2) extrair, da leitura realizada, as razões para o fato de o progresso moral nem sempre caminhar junto do progresso intelectual;

3) levantar alguns pontos que demonstram o avanço intelectual e moral da Humanidade de nossos dias;

4) explicar por que o progresso moral pode decorrer do progresso intelectual.

Ouvir os relatos, prestando esclarecimentos, se necessário.

Fazer a integração do assunto, enfatizando os seguintes pontos:

a) relação entre o progresso moral e o progresso intelectual;

b) os maiores obstáculos ao progresso moral.

Conclusão

Fazer, em conjunto com a grupo, uma reflexão a respeito do conteúdo do último parágrafo dos subsídios do Roteiro, destacando a necessidade de progredir em inteligência e moralidade para ser feliz.

Avaliação

O estudo será considerado satisfatório se os participantes realizarem corretamente as tarefas propostas.

Técnica(s): exposição; trabalho em pequenos grupos; reflexão em equipe.

Recurso(s): *O livro dos espíritos*; subsídios do Roteiro; papel; lápis.

3.2 SUGESTÃO 2:

Introdução

Iniciar o estudo com a pergunta

O que é progresso?

Ouvir os comentários e explicar rapidamente sobre o progresso moral e o intelectual.

Desenvolvimento

Em seguida, propor a leitura e breves comentários, em duplas, das questões 776, 779 a 785 de *O livro dos espíritos* (tempo aproximado de até 15 minutos).

Após a leitura comentada propor uma discussão circular:

» *Como entender o progresso moral e o progresso intelectual?*

» *Qual a relação entre eles?*

» *Qual os escolhos do progresso? Como afastá-los?*

» *Quais os benefícios do progresso moral?*

» *Quais os benefícios do progresso intelectual?*

» *Quando "entraremos" no Mundo de Regeneração?*

É possível imaginarmos um "Mundo Regenerado" *consumista? Sem respeito ao meio ambiente? Esgotado em seus recursos naturais? Indiferente ao semelhante que sofre penúria? Por quê?* etc.

Nesse momento, o facilitador esclarece dúvidas e complementa informações enriquecendo a discussão, destacando pontos importantes do assunto com base nos subsídios do Roteiro e nas questões de *O livro dos espíritos*.

Propor a seguinte reflexão individual (não há a necessidade de comentário):

Tenho investido no meu progresso moral e intelectual? Por quê?

Conclusão

Fazer, em conjunto com o grupo, uma reflexão a respeito do conteúdo do último parágrafo dos subsídios do Roteiro, destacando a necessidade de progredir em inteligência e moralidade para ser feliz.

Avaliação

O estudo será considerado satisfatório se as ideias dos participantes refletirem entendimento do assunto.

Técnica(s): explosão de ideias; trabalho em duplas.

Recurso(s): *O livro dos espíritos*; subsídios do Roteiro.

Atividade de preparação para o próximo encontro de estudo: Sugestão 2:

» Dividir a turma em cinco grupos:

Atividade para todos: definir o que é progresso moral e progresso intelectual (leitura dos subsídios do Roteiro 2, Módulo XI – Lei de Liberdade).

Grupo 1 – pesquisa em revistas, jornais e *sites* sobre fatos internacionais (escolher apenas 1);

Grupo 2 – pesquisa em revistas, jornais e *sites* sobre fatos da América do Sul (escolher apenas 1);

Grupo 3 – pesquisa em revistas, jornais e *sites* sobre fatos do Brasil (escolher apenas 1);

Grupo 4 – pesquisa em revistas, jornais e *sites* sobre fatos do Centro-oeste (escolher apenas 1);

Grupo 5 – pesquisa em revistas, jornais e *sites* sobre fatos do Distrito Federal (escolher apenas 1).

O fato pode ser notícia boa ou ruim. Fazer uma análise *moral* (e não partidária ou ideológica) da situação. Sentimentos que *provavelmente* moveram as ações. O que poderia ser mudado, ou o que poderia ser replicado (no caso de coisas boas).

Identificar o(s) maior(res) obstáculo(s) ao progresso moral e intelectual do fato observado.

Observação: O trabalho deve ser acompanhado pelo facilitador antes de ser apresentado para a grupo.

4 SUBSÍDIOS

A Lei do Progresso é inexorável.

> *O homem não pode conservar-se indefinidamente na ignorância, porque tem de atingir a finalidade que a Providência lhe assinou. Ele se instrui pela força das coisas. As revoluções morais, como as revoluções sociais, se infiltram nas ideias pouco a pouco; germinam durante séculos; depois, irrompem subitamente e produzem o desmoronamento do carunchoso edifício do passado, que deixou de estar em harmonia com as necessidades novas e com as novas aspirações.*[121]

> *Há duas espécies de progresso, que uma a outra se prestam mútuo apoio, mas que, no entanto, não marcham lado a lado: o progresso intelectual e o progresso moral. Entre os povos civilizados, o primeiro tem recebido, no correr deste século, todos os incentivos. Por isso mesmo atingiu um grau a que ainda não chegara antes da época atual. Muito falta para que o segundo se ache no mesmo nível. Entretanto, comparando-se os costumes sociais de hoje com os de alguns séculos atrás, só um cego negaria o processo realizado. Ora, sendo assim, por que haveria essa marcha ascendente de parar, com relação, de preferência, ao moral, do que com relação ao intelectual? Por que será impossível que entre o século XIX e o XXIV século haja, a esse respeito, tanta diferença quanta entre o XIV e o século XIX? Duvidar fora pretender que a Humanidade está no apogeu da perfeição, o que seria absurdo, ou que ela não é perfectível moralmente, o que a experiência desmente.*[122]

Na verdade, o atual progresso alcançado pela Humanidade representa um esforço evolutivo de milênios.

> *Da sensação à irritabilidade, da irritabilidade ao instinto, do instinto à inteligência e da inteligência ao discernimento, séculos e séculos correram incessantes.*

> *A evolução é fruto do tempo infinito.*[123]

Outro ponto importante, merecedor de destaque, é que o progresso, moral ou intelectual, é sempre cumulativo.

> *De átomo em átomo, organizam-se os corpos astronômicos dos mundos e de pequenina experiência em pequenina experiência, infinitamente repetidas, alarga-se-nos o poder da mente e sublimam-se-nos as manifestações da alma que, no escoar das eras imensuráveis, cresce no conhecimento e aprimora-se na virtude, estruturando, pacientemente, no seio do espaço e do tempo, o veículo glorioso com que escalaremos, um dia, os impérios deslumbrantes da Beleza imortal.*[124]

O progresso é, principalmente, resultado do esforço individual: quanto maior for o nosso empenho, melhores serão os resultados alcançados.

> *O progresso nos Espíritos é o fruto do próprio trabalho; mas, como são livres, trabalham no seu adiantamento com maior ou menor atividade, com mais ou menos negligência, segundo sua vontade, acelerando ou retardando o progresso e, por conseguinte, a própria felicidade.*
>
> *Enquanto uns avançam rapidamente, entorpecem-se outros, quais poltrões nas fileiras inferiores. São eles, pois, os próprios autores da sua situação, feliz ou desgraçada, conforme esta frase do Cristo: "A cada um segundo as suas obras" [...].*
>
> *Todo Espírito que se atrasa não pode queixar-se senão de si mesmo, assim como o que se adianta tem o mérito exclusivo do seu esforço, dando por isso maior apreço à felicidade conquistada.*[125]
>
> *O progresso intelectual e o progresso moral raramente marcham juntos, mas o que o Espírito não consegue em dado tempo, alcança em outro, de modo que os dois progressos acabam por atingir o mesmo nível. Eis por que se veem muitas vezes homens inteligentes e instruídos pouco adiantados moralmente, e vice-versa.*[126]

No entanto, o progresso intelectual pode engendrar o progresso moral

> *Fazendo compreensíveis o bem e o mal. O homem, desde então, pode escolher. O desenvolvimento do livre-arbítrio acompanha o da inteligência e aumenta a responsabilidade dos atos.*[127]

Nesse sentido,

> *A encarnação é necessária ao duplo progresso moral e intelectual do Espírito: ao progresso intelectual, pela atividade obrigatória do trabalho; ao progresso moral, pela necessidade recíproca dos homens entre si. A vida social é a pedra de toque das boas ou más qualidades.*
>
> *A bondade, a maldade, a doçura, a violência, a benevolência, a caridade, o egoísmo, a avareza, o orgulho, a humildade, a sinceridade, a franqueza, a lealdade, a má-fé, a hipocrisia, em uma palavra, tudo o que constitui o homem de bem ou o perverso tem por móvel, por alvo e por estímulo as relações do homem com os seus semelhantes.*[128]

Observando os diferentes graus evolutivos existentes na humanidade terrestre, compreendemos que

> *Uma só existência corporal é manifestamente insuficiente para o Espírito adquirir todo o bem que lhe falta e eliminar o mal que lhe sobra.*
>
> *Como poderia o selvagem, por exemplo, em uma só encarnação nivelar-se moral e intelectualmente ao mais adiantado europeu? É materialmente impossível. Deve ele, pois, ficar eternamente na ignorância e barbaria, privado dos gozos que só o desenvolvimento das faculdades pode proporcionar-lhe?*

> *O simples bom senso repele tal suposição, que seria não somente a negação da justiça e bondade divinas, mas das próprias leis evolutivas e progressivas da Natureza. Mas Deus, que é soberanamente justo e bom, concede ao Espírito tantas encarnações quantas as necessárias para atingir seu objetivo – a perfeição.*
>
> *Para cada nova existência entra o Espírito com o cabedal adquirido nas anteriores em aptidões, conhecimentos intuitivos, inteligência e moralidade. Cada existência é assim um passo avante no caminho do progresso.*[129]

É importante considerar também que

> *O Espírito progride igualmente na erraticidade, adquirindo conhecimentos especiais que não poderia obter na Terra [como encarnado] [...] O estado corporal e o espiritual constituem a fonte de dois gêneros de progresso, pelos quais o Espírito tem de passar alternadamente, nas existências peculiares a cada um dos dois mundos.*[130]

De posse dessas informações, é possível reconhecer, mesmo numa criança, a soma de progresso que o Espírito já alcançou: basta observar-lhe as tendências instintivas e as ideias inatas. Essa observação nos esclarece, por exemplo, por que existem crianças que se revelam boas em um meio adverso, apesar dos maus exemplos que colhem, ao passo que outras são instintivamente viciosas em um meio bom, apesar dos bons conselhos que recebem. Na verdade, essas crianças refletem "[...] *o resultado do progresso moral adquirido, como as ideias inatas são o resultado do progresso intelectual*".[131]

Devemos entender que, na essência, não existem obstáculos ao progresso intelectual, conforme nos ensina a Doutrina Espírita. O mesmo, porém, não se dá com o progresso moral. O maior obstáculo ao progresso moral são o orgulho e o egoísmo, segundo palavras de um dos Espíritos da Codificação, o qual, ao elucidar esta informação, nos diz:

> [...] *Refiro-me ao progresso moral, porquanto o intelectual se efetua sempre. À primeira vista, parece mesmo que o progresso intelectual reduplica a atividade daqueles vícios [orgulho e egoísmo], desenvolvendo a ambição e o gosto das riquezas, que, a seu turno, incitam o homem a empreender pesquisas que lhe esclarecem o Espírito. Assim é que tudo se prende, no mundo moral, como no mundo físico, e que do próprio mal pode nascer o bem. Curta, porém, é a duração desse estado de coisas, que mudará à proporção que o homem compreender melhor que, além da que o gozo dos bens terrenos proporciona, uma felicidade existe maior e infinitamente mais duradoura.*[132]

O orgulho e o egoísmo, assim como todas as demais imperfeições capazes de retardar a marcha evolutiva da Humanidade, chegarão um dia ao seu término, pois Deus reserva ao ser humano um venturoso estado de plenitude espiritual. Entretanto, por ora, enquanto nos encontramos no processo evolutivo que a Lei do Progresso faculta,

> A suprema felicidade só é compartilhada pelos Espíritos perfeitos, ou, por outra, pelos puros Espíritos, que não a conseguem senão depois de haverem progredido em inteligência e moralidade.[133]

REFERÊNCIAS

[121] KARDEC, Allan. *O livro dos espíritos*. Trad. Guillon Ribeiro. 93. ed. 9. imp. (Edição Histórica). Brasília: FEB, 2019. Comentário de Kardec à q. 783.

[122] _____. _____. Comentário de Kardec à q. 785.

[123] XAVIER, Francisco Cândido. *Roteiro*. Pelo Espírito Emmanuel. 14. ed. 4. imp. Brasília: FEB, 2016. cap. 4 – *Na senda evolutiva*.

[124] _____. _____.

[125] KARDEC, Allan. *O céu e o inferno*. Trad. Manuel Justiniano Quintão. 61. ed. 8. imp. (Edição Histórica). Brasília: FEB, 2020. 1ª pt., cap. 3, it. 7.

[126] _____. _____.

[127] _____. *O livro dos espíritos*. Trad. Guillon Ribeiro. 93. ed. 9. imp. (Edição Histórica). Brasília: FEB, 2019. q. 780-a.

[128] _____. *O céu e o inferno*. Trad. Manuel Justiniano Quintão. 61. ed. 8. imp. (Edição Histórica). Brasília: FEB, 2020. 1ª pt., cap. 3, it. 8.

[129] _____. _____. it. 9.

[130] _____. _____. it. 10.

[131] _____. *O que é o espiritismo*. Trad. Redação de *Reformador* em 1884. 56. ed. 7. imp. (Edição Histórica). Brasília: FEB, 2019. cap. 3, q. 120.

[132] _____. *O livro dos espíritos*. Trad. Guillon Ribeiro. 93. ed. 9. imp. (Edição Histórica). Brasília: FEB, 2019. q. 785.

[133] _____. *O céu e o inferno*. Trad. Manuel Justiniano Quintão. 61. ed. 8. imp. (Edição Histórica). Brasília: FEB, 2020. 1ª pt., cap. 3, it. 7.

ANEXO 1

Análise da questão 780 de *O livro dos espíritos*:

A questão 780 de *O livro dos espíritos* nos fornece, em essência, os seguintes esclarecimentos:

- » A Lei do Progresso se manifesta sob duas formas: o progresso intelectual e o progresso moral.
- » O progresso moral nem sempre acompanha o progresso intelectual.
- » Pode acontecer que o adiantamento intelectual promova a melhoria moral, desde que o homem tenha compreensão do bem e do mal.
- » Essa compreensão favorece o desenvolvimento do livre-arbítrio, permitindo que as pessoas façam escolhas mais responsáveis e, consequentemente, mais acertadas.
- » A existência de povos ou pessoas instruídas, mas pervertidas, indica que lhes faltam o desenvolvimento do senso moral que, cedo ou tarde, virá.
- » O progresso completo constitui o objetivo. O moral e a inteligência são duas forças que só com o tempo chegam a equilibrar-se.

AVANTE

Peregrino da vida e da morte oriundo,

Avança do nascer ao pôr do sol, durante

A evolução sem-fim nos carreiros do mundo,

Pela ronda do tempo, a ressurgir constante.

Das sombras da maldade à luz do bem fecundo,

Das ruínas morais ao triunfo pujante,

Aprende pouco a pouco e, segundo a segundo,

Ergue em tudo, a ti mesmo, o teu grito de – avante!

Segue esgarçando os véus dos caminhos secretos,

Desfazendo aflições e remontando afetos,

Com risos e ilusões, suspiros e agonias.

E ao morrer-te o rancor e ao nascer-te a humildade,

Em êxtases de amor e em lances de bondade,

Encontrarás, ditoso, a paz de novos dias!

João Damasceno Vieira Fernandes

FONTE: XAVIER, Francisco Cândido; VIEIRA, Waldo. *Antologia dos imortais*. Diversos Espíritos. 4. ed. Brasília: FEB, 2002.

INFLUÊNCIA DO ESPIRITISMO NO PROGRESSO DA HUMANIDADE

1. **OBJETIVO ESPECÍFICO**

   » Refletir sobre a forma de contribuição do Espiritismo no progresso da Humanidade.

2. **CONTEÚDO BÁSICO**

   » *De que maneira pode o Espiritismo contribuir para o progresso?* "Destruindo o materialismo, que é uma das chagas da sociedade, ele faz que os homens compreendam onde se encontram seus verdadeiros interesses. Deixando a vida futura de estar velada pela dúvida, o homem perceberá melhor que, por meio do presente, lhe é dado preparar o seu futuro. Abolindo os prejuízos de seitas, castas e cores, ensina aos homens a grande solidariedade que os há de unir como irmãos." (Allan Kardec, *O livro dos espíritos*, q. 799).

   » O Espiritismo "[...] se tornará crença geral e marcará nova era na história da Humanidade, porque está na natureza e chegou o tempo em que ocupará lugar entre os conhecimentos humanos. Terá, no entanto, que sustentar grandes lutas, mais contra o interesse, do que contra a convicção, porquanto não há como dissimular a existência de pessoas interessadas em combatê-lo, umas por amor-próprio, outras por causas inteiramente materiais. Porém, como virão a ficar insulados, seus contraditores se sentirão forçados a pensar como os demais, sob pena de se tornarem ridículos." (Allan Kardec, *O livro dos espíritos*, q. 798).

3 SUGESTÕES DIDÁTICAS

3.1 SUGESTÃO 1:

Introdução

Apresentar a seguinte pergunta: *Poderia a Humanidade alcançar o bem-estar moral com as suas crenças e instituições atuais?* Justificar a resposta.

Ouvir os argumentos apresentados pela turma e esclarecer o assunto, com base no primeiro parágrafo dos subsídios do Roteiro.

Desenvolvimento

Dividir os participantes em três grupos. Esclarecer que cada grupo deve indicar um relator e um secretário. Em seguida, propor-lhes a realização das seguintes tarefas:

Grupo 1

a) ler os subsídios do Roteiro, até a Referência 10;

b) após, preparar uma miniexposição sobre o seguinte tema: *A contribuição do Espiritismo para o progresso da Humanidade*.

Grupo 2

a) ler os subsídios do Roteiro depois da Referência 10 até o final;

b) após, preparar uma miniexposição sobre o seguinte tema: *Obstáculos à propagação das ideias espíritas*.

Grupo 3

a) ler os subsídios do Roteiro;

b) após, elaborar duas a quatro questões – a partir da leitura do texto – que deverão ser formuladas aos participantes dos Grupos 1 e 2, depois da apresentação dos relatores.

Ouvir as apresentações dos relatores dos Grupos 1 e 2, assim como as respostas que foram dadas às questões elaboradas e formuladas pelo Grupo 3.

Conclusão

Realizar os comentários cabíveis, esclarecer dúvidas existentes, reforçando as ideias constantes dos objetivos específicos.

Avaliação

O estudo será considerado satisfatório se os participantes realizarem corretamente as tarefas propostas para o trabalho em grupo.

Técnica(s): trabalho em pequenos grupos; exposição; formulação de perguntas.

Recurso(s): subsídios do Roteiro; questões elaboradas.

3.2 SUGESTÃO 2:

Introdução

Iniciar o encontro com a apresentação dos resultados da pesquisa solicitada, na semana anterior, como atividade extrarreunião.

Pedir aos participantes ou grupos para apresentarem a conclusão de seus trabalhos.

Desenvolvimento

Fazer comentários pertinentes aos resultados apresentados, destacando pontos interessantes e importantes, sem entrar em discussão partidária/ideológica (lembrando que a análise é *moral*). Os participantes de outros grupos poderão fazer perguntas pertinentes ao assunto apresentado.

Nesse momento, o facilitador esclarece dúvidas e complementa informações enriquecendo as apresentações, destacando pontos importantes.

Após as apresentações, convidá-los para as reflexões, em discussão circular:

» *Como o Espiritismo pode auxiliar no progresso da Humanidade?*
» *Onde está a nossa participação nesse processo de melhoria do mundo?*
» *É possível prevermos "tempo" para a mudança? Por quê?* etc.

Nesse momento, o facilitador esclarece dúvidas e complementa informações enriquecendo as reflexões, destacando pontos importantes.

Propor a seguinte reflexão individual (não há a necessidade de comentário):

Preocupo-me com meu progresso moral e intelectual porque sei que o mundo melhor que eu quero, começa em mim.

Conclusão

Fazer a leitura do trecho de *A gênese*, capítulo 18 – *São chegados os tempos*, item 19:

Somente o progresso moral pode assegurar aos homens a felicidade na Terra, refreando as paixões más; somente esse progresso pode fazer que entre os homens reinem a concórdia, a paz, a fraternidade.

Será ele que deitará por terra as barreiras que separam os povos, que fará caiam os preconceitos de casta e se calem os antagonismos de seitas, ensinando os homens a se considerarem irmãos que têm por dever auxiliarem-se mutuamente e não destinados a viver à custa uns dos outros.

Avaliação

O estudo será considerado satisfatório se as ideias dos participantes refletirem entendimento do assunto.

Técnica(s): explosão de ideias; apresentação de trabalho; discussão circular.

Recurso(s): *O livro dos espíritos*; subsídios do Roteiro.

3.3 SUGESTÃO 3:

Observação: Para esta atividade é importante que o Roteiro já tenha sido estudado. Esta atividade é um complemento, ou seja, aprofundamento do assunto.

Introdução

Iniciar o estudo apresentando o trecho abaixo, em recurso visual ou distribuído para os participantes:

> Para que na Terra sejam felizes os homens, preciso é que somente a povoem Espíritos bons, encarnados e desencarnados, que somente ao bem se dediquem. Havendo chegado o tempo, grande emigração se verifica dos que a habitam: a dos que praticam o mal pelo mal, *ainda não tocados pelo sentimento do bem*, os quais, já não sendo dignos do planeta transformado, serão excluídos [da Terra] [...]. Substituí-los-ão Espíritos melhores, que farão reinem em seu seio a justiça, a paz e a fraternidade. (Allan Kardec, *A gênese*, cap. 18, it. 27).

Desenvolvimento

Passar o vídeo para a grupo: Amira Willighagen – *Ave-Maria*. (2:20), disponível em:

https://bit.ly/2IfcVye

Dividir os participantes em grupos e propor somente a leitura da obra *A gênese*, capítulo 18 – *São chegados os tempos*, itens 14, 27 a 35 (20 minutos).

Em seguida, propor uma reflexão circular:

» *Que conclusões podemos chegar acerca dos vídeos e das palavras de Kardec?*

» *Como a nova geração poderá influenciar no progresso da Humanidade?*

» *Para quem insiste em permanecer em vícios, estacionado no mal, de quanto tempo disporá para progredir e avançar com a nova geração?* etc.

Nesse momento, o facilitador esclarece dúvidas e complementa informações enriquecendo as reflexões, destacando pontos importantes.

Avaliação

O estudo será considerado satisfatório se as ideias dos participantes refletirem entendimento do assunto.

Técnica(s): explosão de ideias; apresentação de trabalho; discussão circular.

Recurso(s): vídeos; *A gênese*.

4 SUBSÍDIOS

A Humanidade tem realizado, até ao presente, incontestáveis progressos. Os homens, com a sua inteligência, chegaram a resultados que jamais haviam alcançado, sob o ponto de vista das ciências, das artes e do bem-estar material. Resta-lhes ainda um imenso progresso a realizar: o de fazerem que entre si reinem a caridade, a fraternidade, a solidariedade, que lhes assegurem o bem-estar moral. Não poderiam consegui-lo nem com as suas crenças, nem com as suas instituições antiquadas, restos de outra idade, boas para certa época, suficientes para um estado transitório, mas que, havendo dado tudo o que comportavam, seriam hoje um entrave. Já não é somente de desenvolver a inteligência o de que os homens necessitam, mas de elevar o sentimento e, para isso, faz-se preciso destruir tudo o que superexcite neles o egoísmo e o orgulho.

Tal o período em que doravante vão entrar e que marcará uma das fases principais da vida da Humanidade. Essa fase, que neste momento se elabora, é o complemento indispensável do estado precedente, como a idade viril o é da juventude. Ela podia, pois, ser prevista e predita de antemão e é por isso que se diz que são chegados os tempos determinados por Deus.[134]

[...] Trata-se de um movimento universal, a operar-se no sentido do progresso moral. Uma nova ordem de coisas tende a estabelecer-se, e os homens, que mais opostos lhe são, para ela trabalham a seu mau grado. [...][135]

Os Espíritos orientadores nos esclarecem:

> Sim, decerto, a Humanidade se transforma, como já se transformou noutras épocas, e cada transformação se assinala por uma crise que é, para o gênero humano, o que são, para os indivíduos, as crises de crescimento. Aquelas se tornam, muitas vezes, penosas, dolorosas, e arrebatam consigo as gerações e as instituições, mas, são sempre seguidas de uma fase de progresso material e moral.[136]
>
> "Uma coisa que vos parecerá estranhável, mas que por isso não deixa de ser rigorosa verdade, é que o mundo dos Espíritos, mundo que vos rodeia, experimenta o contrachoque de todas as comoções que abalam o mundo dos encarnados. Digo mesmo que aquele toma parte ativa nessas comoções. Nada tem isto de surpreendente, para quem sabe que os Espíritos fazem corpo com a Humanidade; que eles saem dela e a ela têm de voltar, sendo, pois, natural se interessem pelos movimentos que se operam entre os homens. Ficai, portanto, certos de que, quando uma revolução social se produz na Terra, abala igualmente o Mundo Invisível, onde todas as paixões, boas e más, se exacerbam, como entre vós [...].
>
> À agitação dos encarnados e desencarnados se juntam às vezes, e frequentemente mesmo, já que tudo se conjuga em a Natureza, as perturbações dos elementos físicos. Dá-se então, durante algum tempo, verdadeira confusão geral, mas que passa como furacão, após o qual o céu volta a estar sereno, e a Humanidade, reconstituída sobre novas bases, imbuída de novas ideias, começa a percorrer nova etapa de progresso.
>
> É no período que ora se inicia que o Espiritismo florescerá e dará frutos.[...]" – DOUTOR BARRY[137]
>
> A crença no Espiritismo ajuda o homem a se melhorar, firmando-lhe as ideias sobre certos pontos do futuro. Apressa o adiantamento dos indivíduos e das massas, porque faculta nos inteiremos do que seremos um dia. É um ponto de apoio, uma luz que nos guia. O Espiritismo ensina o homem a suportar as provas com paciência e resignação; afasta-o dos atos que possam retardar-lhe a felicidade, mas ninguém diz que, sem ele, não possa ela ser conseguida.[138]

É importante considerar que

> O Espiritismo não cria a renovação social; a madureza da Humanidade é que fará dessa renovação uma necessidade. Pelo seu poder moralizador, por suas tendências progressistas, pela amplitude de suas vistas, pela generalidade das questões que abrange, o Espiritismo é mais apto, do que qualquer outra doutrina, a secundar o movimento de regeneração; por isso, é ele contemporâneo desse movimento. Surgiu na hora em que podia ser de utilidade, visto que também para ele os tempos são chegados. Se viera mais cedo, teria esbarrado em obstáculos insuperáveis; houvera inevitavelmente sucumbido, porque, satisfeitos com o que tinham, os homens ainda não sentiriam falta do que ele lhes traz. Hoje, nascido com as ideias que fermentam, encontra preparado o terreno para recebê-lo. Os espíritos cansados da dúvida e da incerteza, horrorizados com o abismo que se lhes abre à frente, o acolhem como âncora de salvação e consolação suprema.[139]

Os Espíritos responsáveis pela Codificação Espírita são incisivos quando nos dizem:

> Por meio do Espiritismo, a Humanidade tem que entrar numa nova fase, a do progresso moral que lhe é consequência inevitável. Não mais, pois, vos espanteis da rapidez com que as ideias espíritas se propagam. A causa dessa celeridade reside na satisfação que trazem a todos os que as aprofundam e que nelas veem alguma coisa mais do que fútil passatempo. Ora, como cada um o que acima de tudo quer é a sua felicidade, nada há de surpreendente em que cada um se apegue a uma ideia que faz ditosos os que a esposam.
>
> Três períodos distintos apresenta o desenvolvimento dessas ideias: primeiro, o da curiosidade, que a singularidade dos fenômenos produzidos desperta; segundo, o do raciocínio e da filosofia; terceiro, o da aplicação e das consequências. O período da curiosidade passou; a curiosidade dura pouco. Uma vez satisfeita, muda de objeto. O mesmo não acontece com o que desafia a meditação séria e o raciocínio. Começou o segundo período, o terceiro virá inevitavelmente.[140]

Em outra oportunidade, os Espíritos Superiores voltam a nos afirmar sobre o destino do Espiritismo:

> Certamente que se tornará crença geral e marcará nova era na história da Humanidade, porque está na natureza e chegou o tempo em que ocupará lugar entre os conhecimentos humanos. Terá, no entanto, que sustentar grandes lutas, mais contra o interesse, do que contra a convicção, porquanto não há como dissimular a existência de pessoas interessadas em combatê-lo, umas por amor-próprio, outras por causas inteiramente materiais. Porém, como virão a ficar insulados, seus contraditores se sentirão forçados a pensar como os demais, sob pena de se tornarem ridículos.[141]

De certa forma, é até esperado esse estado de coisas, pois, num mundo de expiações e provas como o nosso, sabemos que

> As ideias só com o tempo se transformam; nunca de súbito. De geração em geração, elas se enfraquecem e acabam por desaparecer, paulatinamente, com os que as professavam, os quais vêm a ser substituídos por outros indivíduos imbuídos de novos princípios, como sucede com as ideias políticas [...].[142]

Assim, é preciso

> [...] que algumas gerações passem, para que se apaguem totalmente os vestígios dos velhos hábitos. A transformação, pois, somente com o tempo, gradual e progressivamente, se pode operar. Para cada geração uma parte do véu se dissipa. O Espiritismo vem rasgá-lo de alto a baixo. Entretanto, conseguisse ele unicamente corrigir num homem um único defeito que fosse e já o haveria forçado a dar um passo. Ter-lhe-ia feito, só com isso, grande bem, pois esse primeiro passo lhe facilitará os outros.[143]

Foi dito que o Espiritismo enfrentará várias lutas e obstáculos, ao longo do caminho planejado pelo Alto, antes de sua aceitação como crença universal entre os homens.

> *Destruindo o materialismo, que é uma das chagas da sociedade, ele faz que os homens compreendam onde se encontram seus verdadeiros interesses. Deixando a vida futura de estar velada pela dúvida, o homem perceberá melhor que, por meio do presente, lhe é dado preparar o seu futuro. Abolindo os prejuízos de seitas, castas e cores, ensina aos homens a grande solidariedade que os há de unir como irmãos.*[144]

A aceitação dos princípios espíritas não faz melhores as pessoas, em princípio. A melhoria do Espírito ficará patente quando, em decorrência do esforço individual, a pessoa implementar mudanças no comportamento, as quais garantirão uma verdadeira transformação moral.

Neste sentido, os Espíritos Superiores nos alertam:

> *Se o Espiritismo, conforme foi anunciado, tem que determinar a transformação da Humanidade, claro é que esse efeito ele só poderá produzir melhorando as massas, o que se verificará gradualmente, pouco a pouco, em consequência do aperfeiçoamento dos indivíduos. Que importa crer na existência dos Espíritos, se essa crença não faz que aquele que a tem se torne melhor, mais benigno e indulgente para com os seus semelhantes, mais humilde e paciente na adversidade? De que serve ao avarento ser espírita, se continua avarento; ao orgulhoso, se se conserva cheio de si; ao invejoso, se permanece dominado pela inveja? Assim, poderiam todos os homens acreditar nas manifestações dos Espíritos e a Humanidade ficar estacionária [...].*[145]

Dessa forma, o combate ao materialismo representa apenas um passo, o primeiro passo de uma série de outros que nos transformarão em pessoas de bem. Atentemos para os seguintes esclarecimentos de Allan Kardec:

> *Louváveis esforços indubitavelmente se empregam para fazer que a Humanidade progrida. Os bons sentimentos são animados, estimulados e honrados mais do que em qualquer outra época. Entretanto, o egoísmo, verme roedor, continua a ser a chaga social. É um mal real, que se alastra por todo o mundo e do qual cada homem é mais ou menos vítima. Cumpre, pois, combatê-lo, como se combate uma enfermidade epidêmica. Para isso, deve-se proceder como procedem os médicos: ir à origem do mal. Procurem-se em todas as partes do organismo social, da família aos povos, da choupana ao palácio, todas as causas, todas as influências que, ostensiva ou ocultamente, excitam, alimentam e desenvolvem o sentimento do egoísmo. Conhecidas as causas, o remédio se apresentará por si mesmo. Só restará então destruí-las, senão totalmente, de uma só vez, ao menos parcialmente, e o veneno pouco a pouco será eliminado. Poderá ser longa a cura, porque numerosas são as causas, mas não é impossível. Contudo, ela só se obterá*

> *se o mal for atacado em sua raiz, isto é, pela educação, não por essa educação que tende a fazer homens instruídos, mas pela que tende a fazer homens de bem. A educação, convenientemente entendida, constitui a chave do progresso moral. Quando se conhecer a arte de manejar os caracteres, como se conhece a de manejar as inteligências, conseguir-se-á corrigi-los, do mesmo modo que se aprumam plantas novas. Essa arte, porém, exige muito tato, muita experiência e profunda observação. É grave erro pensar-se que, para exercê-la com proveito, baste o conhecimento da Ciência [...].*[146]

O Codificador do Espiritismo também nos explica que

> *O homem deseja ser feliz e natural é o sentimento que dá origem a esse desejo. Por isso é que trabalha incessantemente para melhorar a sua posição na Terra, que pesquisa as causas de seus males, para remediá-los. Quando compreender bem que no egoísmo reside uma dessas causas, a que gera o orgulho, a ambição, a cupidez, a inveja, o ódio, o ciúme, que a cada momento o magoam, a que perturba todas as relações sociais, provoca as dissensões, aniquila a confiança, a que o obriga a se manter constantemente na defensiva contra o seu vizinho, enfim a que do amigo faz inimigo, ele compreenderá também que esse vício é incompatível com a sua felicidade e, podemos mesmo acrescentar, com a sua própria segurança. E quanto mais haja sofrido por efeito desse vício, mais sentirá a necessidade de combatê-lo, como se combatem a peste, os animais nocivos e todos os outros flagelos. O seu próprio interesse a isso o induzirá.*
>
> *O egoísmo é a fonte de todos os vícios, como a caridade o é de todas as virtudes. Destruir um e desenvolver a outra, tal deve ser o alvo de todos os esforços do homem, se quiser assegurar a sua felicidade neste mundo, tanto quanto no futuro.*[147]

Combatendo os vícios e estimulando o desenvolvimento de virtudes, o Espiritismo oferece condições para influir no progresso da Humanidade, promovendo uma era de renovação social e moral, pois a Doutrina Espírita é, "[...] *acima de tudo, o processo libertador das consciências, a fim de que a visão do homem alcance horizontes mais altos*".[148]

O Espiritismo se tornará crença universal, porque representa a

> [...] *Chave de luz para os ensinamentos do Cristo, explica o Evangelho não como um tratado de regras disciplinares, nascidas do capricho humano, mas como a salvadora mensagem de fraternidade e alegria, comunhão e entendimento, abrangendo as leis mais simples da vida.*[149]

REFERÊNCIAS

[134] KARDEC, Allan. *A gênese*. Trad. Guillon Ribeiro. 53. ed. 9. imp. (Edição Histórica). Brasília: FEB, 2020. cap. 18, it. 5.

[135] _____. _____. it. 6.

136 _____. _____.it. 9.

137 _____. _____.

138 _____. *O livro dos espíritos*. Trad. Guillon Ribeiro. 93. ed. 9. imp. (Edição Histórica). Brasília: FEB, 2019. Comentário de Kardec à q. 982.

139 _____. *A gênese*. Trad. Guillon Ribeiro. 53. ed. 9. imp. (Edição Histórica). Brasília: FEB, 2020. cap. 18, it. 25.

140 _____. *O livro dos espíritos*. Trad. Guillon Ribeiro. 93. ed. 9. imp. (Edição Histórica). Brasília: FEB, 2019. *Conclusão*, it. V.

141 _____. _____. q. 798.

142 _____. _____.

143 _____._____. q. 800.

144 _____._____. q. 799.

145 _____. *O livro dos médiuns*. Trad. Guillon Ribeiro. 81. ed. 9. imp. (Edição Histórica). Brasília: FEB, 2020. cap. 29, it. 350.

146 _____. *O livro dos espíritos*. Trad. Guillon Ribeiro. 93. ed. 9. imp. (Edição Histórica). Brasília: FEB, 2019. Comentário de Kardec à q. 917.

147 _____._____.

148 XAVIER, Francisco Cândido. *Roteiro*. Pelo Espírito Emmanuel. 14. ed. 4. imp. Brasília: FEB, 2016. cap. 38 – *Missão do Espiritismo*.

149 _____. _____.

ESPIRITISMO

Espiritismo é uma luz
Gloriosa, divina e forte,
Que clareia toda a vida
E ilumina além da morte.

É uma fonte generosa
De compreensão compassiva,
Derramando em toda parte
O conforto d'Água Viva.

É o templo da Caridade
Em que a Virtude oficia,
E onde a bênção da Bondade
É flor de eterna alegria.

É árvore verde e farta
Nos caminhos da esperança,
Toda aberta em flor e fruto
De verdade e de bonança.

É a claridade bendita
Do bem que aniquila o mal,
O chamamento sublime
Da Vida Espiritual.

Se buscas o Espiritismo,

Norteia-te em sua luz:

Espiritismo é uma escola,

E o Mestre Amado é Jesus.

B. Lopes

FONTE: XAVIER, Francisco Cândido. *Parnaso de além-túmulo*. 19. ed. 4. imp. Brasília: FEB, 2016.

PROGRAMA FUNDAMENTAL

MÓDULO XIII
Lei de Sociedade e Lei do Trabalho

OBJETIVO GERAL

Favorecer entendimento das Leis de Sociedade e do Trabalho.

"[...] Meu Pai trabalha até agora, e eu também trabalho" – Jesus (*João*, 5:17).

NECESSIDADE DA VIDA SOCIAL

1   OBJETIVO ESPECÍFICO

» Refletir sobre a necessidade da vida em sociedade para o progresso do Espírito.

2   CONTEÚDO BÁSICO

» *O homem tem que progredir. Insulado, não lhe é isso possível, por não dispor de todas as faculdades. Falta-lhe o contato com os outros homens. No insulamento, ele se embrutece e estiola* (Allan Kardec, *O livro dos espíritos*, q. 768).

» *Homem nenhum possui faculdades completas. Mediante a união social é que elas umas às outras se completam, para lhe assegurarem o bem-estar e o progresso. Por isso é que, precisando uns dos outros, os homens foram feitos para viver em sociedade e não insulados* (Allan Kardec, *O livro dos espíritos*, comentário de Kardec à q. 768).

3   SUGESTÕES BÁSICAS

3.1 SUGESTÃO 1:

Introdução

Apresentar ao grupo o tema do encontro por meio de uma breve exposição, destacando as principais ideias desenvolvidas nos subsídios.

Desenvolvimento

Em seguida, pedir aos participantes que, divididos em dois grupos, façam o seguinte:

1) leitura das questões 766 a 771 de *O livro dos espíritos*;

2) troca de ideias sobre a leitura;

3) elaborar um cartaz, tipo mural, que contenha frases e recortes de revistas, retratando o tema estudado;

4) indicar um representante para apresentar as conclusões do grupo.

Observação: Colocar, à vista dos grupos, o material necessário à realização da atividade: revistas; gravuras; canetas coloridas; lápis de cor, pincéis atômicos; cartolina/papel pardo; tesouras; colas; fitas adesivas etc.

Ouvir os relatos dos representantes dos grupos, solicitando-lhes esclarecimentos sobre o trabalho apresentado, se necessário.

Conclusão

Ressaltar que a vida em sociedade favorece o progresso do ser humano, e enfatizar os males que o insulamento social podem provocar.

Avaliação

O estudo será considerado satisfatório se os participantes realizarem corretamente a atividade proposta no trabalho em grupo.

Técnica(s): exposição; elaboração de quadro mural.

Recurso(s): cartaz/mural de cartolina ou papel pardo; materiais diversos, indicados para a representação gráfica do tema do Roteiro; *O livro dos espíritos*.

3.2 SUGESTÃO 2:

Introdução

Iniciar o estudo com a pergunta:

A vida social está na Natureza?

Ouvir os comentários. Convidar um participante para fazer a leitura da resposta da questão 766 de *O livro dos espíritos*:

> *A vida social está na Natureza?*
>
> "Certamente. Deus fez o homem para viver em sociedade. Não lhe deu inutilmente a palavra e todas as outras faculdades necessárias à vida de relação."

Desenvolvimento

Continuar a leitura comentada das questões 766 a 768 de *O livro dos espíritos*.

Em seguida, passar o vídeo – *Movimento você e a Paz*, com Divaldo Franco (15:39), disponível em:

https://bit.ly/3gfxtmS

Propor uma reflexão circular:

» *Por que precisamos da vida social?*
» *Qual a nossa contribuição para que a vida em sociedade retrate o bem-estar social e individual?*
» *Por que a vida em sociedade favorece o progresso do ser humano?*
» *Por que precisamos "aprender" a viver em sociedade?* etc.

Nesse momento, o facilitador esclarece dúvidas e complementa informações enriquecendo a discussão, destacando pontos importantes do assunto com base nos subsídios, no vídeo e nas questões de *O livro dos espíritos*.

Propor a seguinte reflexão individual (não há a necessidade de comentário):

Estou contribuindo para a construção da paz em mim? Por quê?

Conclusão

Leitura da poesia *Regra de Paz* de Casimiro Cunha, transcrito do livro *Poetas redivivos*, no final do Roteiro (ver Anexo).

Sugestão de música de Nando Cordel: *Paz pela paz*.

Avaliação

O estudo será considerado satisfatório se as ideias dos participantes refletirem entendimento do assunto.

Técnica(s): explosão de ideias; leitura oral comentada.

Recurso(s): *O livro dos espíritos*; subsídios do Roteiro, vídeo e música.

4   SUBSÍDIOS

A vida vem de Deus e pertence a Deus, pois a vida é a presença de Deus em toda parte.

Deus criou a vida de tal forma que tudo nela caminhará dentro da Lei de Evolução.[150]

A Lei de Evolução estabelece que a vida social é necessária porque

> O homem tem que progredir. Insulado, não lhe é isso possível, por não dispor de todas as faculdades. Falta-lhe o contato com os outros homens. No insulamento, ele se embrutece e estiola.[151]

O ser humano é, por natureza, um ser gregário, criado para viver em sociedade. O seu insulamento, mesmo a pretexto de servir a Deus ou de desenvolver virtudes, constitui uma agressão à Lei Natural, por caracterizar uma fuga injustificável às responsabilidades requeridas ao seu progresso espiritual.

A vida social faz parte da Lei Natural, uma vez que Deus "[...] *fez o homem para viver em sociedade. Não lhe deu inutilmente a palavra e todas as outras faculdades necessárias à vida de relação*".[152]

O insulamento é contrário à Lei da Natureza, "[...] *pois que, por instinto, os homens buscam a sociedade e todos devem concorrer para o progresso, auxiliando-se mutuamente*".[153]

Graças ao aprendizado desenvolvido ao longo dos tempos, e em razão do próprio dinamismo da existência atual na Terra, diminuem as antigas incursões ao isolacionismo – comuns entre religiosos e filósofos de eras passadas –, seja na solidão das regiões desérticas ou montanhosas, para onde o homem fugia em busca da iluminação espiritual que as meditações favoreciam; seja no silêncio dos claustros e monastérios, que as práticas religiosas impunham, como meio de atingir o estado de contemplação ou êxtase espiritual. Nesse sentido, "negar o mundo", no conceito evangélico, não significa abandoná-lo, antes criar condições novas a uma vivência mais solidária, capazes de modificar as estruturas e comportamentos egoístthat, engendrando recursos que transformem a habitação terrestre em reduto de esperança, de paz e de fraternidade, à semelhança do "Reino dos Céus", a que se reportava Jesus.

Devemos considerar, no entanto, que existem seres humanos que fogem dos prazeres e das comodidades do mundo, não para viverem isolados, mas para socorrerem pessoas mais necessitadas. "*Esses se elevam, rebaixando-se. Têm o duplo mérito de se colocarem acima dos gozos materiais e de fazerem o bem, obedecendo à Lei do Trabalho.*"[154] A História da Humanidade traz exemplos de homens e mulheres notáveis que se destacaram nos campos do saber religioso ou científico. Essas pessoas, vivendo uma existência de simplicidade e renúncia aos confortos oferecidos pela sociedade, optaram por algo fazer em benefício do próximo.

É importante que ampliemos a nossa visão a respeito da vida no planeta Terra, entendendo que a "[...] *vida é uma grande realização de solidariedade humana*".[155]

Assim, a existência terrestre "[...] *é uma escola, um meio de educação e de aperfeiçoamento pelo trabalho, pelo estudo e pelo sofrimento* [...]".[156]

Sendo assim,

> *Homem nenhum possui faculdades completas. Mediante a união social é que elas umas às outras se completam, para lhe assegurarem o bem-estar e o progresso. Por isso é que, precisando uns dos outros, os homens foram feitos para viver em sociedade e não insulados.*[157]

Essas orientações espíritas, fundamentadas em esclarecimentos evangélicos, determinam que a vida social deve ser caracterizada por um clima de convivência fraterna em que todos se ajudam e se socorrem mutuamente, dirimindo dificuldades e problemas cotidianos. O Espiritismo nos esclarece também que nas relações sociais humanas, o homem deve fazer o bem, "[...] *pois que isso constitui o objetivo único da vida* [...]" Sendo assim, "[...] *facultado lhe é impedir o mal, sobretudo aquele que possa concorrer para a produção de um mal maior*".[158]

O relacionamento humano equilibrado nos impõe regras de convivência social que devem, necessariamente, estimular aquisições de valores morais, tendo em vista que

> *O mundo, por mais áspero, representará para o nosso Espírito a escola de perfeição, cujos instrumentos corretivos bendiremos um dia. Os companheiros de jornada que o habitam, conosco, por mais ingratos e impassíveis, são as nossas oportunidades de materialização do bem, recursos de nossa melhoria e de nossa redenção, e que, bem aproveitados por nosso esforço, podem transformar-nos em heróis.*
>
> *Não há medida para o homem, fora da sociedade em que ele vive. Se é indubitável que somente o nosso trabalho coletivo pode engrandecer ou destruir o organismo social, só o organismo social pode tornar-nos individualmente grandes ou miseráveis.*[159]

REFERÊNCIAS

[150] BARCELLOS, Walter. *Sexo e evolução*. 6. ed. 2. reimp. Brasília: FEB, 2010. cap. 22 – *Evolução do instinto sexual*.

[151] KARDEC, Allan. *O livro dos espíritos*. Trad. Guillon Ribeiro. 93. ed. 9. imp. (Edição Histórica). Brasília: FEB, 2019. q. 768.

152 _____. _____.q. 766.
153 _____. _____. q. 767.
154 _____. _____. q. 771.
155 CASTRO, Almerindo Martins. *O martírio dos suicidas*. 18. ed. 2. reimp. Brasília: FEB, 2010. *Prefácio*.
156 DENIS, Léon. *Depois da morte*. Trad. João Lourenço de Souza. 28. ed. 4. imp. Brasília: FEB, 2016. *Resumo*, it. V.
157 KARDEC, Allan. *O livro dos espíritos*. Trad. Guillon Ribeiro. 93. ed. 9. imp. (Edição Histórica). Brasília: FEB, 2019. Comentário de Kardec à q. 768.
158 _____. _____. q. 860.
159 XAVIER, Francisco Cândido. *Roteiro*. Pelo Espírito Emmanuel. 14. ed. 4. imp. Brasília: FEB, 2016. cap. 39 – *Diante da Terra*.

ANEXO

Regra de Paz

Se queres felicidade,
Apoio, harmonia e luz,
Atende às indicações
De Nosso Senhor Jesus.
Começa o dia pensando
No que o dever determina
E roga, em prece, o roteiro
Da Providência Divina.
Ergue-te cedo e, se falas,
Fala a palavra do bem,
Auxilia a quem te ouça,
Não penses mal de ninguém.
Se existe algum desarranjo
Em teu distrito de ação,
Conserta sem reclamar,
Não te lamentes em vão.
Trabalha quanto puderes
Que o trabalho é vida, em suma...
O tempo, igual para todos,
Não para de forma alguma.
Se alguém te ofende, perdoa.
Quem de nós não pode errar?
Não há quem colha perdão
Se não sabe perdoar.
Trilhando a estrada sombria
De prova, rixa, pesar,

Acende a luz da concórdia

E ajuda sem perguntar.

Problemas? Dificuldades?

Aprendamos dia a dia

Que a bondade tudo entende,

Quem serve não se transvia.

Onde a tristeza se espalha

E a vida se ilude ou cansa,

Sê caridade, consolo,

Serenidade, esperança...

E, chegando cada noite

Por sobre os caminhos teus,

Dormirás tranquilamente

Na bênção do amor de Deus.

CASIMIRO CUNHA

FONTE: XAVIER, Francisco Cândido. *Poetas redivivos*. Diversos Espíritos. 4. ed. Brasília: FEB, 2007.

ROTEIRO 2

VIDA EM FAMÍLIA E LAÇOS DE PARENTESCO

1 OBJETIVOS ESPECÍFICOS

» Analisar as relações entre parentela corporal e famílias pelos vínculos espirituais.

» Refletir sobre a importância da família para a sociedade.

2 CONTEÚDO BÁSICO

» *[...] Os laços sociais são necessários ao progresso e os de família mais apertados tornam os primeiros. Eis por que os segundos constituem uma Lei da Natureza. Quis Deus que, por essa forma, os homens aprendessem a amar-se como irmãos* (Allan Kardec, O livro dos espíritos, q. 774).

» *Há, pois, duas espécies de famílias: as famílias pelos laços espirituais e as famílias pelos laços corporais. Duráveis, as primeiras se fortalecem pela purificação e se perpetuam no mundo dos Espíritos, através das várias migrações da alma; as segundas, frágeis como a matéria, se extinguem com o tempo e muitas vezes se dissolvem moralmente, já na existência atual [...]* (Allan Kardec, O evangelho segundo o espiritismo, cap. 14, it. 8).

» *Ó espíritas! Compreendei agora o grande papel da Humanidade. Compreendei que, quando produzis um corpo, a alma que nele encarna vem do Espaço para progredir; inteirai-vos dos vossos deveres e ponde todo o vosso amor em aproximar de Deus essa alma; tal a missão que vos está confiada e cuja recompensa recebereis, se fielmente a cumprirdes. Os vossos cuidados e a educação que lhe dareis auxiliarão o seu aperfeiçoamento e o seu bem-estar futuro*

[...] (Allan Kardec, *O evangelho segundo o espiritismo*, cap. 14, it. 9. Trecho da mensagem do Espírito Santo Agostinho, ditada em Paris, em 1862).

3 SUGESTÕES BÁSICAS

3.1 SUGESTÃO 1:

Introdução

Entregar aos participantes cópias do item 8, capítulo 14 – *Honrai a vosso pai e a vossa mãe*, de *O evangelho segundo o espiritismo*, pedindo-lhes que façam leitura silenciosa e individual do texto.

Desenvolvimento

Em seguida, organizar os participantes em quatro grupos, numerando-os.

Entregar a cada equipe uma página – identificada pelo número do grupo –, contendo uma questão para ser resolvida de acordo com as seguintes orientações:

a) leitura da questão, troca de ideias, e redação da resposta anotada por um colega. Tempo máximo para a realização desta etapa: 10 minutos;

b) rodízio, entre os grupos, das páginas com as respectivas respostas. Estas páginas são transferidas, de um para outro grupo, por mensageiros indicados pelas equipes. Em cada rodízio os participantes completam o pensamento registrado pela equipe anterior. Tempo máximo para a realização de cada rodízio: 5 minutos;

c) continuar com o rodízio até que cada equipe recupere a folha de papel original;

d) leitura dos registros em relação à questão proposta, e elaboração de uma síntese sobre as ideias expressas.

Pedir a cada redator que, em plenário, leia a questão que foi proposta ao seu grupo, apresentando também a síntese das ideias expressas pelos colegas.

Observação: As questões, escritas de forma objetiva, devem estar de acordo com as ideias desenvolvidas nos subsídios. O rodízio deve seguir a seguinte ordem: 1 2 3 4 1...

Conclusão

Destacar, como fechamento do assunto, os principais pontos do pensamento de Santo Agostinho, existentes no item 9, capítulo 14 – *Honrai a vosso pai e a vossa mãe*, de *O evangelho segundo o espiritismo*.

Avaliação

O estudo será considerado satisfatório se as respostas que os participantes deram às questões indicarem que houve correto entendimento do assunto do estudo.

Técnica(s): leitura individual; trabalho em grupo com rodízio; exposição.

Recurso(s): *O evangelho segundo o espiritismo*; questões para trabalho em grupo.

3.2 SUGESTÃO 2:

Introdução

Iniciar o estudo com a leitura oral comentada do texto "A parentela corporal e a parentela espiritual", item 8, capítulo 14 – *Honrai a vosso pai e a vossa mãe*, de *O evangelho segundo o espiritismo*.

Desenvolvimento

Em seguida, fazer a leitura comentada das questões 773 a 775 de *O livro dos espíritos*.

Dividir os participantes em grupos e propor a leitura dos subsídios do Roteiro. Distribuir lápis e papéis para os grupos. Pedir para que respondam, com base nos subsídios e nas questões de *O livro dos espíritos*, os seguintes tópicos (até 20 minutos):

» *Comentar as relações entre a parentela corporal e as famílias com vínculos espirituais.*

» *Comentar a importância da família para a sociedade.*

Terminado o trabalho no grupo, iniciar uma reflexão circular (não há apresentação de grupo).

Convidar um participante para iniciar as reflexões do primeiro tópico acima, abrindo para os demais colegas.

Nesse momento, o facilitador esclarece dúvidas e complementa informações enriquecendo a discussão.

Encerradas as reflexões e comentários acerca do primeiro tópico, iniciar reflexões e comentários do segundo.

Propor a seguinte reflexão individual (não há a necessidade de comentário):

Como me relaciono na família?

Conclusão

Destacar, como fechamento do assunto, os principais pontos do pensamento de Santo Agostinho, existentes no item 9, capítulo 14 – *Honrai a vosso pai e a vossa mãe*, de *O evangelho segundo o espiritismo*.

Avaliação

O estudo será considerado satisfatório se as ideias dos participantes refletirem entendimento do assunto.

Técnica(s): leitura oral comentada; estudo em grupo; discussão circular.

Recurso(s): *O livro dos espíritos*; *O evangelho segundo o espiritismo*; subsídios do Roteiro.

Atividade extrarreunião para o próximo encontro de estudo – Sugestão 2:

Esta atividade pode ser proposta a um grupo pequeno de participantes ou pesquisa livre para todos:

» Fazer a leitura do texto *O valor do trabalho*, de Humberto de Campos, extraído do livro *Reportagens de além-túmulo*, capítulo 20 (ver Anexo 1 do Roteiro 3, deste Módulo).

Destacar pontos que julgar importantes para comentários.

4 SUBSÍDIOS

> [...] *Há no homem alguma coisa mais, além das necessidades físicas: há a necessidade de progredir. Os laços sociais são necessários ao progresso e os de família mais apertados tornam os primeiros. Eis por que os segundos constituem uma Lei da Natureza. Quis Deus que, por essa forma, os homens aprendessem a amar-se como irmãos.*[160]

A família é, pois "[...] *uma instituição divina, cuja finalidade precípua consiste em estreitar os laços sociais, ensejando-nos o melhor modo de aprendermos a amar-nos como irmãos*".[161] Nesse sentido, o relaxamento dos laços de família representa uma prática antinatural, uma "[...] *recrudescência do egoísmo*".[162]

> *De todas as associações existentes na Terra [...] nenhuma talvez mais importante em sua função educadora e regenerativa: a constituição da família.*
>
> *De semelhante agremiação, na qual dois seres se conjugam, atendendo aos vínculos do afeto, surge o lar, garantindo os alicerces da civilização. Por meio do casal aí estabelecido funciona o princípio da reencarnação, consoante as Leis Divinas, possibilitando o trabalho executivo dos mais elevados programas de ação do Mundo Espiritual.*[163]
>
> *Fácil entender que é assim justamente que nós, os Espíritos eternos, atendendo aos impositivos do progresso, nos revezamos na arena do mundo, ora envergando a posição de pais, ora desempenhando o papel de filhos, aprendendo, gradativamente, na carteira do corpo carnal, as lições profundas do amor – do amor que nos soerguerá, um dia, em definitivo, da Terra para os Céus.*[164]
>
> *[...] a família, genericamente, representa o clã social ou de sintonia por identidade que reúne espécimes dentro da mesma classificação. Juridicamente, porém, a família se deriva da união de dois seres que se elegem para uma vida em comum, por meio de um contrato, dando origem à genitura da mesma espécie. [...]*
>
> *A família tem suas próprias leis, que consubstanciam as regras do bom comportamento dentro do impositivo do respeito ético, recíproco entre os seus membros, favorável à perfeita harmonia que deve vigorar sob o mesmo teto em que se agasalham os que se consorciam.*
>
> *[...]*
>
> *O lar, no entanto, não pode ser configurado como a edificação material, capaz de oferecer segurança e paz aos que aí se resguardam. [...]*[165]
>
> *Habitualmente – nunca sempre – somos nós mesmos quem planifica a formação da família, antes do renascimento terrestre, com o amparo e a supervisão de instrutores beneméritos, à maneira da casa que levantamos no mundo, com o apoio de arquitetos e técnicos distintos.*
>
> *Comumente chamamos a nós antigos companheiros de aventuras infelizes, programando-lhes a volta em nosso convívio, a prometer-lhes socorro e oportunidade, em que se lhes reedifique a esperança de elevação e resgate, burilamento e melhoria.*[166]

É importante considerar, entretanto, que

> *[...] Não são os da consanguinidade os verdadeiros laços de família, e sim os da simpatia e da comunhão de ideias, os quais prendem os Espíritos antes, durante e depois de suas encarnações. Segue-se que dois seres nascidos de pais diferentes podem ser mais irmãos pelo Espírito, do que se o fossem pelo sangue. Podem então atrair-se, buscar-se, sentir prazer quando juntos, ao passo que dois irmãos consanguíneos podem repelir-se, conforme se observa todos os dias: problema moral que só o Espiritismo podia resolver pela pluralidade das existências.*

Há, pois, duas espécies de famílias: as famílias pelos laços espirituais e as famílias pelos laços corporais. *Duráveis, as primeiras se fortalecem pela purificação e se perpetuam no mundo dos Espíritos, através das várias migrações da alma; as segundas, frágeis como a matéria, se extinguem com o tempo e muitas vezes se dissolvem moralmente, já na existência atual. [...]*[167]

Por intermédio da paternidade e da maternidade, o homem e a mulher adquirem mais amplos créditos da vida superior.

[...]

Os filhos são liames de amor conscientizado que lhes granjeiam proteção mais extensa do mundo maior, uma vez que todos nós integramos grupos afins.

Na arena terrestre, é justo que determinada criatura se faça assistida por outras que lhe respiram a mesma faixa de interesse afetivo. De modo idêntico, é natural que as inteligências domiciliadas nas esferas superiores se consagrem a resguardar e guiar aqueles companheiros de experiência, volvidos à reencarnação para fins de progresso e burilamento.

A parentela no planeta faz-se filtro da família espiritual sediada além da existência física, mantendo os laços preexistentes entre aqueles que lhe comungam o clima.

Arraigada nas vidas passadas de todos aqueles que a compõem, a família terrestre é formada, assim, de agentes diversos, porquanto nela se reencontram, comumente, afetos e desafetos, amigos e inimigos, para os ajustes e reajustes indispensáveis, ante as leis do destino.[168]

Formam famílias os Espíritos que a analogia dos gostos, a identidade do progresso moral e a afeição induzem a reunir-se. Esses mesmos Espíritos, em suas migrações terrenas, se buscam, para se gruparem, como o fazem no Espaço, originando-se daí as famílias unidas e homogêneas. Se, nas suas peregrinações, acontece ficarem temporariamente separados, mais tarde tornam a encontrar-se, venturosos pelos novos progressos que realizaram. Mas como não lhes cumpre trabalhar apenas para si, permite Deus que Espíritos menos adiantados encarnem entre eles, a fim de receberem conselhos e bons exemplos, a bem de seu progresso. Esses Espíritos se tornam, por vezes, causa de perturbação no meio daqueles outros, o que constitui para estes a prova e a tarefa a desempenhar.[169]

É assim que na esfera do grupo consanguíneo o Espírito reencarnado segue ao encontro dos laços que entreteceu para si próprio, na linha mental em que se lhe caracterizam as tendências.

A chamada hereditariedade psicológica é, por isso, de algum modo, a natural aglutinação dos Espíritos que se afinam nas mesmas atividades e inclinações.[170]

Modernamente, ante a precipitação dos conceitos que generalizam na vulgaridade os valores éticos, tem-se a impressão de que paira rude ameaça sobre a estabilidade da família. Mais do que nunca, porém, o conjunto doméstico se deve impor para a sobrevivência em benefício da soberania da própria Humanidade.[171]

Atualmente, na fase de aferição de valores morais por que passa a Humanidade, é comum ouvir a voz da imaturidade e do pessimismo anunciando a extinção da família. Entretanto,

> *Devemos tranquilizar [...] os nossos corações, porque a família não está em extinção, o processo é de transformação. A vulnerabilidade do bebê humano e sua dependência dos cuidados do adulto são indícios muito fortes de que a família é uma necessidade psicofísica do homem e, portanto, será difícil imaginar um sistema social sem essa instituição básica.*
>
> *O fato de ser a instituição familiar uma necessidade do homem não significa, contudo, que ela seja imutável. A família já se modificou muito desde a fase da sociedade predominantemente agrícola até os dias de hoje. Estamos assistindo a uma nova transformação. Toda mudança sempre acarreta um momento de desorganização e talvez daí tenha surgido a ideia de que a família está se desmoronando, desestruturando-se, extinguindo-se.*
>
> *Algumas pessoas se sentem tão abaladas por essa desordem transitória, que se aferram a um modo de viver já ultrapassado, na tentativa de preservar valores decadentes, acreditando defender assim os interesses da coletividade. Outras se aproveitam da oportunidade para extravasar seus próprios impulsos desequilibrados. Entretanto, o indivíduo que consegue ver o panorama social de um ponto mais elevado, que já desenvolveu a capacidade de pensar criticamente, pode discernir com mais facilidade acerca dos valores a serem preservados, separando-os daqueles que devem ser descartados, contribuindo, desse modo, para a consolidação do progresso. [...]*[172]

REFERÊNCIAS

[160] KARDEC, Allan. *O livro dos espíritos*. Trad. Guillon Ribeiro. 93. ed. 9. imp. (Edição Histórica). Brasília: FEB, 2019. q. 774.

[161] CALLIGARIS, Rodolfo. *As leis morais*. 15. ed. 5. imp. Brasília: FEB, 2016. cap. 27 – A Família.

[162] KARDEC, Allan. *O livro dos espíritos*. Trad. Guillon Ribeiro. 93. ed. 9. imp. (Edição Histórica). Brasília: FEB, 2019. q. 775.

[163] XAVIER, Francisco Cândido. *Vida e sexo*. Pelo Espírito Emmanuel. 27. ed. 3. imp. Brasília: FEB, 2016. cap. 2 – *Família*.

[164] _____. _____. cap. 17 – *Aborto*.

[165] FRANCO, Divaldo Pereira. *Estudos espíritas*. Pelo Espírito Joanna de Ângelis. 9. ed. 4. imp. Brasília: FEB, 2015. cap. 24 – *Família*.

[166] XAVIER, Francisco Cândido. *Vida e sexo*. Pelo Espírito Emmanuel. 27. ed. 3. imp. Brasília: FEB, 2016. cap. 2 – *Família*.

167 KARDEC, Allan. *O evangelho segundo o espiritismo*. Trad. Guillon Ribeiro. 131. ed. 14. imp. (Edição Histórica). Brasília: FEB, 2019. cap. 14, it. 8.
168 XAVIER, Francisco Cândido. *Vida e sexo*. Pelo Espírito Emmanuel. 27. ed. 3. imp. Brasília: FEB, 2016. cap. 2 – Família.
169 KARDEC, Allan. *O evangelho segundo o espiritismo*. Trad. Guillon Ribeiro. 131. ed. 14. imp. (Edição Histórica). Brasília: FEB, 2019. cap. 14, it. 9.
170 XAVIER, Francisco Cândido. *Pensamento e vida*. Pelo Espírito Emmanuel. 19. ed. 4. imp. Brasília: FEB, 2016. cap. 12 –*Família*.
171 FRANCO, Divaldo Pereira. *Estudos espíritas*. Pelo Espírito Joanna de Ângelis. 9. ed. 4. imp. Brasília: FEB, 2015. cap. 24 – *Família*.
172 SOUZA, Dalva Silva. *Os caminhos do amor*. 3. ed. 1. imp. Brasília: FEB, 2014. cap. 5 – *Juventude – tempo de fazer escolhas*, it. 5.9 A família nos tempos modernos.

ROTEIRO 3

NECESSIDADE DO TRABALHO

1   OBJETIVO ESPECÍFICO

» Analisar o trabalho, sob o enfoque de sua necessidade para o progresso humano e espiritual.

2   CONTEÚDO BÁSICO

» *A necessidade do trabalho é Lei da Natureza?* "O trabalho é Lei da Natureza, por isso mesmo que constitui uma necessidade, e a civilização obriga o homem a trabalhar mais, porque lhe aumenta as necessidades e os gozos." (Allan Kardec, O livro dos espíritos, q. 674).

» O trabalho se impõe ao ser humano como uma necessidade porque é um "[...] *meio de aperfeiçoamento da sua inteligência. Sem o trabalho, o homem permaneceria sempre na infância, quanto à inteligência. Por isso é que seu alimento, sua segurança e seu bem-estar dependem do seu trabalho e da sua atividade. Em compensação, ao extremamente fraco do corpo outorgou Deus a inteligência, mas é sempre um trabalho.*" (Allan Kardec, O livro dos espíritos, q. 676).

» O trabalho do homem "[...] *visa duplo fim: a conservação do corpo e o desenvolvimento da faculdade de pensar, o que também é uma necessidade e o eleva acima de si mesmo* [...]" (Allan Kardec, O livro dos espíritos, q. 677).

» Não basta se diga ao homem que lhe corre o dever de trabalhar. É *preciso que aquele que tem de prover à sua existência por meio do trabalho encontre em que se ocupar, o que nem sempre acontece. Quando se generaliza, a suspensão do trabalho assume as proporções de um flagelo, qual a miséria* [...] (Allan Kardec, O livro dos espíritos, comentário de Kardec à q. 685).

> Liberdade, igualdade, fraternidade. *Estas três palavras constituem, por si sós, o programa de toda uma ordem social que realizaria o mais absoluto progresso da Humanidade, se os princípios que elas exprimem pudessem receber integral aplicação* [...] (Allan Kardec, *Obras póstumas*, 1ª pt., cap. *Liberdade, igualdade, fraternidade*).

3 SUGESTÕES DIDÁTICAS

3.1 SUGESTÃO 1:

Introdução

Pedir ao grupo que explique o significado dos seguintes versos do Espírito Casimiro Cunha, psicografados por Francisco Cândido Xavier, encontrados no livro *Cartas do Evangelho*, sob o título *Cartas aos meninos*:

Não olvides que o trabalho

É fonte de paz e luz.

Jamais esqueças, meu filho,

Que teu modelo é Jesus.

Desenvolvimento

Dividir os participantes em três grupos, orientando-os na realização das seguintes atividades:

Grupo 1

a) leitura dos subsídios – do início até a Referência 8 [trecho de *Obras póstumas*]; troca de ideias sobre o assunto, e resumo escrito do texto estudado.

Grupo 2

b) leitura dos subsídios – a partir da Referência 8 até a Referência 11 [trecho de *Obras póstumas*]; troca de ideias sobre o assunto, e resumo escrito do texto estudado.

Grupo 3

c) leitura dos subsídios – a partir da Referência 11; troca de ideias sobre o assunto, e resumo escrito do texto estudado.

Observação: Cada grupo deve indicar um participante para resumir as conclusões, e um relator para apresentá-las em plenário.

Ouvir os relatos dos grupos, destacando os pontos mais importantes.

Conclusão

Fazer a integração do estudo, destacando a importância do trabalho (ver *O livro dos espíritos*, q. 676, 677 e 685).

Atividade extrarreunião para o próximo encontro de estudo – Sugestão 1:

» Solicitar aos participantes leitura e resumo escrito do texto *O valor do trabalho*, de autoria do Espírito Humberto de Campos, capítulo 20 do livro *Reportagens de além-túmulo* (ver Anexo 1).

Enfatizar que o resumo deve conter as principais ideias desenvolvidas pelo autor.

Avaliação

O estudo será considerado satisfatório se os relatos das conclusões do trabalho em grupo indicarem que houve entendimento do assunto.

Técnica(s): interpretação de poesia; trabalho em pequenos grupos.

Recurso(s): versos; subsídios deste Roteiro; *O livro dos espíritos*.

3.2 SUGESTÃO 2:

Introdução

Iniciar o estudo com a leitura oral da poesia *Honra ao trabalho*, do Espírito Múcio Teixeira, retirado de *Parnaso de além-túmulo* (ver no final deste Módulo).

Desenvolvimento

Propor a apresentação dos resumos preparados em atividades extrarreunião pelos participantes.

Em seguida, fazer a leitura oral comentada das questões 674 a 681 de *O livro dos espíritos*.

Em discussão circular refletir sobre as questões:

» *Qual a finalidade do trabalho?*
» *Quando o trabalho se torna uma obrigação ruim, estressante?*
» *Qual o segredo do trabalho prazeroso?*
» *Qual a consequência do trabalho realizado sem satisfação?* etc.

Nesse momento, o facilitador esclarece dúvidas e complementa informações enriquecendo a discussão.

Propor a seguinte reflexão individual (não há a necessidade de comentário):

O que motivou minha escolha profissional? Sou feliz? Cumpro bem minha obrigação profissional?

Conclusão

Fazer o fechamento com a leitura do item 2, capítulo 25 – *Buscai e achareis*, de *O evangelho segundo o espiritismo*:

> Do ponto de vista terreno, a máxima: *Buscai e achareis* é análoga a esta outra: *Ajuda-te a ti mesmo, que o céu te ajudará*. É o princípio da Lei do Trabalho e, por conseguinte, da Lei do Progresso, porquanto o progresso é filho do trabalho, visto que este põe em ação as forças da inteligência.

Avaliação

O estudo será considerado satisfatório se as ideias dos participantes refletirem entendimento do assunto.

Técnica(s): apresentação de trabalho; leitura oral comentada; discussão circular.

Recurso(s): *O livro dos espíritos*; subsídios do Roteiro.

4 SUBSÍDIOS

> *O trabalho [...] é Lei da Natureza, mediante a qual o homem forja o próprio progresso, desenvolvendo as possibilidades do meio ambiente em que se situa, ampliando os recursos de preservação da vida, por meio das suas necessidades imediatas na comunidade social em que vive. Desde as imperiosas necessidades de comer e beber, defender-se dos excessos climatéricos até os processos de garantia e preservação da espécie, pela reprodução, o homem vê-se coagido à obediência à Lei do Trabalho.*[173]

Sendo assim, o trabalho se impõe ao ser humano como uma necessidade porque é um

> *[...] meio de aperfeiçoamento da sua inteligência. Sem o trabalho, o homem permaneceria sempre na infância, quanto à inteligência. Por isso é que seu alimento, sua segurança e seu bem-estar dependem do seu trabalho e da sua atividade. Em compensação, ao extremamente fraco de corpo outorgou Deus a inteligência, mas é sempre um trabalho.*[174]

O trabalho, entendido como Lei da Natureza,

> [...] é das maiores bênçãos de Deus no campo das horas. Em suas dádivas de realização para o bem, o triste se reconforta, o ignorante aprende, o doente se refaz, o criminoso se regenera.[175]

> É "[...] o guia na descoberta de nossas possibilidades divinas, no processo evolutivo do aperfeiçoamento universal. Nele [...] a alma edifica a própria casa, cria valores para a ascensão sublime [...]".[176]

Os Espíritos orientadores nos esclarecem que o trabalho do homem "[...] *visa duplo fim: a conservação do corpo e o desenvolvimento da faculdade de pensar, o que também é uma necessidade e o eleva acima de si mesmo* [...]".[177]

> O trabalho, em tese, para o ser em processo de evolução, configura-se sob três aspectos principais: material, espiritual, moral.
>
> Através do trabalho material, propriamente dito, dignifica-se o homem no cumprimento dos deveres para consigo mesmo, para com a família que Deus lhe confiou, para com a sociedade de que participa.
>
> Pelo trabalho espiritual, exerce a fraternidade com o próximo e aperfeiçoa-se no conhecimento transcendente da alma imortal.
>
> No campo da atividade moral, lutará, simultaneamente, por adquirir qualidades elevadas, ou, se for o caso, por sublimar aquelas com que já se sente aquinhoado.[178]

Devemos considerar, porém, que

> Não basta se diga ao homem que lhe corre o dever de trabalhar. É preciso que aquele que tem de prover à sua existência por meio do trabalho encontre em que se ocupar, o que nem sempre acontece. Quando se generaliza, a suspensão do trabalho assume as proporções de um flagelo, qual a miséria [...].[179]

Refletindo a respeito desse assunto, entendemos que os conflitos sociais representam uma das principais causas de sofrimento do mundo contemporâneo.

Na verdade,

> É bem sabido que a maior parte das misérias da vida tem origem no egoísmo dos homens. Desde que cada um pensa em si antes de pensar nos outros e cogita antes de tudo de satisfazer aos seus desejos, cada um naturalmente cuida de proporcionar a si mesmo essa satisfação, a todo custo, e sacrifica sem escrúpulo os interesses alheios, assim nas mais insignificantes coisas, como nas maiores, tanto de ordem moral, quanto de ordem material. Daí todos os antagonismos sociais, todas as lutas, todos os conflitos e todas as misérias, visto que cada um só trata de despojar o seu próximo.[180]

Os conflitos sociais não resolvidos, ou incorretamente administrados, podem gerar uma situação de pobreza generalizada, e todas as suas consequências calamitosas. Os espíritas, sabemos que as desigualdades sociais existentes no planeta estão vinculadas a dois pontos fundamentais: a manifestação da Lei de Causa e Efeito e a visão materialista da vida.

No primeiro caso, a pobreza e a riqueza devem ser entendidas como instrumento de melhoria espiritual, pois "[...] *A pobreza é, para os que a sofrem, a prova da paciência e da resignação; a riqueza é, para os outros, a prova da caridade e da abnegação*".[181] A visão materialista da vida, alimentada pelo orgulho e egoísmo, estimula a permissibilidade moral, causa do relaxamento dos usos e costumes sociais. As pessoas tornam-se indolentes e omissas, nada fazendo para impedir ou minimizar o estado de sofrimento material e moral reinante ao seu derredor. As desigualdades humanas trazem implicações de ordem econômico-social, em geral decorrentes da má distribuição de rendas, permitindo-se que uma minoria humana viva em abundância, e uma maioria sofra os rigores da pobreza e da miséria. Uma sociedade estabelecida sob essas bases está marcada pelos contrastes sociais, estimuladores do desemprego, da violência e da miséria.

> [...] *A ciência econômica procura remédio para isso no equilíbrio entre a produção e o consumo. Esse equilíbrio, porém, dado seja possível estabelecer-se, sofrerá sempre intermitências, durante as quais não deixa o trabalhador de ter que viver. Há um elemento, que se não costuma fazer pesar na balança e sem o qual a ciência econômica não passa de simples teoria. Esse elemento é a educação, não a educação intelectual, mas a educação moral. Não nos referimos, porém, à educação moral pelos livros e sim à que consiste na arte de formar os caracteres, à que incute hábitos, porquanto a educação é o conjunto de hábitos adquiridos. Considerando-se a aluvião de indivíduos que todos os dias são lançados na torrente da população, sem princípios, sem freio e entregues a seus próprios instintos, serão de espantar as consequências desastrosas que daí decorrem? Quando essa arte for conhecida, compreendida e praticada, o homem terá no mundo hábitos de ordem e de previdência para consigo mesmo e para com os seus, de respeito a tudo o que é respeitável, hábitos que lhe permitirão atravessar menos penosamente os maus dias inevitáveis. A desordem e a imprevidência são duas chagas que só uma educação bem entendida pode curar. Esse o ponto de partida, o elemento real do bem-estar, o penhor da segurança de todos.*[182]

> *Não podem os homens ser felizes, se não viverem em paz, isto é, se não os animar um sentimento de benevolência, de indulgência e de condescendência recíprocas; numa palavra: enquanto procurarem esmagar-se uns aos outros. A caridade e a fraternidade resumem todas as condições e todos os deveres sociais; uma e outra, porém, pressupõem a abnegação. Ora, a abnegação é incompatível com o egoísmo e o orgulho; logo, com esses vícios, não é possível a verdadeira fraternidade, nem, por conseguinte, igualdade, nem liberdade, dado que o egoísta e o orgulhoso querem tudo para si.*

Eles serão sempre os vermes roedores de todas as instituições progressistas; enquanto dominarem, ruirão aos seus golpes os mais generosos sistemas sociais, os mais sabiamente combinados. É belo, sem dúvida, proclamar-se o reinado da fraternidade, mas, para que fazê-lo, se uma causa destrutiva existe? É edificar em terreno movediço; o mesmo fora decretar a saúde numa região malsã. Em tal região, para que os homens passem bem, não bastará se mandem médicos, pois que estes morrerão como os outros; insta destruir as causas da insalubridade. Para que os homens vivam na Terra como irmãos, não basta se lhes deem lições de moral; importa destruir as causas de antagonismo, atacar a raiz do mal: o orgulho e o egoísmo.[183]

O Espiritismo nos apresenta uma solução para o problema da miséria social, expressa nas seguintes palavras de Allan Kardec:

> Liberdade, igualdade, fraternidade. *Estas três palavras constituem, por si sós, o programa de toda uma ordem social que realizaria o mais absoluto progresso da Humanidade, se os princípios que elas exprimem pudessem receber integral aplicação.* [...]
>
> *A fraternidade, na rigorosa acepção do termo, resume os deveres dos homens, uns para com os outros. Significa: devotamento, abnegação, tolerância, benevolência, indulgência. É, por excelência, a caridade evangélica e a aplicação da máxima: "Proceder para com os outros, como quereríamos que os outros procedessem para conosco." O oposto do egoísmo* [...].
>
> *Considerada do ponto de vista da sua importância para a realização da felicidade social, a fraternidade está na primeira linha: é a base. Sem ela, não poderiam existir a igualdade, nem a liberdade séria. A igualdade decorre da fraternidade e a liberdade é consequência das duas outras.*
>
> *Com efeito, suponhamos uma sociedade de homens bastante desinteressados, bastante bons e benévolos para viverem fraternalmente* [...]. *Num povo de irmãos, a igualdade será consequência de seus sentimentos, da maneira de procederem, e se estabelecerá pela força mesma das coisas. Qual, porém, o inimigo da igualdade? O orgulho, que faz queira o homem ter em toda parte a primazia e o domínio* [...].
>
> *A liberdade* [...] *é filha da fraternidade e da igualdade* [...]. *Os homens que vivam como irmãos, com direitos iguais, animados do sentimento de benevolência recíproca, praticarão entre si a justiça, não procurarão causar danos uns aos outros e nada, por conseguinte, terão que temer uns dos outros. A liberdade nenhum perigo oferecerá, porque ninguém pensará abusar dela em prejuízo de seus semelhantes.* [...].
>
> [...]
>
> [Esses] [...] *três princípios são* [...] *solidários entre si e se prestam mútuo apoio; sem a reunião deles o edifício social não estaria completo. O da fraternidade não pode ser praticado em toda a pureza, com exclusão dos dois outros, porquanto, sem a igualdade e a liberdade, não há verdadeira fraternidade. A liberdade sem*

a fraternidade é rédea solta a todas as más paixões, que desde então ficam sem freio; com a fraternidade, o homem nenhum mau uso faz da sua liberdade: é a ordem; sem a fraternidade, usa da liberdade para dar curso a todas as suas torpezas: é a anarquia, a licença. Por isso é que as nações mais livres se veem obrigadas a criar restrições à liberdade. A igualdade, sem a fraternidade, conduz aos mesmos resultados, visto que a igualdade reclama a liberdade; sob o pretexto de igualdade, o pequeno rebaixa o grande, para lhe tomar o lugar, e se torna tirano por sua vez; tudo se reduz a um deslocamento de despotismo.[184]

REFERÊNCIAS

[173] FRANCO, Divaldo Pereira. *Estudos espíritas*. Pelo Espírito Joanna de Ângelis. 9. ed. 4. imp. Brasília: FEB, 2015. cap. 11 – *Trabalho*.

[174] KARDEC, Allan. *O livro dos espíritos*. Trad. Guillon Ribeiro. 93. ed. 9. imp. (Edição Histórica). Brasília: FEB, 2019. q. 676.

[175] XAVIER, Francisco Cândido. *Voltei*. Pelo Espírito Jacob. 28. ed. 10. imp. Brasília: FEB, 2016. cap. 20 – *Retorno à tarefa*.

[176] _____. *Reportagens de além-túmulo*. Pelo Espírito Humberto de Campos. 13. ed. 2. imp. Brasília: FEB, 2018. cap. 20 – *O valor do trabalho*.

[177] KARDEC, Allan. *O livro dos espíritos*. Trad. Guillon Ribeiro. 93. ed. 9. imp. (Edição Histórica). Brasília: FEB, 2019. q. 677.

[178] PERALVA, Martins. *Estudando o evangelho*. 11. ed. 6. imp. Brasília: FEB, 2018. cap. 3 – *Renovação*, it. Trabalho.

[179] KARDEC, Allan. *O livro dos espíritos*. Trad. Guillon Ribeiro. 93. ed. 9. imp. (Edição Histórica). Brasília: FEB, 2019. Comentário de Kardec à q. 685.

[180] _____. *Obras póstumas*. Trad. Guillon Ribeiro. 41. ed. 1. imp. (Edição Histórica). Brasília: FEB, 2019. 1ª pt., cap. *O egoísmo e o orgulho*.

[181] _____. *O evangelho segundo o espiritismo*. Trad. Guillon Ribeiro. 131. ed. 14. imp. (Edição Histórica). Brasília: FEB, 2019. cap. 16, it. 8.

[182] _____. *O livro dos espíritos*. Trad. Guillon Ribeiro. 93. ed. 9. imp. (Edição Histórica). Brasília: FEB, 2019. Comentário de Kardec à q. 685.

[183] _____. *Obras póstumas*. Trad. Guillon Ribeiro. 41. ed. 1. imp. (Edição Histórica). Brasília: FEB, 2019. 1ª pt., cap. *O egoísmo e o orgulho*.

[184] _____. _____. cap. *Liberdade, igualdade, fraternidade*.

ANEXO 1

Texto para leitura e resumo:

O VALOR DO TRABALHO

Ninguém contestava os nobres sentimentos de Cecília Montalvão; entretanto, era de todos sabida sua aversão ao trabalho. No fundo, excelente criatura cheia de conceitos filosóficos, por indicar ao próximo os melhores caminhos. Palestra fácil e encantadora, gestos espontâneos e afetuosos, seduzia quem lhe escutasse o verbo carinhoso. Se a família adotasse outros princípios que não fossem os do Espiritismo cristão, Cecília propenderia talvez à vida conventual. Assim, não ocultava sua admiração pelas moças que, até hoje, de quando em quando se recolhem voluntariamente à sombra do claustro. Mais por ociosidade que por espírito de adoração a Deus, entrevia nos véus freiráticos o refúgio ideal. No entanto, porque o Espiritismo não lhe possibilitava ensejo de ausentar-se do ambiente doméstico, a pretexto de fé religiosa, cobrava-se em longas conversações sobre os mundos felizes. Dedicava-se, fervorosa, a toda expressão literária referente às esferas de paz reservadas aos que muito sofreram nos serviços humanos. As mensagens do Além, que descrevessem tais lugares de repouso, eram conservadas com especial dedicação. As descrições dos planetas superiores causavam-lhe arroubos indefiníveis. Cecília não cuidava de outra coisa que não fosse a antevisão das glórias celestiais. Embalde a velha mãezinha a convocava à lavanderia ou à copa. Nem mesmo nas ocasiões em que o genitor se recolhia ao leito, tomado de tenaz enxaqueca, a jovem abandonava semelhantes atitudes de alheamento às tarefas necessárias. Não raro discutia sobre as festividades magníficas a que teria direito, após a morte do corpo. Ao seu pensar, o círculo evolutivo que a esperava devia ser imenso jardim de Espíritos redimidos, povoado de perfumes e zéfiros harmoniosos.

No grupo íntimo de preces da família, costumava cooperar certa entidade generosa e evolvida, que se dava a conhecer pelo nome de Eliezer. Cecília interpretava-lhe as advertências de modo puramente individual. Se o amigo exortava ao trabalho, não admitia que a indicação se referisse a serviços na Terra.

– Este planeta – dizia enfaticamente – é lugar indigno, escura paragem de almas criminosas e enfermas. Seria irrespirável o ar terrestre se não fora o antegozo dos mundos felizes. Oh! como deve ser sublime a vida em Júpiter, a beleza dos dias em Saturno, seguidos de noites iluminadas de anéis resplandecentes! O pântano terrestre envenena as almas bem formadas e não poderemos fugir à repugnância e ao tédio doloroso!...

– Mas, minha filha – objetava a genitora complacente –, não devemos adotar opiniões tão extremistas. Não é o planeta inútil e mau assim. Não será justo interpretar nossa existência terrena como fase de preparação educativa? Sempre notei que qualquer trabalho, desde que honesto, é título de glória para a criatura...

Todavia, antes que a velha completasse os conceitos, voltava a filha intempestivamente, olvidando carinhosas observações de Eliezer:

– Nada disso! A senhora, mamãe, cristalizada como se encontra, entre pratos e caçarolas, não me poderá compreender. Suas observações resultam na rotina cruel, que se esforça por não quebrar. Este mundo é cárcere sombrio, no qual tudo é miséria angustiosa e creio mesmo que o maior esforço por extinguir sofrimentos seria igual ao de alguém que desejasse apagar um vulcão com algumas gotas de água. Tudo inútil. Estou convencida de que a Terra foi criada para triste destinação. Só a morte física pode restituir-nos a liberdade. Transportar-nos-emos a esferas ditosas, conheceremos paraísos iluminados e sem-fim.

A senhora Montalvão contemplava a filha, lamentando-lhe a atitude mental, e, espanando os móveis, por não perder tempo, respondia tranquila, encerrando a conversa:

– Prefiro crer, minha filha, que tanto a vela de sebo, como a estrela luminosa, representam dádivas de Deus às criaturas. E, se não sabemos valorizar ainda a vela pequenina que está neste mundo, como nos atreveremos a invadir a grandeza dos astros?

E antes que a moça voltasse a considerações novas, a bondosa genitora corria à cozinha, a cuidar do jantar.

Qualquer tentativa, tendente a esclarecer a jovem, redundava infrutífera. Solicitações enérgicas dos pais, pareceres criteriosos dos amigos, advertências do Plano Espiritual, eram relegados a completo esquecimento.

Fervorosa admiradora da vida e obras de Teresa de Jesus, a notável religiosa da Espanha do século XVI, Cecília endereçava-lhe ardentes rogativas, idealizando a missionária do Carmelo num jardim de delícias, diariamente visitada por Jesus e seus anjos. Não queria saber se a grande mística trabalhava, ignorava-lhe as privações e sofrimentos, para só recordá-la em genuflexão ao pé dos altares.

Acentuando-se-lhe a preguiça mental, vivia segregada, longe de tudo e de todos.

Essa atitude influía vigorosamente no seu físico, e muito antes de 30 anos Cecília regressava ao Plano Espiritual, absolutamente envolvida na atmosfera de ilusões. Por isso mesmo, dolorosas lhe foram as surpresas da vida real.

Despertou Além-Túmulo, sem lobrigar vivalma. Depois de longos dias solitários e tristes, a caminhar sem destino, encontrou uma Colônia espiritual, onde, no entanto, não havia criaturas em ociosidade. Todos trabalhavam afanosamente. Pediu, receosa, admissão à presença do respectivo diretor. Recebeu-a generoso ancião, em espaçoso recinto. Observando-lhe, porém, as lânguidas atitudes, o velhinho amorável sentenciou:

– Minha filha, não posso hoje dispor de muito tempo ao seu lado, pelo que espero manifeste seus propósitos sem delongas.

ROTEIRO 3 – Necessidade do trabalho

Estupefata ante o que ouvia, ela expôs suas mágoas e desilusões, com lágrimas amargurosas. Supunha que após a morte do corpo não houvesse trabalho. Estava confundida em angustioso abatimento. Sorriu o ancião benévolo e acrescentou:

– Essas fantasias são neblinas no céu dos pensamentos. Esqueça-as, bondosa menina. Não se gaste em referências pessoais.

E entremostrando preocupação de serviço, concluía:

– Por não termos descanso para hoje, gostaria dissesse em que lhe posso ser útil.

Desapontada, lembrou a jovem a bondade de Eliezer e explicou o desejo de encontrá-lo.

O velhinho pensou alguns momentos e esclareceu:

– Não disponho de auxiliares que possam ajudá-la, mas posso orientá-la quanto à direção que precisa tomar.

Colocada a caminho, Cecília Montalvão viu-se perseguida de elementos inferiores; figuras repugnantes apresentavam-se-lhe na estrada, perguntando pelas regiões de repouso. Depois de emoções amargas, chegou à antiga residência, onde os familiares não lhe perceberam a nova forma. Ia retirar-se em pranto, quando viu alguém sair da cozinha num halo de luz. Era o generoso Eliezer que a ela se dirigia com sorriso afetuoso. Cecília caiu-lhe nos braços fraternais e queixou-se, lacrimosa:

– Ah! meu venerando amigo, estou abandonada de todos. Compadecei-vos de mim!... Guiai-me, por caridade, aos caminhos da paz!...

– Acalma-te – murmurou o benfeitor plácido e gentil –, hoje estou bastante ocupado; entretanto, aconselho-te a orar fervorosamente, renovando resoluções.

– Ocupado? – bradou a jovem, desesperada – não sois instrutor na revelação espiritual?

– Sim, sim, de dias a dias coopero no serviço das Verdades Divinas, mas tenho outras responsabilidades a atender.

– E que tereis no dia de hoje, em caráter tão imperativo, abandonando-me também à maneira dos outros? – interrogou a recém-desencarnada revelando funda revolta.

– Devo auxiliar tua mãezinha nos encargos domésticos – ajuntou Eliezer brandamente –, logo mais tenho serviço junto a irmãos nossos. Não te recordas do tintureiro da esquina próxima? Preciso contribuir no tratamento da filha, que se feriu no trabalho, ontem à noite, por excesso de fadiga no ganha-pão. Lembras-te do nosso Natércio, o pedreiro? O pobrezinho caiu hoje de grande altura, machucou-se bastante e aguarda-me no hospital.

A interlocutora estava envergonhada. Somente agora se reconhecia vítima de si mesma.

– Não poderíeis localizar-me aqui, auxiliando a mamãe? – perguntou suplicante.

– É impossível, por enquanto – esclareceu o amigo solícito –, só podemos cooperar com êxito no trabalho para cuja execução nos preparamos devidamente. A preocupação de fugir aos espanadores e caçarolas tornou-te inapta ao concurso eficiente. Estiveste mais de vinte e cinco anos terrestres nesta casa e teimaste em não compreender a laboriosa tarefa da genitora. Não é possível que te habilites a ombrear com ela no trabalho, de um instante para outro.

A jovem compreendeu o alcance da observação e chorou amargamente. Abraçou-a Eliezer, com ternura fraternal, e falou:

– Procura o conforto da prece. Não eras tão amiga de Teresa? Esqueceste-a? Essa grande servidora de Jesus tem a seu cargo numerosas tarefas. Se puder, não te deixará sem a luz do serviço.

Cecília ouviu o conselho e orou como nunca havia feito. Lágrimas quentes lavavam-lhe o rosto entristecido. Incoercível força de atração requisitou-a a imenso núcleo de atividade espiritual, região essa, porém, que conseguiu atingir somente após dificuldades e obstáculos oriundos da influenciação de seres inferiores, identificados com as sombras que lhe envolviam o coração.

Em lugar de maravilhosos encantos naturais, a ex-religiosa de Espanha recebeu-a generosamente. Ante as angustiosas comoções que paralisavam a voz da recém-chegada, a servidora do Cristo esclareceu amorável:

– Nossas oficinas de trabalho estão hoje grandemente sobrecarregadas de compromissos; mas as tuas preces me tocaram o coração. Conforme vês, Cecília, depois de abandonares a oportunidade de realização divina, que o mundo te oferecia, só encontraste, sem deveres, as criaturas infernais. Onde haja noção do Bem e da Verdade, há imensas tarefas a realizar.

Vendo que a jovem soluçava, continuou: – Estás cansada e abatida, enquanto os que trabalham no bem se envolvem no manto generoso da paz, mesmo nas esferas mais rudes do globo terrestre. Pedes medicamento para teus males e recurso contra tentações; no entanto, para ambos os casos eu somente poderia aconselhar o remédio do trabalho. Não aquele que apenas saiba receitar obrigações para outrem, ou que objetive remunerações e vantagens isoladas; mas o trabalho sentido e vivido dentro de ti mesma. Este é o guia na descoberta de nossas possibilidades divinas, no processo evolutivo do aperfeiçoamento universal. Nele, Cecília, a alma edifica a própria casa, cria valores para a ascensão sublime. Andaste enganada no mundo quando julgavas que o serviço fosse obrigação exclusiva dos homens. Ele é apanágio de todas as criaturas, terrestres e celestes. A verdadeira fé não te poderia ensinar tal fantasia. Sempre te ouvi as orações; no entanto, nunca abriste o espírito às minhas respostas fraternais. Ninguém vive aqui em beatitude descuidosa, quando tantas almas heroicas sofrem e lutam nobremente na Terra.

Enquanto a voz da bondosa serva do Evangelho fazia uma pausa, Cecília ajuntou de mãos postas:

– Benfeitora amada, concedei-me lugar entre aqueles que cooperam convosco!...

Teresa, sinceramente comovida, esclareceu com bondade:

– Os quadros dos meus serviços estão completos, mas tenho uma oportunidade a oferecer-te. Requisitam minha atenção num velho asilo de loucos, na Espanha. Desejas ajudar-me ali?

Cecília não cabia em si de gratidão e júbilo.

E, naquele mesmo dia, voltava à Terra com obrigações espirituais, convicta de que, auxiliando os desequilibrados, havia de encontrar o próprio equilíbrio.

Humberto de Campos

FONTE: XAVIER, Francisco Cândido. *Reportagens do além-túmulo*. Pelo Espírito Humberto de Campos. 13. ed. 2. imp. Brasília: FEB, 2018. cap. 20.

HONRA AO TRABALHO

Trabalha e encontrarás o fio diamantino
Que te liga ao Senhor que nos guarda e governa,
Ante cuja grandeza o mundo se prosterna,
Buscando a solução da dor e do destino.

Desde o fulcro solar ao fundo da caverna,
Da beleza do herói ao verme pequenino,
Tudo se agita e vibra, em cântico divino
Do trabalho imortal, brunindo a vida eterna!..

Tudo na imensidão é serviço opulento,
Júbilo de ajudar, luta e contentamento,
Desde a flor da montanha às trevas do granito.

Trabalha e serve sempre, alheio à recompensa,
Que o trabalho, por si, é a glória que condensa
O salário da Terra e a bênção do Infinito.

MÚCIO TEIXEIRA

FONTE: XAVIER, Francisco Cândido. *Parnaso de além-túmulo*. 19. ed. 4. imp. Brasília: FEB, 2016.

ROTEIRO 4

LIMITE DO TRABALHO E DO REPOUSO

1 OBJETIVO ESPECÍFICO

» Refletir sobre o limite do trabalho e a necessidade do repouso.

2 CONTEÚDO BÁSICO

» *Qual o limite do trabalho?* "O das forças. Em suma, a esse respeito Deus deixa inteiramente livre o homem." (Allan Kardec, *O livro dos espíritos*, q. 683).

» *Que se deve pensar dos que abusam de sua autoridade, impondo a seus inferiores excessivo trabalho?* "Isso é uma das piores ações. Todo aquele que tem o poder de mandar é responsável pelo excesso de trabalho que imponha a seus inferiores, porquanto, assim fazendo, transgride a Lei de Deus." (Allan Kardec: *O livro dos espíritos*, q. 684).

» *[...] O repouso serve para reparação das forças do corpo e também é necessário para dar um pouco mais de liberdade à inteligência, a fim de que se eleve acima da matéria* (Allan Kardec, *O livro dos espíritos*, q. 682).

3 SUGESTÕES DIDÁTICAS

3.1 SUGESTÃO 1:

Introdução

Pedir a alguns participantes que leiam o resumo escrito do texto *O valor do trabalho*, de autoria do Espírito Humberto de Campos, solicitado na atividade extrarreunião do encontro anterior (Anexo 1 do Roteiro 3 desse Módulo).

Fazer comentários a respeito dos resumos apresentados, prestando os esclarecimentos necessários.

Desenvolvimento

Em seguida, solicitar aos participantes que façam leitura silenciosa dos subsídios.

Após a leitura, apresentar-lhes uma caixa com recortes de pequenos textos dos subsídios, orientando-os na realização da seguinte atividade:

1) retirar um recorte da caixa;

2) ler em voz alta o seu conteúdo, e explicá-lo.

Ouvir a leitura e as explicações dos participantes, esclarecendo dúvidas.

Conclusão

Realizar, como fechamento do estudo, breve exposição sobre as questões 682, 683 e 684 de *O livro dos espíritos*.

Avaliação

O estudo será considerado satisfatório se os participantes demonstrarem, pelas explicações dadas aos textos lidos, que houve compreensão do assunto.

Técnica(s): interpretação de texto; leitura individual dos subsídios; exposição.

Recurso(s): subsídios; resumos; caixa com recortes de textos dos subsídios; *O livro dos espíritos*.

3.2 SUGESTÃO 2:

Introdução

Iniciar o estudo com a seguinte questão

O que é trabalho?

Ouvir os comentários.

Fazer a leitura da questão 683 de *O livro dos espíritos*: *Qual é o limite do trabalho?*

Ouvir os comentários e em seguida ler a resposta: "O das forças. Em suma, a esse respeito Deus deixa inteiramente livre o homem."

Desenvolvimento

Pedir para que façam a leitura silenciosa dos subsídios do Roteiro.

Em seguida, fazer a leitura oral comentada das questões 682 a 685 de *O livro dos espíritos*.

Propor a atividade: dividir os participantes em duplas e distribuir papel e lápis.

Pedir para que produzam um pequeno texto contendo:

» Importância e consequência do repouso para o homem.

» Importância e consequência do repouso para a família.

» Importância e consequência do repouso para a sociedade.

Após os trabalhos, as duplas iniciam suas reflexões.

Nesse momento, o facilitador esclarece dúvidas e complementa informações enriquecendo a discussão.

Propor a seguinte reflexão individual (não há a necessidade de comentário):

Tenho respeitado os limites de meu corpo? Dado atenção à família?

Conclusão

Fazer o fechamento com a leitura do trecho do texto *Trabalho*, pelo Espírito Joanna de Ângelis, do livro *Estudos espíritas*, capítulo 11, it. Teorias econômicas do trabalho e justiça social, psicografia de Divaldo P. Franco, FEB Editora:

> Dividido o tempo entre o trabalho e o lazer, ação e espairecimento, ampliam-se as possibilidades da existência do homem que, então, frui a decorrência do progresso na saúde, nas manifestações artísticas, na cultura, no prazer, dispondo de tempo para as atividades espirituais, igualmente valiosas, senão indispensáveis para a sua paz interior.
>
> Mediante o *trabalho-remunerado* o homem modifica o meio, transforma o hábitat, cria condições de conforto.
>
> Pelo *trabalho-abnegação*, do qual não decorre troca nem permuta de remuneração, ele se modifica a si mesmo, crescendo no sentido moral e espiritual.

Avaliação

O estudo será considerado satisfatório se os participantes forem envolvidos nas atividades.

Técnica(s): explosão de ideias; leitura silenciosa; leitura oral comentada; discussão circular.

Recurso(s): *O livro dos espíritos*; subsídios do Roteiro; lápis e papel.

Atividade de preparação para o próximo encontro de estudo – Sugestão 2:

Esta atividade pode ser proposta a um grupo pequeno de participantes, para grupos ou pesquisa livre para todos:

» Fazer o estudo dos subsídios, do Roteiro 1 – Módulo XIII, do Roteiro em estudo e das questões 728 a 736 de *O livro dos espíritos*.

Com base no conceito espírita, pesquisar sobre destruições abusivas.

Pesquisar sobre responsabilidade socioambiental. É possível relacionar esse tipo de responsabilidade com a Lei de Destruição. Justifique.

Observação 1.: Lembramos que a pesquisa deve ser restrita aos aspectos morais das situações apresentadas, pois todas as atitudes humanas (ideológicas, políticas etc.) são movidas pela evolução moral.

Observação 2.: O facilitador deverá acompanhar as pesquisas, orientando-os e direcionando-os para reflexões espíritas.

4 SUBSÍDIOS

Sendo o trabalho uma Lei Natural, o repouso é a consequente conquista a que o homem faz jus para refazer as forças e continuar o ritmo de produtividade.

O repouso se lhe impõe como prêmio ao esforço despendido, sendo-lhe facultado o indispensável sustento nos dias da velhice, quando diminuem o poder criativo, as forças e a agilidade na execução das tarefas ligadas à subsistência.[185]

Assim, o limite do trabalho é o das próprias forças. "[...] *Em suma, a esse respeito Deus deixa inteiramente livre o homem*".[186]

Isso deixa claro que, sendo, como é, fonte de equilíbrio físico e moral, o trabalho deve ser exercido por tanto tempo quanto nos mantenhamos válidos.[187]

É preciso buscar a medida do equilíbrio nessa questão, evitando, sempre que possível, comportamentos extremos: nem nos entregar à ociosidade degradante, filha da preguiça, nem nos impor um ritmo excessivo de trabalho, causador de enfermidades.

A natureza exige o emprego de nossas energias e aqueles que se aposentam, sentindo-se ainda em pleno gozo de suas forças físicas e mentais, depressa caem no fastio, tornando-se desassossegados, irritadiços ou hipocondríacos.

Alguns tentam eliminar o vazio de suas horas em viagens; outros, em diversões; quase todos, porém, se cansam de uma coisa e outra, entregando-se, por fim, ao alcoolismo, à jogatina e a outros vícios que lhes arruínam, de vez, tanto a saúde como a paz íntima.

Abalizados psiquiatras e psicanalistas afirmam, com exato conhecimento de causa, que "todos os seres humanos precisam encontrar alguma coisa que possam fazer", pois "ninguém consegue ser feliz sem que se sinta útil ou necessário a alguém".[188]

Por outro lado, as exigências e competições existentes no mudo moderno vêm contribuindo para que um número significativo de pessoas adote comportamentos compulsivos, em relação à atividade laboral. São pessoas denominadas *workaholics* (ou *work-a-holics*), palavra inglesa usada para designar pessoas que têm compulsão por trabalho. Elas trabalham em excesso, vivem e respiraram trabalho 24 horas por dia.

Dividido o tempo entre o trabalho e o lazer, ação e espairecimento, ampliam-se as possibilidades da existência do homem que, então, frui a decorrência do progresso na saúde, nas manifestações artísticas, na cultura, no prazer, dispondo de tempo para as atividades espirituais, igualmente valiosas, senão indispensáveis para a sua paz interior.

Mediante o "trabalho-remunerado" o homem modifica o meio, transforma o hábitat, cria condições de conforto.

Pelo "trabalho-abnegação", do qual não decorre troca nem permuta de remuneração, ele se modifica a si mesmo, crescendo no sentido moral e espiritual.[189]

O limite do trabalho e do repouso é observado, inclusive, no Plano Espiritual. André Luiz nos faz inúmeras referências a respeito deste assunto em sua obra. Em *Nosso lar*, por exemplo, nos informa:

[...] Aqui, em verdade, a lei do descanso é rigorosamente observada, para que determinados servidores não fiquem mais sobrecarregados que outros; mas a Lei do Trabalho é também rigorosamente cumprida [...].[190]

Em *Os mensageiros*, há relato do benfeitor Aniceto relacionado a uma específica distribuição de tarefas entre os colaboradores:

– Na oficina – disse-nos bondoso – encontramos revigoramento imprescindível ao trabalho. Recebemos reforços de energia, alimentando-nos convenientemente para prosseguir no esforço, mas convenhamos que, para muitos de nós, a noite representou uma série de atividades longas e exaustivas. Necessitamos de algum descanso [...].[191]

Se nos propomos retratar mentalmente a luz dos planos superiores, é indispensável que a nossa vontade abrace espontaneamente o trabalho por alimento de cada dia.

No pretérito, apreciávamo-lo por atitude servil de quantos caíssem sob o ferrete da injúria.

> *A escola, as artes, as virtudes domésticas, a indústria e o amanho do solo eram relegados a mãos escravas, reservando-se os braços supostos livres para a inércia dourada.*[192]

O trabalho escravo, ainda existente em muitas nações, inclusive no Brasil, foi uma prática muito comum no passado. Na época exclusivamente agrícola, a produção exigia uma mão de obra permanente, não-remunerada. Por muitos anos, após o período da Revolução Industrial, o trabalhador era remunerado, mas, em contrapartida, deveria assumir o ônus de uma desumana carga de trabalho, sem descanso ou com pouquíssimo tempo destinado ao repouso. Nesse sentido, o Espiritismo esclarece que devemos ser muito cuidadosos, pois não é correto abusar da autoridade, impondo aos subalternos excessivo trabalho.

Segundo os Espíritos orientadores, quem assim procede está cometendo

> [...] *uma das piores ações. Todo aquele que tem o poder de mandar é responsável pelo excesso de trabalho que imponha a seus inferiores, porquanto, assim fazendo, transgride a Lei de Deus.*[193]

REFERÊNCIAS

[185] FRANCO, Divaldo Pereira. *Estudos espíritas*. Pelo Espírito Joanna de Ângelis. 9. ed. 4. imp. Brasília: FEB, 2015. cap. 11 – *Trabalho*, it. Conceito.

[186] KARDEC, Allan. *O livro dos espíritos*. Trad. Guillon Ribeiro. 93. ed. 9. imp. (Edição Histórica). Brasília: FEB, 2019. q. 683.

[187] CALLIGARIS, Rodolfo. *As leis morais*. 15. ed. 5. imp. Brasília: FEB, 2016. cap. 14 – *Limite do trabalho*.

[188] _____. _____.

[189] FRANCO, Divaldo Pereira. *Estudos espíritas*. Pelo Espírito Joanna de Ângelis. 9. ed. 4. imp. Brasília: FEB, 2015. cap. 11 – *Trabalho*, it. Teorias econômicas do trabalho e justiça social.

[190] XAVIER, Francisco Cândido. *Nosso lar*. Pelo Espírito André Luiz. 64. ed. 15. imp. Brasília: FEB, 2020. cap. 11 – *Notícias do plano*.

[191] _____. *Os mensageiros*. Pelo Espírito André Luiz. 47. ed. 11. imp. Brasília: FEB, 2018. cap. 40 – *Rumo ao campo*.

[192] _____. *Pensamento e vida*. Pelo Espírito Emmanuel. 19. ed. 4. imp. Brasília: FEB, 2016. cap. 7 – *Trabalho*.

[193] KARDEC, Allan. *O livro dos espíritos*. Trad. Guillon Ribeiro. 93. ed. 9. imp. (Edição Histórica). Brasília: FEB, 2019. q. 684.

TRABALHA AGORA

Pondera o tempo – mar em que navegas,
Invisível apoio que te escora.
Não te afundes no abismo, senda afora,
Nem prossigas, em vão, tateando às cegas.

Glórias, delitos, lágrimas, refregas,
Tudo é feito no tempo, de hora a hora...
Estende o amor e a paz, semeando agora
As riquezas do tempo que carregas!

Inda que a dor te oprima e o mal te afronte,
Vive, qual novo dia no horizonte,
Sem que a névoa do mundo te abastarde...

Hoje! Trabalha agora, em cada instante;
Agora! Trilha aberta ao sol triunfante!...
Muitas vezes, depois é muito tarde!...

Auta de Souza

FONTE: XAVIER, Francisco Cândido; VIEIRA, Waldo. *Antologia dos imortais*. Diversos Espíritos. 4. ed. imp. Brasília: FEB, 2002.

PROGRAMA FUNDAMENTAL

MÓDULO XIV
Lei de Destruição e Lei de Conservação

OBJETIVO GERAL

Possibilitar entendimento das Leis de Destruição e de Conservação.

"Por isso vos digo: Não vos inquieteis por vossa vida, com o que comereis; nem por vosso corpo, com o que vestireis. Não é a vida mais que o alimento, e o corpo mais que a veste?" – Jesus (*Mateus*, 6:25).

ROTEIRO 1

DESTRUIÇÃO NECESSÁRIA E DESTRUIÇÃO ABUSIVA

1 OBJETIVOS ESPECÍFICOS

» Refletir sobre a finalidade da destruição existente na Natureza.

» Analisar as diferenças entre destruição necessária e destruição abusiva.

2 CONTEÚDO BÁSICO

» *As criaturas são instrumentos de que Deus se serve para chegar aos fins que objetiva. Para se alimentarem, os seres vivos reciprocamente se destroem, destruição esta que obedece a um duplo fim: manutenção do equilíbrio na reprodução, que poderia tornar-se excessiva, e utilização dos despojos do invólucro exterior que sofre a destruição. Este invólucro é simples acessório e não a parte essencial do ser pensante. A parte essencial é o princípio inteligente, que não se pode destruir e se elabora nas metamorfoses diversas por que passa* (Allan Kardec, O livro dos espíritos, q. 728-a).

» A destruição necessária ocorre na Natureza, tendo em vista a natural transformação biológica, a renovação e até a melhoria das espécies. Dessa forma, os Espíritos Superiores nos esclarecem: *"Preciso é que tudo se destrua para renascer e se regenerar. Porque, o que chamais destruição não passa de uma transformação, que tem por fim a renovação e melhoria dos seres vivos."* (Allan Kardec, O livro dos espíritos, q. 728).

» A destruição abusiva não está prevista na Lei Natural porque coloca em risco a vida no planeta. "[...] *Toda destruição antecipada obsta ao desenvolvimento do princípio inteligente. Por isso foi que Deus fez que cada ser experimentasse a necessidade de viver e de se reproduzir.*" (Allan Kardec, O livro dos espíritos, q. 729).

3 SUBSÍDIOS

3.1 SUGESTÃO 1:

Introdução

Apresentar o seguinte problema

Deus criou a necessidade de os seres vivos se destruírem para se alimentarem uns à custa dos outros. Como conciliar esse fato com a bondade de Deus?

Pedir aos participantes que, em duplas, discutam e busquem resolver o problema, sem consulta aos subsídios do Roteiro.

Ouvir as conclusões das dúvidas, comentando-as sucintamente.

Desenvolvimento

Solicitar aos participantes sua divisão em pequenos grupos para realizar a seguinte tarefa:

1) leitura dos subsídios;

2) elaboração de argumentos, retirados do texto dos subsídios, que sustentam a tese: *A Lei de Destruição está de acordo com a bondade de Deus*;

3) listagem de exemplos que caracterizem a destruição abusiva existente em nosso planeta;

4) escolha de um ou dois colegas para apresentarem, em plenária, as conclusões do trabalho.

Ouvir o relato dos grupos, prestando os esclarecimentos devidos.

Conclusão

Fazer a integração do assunto, reforçando os seguintes pontos:

1) finalidade da destruição existente na Natureza;

2) diferença entre destruição necessária e destruição abusiva.

Avaliação

O estudo será considerado satisfatório se os participantes realizarem corretamente as tarefas propostas para o trabalho em grupo.

Técnica(s): estudo em duplas; trabalho em pequenos grupos; exposição.

Recurso(s): recursos visuais; subsídios do Roteiro; papel; lápis.

3.2 SUGESTÃO 2:

Introdução

Iniciar o encontro com a apresentação dos resultados da pesquisa solicitada, na semana anterior, como atividade extrarreunião.

Pedir aos participantes ou grupos apresentarem a conclusão de seus trabalhos.

Desenvolvimento

Fazer comentários pertinentes aos resultados apresentados, destacando pontos interessantes e importantes acerca das pesquisas, sob o enfoque espírita.

Observação: Lembramos que a apresentação deve ser restrita aos aspectos morais das situações apresentadas, pois todas as atitudes humanas (ideológicas, políticas etc.) são movidas pela evolução moral.

Após a apresentação dos trabalhos, propor uma discussão circular:

» *Qual a conclusão acerca da destruição necessária e da destruição abusiva?*
» *Qual a finalidade da destruição existente na Lei Natural?*
» *Como agir de acordo com a Lei Natural?*
» *É possível falarmos em "mundo regenerado" vivendo o desrespeito às Leis Naturais?*
» *Como deve o homem agir em consonância com a Lei Natural de Destruição e do Progresso? etc.*

Nesse momento, o facilitador esclarece dúvidas e complementa informações enriquecendo a discussão convergindo as reflexões sob o aspecto espírita, de acordo com as questões 728 a 736 de *O livro dos espíritos*, e dos subsídios do Roteiro.

Propor a seguinte reflexão individual (não há a necessidade de comentário):

Posso viver com o necessário, respeitando a Lei Natural de Destruição?

Conclusão

Fazer o fechamento com a leitura dos versos *Excesso e Sobriedade*, do Espírito Antônio Fernandes da Silveira Carvalho, extraído do livro *Antologia dos imortais* (ver Anexo desse Roteiro).

Avaliação

O estudo será considerado satisfatório se as ideias dos participantes refletirem entendimento do assunto.

Técnica(s): exposição de trabalhos; discussão circular.

Recurso(s): *O livro dos espíritos*; subsídios do Roteiro.

Atividade de preparação da Sugestão 4 para o próximo encontro de estudo (ver Roteiro 2):

Esta atividade pode ser proposta a um grupo pequeno de participantes, para grupos ou pesquisa livre para todos:

» Com base no conceito espírita, pesquisar sobre catástrofes humanitárias.

Observação 1: Lembramos que a pesquisa deve ser restrita aos aspectos morais das situações apresentadas, pois todas as atitudes humanas (ideológicas, políticas etc.) são movidas pela evolução moral.

Observação 2: O facilitador deverá acompanhar as pesquisas, orientando-os e direcionando-os para reflexões espíritas.

Observação 3: Sugerimos que essa atividade seja dada após o estudo do Roteiro, pois é importante o conhecimento espírita do conteúdo para conduzir às reflexões seguras.

4 SUBSÍDIOS

Há duas formas de destruição no planeta: uma é benéfica, a outra é abusiva. A primeira "[...] *não passa de uma transformação, que tem por fim a renovação e melhoria dos seres vivos*".[194] A segunda, não prevista na Lei de Deus, resulta da imperfeição moral e intelectual do homem, em razão da predominância "[...] *da bestialidade sobre a natureza espiritual. Toda destruição que excede os limites da necessidade é uma violação da Lei de Deus.*[195]

> A destruição recíproca dos seres vivos é, dentre as Leis da Natureza, uma das que, à primeira vista, menos parecem conciliar-se com a Bondade de Deus. Pergunta-se por que lhes criou Ele a necessidade de mutuamente se destruírem, para se alimentarem uns à custa dos outros.
>
> Para quem apenas vê a matéria e restringe à vida presente a sua visão, há de isso, com efeito, parecer uma imperfeição na obra divina. É que, em geral, os homens apreciam a perfeição de Deus do ponto de vista humano; medindo-lhe a

sabedoria pelo juízo que dela formam, pensam que Deus não poderia fazer coisa melhor do que eles próprios fariam. Não lhes permitindo a curta visão, de que dispõem, apreciar o conjunto, não compreendem que um bem real possa decorrer de um mal aparente. Só o conhecimento do princípio espiritual, considerado em sua verdadeira essência, e o da grande lei de unidade, que constitui a harmonia da criação, pode dar ao homem a chave desse mistério e mostrar-lhe a sabedoria providencial e a harmonia, exatamente onde apenas vê uma anomalia e uma contradição.[196]

A verdadeira vida, tanto do animal como do homem, não está no invólucro corporal, do mesmo modo que não está no vestuário. Está no princípio inteligente que preexiste e sobrevive ao corpo. *Esse princípio necessita do corpo, para se desenvolver pelo trabalho que lhe cumpre realizar sobre a matéria bruta. O corpo se consome nesse trabalho, mas o Espírito não se gasta; ao contrário, sai dele cada vez mais forte, mais lúcido e mais apto.* [...]

Por meio do incessante espetáculo da destruição, ensina Deus aos homens o pouco caso que devem fazer do envoltório material e lhes suscita a ideia da Vida Espiritual, fazendo que a desejem como uma compensação.

Objetar-se-á: não podia Deus chegar ao mesmo resultado por outros meios, sem constranger os seres vivos a se destruírem mutuamente? Desde que na sua obra tudo é sabedoria, devemos supor que esta não existirá mais num ponto do que noutros; se não o compreendemos assim, devemos atribuí-lo à nossa falta de adiantamento. Contudo, podemos tentar a pesquisa da razão do que nos pareça defeituoso, tomando por bússola este princípio: Deus há de ser infinitamente justo e sábio. Procuremos, portanto, em tudo, a sua justiça e a sua sabedoria e curvemo-nos diante do que ultrapasse o nosso entendimento.[197]

Uma primeira utilidade que se apresenta de tal destruição, utilidade, sem dúvida, puramente física, é esta: os corpos orgânicos só se conservam com o auxílio das matérias orgânicas, matérias que só elas contêm os elementos nutritivos necessários à sua transformação. Como instrumentos de ação para o princípio inteligente, precisando os corpos ser constantemente renovados, a Providência faz que sirvam ao seu mútuo entretenimento. Eis por que os seres se nutrem uns dos outros. Mas é o corpo que se nutre do corpo, sem que o Espírito se aniquile ou altere, fica apenas despojado do seu envoltório.[198]

Há também considerações morais de ordem elevada.

É necessária a luta para o desenvolvimento do Espírito. Na luta é que ele exercita suas faculdades. O que ataca em busca do alimento e o que se defende para conservar a vida usam de habilidade e inteligência, aumentando, em consequência, suas forças intelectuais. Um dos dois sucumbe; mas, em realidade, que foi o que o mais forte ou o mais destro tirou ao mais fraco? A veste de carne, nada mais; ulteriormente, o Espírito, que não morreu, tomará outra.[199]

Pois bem, a *Lei de Destruição* é, por assim dizer, o complemento do processo evolutivo, visto ser preciso morrer para renascer e passar por milhares de metamorfoses, animando formas corporais gradativamente mais aperfeiçoadas, e é desse modo que, paralelamente, os seres vão passando por estados de consciência cada vez mais lúcidos, até atingir, na espécie humana, o reinado da razão.[200]

A denominada Lei de Destruição melhor se conceituaria, no dizer dos instrutores espirituais, como lei de transformação. O que ocorre, na realidade, é a transformação e não a destruição, tanto no que concerne à matéria, quanto no que se refere ao Espírito. A célebre anunciação de Lavoisier – na natureza nada se cria, nada se perde, tudo se transforma – foi uma antevisão científica, no campo da matéria, do que os Espíritos viriam confirmar mais tarde ao Codificador. Tomada como transformação, a norma aplica-se também ao Espírito eterno, indestrutível, mas em contínua mutação, obedecendo à evolução e ao progresso sob os processos mais variados e complexos.[201]

Nos seres inferiores da Criação, naqueles a quem ainda falta o senso moral, nos quais a inteligência ainda não substituiu o instinto, a luta não pode ter por móvel senão a satisfação de uma necessidade material [...].[202]

A destruição mútua existente entre os animais, mantida às custas da cadeia alimentar, atende à Lei Natural de preservação e diversidade biológica das espécies da Natureza.

No homem, há um período de transição em que ele mal se distingue do bruto. Nas primeiras idades, domina o instinto animal e a luta ainda tem por móvel a satisfação das necessidades materiais. Mais tarde, contrabalançam-se o instinto animal e o sentimento moral; luta então o homem, não mais para se alimentar, porém, para satisfazer à sua ambição, ao seu orgulho, a sua necessidade de dominar. Para isso, ainda lhe é preciso destruir. Todavia, à medida que o senso moral prepondera, desenvolve-se a sensibilidade, diminui a necessidade de destruir, acaba mesmo por desaparecer, por se tornar odiosa essa necessidade. O homem ganha horror ao sangue.

Contudo, a luta é sempre necessária ao desenvolvimento do Espírito, pois, mesmo chegando a esse ponto, que parece culminante, ele ainda está longe de ser perfeito. Só à custa de muita atividade que o Espírito adquire conhecimento, experiência e se despoja dos últimos vestígios da animalidade. Mas, nessa ocasião, a luta, de sangrenta e brutal que era, se torna puramente intelectual. O homem luta contra as dificuldades, não mais contra os seus semelhantes.[203]

A Sabedoria Divina dotou os seres vivos de dois instintos opostos: o de destruição e o de conservação. Ambos funcionam como princípios da Natureza. Pelo primeiro, os seres se destroem reciprocamente, visando diferentes fins, entre os quais a alimentação com os despojos materiais.[204]

Deus coloca "[...] o remédio ao lado do mal [...] para manter o equilíbrio e servir de contrapeso".[205]

É por essa razão que

> As criaturas são instrumentos de que Deus se serve para chegar aos fins que objetiva. Para se alimentarem, os seres vivos reciprocamente se destroem, destruição esta que obedece a um duplo fim: manutenção do equilíbrio na reprodução, que poderia tornar-se excessiva, e utilização dos despojos do invólucro exterior que sofre a destruição. Esse invólucro é simples acessório e não a parte essencial do ser pensante. A parte essencial é o princípio inteligente, que não se pode destruir e se elabora nas metamorfoses diversas por que passa.[206]

A destruição abusiva é, sob qualquer pretexto, um atentado à Lei de Deus.

Nesse sentido, o

> [...] homem tem papel preponderante diante dos demais seres vivos, ao dizimar, em larga escala, os demais seres da criação, seja buscando alimentar a crescente população humana, seja aproveitando os despojos animais e vegetais em inúmeras indústrias de transformação, que lhe proporcionam múltiplas utilidades.[207]

Infelizmente, existem significativas e graves destruições em nosso planeta em razão da desmedida ambição humana.

> A título de sustentação de preços de mercado, teóricos economistas, há algumas décadas, sustentavam a vantagem da destruição de produtos e colheitas, como aconteceu no Brasil, na década de 1930, quando milhares e milhares de toneladas de café foram queimadas, numa demonstração inequívoca de insensibilidade, de egoísmo e de ignorância dos responsáveis por tais desmandos. Enquanto se estendiam os campos de queima de café no Sul do país, em estúpida destruição, populações inteiras do Nordeste e do Norte não tinham meios de adquirir café para a sua alimentação. [...] Outros abusos que têm provocado a reação e os protestos das populações esclarecidas de todo o planeta, por sua profunda repercussão no relacionamento entre os seres vivos e o meio ambiente, são os problemas ecológicos. Relativamente recente tem sido a conscientização das populações para esse tipo de destruição, que o homem, consciente ou inconscientemente, vem provocando na terra, nas águas e na atmosfera. [...] Não se pode deixar de reconhecer que os novos processos tecnológicos, aliados à enorme proliferação dos estabelecimentos fabris, sem os necessários cuidados capazes de evitar a poluição, vão causando a destruição da vida animal nos rios, lagos e mares, com o contínuo lançamento de dejetos e resíduos industriais nas águas, ao mesmo tempo que fábricas e máquinas de toda espécie contribuem para poluir a atmosfera. Some-se a tudo isso a destruição contínua das florestas e de muitas espécies animais e ainda a ameaça das bombas, usinas e lixo atômico e tem-se um quadro sombrio das condições materiais do mundo contemporâneo, agravando-se pelo descuido, imprevidência e deseducação, gerando o desequilíbrio mesológico e perspectivas pouco animadoras.[208]

Sabemos, entretanto, que a destruição abusiva irá desaparecer, paulatinamente, da Terra, em razão do progresso moral e intelectual do ser humano. Atualmente já existe um número significativo de indivíduos e organizações, espalhados pelo mundo, seriamente trabalhando para que a vida no planeta se desenvolva num clima de equilíbrio, o que demonstra uma conscientização mais ampla a respeito desse assunto.

REFERÊNCIAS

[194] KARDEC, Allan. *O livro dos espíritos*. Trad. Guillon Ribeiro. 93. ed. 9. imp. (Edição Histórica). Brasília: FEB, 2019. q. 728.

[195] _____. _____. q. 735.

[196] _____. *A gênese*. Trad. Guillon Ribeiro. 53. ed. 9. imp. (Edição Histórica). Brasília: FEB, 2020. cap. 3, it. 20.

[197] _____._____. it. 21.

[198] _____._____. it. 22.

[199] _____._____. it. 2.

[200] CALLIGARIS, Rodolfo. *As leis morais*. 15. ed. 5. imp. Brasília: FEB, 2016. cap. 21 – A lei de destruição.

[201] SOUZA, Juvanir Borges de. *Tempo de transição*. 3. ed. Brasília: FEB, 2002. cap. 35 – *A Lei de Destruição*, p. 285.

[202] KARDEC, Allan. *A gênese*. Trad. Guillon Ribeiro. 53. ed. 9. imp. (Edição Histórica).Brasília: FEB, 2020. cap. 3, it. 24.

[203] _____. _____.

[204] SOUZA, Juvanir Borges de. *Tempo de transição*. 3. ed. Brasília: FEB, 2002. cap. 35 – *A Lei de Destruição*, p. 285.

[205] KARDEC, Allan. *O livro dos espíritos*. Trad. Guillon Ribeiro. 93. ed. 9. imp. (Edição Histórica). Brasília: FEB, 2019. q. 731.

[206] _____. _____. q. 728-a.

[207] SOUZA, Juvanir Borges de. *Tempo de transição*. 3. ed. Brasília: FEB, 2002. cap. 35 – *A Lei de Destruição*, p. 285 e 286.

[208] _____._____. p. 287 e 288.

ANEXO

Excesso

Estende a luz do progresso.

Quem serve, a si mesmo exalta.

Para quem foge do excesso,

O necessário não falta.

Sobriedade

Generoso e entusiasta,

Sê comedido também.

Àquele que nada basta,

Tendo tudo, nada tem.

Antônio Fernandes da Silveira Carvalho

FONTE: XAVIER, Francisco Cândido; VIEIRA, Waldo. *Antologia dos imortais.* Diversos Espíritos. 4. ed. Brasília: FEB, 2002.

ROTEIRO 2

FLAGELOS DESTRUIDORES

1 OBJETIVOS ESPECÍFICOS

» Refletir sobre os flagelos destruidores, sob o enfoque espírita.

» Analisar as consequências morais dos flagelos destruidores.

2 CONTEÚDO BÁSICO

» Há dois tipos de flagelos destruidores: os naturais e os provocados pelos homens. "*Na primeira linha dos flagelos destruidores, naturais e independentes do homem, devem ser colocados a peste, a fome, as inundações, as intempéries fatais às produções da terra [...]*" (Allan Kardec, *O livro dos espíritos*, comentário de Kardec à q. 741).

» Os flagelos destruidores provocados pelo homem revelam a predominância "[...] *da natureza animal sobre a natureza espiritual e transbordamento das paixões. No estado de barbaria, os povos um só direito conhecem – o do mais forte. Por isso é que, para tais povos, o de guerra é um estado normal. À medida que o homem progride, menos frequente se torna a guerra, porque ele lhe evita as causas, fazendo-a com humanidade, quando a sente necessária.*" (Allan Kardec, *O livro dos espíritos*, q. 742).

» Deus permite que flagelos destruidores atinjam a Humanidade para "[...] *fazê-la progredir mais depressa. Já não dissemos ser a destruição uma necessidade para a regeneração moral dos Espíritos, que, em cada nova existência, sobem um degrau na escala do aperfeiçoamento? [...] Essas subversões, porém, são frequentemente necessárias para que mais pronto se dê o advento de uma melhor ordem de coisas e para que se realize em alguns anos o que teria exigido muitos séculos.*" (Allan Kardec, *O livro dos espíritos*, q. 737).

> Que objetivou a Providência, tornando necessária a guerra? "A liberdade e o progresso." (Allan Kardec, *O livro dos espíritos*, q. 744).

> Existirá um dia em que as guerras serão banidas da face do planeta, "[...] quando os homens compreenderem a justiça e praticarem a Lei de Deus. Nessa época, todos os povos serão irmãos." (Allan Kardec, *O livro dos espíritos*, q. 743).

3 SUGESTÕES DIDÁTICAS

3.1 SUGESTÃO 1:

Introdução

Apresentar as palavras: guerra e paz.

Pedir aos participantes que expressem suas ideias a respeito das duas palavras.

Ouvir as ideias emitidas, sem comentá-las.

Logo após, explicar que há dois tipos de flagelos destruidores: os naturais e os provocados pelo ser humano, sendo a guerra um exemplo destes últimos.

Desenvolvimento

Em sequência, dividir os participantes em pequenos grupos, para realizar a tarefa a seguir descrita:

1) ler os subsídios do Roteiro;

2) elaborar, com base na poesia *Guerra e Paz*, do Espírito José de Abreu Albano (ver Anexo no final do Roteiro), um mural em que, em relação aos flagelos, constem:

a) exemplos de flagelos destruidores: naturais ou provocados;

b) causas mais comuns;

c) possíveis consequências morais;

d) a forma de evitá-los.

Observação: Colocar à disposição dos grupos o material necessário para a confecção do mural: folhas de papel pardo/cartolina; revistas e jornais; pincéis de cores variadas.

Concluído o trabalho, convidar um representante de cada grupo para fazer a descrição do mural elaborado.

Ouvir as exposições, esclarecendo possíveis dúvidas.

Conclusão

Citar exemplos de pessoas ou organizações que desenvolvem trabalhos humanitários de preservação, manutenção e recuperação da harmonia planetária.

Avaliação

O estudo será considerado satisfatório se os participantes realizarem corretamente as tarefas propostas para o trabalho em grupo.

Técnica(s): exposição; trabalho em pequenos grupos; elaboração de mural.

Recurso(s): subsídios do Roteiro; materiais utilizados na confecção do mural.

3.2 SUGESTÃO 2:

Introdução

Iniciar o estudo com uma reflexão acerca das palavras: guerra e paz.

Ouvir o comentário participando e estimulando a grupo nas reflexões compartilhadas.

Desenvolvimento

Dividir os participantes em quatro grupos:

Grupos 1 e 2 – Leitura das questões 737 a 741 de *O livro dos espíritos*;

Grupos 3 e 4 – Leitura das questões 742 a 745 de *O livro dos espíritos*.

Tempo para os grupos – até 20 minutos.

Em seguida, propor uma reflexão circular.

Os participantes dos Grupos 1 e 2 acompanham e complementam as primeiras três perguntas:

» *No que consistem os flagelos destruidores segundo a Doutrina Espírita?*
» *Quais os tipos de flagelos existentes na Natureza?*
» *Quais as consequências morais dos flagelos destruidores?*

Os participantes dos Grupos 3 e 4 acompanham e complementam as primeiras perguntas restantes:

» *O que é a guerra?*

» *Ela é necessária?*

» *Em que flagelo ela se encaixa? Quais as consequências materiais e morais da guerra para a Humanidade?*

Nesse momento, o facilitador esclarece dúvidas e complementa informações enriquecendo a discussão com base nas questões de *O livro dos espíritos* e nos subsídios do Roteiro.

Propor a seguinte reflexão individual (não há a necessidade de comentário):

Tenho contribuído para minha paz e em consequência para a paz social?

Conclusão

Fazer o fechamento com a leitura da poesia *Guerra e Paz*, do Espírito José de Abreu Albano (ver Anexo no final do Roteiro).

Avaliação

O estudo será considerado satisfatório se as ideias dos participantes refletirem entendimento do assunto.

Técnica(s): explosão de ideias; leitura silenciosa; discussão circular.

Recurso(s): *O livro dos espíritos*; subsídios do Roteiro.

3.3 SUGESTÃO 3:

Introdução

Iniciar o estudo com uma reflexão acerca das palavras: guerra e paz.

Ouvir o comentário participando e estimulando a grupo nas reflexões compartilhadas.

Desenvolvimento

Em seguida, propor uma reflexão circular:

» *Qual a importância de buscarmos a paz em nós?*

» *Qual a consequência da cultura da paz?*

» *Como contribuir para um mundo de paz?* etc.

Nesse momento, o facilitador esclarece dúvidas e complementa informações enriquecendo a discussão com base nas questões de *O livro dos espíritos* e nos subsídios do Roteiro.

Propor a seguinte reflexão individual (não há a necessidade de comentário):

Tenho contribuído para minha paz e em consequência para a paz social?

Conclusão

Fazer o fechamento com a leitura da poesia *Guerra e Paz*, do Espírito José de Abreu Albano (ver Anexo no final do Roteiro)..

Avaliação

O estudo será considerado satisfatório se as ideias dos participantes refletirem entendimento do assunto.

3.4 SUGESTÃO 4

Observação: Sugerimos que essa atividade seja dada após o estudo do Roteiro, pois é importante o conhecimento espírita do conteúdo para conduzir às reflexões seguras.

Introdução

Iniciar o encontro com a apresentação dos resultados da pesquisa solicitada, na semana anterior, como atividade extrarreunião.

Pedir aos participantes ou grupos apresentarem a conclusão de seus trabalhos.

Desenvolvimento

Fazer comentários pertinentes aos resultados apresentados, destacando pontos interessantes e importantes acerca das pesquisas, sob o enfoque espírita.

Observação: Lembramos que a apresentação deve ser restrita aos aspectos morais das situações apresentadas, pois todas as atitudes humanas (ideológicas, políticas etc.) são movidas pela evolução moral.

Após a apresentação dos trabalhos, propor uma discussão circular:

» *Qual a conclusão acerca da guerra?*
» *Quais as consequências materiais e morais da guerra?*

> Quais as consequências materiais e morais das catástrofes humanitárias?

> O que falta à Humanidade para a implantação do "mundo regenerado"?

Nesse momento, o facilitador esclarece dúvidas e complementa informações enriquecendo a discussão com base nas questões de *O livro dos espíritos* e nos subsídios do Roteiro.

Propor a seguinte reflexão individual (não há a necessidade de comentário):

Tenho contribuído para a construção de um mundo melhor? Quando vou despertar para essa necessidade urgente?

Conclusão

Fazer o fechamento com a leitura da poesia *Guerra e Paz*, do Espírito José de Abreu Albano (ver Anexo no final do Roteiro).

Avaliação

O estudo será considerado satisfatório se as ideias dos participantes refletirem entendimento do assunto.

4 SUBSÍDIOS

Os flagelos fazem parte do processo provacional e expiatório do nosso planeta, alcançando, indistintamente, grandes e pequenos, ricos e pobres. Jesus, conhecedor profundo das necessidades de aprendizado humano, já nos advertia no Sermão Profético (*Mateus*, 24:6 a 8):

> *Haveis de ouvir sobre guerras e rumores de guerra. Cuidado para não vos alarmardes. É preciso que aconteçam, mas ainda não é o fim. Pois se levantará nação contra nação e reino contra reino. E haverá fome e terremotos em todos os lugares. Tudo isso será o princípio das dores.*[209]

Os Espíritos orientadores nos esclarecem que Deus permite ser a Humanidade atingida por flagelos,

> *Para fazê-la progredir mais depressa. Já não dissemos ser a destruição uma necessidade para a regeneração moral dos Espíritos, que, em cada nova existência, sobem um degrau na escala do aperfeiçoamento? Preciso é que se veja o objetivo, para que os resultados possam ser apreciados. Somente do vosso ponto de vista pessoal os apreciais; daí vem que os qualificais de flagelos, por efeito do prejuízo que vos causam. Essas subversões, porém, são frequentemente necessárias para*

que mais pronto se dê o advento de uma melhor ordem de coisas e para que se realize em alguns anos o que teria exigido muitos séculos.[210]

Na verdade, o homem poderia evitar o sofrimento dos flagelos se fosse mais cuidadoso nas suas escolhas. Deus, em sua infinita bondade, oferece-nos inúmeros outros instrumentos de progresso, mas, como seres imperfeitos que ainda somos, optamos por seguir os caminhos mais ásperos e tortuosos da vida. Deus nos dá

> [...] os meios de progredir pelo conhecimento do bem e do mal. O homem, porém, não se aproveita desses meios. Necessário, portanto, se torna que seja castigado no seu orgulho e que se lhe faça sentir a sua fraqueza.[211]

Dessa forma,

> Os flagelos são provas que dão ao homem ocasião de exercitar a sua inteligência, de demonstrar sua paciência e resignação ante a vontade de Deus e que lhe oferecem ensejo de manifestar seus sentimentos de abnegação, de desinteresse e de amor ao próximo, se o não domina o egoísmo.[212]

Há dois tipos de flagelos destruidores: os naturais e os provocados pelos homens.

> Na primeira linha dos flagelos destruidores, naturais e independentes do homem, devem ser colocados a peste [e outras doenças semelhantes], a fome, as inundações, as intempéries fatais às produções da terra [...].[213]

Os flagelos destruidores provocados pelos homens revelam

> Predominância da natureza animal sobre a natureza espiritual e transbordamento das paixões. No estado de barbaria, os povos um só direito conhecem – o do mais forte. Por isso é que, para tais povos, o de guerra é um estado normal [...].[214]

No que diz respeito aos flagelos naturais, tais como

> [...] as inundações, as intempéries fatais à produção agrícola, os terremotos, os vendavais etc., que soem causar tantas vítimas, instruem-nos, ainda, os mentores espirituais, são acidentes passageiros no destino da Terra (mundo expiatório), que haverão de cessar no futuro, quando a Humanidade que a habite haja aprendido a viver segundo os mandamentos de Deus, pautados no Amor, dispensando, então, os corretivos da dor.[215]

Dessa forma,

> Em face do impositivo da evolução, o homem enfrenta os flagelos que fazem parte da vida. Os naturais surpreendem-no, sem que os possa evitar, não obstante a inteligência lhe haja facultado meios de os prevenir e até mesmo de remediar-lhes algumas consequências.
>
> Irrompem, de quando em quando, desafiando-lhe a capacidade intelectual, ao mesmo tempo estimulando-lhe os valores que deve aplicar para os conjurar e impedir.

> *Enquanto isso não ocorre, constituem-lhe corretivos morais, mecanismos de reparação dos males perpetrados, recursos da vida para impulsioná-lo ao progresso sem retentivas com a retaguarda.*
>
> *Inúmeros desses flagelos destruidores já podem ser previstos e alguns têm diminuídos os seus efeitos perniciosos, em razão das conquistas que a Humanidade vem alcançando.*
>
> *Outros, que constituíam impedimentos aos avanços e à saúde, têm sido minorados e até vencidos, quais a fertilização de regiões desérticas, o saneamento de áreas contaminadas, a correção de acidentes geográficos, a prevenção contra as epidemias que dizimariam multidões, assolando países e continentes inteiros, e, graças ao Espiritismo, a terapia preventiva em relação aos processos obsessivos que dominavam grupos e coletividades...*[216]
>
> *O homem recebeu em partilha uma inteligência com cujo auxílio lhe é possível conjurar, ou, pelo menos, atenuar os efeitos de todos os flagelos naturais. Quanto mais saber ele adquire e mais se adianta em civilização, tanto menos desastrosos se tornam os flagelos. Com uma organização sábia e previdente, chegará mesmo a lhes neutralizar as consequências, quando não possam ser inteiramente evitados. Assim, com referência, até, aos flagelos que têm certa utilidade para a ordem geral da Natureza e para o futuro, mas que, no presente, causam danos, facultou Deus ao homem os meios de lhes paralisar os efeitos.*
>
> *Assim é que ele saneia as regiões insalubres, imuniza contra os miasmas pestíferos, fertiliza terras áridas e se esforça em preservá-las das inundações; constrói habitações mais salubres, mais sólidas para resistirem aos ventos tão necessários à purificação da atmosfera e se coloca ao abrigo das intempéries. É assim, finalmente, que, pouco a pouco, a necessidade lhe fez criar as ciências, por meio das quais melhora as condições de habitabilidade do globo e aumenta o seu próprio bem-estar.*[217]
>
> *Tendo o homem que progredir, os males a que se acha exposto são um estimulante para o exercício da sua inteligência, de todas as suas faculdades físicas e morais, incitando-o a procurar os meios de evitá-los. Se ele nada houvesse de temer, nenhuma necessidade o induziria a procurar o melhor; o espírito se lhe entorpeceria na inatividade; nada inventaria, nem descobriria. A dor é o aguilhão que o impele para a frente, na senda do progresso.*[218]

Os flagelos destruidores provocados pelo homem representam, ao contrário dos naturais, uma grave infração à Lei de Deus. Sabemos que, de todos os sofrimentos existentes na Terra,

> [...] *os males mais numerosos são os que o homem cria pelos seus vícios, os que provêm do seu orgulho, do seu egoísmo, da sua ambição, da sua cupidez, de seus excessos em tudo. Aí a causa das guerras e das calamidades que estas acarretam, das dissenções, das injustiças, da opressão do fraco pelo forte, da maior parte, afinal, das enfermidades.*

> *Deus promulgou leis plenas de sabedoria, tendo por único objetivo o bem. Em si mesmo encontra o homem tudo o que lhe é necessário para cumpri-las. A consciência lhe traça a rota, a Lei Divina lhe está gravada no coração e, ademais, Deus lha lembra constantemente por intermédio de seus messias e profetas, de todos os Espíritos encarnados que trazem a missão de o esclarecer, moralizar e melhorar e, nestes últimos tempos, pela multidão dos Espíritos desencarnados que se manifestam em toda parte. Se o homem se conformasse rigorosamente com as Leis Divinas, não há duvidar de que se pouparia aos mais agudos males e viveria ditoso na Terra. Se assim não procede, é por virtude do seu livre-arbítrio: sofre então as consequências do seu proceder.*[219]
>
> *Entretanto, Deus, todo bondade, pôs o remédio ao lado do mal, isto é, faz que do próprio mal saia o remédio. Um momento chega em que o excesso do mal moral se torna intolerável e impõe ao homem a necessidade de mudar de vida. Instruído pela experiência, ele se sente compelido a procurar no bem o remédio, sempre por efeito do seu livre-arbítrio. Quando toma melhor caminho, é por sua vontade e porque reconheceu os inconvenientes do outro. A necessidade, pois, o constrange a melhorar-se moralmente, para ser mais feliz, do mesmo modo que o constrangeu a melhorar as condições materiais da sua existência.*[220]

Esta é a explicação para a ocorrência de tragédias que, como se surgissem do nada, se abatem sobre indivíduos e coletividades. Na verdade, esses sofrimentos dolorosos, que assumem a feição de flagelos destruidores, fazem parte da programação reencarnatória, representando, em última análise, medidas de reajuste espiritual perante a Lei de Deus. São aflições que remontam às ações ocorridas no passado, em outras reencarnações.

> *Todavia, por virtude do axioma segundo o qual todo efeito tem uma causa, tais misérias são efeitos que hão de ter uma causa e, desde que se admita um Deus justo, essa causa também há de ser justa. Ora, ao efeito precedendo sempre a causa, se esta não se encontra na vida atual, há de ser anterior a essa vida, isto é, há de estar numa existência precedente. Por outro lado, não podendo Deus punir alguém pelo bem que fez, nem pelo mal que não fez, se somos punidos, é que fizemos o mal; se esse mal não o fizemos na presente vida, tê-lo-emos feito noutra. É uma alternativa a que ninguém pode fugir e em que a lógica decide de que parte se acha a Justiça de Deus.*[221]

De todos os flagelos destruidores, provocados pela incúria e imprevidência humanas, a guerra traduz-se, possivelmente, como o mais doloroso. Contudo, à medida que "[...] *o homem progride, menos frequente se torna a guerra, porque ele lhe evita as causas, fazendo-a com humanidade, quando a sente necessária.*[222]

Infelizmente, o ser humano ainda não está preparado para viver a paz, de forma que a guerra representa, ao lado das graves tragédias, um doloroso processo de conquista da liberdade e do progresso.[223]

Neste sentido,

> A causa principal da guerra está no atraso dos indivíduos e das sociedades humanas, donde derivam as paixões desordenadas, que tomam o caráter de violência e, com sua impetuosidade, produzem os conflitos que ensanguentam as páginas da história da Humanidade.[224]

No futuro, quando a Terra passar, definitivamente, para a categoria de mundo de regeneração, estando o planeta livre de expiações, as guerras serão banidas. Mas isto somente ocorrerá quando, efetivamente, "[...] *os homens compreenderem a justiça e praticarem a Lei de Deus. Nessa época, todos os povos serão irmãos*".[225]

Assim,

> [...] *a guerra – monstro de mil faces que começa no egoísmo de cada um, que se corporifica na discórdia do lar, e se prolonga na intolerância da fé, na vaidade da inteligência e no orgulho das raças, alimentando-se de sangue e lágrimas, violência e desespero, ódio e rapina, tão cruel entre as nações supercivilizadas do século XX* [e do atual], *quanto já o era na corte obscurantista de Ramsés II – somente desaparecerá quando o Evangelho de Jesus iluminar o coração humano, fazendo com que os habitantes da Terra se amem como irmãos*.[226]

REFERÊNCIAS

[209] BÍBLIA DE JERUSALÉM. Trad. Samuel Martins Barbosa. et al. São Paulo: Edições Paulinas, 1981. p. 1.314.

[210] KARDEC, Allan. *O livro dos espíritos*. Trad. Guillon Ribeiro. 93. ed. 9. imp. (Edição Histórica). Brasília: FEB, 2019. q. 737.

[211] _____. _____. q. 738.

[212] _____. _____. q. 740.

[213] _____. _____. Comentário de Kardec à q. 741.

[214] _____. _____. q. 742.

[215] CALLIGARIS, Rodolfo. *As leis morais*. 15. ed. 5. imp. Brasília: FEB, 2016. cap. 21 – *A lei de destruição*.

[216] FRANCO, Divaldo Pereira. *Temas da vida e da morte*. Pelo Espírito de Manoel Philomeno de Miranda. 7. ed. 3. imp. Brasília: FEB, 2018. cap. *Flagelos e males*.

[217] KARDEC, Allan. *A gênese*. Trad. Guillon Ribeiro. 53. ed. 9. imp. (Edição Histórica). Brasília: FEB, 2020. cap. 3, it. 4.

[218] _____. _____. it. 5.

[219] _____. _____. it. 6.

[220] _____. _____. it.7.

221 _____. *O evangelho segundo o espiritismo*. Trad. Guillon Ribeiro. 131. ed. 14. imp. (Edição Histórica). Brasília: FEB, 2019. cap. 5, it. 6.

222 _____. *O livro dos espíritos*. Trad. Guillon Ribeiro. 93. ed. 9. imp. (Edição Histórica). Brasília: FEB, 2019. q. 742.

223 _____. _____. q. 744.

224 AGUAROD, Angel. *Grandes e pequenos problemas*. Trad. Guillon Ribeiro. 8. ed. 1. imp. Brasília: FEB, 2020. cap. 6 – *O problema da paz*, it. 6.1 A guerra e suas causas.

225 KARDEC, Allan. *O livro dos espíritos*. Trad. Guillon Ribeiro. 93. ed. 9. imp. (Edição Histórica). Brasília: FEB, 2019. q. 743.

226 XAVIER, Francisco Cândido. *Religião dos espíritos*. Pelo Espírito Emmanuel. 22. ed. 9. imp. Brasília: FEB, 2019. cap. 41 – *O caminho da paz*.

ANEXO

Guerra e Paz

Soldado após a rígida campanha,
Guardando as palmas de ilusória lida,
Marchei de peito arfante e face erguida,
Crendo-me herói de olímpica façanha.

Mas, varando os umbrais da morte estranha,
Revivi, descontente, a própria vida,
E, muito embora os louros da acolhida,
Senti-me verme alçado na montanha.

Alma tocada de arrependimento,
Desperdiçara, em vão, força e cultura,
Qual chama entregue ao temporal violento.

Assim, entre a ventura e a desventura,
Sou rei na guerra de cruel tormento,
E mendigo de paz na sorte escura.

José de Abreu Albano

FONTE: XAVIER, Francisco Cândido; VIEIRA, Waldo. *Antologia dos imortais*. Diversos Espíritos. 4. ed. Brasília: FEB, 2002.

ROTEIRO 3

INSTINTO E INTELIGÊNCIA

1 OBJETIVOS ESPECÍFICOS

» Analisar as características de instinto, instinto de conservação e inteligência, sob o enfoque espírita.

» Analisar a diferença existente entre instinto e inteligência.

2 CONTEÚDO BÁSICO

» *O instinto é a força oculta que solicita os seres orgânicos a atos espontâneos e involuntários, tendo em vista a conservação deles* [...] (Allan Kardec, A gênese, cap. 3, it. 11).

» O instinto de conservação diz, especificamente, respeito à sobrevivência e à perpetuação das espécies. É uma Lei da Natureza e todos "[...] *os seres vivos o possuem, qualquer que seja o grau de sua inteligência. Nuns, é puramente maquinal, raciocinado em outros.*" (Allan Kardec, O livro dos espíritos, q. 702).

» *A inteligência se revela por atos voluntários, refletidos, premeditados, combinados, de acordo com a oportunidade das circunstâncias* [...] (Allan Kardec, A gênese, cap. 3, it. 12).

» [...] *Nos atos instintivos não há reflexão, nem combinação, nem premeditação. É assim que a planta procura o ar, se volta para a luz, dirige suas raízes para a água e para a terra nutriente; que a flor se abre e se fecha alternativamente, conforme se lhe faz necessário* [...] *É pelo instinto que os animais são avisados do que lhes é útil ou nocivo; que buscam, conforme a estação, os climas propícios* [...]; *que os sexos se aproximam; que a mãe choca os filhos e que estes procuram o seio materno. No homem, no começo de vida o instinto domina com exclusividade; é por instinto que a criança faz os primeiros movimentos, que toma alimento, que grita para exprimir as suas necessidades, que imita o som da voz, que tenta falar e andar. No próprio adulto, certos atos são instintivos, tais como os movimentos espontâneos para evitar um risco, para fugir a um perigo, para manter o equilíbrio do corpo* [...] (Allan Kardec, *A gênese*, cap. 3, it. 11).

» A inteligência é "[...] *incontestavelmente um atributo exclusivo da alma.*

[...]

O instinto é guia seguro, que nunca se engana; a inteligência, pelo simples fato de ser livre, está, por vezes, sujeita a errar.

Ao ato instintivo falta o caráter do ato inteligente; revela, entretanto, uma causa inteligente, essencialmente apta a prever [...] (Allan Kardec, *A gênese*, cap. 3, it. 12).

3 SUGESTÕES DIDÁTICAS

3.1 SUGESTÃO 1:

Introdução

Iniciar solicitando a um dos participantes que apresente as expressões: *instinto, instinto de conservação* e *inteligência*.

Em seguida, fazer uma exposição – usando material ilustrativo – sobre *a evolução dos seres vivos*, com base nas considerações gerais dos subsídios do Roteiro.

Desenvolvimento

Dividir os participantes em dois grupos, para realização das seguintes tarefas:

Grupo 1

a) ler os itens 4.1 e 4.2 dos subsídios do Roteiro;

b) trocar ideias, com base nos textos lidos, a respeito dos conceitos de *instinto* e *instinto de conservação*, e dos exemplos de atos instintivos, ali citados;

c) elaborar uma síntese sobre o assunto para ser apresentada, em plenária, por um dos colegas indicado pelo grupo.

Grupo 2

a) ler os itens 4.3 e 4.4 dos subsídios do Roteiro;

b) trocar ideias, com base nos textos lidos, a respeito do conceito de *inteligência* e de *instinto e inteligência*;

c) elaborar uma síntese sobre o assunto para ser apresentada, em plenária, por um dos colegas indicado pelo grupo.

Ouvir os relatos, desenvolvendo um debate tipo "pinga-fogo".

Conclusão

Ao final, ressaltar o significado de *instinto, instinto de conservação* e *inteligência*, explicando a diferença que há entre *instinto* e *inteligência*.

Avaliação

O estudo será considerado satisfatório se os participantes realizarem adequadamente o trabalho em grupo e responderem, com acerto, as questões do "pinga-fogo".

Técnica(s): exposição; trabalho em grupo; debate tipo "pinga-fogo".

Recurso(s): subsídios do Roteiro; material ilustrativo: revistas/imagens da internet/desenhos; papel; lápis/caneta.

3.2 SUGESTÃO 2:

Introdução

Iniciar o estudo apresentando os conceitos de *inteligência* e *instinto*, convidando os participantes para comentarem:

INSTINTO: 1. impulso natural; 2. capacidade de sentir, pressentir, que determina certa maneira de pensar ou agir; intuição (*Minidicionário da língua portuguesa*. Instituto Antônio Houaiss. Objetiva).

INTELIGÊNCIA: 1. capacidade de aprender e compreender; 2. indivíduo de muito saber, sumidade; 3. sagacidade, perspicácia (*Minidicionário da língua portuguesa*. Instituto Antônio Houaiss. Objetiva).

Desenvolvimento

Após a atividade acima, passar dois pequenos vídeos sobre instinto e inteligência animal:

Raciocínio ou instinto? (1:03); disponível em:

https://bit.ly/2Jvmiux

Raciocínio nos animais (0:48); disponível em:

https://bit.ly/3gbfq1c

Após os vídeos convidar os participantes para fazerem breves comentários, relacionando os conceitos e os vídeos.

Em seguida, fazer a leitura comentada dos subsídios, com a participação de todos.

Nesse momento, o facilitador esclarece dúvidas e complementa informações enriquecendo a discussão conforme os conceitos, os vídeos e os subsídios do Roteiro.

Propor a seguinte reflexão individual (não há a necessidade de comentário):

Tenho confiança em meus instintos? Aperfeiçoo minha inteligência?

Conclusão

Fazer o fechamento reforçando as características de *instinto*, de *instinto de conservação* e de *inteligência*, sob o enfoque espírita.

Avaliação

O estudo será considerado satisfatório se as ideias dos participantes refletirem entendimento do assunto.

Técnica(s): explosão de ideias; leitura oral comentada; discussão circular.

Recurso(s): *O livro dos espíritos*; subsídios do Roteiro; vídeos.

4 SUBSÍDIOS

A compreensão dos conceitos *instinto*, *instinto de conservação* e *inteligência* nos reporta, necessariamente, ao processo de evolução dos seres vivos. Para o Espiritismo a evolução biológica e espiritual representa um processo natural e contínuo, decorrente da Lei do Progresso. Neste sentido, os ensinamentos espíritas estão além dos atuais conhecimentos científicos, os quais, por não considerarem a sobrevivência do Espírito, focalizam seus estudos nos processos biológicos e fisiológicos. Em relação à evolução dos seres vivos há, entretanto, uma significativa concordância entre o pensamento espírita e o pensamento científico. Os seguintes esclarecimentos de Allan Kardec, anunciados na *Revista Espírita* de 1868, são, em essência, os mesmos que a Ciência divulga atualmente:

> *A escala dos seres é contínua; antes de ser o que o somos, passamos por todos os graus desta escala, que estão abaixo de nós, e continuaremos a subir os que estão acima. Antes que o nosso cérebro fosse réptil, foi peixe, e foi peixe antes de ser mamífero.*[227]
>
> *Hoje é fato cientificamente demonstrado que a vida orgânica nem sempre existiu na Terra, e que aí teve um começo; a geologia permite seguir o seu desenvolvimento gradual. Os primeiros seres do reino vegetal e do reino animal que então apareceram, devem ter-se formado sem procriação,* e pertencer às classes inferiores, como o constatam as observações geológicas. À medida que os elementos dispersos se reuniram, as primeiras combinações formaram corpos exclusivamente inorgânicos, isto é, pedras, águas e minerais de toda sorte. Quando esses mesmos elementos se modificaram pela ação do fluido vital – que não é o princípio inteligente – formaram corpos dotados de vitalidade, de uma organização constante e regular, cada um na sua espécie. Ora, assim como a cristalização da matéria bruta não ocorre senão quando uma causa acidental vem opor-se ao arranjo simétrico das moléculas, os corpos organizados se formam desde que circunstâncias favoráveis de temperatura, umidade, repouso ou movimento, e uma espécie de fermentação permitam que as moléculas da matéria, vivificadas pelo fluido vital, se reúnam [...].*[228]

É importante destacar, neste ponto, que a Ciência não aceita a ideia do fluido vital, na forma como o Espiritismo ensina.

Existem também outras concordâncias entre o Espiritismo e a Ciência, especialmente no que diz respeito à biodiversidade dos seres existentes no planeta. Allan Kardec nos esclarece desta forma:

> *Os seres não procriados formam, pois, o primeiro escalão dos seres orgânicos [...]. Quanto às espécies que se propagam por procriação,* uma opinião que não é nova [...], é que os primeiros tipos de cada espécie são o produto de uma*

---

* N.E.: "Sem procriação": é importante não considerar o significado desta expressão como uma referência ao conceito de geração espontânea. Os seres vivos evolutivamente primitivos (micróbios e alguns vegetais) se reproduzem de forma assexuada (sem gametas) ou vegetativa. Nos seres superiores (plantas evoluídas e animais) a reprodução é sexuada. Assim, "sem procriação" = reprodução assexuada; "procriação" = reprodução sexuada. Este é o sentido que se quer transmitir.

> *modificação da espécie imediatamente inferior. Assim estabeleceu-se uma cadeia ininterrupta, desde o musgo e o líquen, até o carvalho, e depois o zoófito, o verme de terra e o ácaro até o homem. Sem dúvida, entre o verme de terra e o homem, se se considerarem apenas os dois pontos extremos, há uma diferença que parece um abismo; mas quando se aproximam todos os elos intermediários, encontra-se uma filiação sem solução de continuidade.*[229]

Foi assim que, em linhas gerais em certo momento da caminhada evolutiva surgiram o instinto, o instinto de conservação e a inteligência nos seres vivos do planeta. É nessa encruzilhada evolutiva que percebemos as grandes divergências existentes, ainda, entre a Ciência – que considera a evolução como um processo de natureza exclusivamente biológica, ou física – e o Espiritismo, que ensina que a evolução ocorre nos dois planos da vida: no espiritual e no físico, resultante da ação do princípio inteligente (ver Módulo VII – Pluralidade dos mundos habitados. *In*: Programa Fundamental – Tomo I, FEB Editora).

Num esforço de síntese, o Espírito André Luiz nos apresenta um panorama geral da evolução, esclarecendo como e quando o instinto e a inteligência surgiram. O princípio inteligente afastou-se

> *[...] do leito oceânico, atingiu a superfície das águas protetoras, moveu-se em direção à lama das margens, debateu-se no charco, chegou à terra firme, experimentou na floresta copioso material de formas representativas, ergueu-se do solo, contemplou os céus e, depois de longos milênios, durante os quais aprendeu a procriar, alimentar-se, escolher, lembrar e sentir, conquistou a inteligência... Viajou de simples impulso para a irritabilidade, da irritabilidade para a sensação, da sensação para o instinto, do instinto para a razão. Nessa penosa romagem, inúmeros milênios decorreram sobre nós [...].*[230]

4.1 INSTINTO

A Doutrina Espírita nos ensina que

> O instinto é a força oculta que solicita os seres orgânicos a atos espontâneos e involuntários, tendo em vista a conservação deles. *Nos atos instintivos não há reflexão, nem combinação, nem premeditação. É assim que a planta procura o ar, se volta para a luz, dirige suas raízes para a água e para a terra nutriente; que a flor se abre e fecha alternativamente, conforme se lhe faz necessário; que as plantas trepadeiras se enroscam em torno daquilo que lhes serve de apoio, ou se lhe agarram com as gavinhas. É pelo instinto que os animais são avisados do que lhes útil ou nocivo; que buscam, conforme a estação, os climas propícios; que constroem, sem ensino prévio, com mais ou menos arte, segundo as espécies, leitos macios e abrigos para as suas progênies, armadilhas para apanhar a presa de que se nutrem; que manejam destramente as armas ofensivas e defensivas de*

> *que são providos; que os sexos se aproximam; que a mãe choca os filhos e que estes procuram o seio materno. No homem, no começo da vida o instinto domina com exclusividade; é por instinto que a criança faz os primeiros movimentos, que toma o alimento, que grita para exprimir as suas necessidades, que imita o som da voz, que tenta falar e andar. No próprio adulto, certos atos são instintivos, tais como os movimentos espontâneos para evitar um risco, para fugir a um perigo, para manter o equilíbrio do corpo; tais ainda o piscar das pálpebras para moderar o brilho da luz, o abrir maquinal da boca para respirar etc.*[231]

As inúmeras e repetidas experiências vivenciadas pelo princípio inteligente, em sua longa ascensão na escala evolutiva ocorrida nos dois planos da vida, favoreceram a aquisição de automatismos biológicos necessários à expressão do instinto e da inteligência. Estes automatismos manifestam-se de forma precisa, no momento apropriado, independentemente das interferências da razão. É assim que o bebê apresenta, desde o nascimento, inúmeros reflexos instintivos, tais como: sucção, batimento de pálpebras, movimento rítmico e coordenado dos membros inferiores e superiores, choro etc.

Sendo assim,

> [...] *O instinto é inato, atua à revelia da instrução, inexperiente e invariavelmente, e não realiza progresso algum. É em tudo a antítese da inteligência. Tanto mais notáveis são os fenômenos do instinto, quanto mais se afirmam inteiramente involuntários* [...].[232]

4.2 INSTINTO DE CONSERVAÇÃO

O instinto de conservação é uma Lei da Natureza, e diz respeito à sobrevivência e à perpetuação das espécies. "[...] *Todos os seres vivos o possuem, qualquer que seja o grau de sua inteligência. Nuns, é puramente maquinal, raciocinado em outros.*"[233] O instinto de conservação existe nos animais e na espécie humana, porque

> [...] *todos têm que concorrer para cumprimento dos desígnios da Providência. Por isso foi que Deus lhes deu a necessidade de viver. Acresce que a vida é necessária ao aperfeiçoamento dos seres. Eles o sentem instintivamente, sem disso se aperceberem.*[234]

As manifestações primitivas do instinto de conservação são encontradas nos animais e no homem, principalmente quando este se encontra nas primeiras encarnações. Essa é a forma que Deus determina para garantir a sobrevivência e a perpetuação das espécies. Nas fases primárias, o instinto de conservação apresenta uma característica peculiar: o temor da morte. O medo da morte é tão marcante nos animais e no homem pouco espiritualizado que, ante uma ameaça iminente de risco de vida, eles reagem com agressividade, ferocidade mesmo, tentando defender a sua existência.

No homem

> O temor da morte decorre, portanto, da noção insuficiente da vida futura, embora denote também a necessidade de viver e o receio da destruição total; igualmente o estimula secreto anseio pela sobrevivência da alma, velado ainda pela incerteza.
>
> Esse temor decresce, à proporção que a certeza aumenta, e desaparece quando esta é completa.
>
> Eis aí o lado providencial da questão. Ao homem não suficientemente esclarecido, cuja razão mal pudesse suportar a perspectiva muito positiva e sedutora de um futuro melhor, prudente seria não o deslumbrar com tal ideia, desde que por ela pudesse negligenciar o presente, necessário ao seu adiantamento material e intelectual.[235]

Outra característica importante do instinto de conservação diz respeito ao atendimento das necessidades fisiológicas:

> Nos seres inferiores da Criação, naqueles a quem ainda falta o senso moral, nos quais a inteligência ainda não substituiu o instinto, a luta não pode ter por móvel senão a satisfação de uma necessidade material. Ora, uma das mais imperiosas dessas necessidades é a da alimentação. Eles, pois, lutam unicamente para viver, isto é, para fazer ou defender uma presa, visto que nenhum móvel mais elevado os poderia estimular. É nesse primeiro período que a alma se elabora e ensaia para a vida.[236]

O temor da morte e o suprimento das necessidades fisiológicas representam, portanto,

> [...] é um efeito da sabedoria da Providência e uma consequência do instinto de conservação comum a todos os viventes. Ele é necessário enquanto não se está suficientemente esclarecido sobre as condições da vida futura, como contrapeso à tendência que, sem esse freio, nos levaria a deixar prematuramente a vida e a negligenciar o trabalho terreno que deve servir ao nosso próprio adiantamento.
>
> Assim é que, nos povos primitivos, o futuro é uma vaga intuição, mais tarde tornada simples esperança e, finalmente, uma certeza apenas atenuada por secreto apego à vida corporal.[237]
>
> No Espírito atrasado a vida material prevalece sobre a espiritual. Apegando-se às aparências, o homem não distingue a vida além do corpo, esteja embora na alma a vida real; aniquilado aquele, tudo se lhe afigura perdido, desesperador.[238]

4.3 INTELIGÊNCIA

A inteligência se revela por atos voluntários, refletidos, premeditados, combinados, de acordo com a oportunidade das circunstâncias. [...][239]

Os Espíritos Superiores nos esclarecem: "*A inteligência é um atributo essencial do espírito* [...]".[240] Sabemos, no entanto, que a inteligência não é um atributo exclusivo da espécie humana. Os animais também possuem inteligência, a despeito de ser uma inteligência rudimentar. Endossando essa afirmativa, os Espíritos orientadores afirmam:

> *A inteligência é uma faculdade especial, peculiar a algumas classes de seres orgânicos e que lhes dá, com o pensamento, a vontade de atuar, a consciência de que existem e de que constituem uma individualidade cada um, assim como os meios de estabelecerem relações com o mundo exterior e de proverem às suas necessidades.*[241]

Entretanto, existe uma grande diferença entre a inteligência animal e a inteligência humana. "[...] *os animais só possuem a inteligência da vida material. No homem, a inteligência proporciona a vida moral.*"[242]

Na verdade, é impossível negar que,

> [...] *além de possuírem o instinto, alguns animais praticam atos combinados, que denunciam vontade de operar em determinado sentido e de acordo com as circunstâncias. Há, pois, neles, uma espécie de inteligência, mas cujo exercício quase que se circunscreve à utilização dos meios de satisfazerem às suas necessidades físicas e de proverem à conservação própria.* [...] *O desenvolvimento intelectual de alguns, que se mostram suscetíveis de certa educação, desenvolvimento, aliás, que não pode ultrapassar acanhados limites, é devido à ação do homem sobre uma natureza maleável, porquanto não há aí progresso que lhe seja próprio* [...].[243]

O ser humano é um animal dotado de razão ou inteligência, isto é, possui a faculdade de conhecer, compreender, raciocinar e aprender. No entanto, observamos que nos Espíritos imperfeitos,

> *A inteligência pode achar-se neles aliada à maldade ou à malícia; seja, porém, qual for o grau que tenham alcançado de desenvolvimento intelectual, suas ideias são pouco elevadas e mais ou menos abjetos seus sentimentos.*[244]

Nos bons Espíritos há predominância

> [...] *do Espírito sobre a matéria.* [...] *Suas qualidades e poderes para o bem estão em relação com o grau de adiantamento que hajam alcançado; uns têm a ciência, outros a sabedoria e a bondade. Os mais adiantados reúnem o saber às qualidades morais* [...].[245]

Nos Espíritos puros, não há nenhuma influência da matéria sobre eles. Possuem superioridade intelectual e moral absoluta, com relação aos Espíritos de outras ordens.[246]

4.4. INSTINTO E INTELIGÊNCIA

> Todo ato maquinal é instintivo; o ato que denota reflexão, combinação, deliberação, é inteligente. Um é livre, o outro não o é.
>
> *O instinto é guia seguro, que nunca se engana; a inteligência, pelo simples fato de ser livre, está, por vezes, sujeita a errar.*
>
> *Ao ato instintivo falta o caráter do ato inteligente; revela, entretanto,* uma causa inteligente, *essencialmente apta a prever* [...].[247]
>
> *Aliás, muitas vezes o instinto e a inteligência se revelam simultaneamente no mesmo ato. No caminhar, por exemplo, o movimento das pernas é instintivo; o homem põe maquinalmente um pé à frente do outro, sem nisso pensar; quando, porém, ele quer acelerar ou demorar o passo, levantar o pé ou desviar-se de um tropeço, há cálculo, combinação; ele age com deliberado propósito. A impulsão involuntária do movimento é o ato instintivo; a calculada direção do movimento é o ato inteligente. O animal carnívoro é impelido pelo instinto a se alimentar de carne, mas as precauções que toma e que variam conforme as circunstâncias, para segurar a presa, a sua previdência das eventualidades são atos da inteligência.*[248]
>
> *O instinto é guia seguro, sempre bom. Pode, ao cabo de certo tempo, tornar-se inútil, porém nunca prejudicial. Enfraquece-se pela predominância da inteligência.*
>
> *As paixões, nas primeiras idades da alma, têm de comum com o instinto o serem as criaturas solicitadas por uma força igualmente inconsciente* [...].[249]

Em síntese, podemos afirmar:

> [...] *os sentimentos são os instintos elevados à altura do progresso feito. Em sua origem, o homem só tem instintos; quando mais avançado e corrompido, só tem sensações; quando instruído e depurado, tem sentimentos* [...].[250]
>
> [...] *O instinto e a inteligência pouco a pouco se transformam em conhecimento e responsabilidade, e semelhante renovação outorga ao ser mais avançados equipamentos de manifestação...* [...][251]

De sorte que

> [...] *uma inteligência profunda significa um imenso acervo de lutas planetárias. Atingida essa posição, se o homem guarda consigo uma expressão idêntica de progresso espiritual, pelo sentimento, então estará apto a elevar-se a novas esferas do Infinito, para a conquista de sua perfeição.*[252]

REFERÊNCIAS

227 KARDEC, Allan. *Revista Espírita*: jornal de estudos psicológicos. ano 11, n. 6, jun. 1868. *O Espiritismo em toda parte*, it. Conferências. Trad. Evandro Noleto Bezerra. 3. ed. 1. imp. Brasília: FEB, 2019.

228 _____. _____. n. 7. jul. 1868. *A geração espontânea e A gênese*.

229 _____. _____.

230 XAVIER, Francisco Cândido. *No mundo maior*. Pelo Espírito André Luiz. 28. ed. 5. imp. Brasília: FEB, 2016. cap. 4 – *Estudando o cérebro*.

231 KARDEC, Allan. *A gênese*. Trad. Guillon Ribeiro. 53. ed. 9. imp. (Edição Histórica). Brasília: FEB, 2020. cap. 3, it. 11.

232 FLAMMARION, Camille. *Deus na natureza*. Trad. Manuel Justiniano Quintão. 7. ed. Brasília: FEB, 2010. 4ª pt. Destino dos seres e das coisas, cap. 2 – *Plano da Natureza. Instinto e Inteligência*, p. 351 e 352.

233 KARDEC, Allan. *O livro dos espíritos*. Trad. Guillon Ribeiro. 93. ed. 9. imp. (Edição Histórica). Brasília: FEB, 2019. q. 702.

234 _____. _____. q. 703.

235 _____. *O céu e o inferno*. Trad. Manuel Justiniano Quintão. 61. ed. 8. imp. (Edição Histórica). Brasília: FEB, 2020. 1ª pt., cap. 2, it. 4.

236 _____. *A gênese*. Trad. Guillon Ribeiro. 53. ed. 9. imp. (Edição Histórica). Brasília: FEB, 2020. cap. 3, it. 24.

237 _____. *O céu e o inferno*. Trad. Manuel Justiniano Quintão. 61. ed. 8. imp. (Edição Histórica). Brasília: FEB, 2020. 1ª pt., cap. 2, it. 2.

238 _____. _____. it. 4.

239 _____. *A gênese*. Trad. Guillon Ribeiro. 53. ed. 9. imp. (Edição Histórica). Brasília: FEB, 2020. cap. 3, it. 12.

240 _____. *O livro dos espíritos*. Trad. Guillon Ribeiro. 93. ed. 9. imp. (Edição Histórica). Brasília: FEB, 2019. q. 24.

241 _____. _____. Comentário de Kardec à q. 71.

242 _____. _____. q. 604-a.

243 _____. _____. Comentário de Kardec à q. 593.

244 _____. _____. q. 101.

245 _____. _____. q. 107.

246 _____. _____. q. 112.

247 _____. *A gênese*. Trad. Guillon Ribeiro. 53. ed. 9. imp. (Edição Histórica). Brasília: FEB, 2020. cap. 3, it. 12.

248 _____. _____. it. 13.

249 _____. _____. it. 18.

250 _____. *O evangelho segundo o espiritismo*. Trad. Guillon Ribeiro. 131. ed. 14. imp. (Edição Histórica). Brasília: FEB, 2019. cap. 11, it. 8.

251 XAVIER, Francisco Cândido. *Entre a Terra e o céu*. Pelo Espírito André Luiz. 27. ed. 11. imp. Brasília: FEB, 2020. cap. 21 – *Conversação edificante*.

252 _____. *O consolador*. Pelo Espírito Emmanuel. 29. ed. 11. imp. Brasília: FEB, 2020. q. 117.

ROTEIRO 4

O NECESSÁRIO E O SUPÉRFLUO

1 OBJETIVOS ESPECÍFICOS

» Analisar o conceito de necessário.

» Refletir sobre os limites do necessário e do supérfluo.

2 CONTEÚDO BÁSICO

» Deus proveu a Natureza de todos os recursos para garantir a sobrevivência dos seres vivos no planeta. "[...] *Não fora possível que Deus criasse para o homem a necessidade de viver, sem lhe dar os meios de consegui-lo. Essa a razão por que faz que a Terra produza de modo a proporcionar o necessário aos que a habitam, visto que só o necessário é útil. O supérfluo nunca o é.*" (Allan Kardec, O livro dos espíritos, q. 704).

» [...] *A terra produziria sempre o necessário, se com o necessário soubesse o homem contentar-se. Se o que ela produz não lhe basta a todas as necessidades, é que ele emprega no supérfluo o que poderia ser aplicado no necessário. [...] Em verdade vos digo, imprevidente não é a Natureza, é o homem, que não sabe regrar o seu viver* (Allan Kardec, O livro dos espíritos, q. 705).

» *A Terra produzirá o suficiente para alimentar a todos os seus habitantes, quando os homens souberem administrar, segundo as leis de justiça, de caridade e de amor ao próximo, os bens que ela dá* [...] (Allan Kardec, O evangelho segundo o espiritismo, cap. 25, it. 8).

» [...] *Não vos preocupeis com a vossa vida, quanto ao que haveis de comer, ou pelo que haveis de beber; nem com o vosso corpo, quanto ao que haveis de vestir. Não é a vida mais do que o alimento e o corpo mais do que a roupa?* [...] *Buscai, em primeiro lugar, o Reino de Deus e a sua justiça e todas essas coisas vos serão acrescentadas* (Mateus, 6:25, 26 e 33).

3 SUGESTÕES DIDÁTICAS

3.1 SUGESTÃO 1:

Introdução

Iniciar o estudo entregando duas tiras de papel a cada um dos participantes.

Solicitar-lhes que escrevam, em uma das tiras, algo que lhes sejam *necessário*, e na outra o que lhes pareçam *supérfluo*.

Em seguida, pedir que afixem as tiras de papel, à vista de todos, de modo que seja organizado um mural contendo duas colunas: uma com o *necessário* e a outra com o *supérfluo*.

Observação: As tiras devem ser escritas com pincéis de cores variadas, e em letra de forma, tamanho grande, de forma que sejam visíveis a todos.

Desenvolvimento

Realizar uma breve explanação a partir do conteúdo do mural, estabelecendo – com base nos subsídios do Roteiro – uma relação entre o necessário e o supérfluo à vida humana.

Em sequência, dividir os participantes em quatro grupos para leitura e troca de ideias sobre trechos dos referidos subsídios, assim especificados:

Grupo 1 – mensagem de *Bezerra de Menezes* (ver nos subsídios as citações das Referências 6 e 7).

Grupo 2 – mensagem de *Um Espírito protetor* (ver nos subsídios a citação da Referência 8).

Grupo 3 – citação evangélica de *Mateus* (ver nos subsídios a citação da Referência 10).

Grupo 4 – mensagem de *André Luiz* (ver nos subsídios a citação da Referência 13).

Pedir aos grupos que indiquem um colega para apresentar, em plenária, um resumo do assunto lido.

Ouvir os relatos dos representantes dos grupos, fazendo comentários pertinentes.

Conclusão

Apresentar a ideia central de cada texto estudado em grupo e dos pontos principais dos subsídios que estabelecem uma relação entre o necessário e o supérfluo à vida humana.

Avaliação

O estudo será considerado satisfatório se os participantes realizarem corretamente as tarefas que lhes foram solicitadas.

Técnica(s): elaboração de mural; exposição; trabalho em grupo.

Recurso(s): tiras de papel; subsídios do Roteiro; mural; cartaz/projeção; papel; lápis/caneta; pincéis de cores variadas.

3.2 SUGESTÃO 2:

Introdução

Iniciar o estudo com a seguinte questão

Qual o nosso entendimento de necessário?

Ouvir os comentários dos participantes, proporcionando reflexão (tempo aproximado de 10 minutos).

Após breves reflexões propor a próxima questão:

Qual o nosso entendimento de supérfluo?

Ouvir os comentários dos participantes, proporcionando reflexão (tempo aproximado de 10 minutos).

Desenvolvimento

Em seguida, fazer a leitura comentada, com a participação de todos, das questões 715 a 717 de *O livro dos espíritos*.

Nesse momento, o facilitador esclarece dúvidas e complementa informações enriquecendo os comentários com base nas questões e nos subsídios do Roteiro.

Dividir os participantes em quatro grupos e distribuir trechos de mensagens selecionados para cada grupo.

O grupo deverá lê-la e discuti-la, relacionando-a aos estudos já realizados, incluindo: Roteiro 1 – Destruição necessária e destruição abusiva; Roteiro 2 – Flagelos destruidores; Roteiro 3 – Instinto e inteligência, sobre: (instinto de conservação) (até 20 minutos):

Grupo 1

a) *Lucas*, 12:15: "E disse-lhes: Acautelai-vos e guardai-vos da avareza, porque a vida de cada um não consiste na abundância das coisas que possui".

Diz-nos Emmanuel em *Vinha de luz*, psicografia de Francisco Cândido Xavier, capítulo 52 – *Avareza*: "A vida do homem não consiste na abundância daquilo que possui, mas na abundância dos benefícios que esparge e semeia, atendendo aos desígnios do Supremo Senhor".

Grupo 2

b) *Mateus*, 6:19 a 21: "Não entesoureis para vós tesouros sobre a terra, onde a traça e a corrosão consomem, e onde os ladrões arrombam e roubam. Entesourai para vós tesouros no céu, onde nem a traça nem a corrosão consomem, e onde os ladrões não arrombam nem roubam. Pois, onde está o teu tesouro, ali estará também o teu coração".

Grupo 3

c) *Mateus*, 6:24: "Ninguém pode servir a dois senhores, pois ou odiará a um e amará a outro, ou se apegará a um e desprezará o outro. Não podeis servir a Deus e a Mamon".

MAMON: "[...] Palavra de origem aramaica que significa 'recursos, posses, riqueza', de qualquer espécie, seja dinheiro, imóvel, escravos ou outros bens [...]" (*Novo testamento*. Trad. Haroldo Dias Dutra. Mateus – cap. 6, nota 6. FEB Editora).

Grupo 4

d) Emmanuel, *Vinha de luz*, psicografia Francisco Cândido Xavier, cap. 2 – *Vê como vives*: "Todos os homens vivem na obra de Deus, valendo-se dela para alcançarem, um dia, a grandeza divina. Usufrutuários de patrimônios que pertencem ao Pai, encontram-se no campo das oportunidades presentes, negociando com os valores do Senhor.

Em razão desta verdade, meu amigo, vê o que fazes e não te esqueças de subordinar teus desejos a Deus, nos negócios que por algum tempo te forem confiados no mundo".

Terminada as discussões nos grupos, iniciar uma reflexão circular.

Cada grupo lê a sua mensagem em voz alta, seguidas sem comentários.

Aprofundar as reflexões propondo:

> » *Como conceituar necessário e supérfluo?*
> » *Qual o limite do necessário?*
> » *Como estabelecer limites ao "supérfluo"?*
> » *Como a prática dessa Lei Natural – de conservação – pode afetar a vida no planeta?*
> » *Qual a consequência da ausência do cumprimento dessa Lei Natural, no planeta? etc.*

Nesse momento, o facilitador esclarece dúvidas e complementa informações enriquecendo os comentários com base nas questões e nos subsídios desse Roteiro e nos Roteiros 1 e 2 desse Módulo.

Propor a seguinte reflexão individual (não há a necessidade de comentário):

Existe uma pergunta que devemos nos fazer quando pedimos algo: – Eu quero ou eu preciso?

Conclusão

Fazer o fechamento com a leitura de uma das mensagens distribuídas nos grupos, por um dos participantes.

Avaliação

O estudo será considerado satisfatório se as ideias dos participantes refletirem entendimento do assunto.

Técnica(s): explosão de ideias; leitura oral comentada; trabalho de grupo e discussão circular.

Recurso(s): *O livro dos espíritos*; subsídios do Roteiro; lápis e papel.

4   SUBSÍDIOS

> *A natureza dual do homem – corpo e espírito – impõe-lhe a necessidade de sustentação da vida no seu duplo aspecto. Acontece que a maioria dos habitantes deste planeta preocupa-se somente com a materialidade da vida, relegando e negligenciando, por ignorância ou indiferença, os interesses espirituais. Entretanto, o Criador dotou todos os seres vivos, particularmente o homem, dos instintos e da inteligência apropriados à conservação da vida, facultando-lhes os meios para tanto.*[253]
>
> *Tudo o que o homem necessita para manutenção da vida encontra-se na Terra. É admirável a previdência e a sabedoria divina, manifestada na Natureza, para*

o atendimento de todas as necessidades do homem, primitivo ou civilizado, em qualquer época. De um lado, todos os recursos naturais, ao alcance da criatura, na atmosfera, no solo, nas águas e nas entranhas da Terra; de outro, a necessidade do esforço, do trabalho, da aplicação da inteligência, da luta contra os elementos, para fruição dos meios de manutenção.[254]

É importante que o ser humano aprenda a estabelecer um limite entre o supérfluo e o necessário, evitando, na medida do possível, os apelos da sociedade de consumo. Sabemos, entretanto, que não é fácil a definição precisa deste limite, porque o processo civilizatório

> *[...] criou necessidades que o selvagem desconhece [...]. Tudo é relativo, cabendo à razão regrar as coisas. A civilização desenvolve o senso moral e, ao mesmo tempo, o sentimento de caridade, que leva os homens a se prestarem mútuo apoio. Os que vivem à custa das privações dos outros exploram, em seu proveito, os benefícios da civilização. Desta têm apenas o verniz, como muitos há que da religião só têm a máscara.*[255]

Compreendemos que

> *É natural o desejo do bem-estar. Deus só proíbe o abuso, por ser contrário à conservação. Ele não condena a procura do bem-estar, desde que não seja conseguido à custa de outrem e não venha a diminuir-vos nem as forças físicas, nem as forças morais.*[256]

Neste sentido, sempre há mérito quando se aprende a abrir mão do supérfluo,

> *[...] porque desprende da matéria o homem e lhe eleva a alma. Meritório é resistir à tentação que arrasta ao excesso ou ao gozo das coisas inúteis; é o homem tirar do que lhe é necessário para dar aos que carecem do bastante [...].*[257]

Segundo o Espírito Bezerra de Menezes,

> *O mundo está repleto de ouro.*
>
> *Ouro no solo. Ouro no mar. Ouro nos cofres.*
>
> *Mas o ouro não resolve o problema da miséria.*
>
> *O mundo está repleto de espaço.*
>
> *Espaço nos continentes. Espaço nas cidades. Espaço nos campos.*
>
> *Mas o espaço não resolve o problema da cobiça.*
>
> *O mundo está repleto de cultura.*
>
> *Cultura no ensino. Cultura na técnica. Cultura na opinião.*
>
> *Mas cultura da inteligência não resolve o problema do egoísmo.*
>
> *O mundo está repleto de teorias.*

Teorias na ciência. Teorias nas escolas filosóficas. Teorias nas religiões.

Mas as teorias não resolvem o problema do desespero.

O mundo está repleto de organizações.

Organizações administrativas. Organizações econômicas. Organizações sociais.

Mas as organizações não resolvem o problema do crime.[258]

Qual seria, pois, a solução para esse estado de coisas? Bezerra nos dá, evidentemente, a resposta correta:

> *Para extinguir a chaga da ignorância, que acalenta a miséria; para dissipar a sombra da cobiça, que gera a ilusão; para exterminar o monstro do egoísmo, que promove a guerra; para anular o verme do desespero, que promove a loucura, e para remover o charco do crime, que carreia o infortúnio, o único remédio eficiente é o Evangelho de Jesus no coração humano.*[259]

Ainda dentro desse contexto do que é supérfluo e do que é necessário à nossa existência, fazem-nos eco as seguintes ponderações de *Um Espírito protetor*, o qual, em mensagem ditada no ano de 1861, já dizia:

> *Quando considero a brevidade da vida, dolorosamente me impressiona a incessante preocupação de que é para vós objeto o bem-estar material, ao passo que tão pouca importância dais ao vosso aperfeiçoamento moral, a que pouco ou nenhum tempo consagrais e que, no entanto, é o que importa para a eternidade. Dir-se-ia, diante da atividade que desenvolveis, tratar-se de uma questão do mais alto interesse para a Humanidade, quando não se trata, na maioria dos casos, senão de vos pordes em condições de satisfazer a necessidades exageradas, à vaidade, ou de vos entregardes a excessos. Que de penas, de amofinações, de tormentos cada um se impõe; que de noites de insônia, para aumentar haveres muitas vezes mais que suficientes! Por cúmulo de cegueira, frequentemente se encontram pessoas escravizadas a penosos trabalhos pelo amor imoderado da riqueza e dos gozos que ela proporciona, a se vangloriarem de viver uma existência dita de sacrifício e de mérito – como se trabalhassem para os outros e não para si mesmas! Insensatos! Credes, então, realmente, que vos serão levados em conta os cuidados e os esforços que despendeis movidos pelo egoísmo, pela cupidez ou pelo orgulho, enquanto negligenciais do vosso futuro, bem como dos deveres que a solidariedade fraterna impõe a todos os que gozam das vantagens da vida social? Unicamente no vosso corpo haveis pensado; seu bem-estar, seus prazeres foram o objeto exclusivo da vossa solicitude egoística. Por ele, que morre, desprezastes o vosso Espírito, que viverá sempre. Por isso mesmo, esse senhor tão amimado e acariciado se tornou o vosso tirano; ele manda sobre o vosso Espírito, que se lhe constituiu escravo. Seria essa a finalidade da existência que Deus vos outorgou?*[260]

Aprendendo a estabelecer um limite entre o necessário e o supérfluo, não devemos temer o futuro, imaginando que iremos passar privações. Os Espíritos Superiores nos afirmam que

> *A Terra produzirá o suficiente para alimentar a todos os seus habitantes, quando os homens souberem administrar, segundo as leis de justiça, de caridade e de amor ao próximo, os bens que ela dá. Quando a fraternidade reinar entre os povos, como entre as províncias de um mesmo império, o momentâneo supérfluo de um suprirá a momentânea insuficiência do outro; e cada um terá o necessário. O rico, então, considerar-se-á como um que possui grande quantidade de sementes; se as espalhar, elas produzirão pelo cêntuplo para si e para os outros; se, entretanto, comer sozinho as sementes, se as desperdiçar e deixar se perca o excedente do que haja comido, nada produzirão, e não haverá o bastante para todos. Se as amontoar no seu celeiro, os vermes a devorarão. Daí o haver Jesus dito: "Não acumuleis tesouros na Terra, pois que são perecíveis; acumulai-os no Céu, onde são eternos". Em outros termos: não ligueis aos bens materiais mais importância do que aos espirituais e sabei sacrificar os primeiros aos segundos.*[261]

Considerando a importância da nossa felicidade espiritual, algo devemos fazer para educar os nossos impulsos consumistas, refreando o desejo de posse e de acúmulo de haveres. É necessário confiar mais na Providência Divina, aceitando a orientação segura de Jesus (*Mateus*, 6:25 a 34):

> *Por isso vos digo: Não vos preocupeis com a vossa vida, quanto ao que haveis de comer, ou o que haveis de beber, nem com o vosso corpo, quanto ao que haveis de vestir. Não é a vida mais do que o alimento e o corpo mais do que a roupa? Olhai as aves do céu: não semeiam, nem colhem, nem ajuntam em celeiros. E, no entanto, vosso Pai Celeste as alimenta. Ora, não valeis vós mais do que elas? Quem dentre vós, com as suas preocupações, pode acrescentar um côvado** à duração da sua vida? E com a roupa, por que andais preocupados? Aprendei dos lírios do campo, como crescem, e não trabalham e nem fiam. E, no entanto, eu vos asseguro que nem Salomão, em toda a sua glória, se vestiu como um deles. Ora, se Deus veste assim a erva do campo, que existe hoje e amanhã será lançada ao forno, não fará ela muito mais por vós, homens fracos na fé? Por isso, não andeis preocupados, dizendo: Que iremos comer? Ou, que iremos beber? Ou, que iremos vestir? De fato, são os gentios que estão à procura de tudo isso: o vosso Pai Celeste sabe que tendes necessidade de todas as coisas. Buscai, em primeiro lugar, o Reino de Deus e a sua justiça, e todas estas coisas vos serão acrescentadas. Não vos preocupeis, portanto, com o dia de amanhã, pois o dia de amanhã se preocupará consigo mesmo. A cada dia basta o seu mal.*[262]

Analisando essas orientações de Jesus, entendemos que um dos grandes problemas do ser humano, no que diz respeito à preocupação com o acúmulo de bens, é a insegurança.

> *A origem da insegurança está no fato de superestimarmos nossas necessidades essenciais. Pensamos demasiado em nós mesmos e vivemos tão angustiados, tão tensos, tão preocupados com pequenos problemas, a fermentarem em nossa mente*

** N.E.: Côvado: antiga medida de comprimento, fora de uso, igual a 66 centímetros.

por lhes darmos excessiva atenção, que não temos tempo para parar e pensar: em Deus, que alimenta à saciedade a ave humilde e veste de beleza incomparável a erva do campo, está o nosso apoio decisivo, nossa bênção mais autêntica, nosso futuro mais promissor, nossa felicidade verdadeira.

Poder-se-ia argumentar: se tudo esperarmos do Criador, estaremos condenados à indolência, causa geratriz de problemas mais sérios que a própria insegurança. Trata-se de um engano. O que Jesus pretende é que não guardemos temores em nosso coração, vendo em Deus a nossa previdência, o nosso apoio, a fim de que vivamos em paz.

Ao recomendar que busquemos, acima de tudo, o Reino de Deus, onde todos os nossos anseios serão realizados, estava longe de convidar-nos à inércia. Sendo o Reino um estado de consciência, uma espécie de limpar e pôr em ordem a casa mental, é evidente que não se trata de tarefa para o indolente, porquanto exige férrea disciplina interior, ingente trabalho de autorrenovação, exaustiva luta contra nossas tendências inferiores.

[...]

Para viver a mensagem evangélica, é preciso aproveitar a bênção do tempo, valorizando as oportunidades que chegam. A cada dia, explica o Mestre, bastam seus males. Quem se preocupa muito com o futuro, compromete o presente. Hoje é a nossa oportunidade mais autêntica de aprender e trabalhar, servir e edificar.[263]

Apresentamos, a seguir, algumas medidas que nos são sugeridas pelo Espírito André Luiz. São medidas que podem nos servir de roteiro para auxiliar a educação da nossa ânsia de consumo e de acúmulo de bens, de forma a investir com mais segurança no nosso crescimento espiritual:

[...] Não converta o próprio lar em museu.

Utensílio inútil em casa será utilidade na casa alheia.

O desapego começa das pequeninas coisas, e o objeto conservado, sem aplicação no recesso da moradia, explora os sentimentos do morador.

A verdadeira morte começa na estagnação.

Quem faz circular os empréstimos de Deus, renova o próprio caminho.

Transfigure os apetrechos, que lhe sejam inúteis, em forças vivas do bem.

Retire da despensa os gêneros alimentícios, que descansam esquecidos, para a distribuição fraterna aos companheiros de estômago atormentado.

Reviste o guarda-roupa, libertando os cabides das vestes que você não usa, conduzindo-as aos viajores desnudos da estrada.

Estenda os pares de sapatos, que lhe sobram, aos pés descalços que transitam em derredor.

Elimine do mobiliário as peças excedentes, aumentando a alegria das habitações menos felizes.

Revolva os guardados em gavetas ou porões, dando aplicação aos objetos parados de seu uso pessoal.

Transforme em patrimônio alheio os livros empoeirados que você não consulta, endereçando-os ao leitor sem recursos.

Examine a bolsa, dando um pouco mais que os simples compromissos da fraternidade, mostrando gratidão pelos acréscimos da Divina Misericórdia que você recebe.

[...]

Previna-se hoje contra o remorso amanhã. O excesso de nossa vida cria a necessidade do semelhante [...].[264]

REFERÊNCIAS

[253] SOUZA, Juvanir Borges de. *Tempo de transição*. 3. ed. Brasília: FEB, 2002. cap. 5 – *Necessário e supérfluo*, p. 50.

[254] _____. _____. p. 50 e 51.

[255] KARDEC, Allan. *O livro dos espíritos*. Trad. Guillon Ribeiro. 93. ed. 9.imp. (Edição Histórica). Brasília: FEB, 2019. Comentário de Kardec à q. 717.

[256] _____. _____.q. 719.

[257] _____. _____. q. 720-a.

[258] XAVIER, Francisco Cândido; VIEIRA, Waldo. *O espírito da verdade*. Por diversos Espíritos. 18. ed. 5. imp. Brasília: FEB, 2016. cap. 1 – *Problemas do mundo* (Bezerra de Menezes).

[259] _____. _____.

[260] KARDEC, Allan. *O evangelho segundo o espiritismo*. Trad. Guillon Ribeiro. 131. ed. 14. imp. (Edição Histórica). Brasília: FEB, 2019. cap. 16, it. 12.

[261] _____. _____. cap. 25, it. 8.

[262] BÍBLIA DE JERUSALÉM. Trad. Estevão Bettencourt; et al. São Paulo: Edições Paulinas, 1984. p. 33.

[263] SIMONETTI, Richard. *A voz do monte*. 10. ed. 3. imp. Brasília: FEB, 2020. cap. 30 – *A distância do reino*.

[264] XAVIER, Francisco Cândido; VIEIRA, Waldo. *O espírito da verdade*. Por diversos Espíritos. 18. ed. 5. imp. Brasília: FEB, 2016. cap. 2 – *Excesso e você* (André Luiz).

SIMPLIFICA

Clamas que o tempo está curto;
Contudo, o tempo replica:
– "Não me gastes sem proveito,
Simplifica, simplifica."

É muita conta a buscar-te...
Armazém, loja, botica...
Aprende a viver com pouco,
Simplifica, simplifica.

Incompreensões, chicotadas?
Calúnia, miséria, trica?
Não carregues fardo inútil,
Simplifica, simplifica.

Encontras no próprio lar
Parente que fere e implica?
Desculpa sem reclamar,
Simplifica, simplifica.

Se alguém te injuria em rosto,
Se te espanca ou sacrifica,
Olvida a loucura e segue...
Simplifica, simplifica.

Recebes dos mais amados
Ofensa que não se explica?
Esquece a lama da estrada,
Simplifica, simplifica.

Alegas duro cansaço,
Queres casa imensa e rica;
Foge disso enquanto é tempo,
Simplifica, simplifica.

Crês amparar a família
Pelo vintém que se estica?
Excesso cria ambição.
Simplifica, simplifica.

Dizes que o mundo é de pedra,
Que as provas chegam em bica;
Não deitas limão nos olhos,
Simplifica, simplifica.

Recorres, em pranto, ao Mestre,
Na luta que te complica,
E Jesus pede em silêncio:
Simplifica, simplifica.

CASIMIRO CUNHA

FONTE: XAVIER, Francisco Cândido; VIEIRA, Waldo. *Antologia dos imortais.* Diversos Espíritos. 4. ed. Brasília: FEB, 2002.

ROTEIRO 5

VALORIZAÇÃO E CONSERVAÇÃO DA VIDA

1   OBJETIVOS ESPECÍFICOS

» Refletir sobre a importância da vida à luz do Espiritismo.

» Analisar os recursos de valorização e de sustentação da vida pela Doutrina Espírita.

2   CONTEÚDO BÁSICO

» O estudo da Lei de Conservação leva a aprofundar considerações sobre a valorização e a sustentação da vida, sob o enfoque do Espiritismo. Sendo a conservação uma Lei Natural, claro está que, por ato instintivo, somos, em princípio, compelidos a buscar meios necessários à sobrevivência. Os ensinamentos espíritas, contudo, lançam-nos mais além. Passamos a compreender o valor de uma existência carnal dentro do processo de desenvolvimento do Espírito, assim como nossa responsabilidade, não só de aproveitá-la, quanto possível, dentro das características que nos são próprias, mas também de auxiliar nossos semelhantes a valorizá-la. Sentimo-nos, ainda, munidos de recursos indispensáveis para a sustentação da vida, sejam quais forem os obstáculos morais que venhamos a enfrentar no curso da existência.

3 SUGESTÕES DIDÁTICAS

3.1 SUGESTÃO 1:

Introdução

Apresentar a seguinte questão

» *Qual a importância da vida para o ser humano?*

Pedir aos participantes que, em duplas, discutam, sem consulta aos subsídios do Roteiro.

Ouvir as conclusões das dúvidas, comentando-as sucintamente.

Desenvolvimento

Em seguida, propor leitura silenciosa dos subsídios da apostila.

Após a leitura dos subsídios, propor uma reflexão circular:

» *Qual a conclusão acerca da importância da vida para o ser humano?*

» *Com relação à vida, como agir de acordo com a Lei Natural ou Divina?*

» *É possível falarmos em "mundo regenerado" vivendo o desrespeito às Leis Naturais?*

» *Que recursos a Doutrina Espírita apresenta para a valorização e sustentação da vida?* etc.

Nesse momento, o facilitador esclarece dúvidas e complementa informações enriquecendo a discussão.

Propor a seguinte reflexão individual (não há a necessidade de comentário):

Como valorizo a minha vida?

Conclusão

Fazer a integração do assunto, reforçando:

> [...] Possam todos os Espíritos sofredores compreender essa verdade, em vez de clamarem contra suas dores, contra os sofrimentos morais que neste mundo vos cabem em partilha. Tomai, pois, por divisa estas duas palavras: *devotamento* e *abnegação*, e sereis fortes, porque elas resumem todos os deveres que a caridade e a humildade vos impõe. O sentimento do dever cumprido vos dará repouso ao espírito e resignação. O coração bate então melhor, a alma se asserena e o

corpo se forra aos desfalecimentos, por isso que o corpo tanto menos forte se sente, quanto mais profundamente golpeado é o espírito – O Espírito de Verdade (Allan Kardec, *O evangelho segundo o espiritismo*, cap. 6, it. 8).

Avaliação

O estudo será considerado satisfatório se as ideias dos participantes refletirem entendimento do assunto.

Técnica(s): reflexão em duplas; leitura silenciosa; discussão circular.

Recurso(s): subsídios do Roteiro.

3.2 SUGESTÃO 2:

Introdução

Iniciar o estudo apresentando o tema, utilizando o conteúdo básico deste Roteiro.

Desenvolvimento

Fazer leitura compartilhada, com o grupo, do item 4.1 dos subsídios. Cuidar para que, na medida do possível, todo o grupo possa ler o texto e comentá-lo. Para que a compreensão do assunto seja ampla e pormenorizada, convém que a leitura seja feita paulatinamente. Se possível, que a leitura das passagens doutrinárias, incluídas no texto, seja feita no livro, a fim de proporcionar aos participantes contato direto com a literatura espírita. No decorrer da atividade, estimular todo o grupo a refletir sobre a importância da valorização da vida à luz do Espiritismo.

Em seguida, dividir os participantes em dois pequenos grupos, para a realização das seguintes tarefas:

Grupo 1

a) ler as duas mensagens de sustentação da vida incluídas no item 4.2, subitens 4.2.1 e 4.2.2 dos subsídios (ver diretamente no livro, se for possível): O suicídio e a loucura e A melancolia;

b) comentar: O suicídio e a loucura.

Grupo 2

a) ler as duas mensagens de sustentação da vida incluídas no item 4.2, subitens 4.2.1 e 4.2.2 dos subsídios (ver diretamente no livro, se possível): O suicídio e a loucura e A melancolia;

b) comentar: A melancolia.

Ao final do trabalho, pedir que cada pequeno grupo compartilhe com o outro os seus comentários. Estimular todo o grande grupo a discutir sobre os recursos de sustentação da vida, oferecidos pelo Espiritismo, tomando por base o conteúdo do item 4.2 dos subsídios.

Conclusão

Concluir o assunto, enfatizando a importância da valorização e sustentação da vida no contexto de nossa evolução espiritual.

Avaliação

O estudo será considerado satisfatório se as ideias dos participantes refletirem entendimento do assunto.

Técnica(s): leitura compartilhada; estudo de grupo; discussão circular.

Recurso(s): *O livro dos espíritos*; subsídios do Roteiro.

3.3 SUGESTÃO 3:

Vídeo (27:50') *Objetivos da vida*, disponível em:

http://bit.ly/3nYn94Z

4 SUBSÍDIOS

4.1 VALORIZAÇÃO DA VIDA

Allan Kardec em *O livro dos espíritos*, livro fundamental da Codificação Espírita, pergunta aos Espíritos Superiores sobre o primeiro de todos os direitos naturais do ser humano, obtendo a resposta seguinte: *"O de viver. Por isso é que ninguém tem o direito de atentar contra a vida de seu semelhante nem de fazer o que quer que possa comprometer-lhe a existência corporal".*[265]

Essa indagação leva a outra, contida na mesma obra. Kardec pede esclarecimentos aos Espíritos instrutores sobre a questão do assassínio, perguntando se este é considerado crime aos olhos de Deus. A resposta vem incisiva: "*Grande crime, pois aquele que tira a vida ao seu semelhante corta o fio de uma existência de expiação ou de missão. Aí é que está o mal*".[266]

Essa resposta dos Espíritos apresenta um foco singular, somente compreensível à luz dos ensinos espíritas. Com efeito, o mal em se tirar a vida do semelhante está na perda de sua oportunidade existencial, uma vez que a vida, propriamente considerada, não se lhe poderia retirar, por ser imperecível.

Dessa forma, sua existência física deve ser preservada para que se cumpra seu plano de reencarnação. Se, em virtude de nosso livre-arbítrio, lhe impusermos tal perda, ou mesmo se comprometermos essa existência de algum modo, estaremos infringindo a Lei Divina, submetendo-nos ao princípio da Lei de Causa e Efeito, com as consequências inevitáveis do nosso ato.

A mesma lógica transparece quando se trata da própria existência. Tudo aquilo que fizermos apressando o fim de nossa reencarnação será considerado, igualmente, um transgressão à Lei Divina.

Assim é que o homem não possui o direito de dispor de sua vida. Somente a Deus cabe esse direito. O suicídio é uma transgressão da Lei Natural.[267]

O *suicídio*, porém, não ocorre exclusivamente por ato voluntário; pode ser fruto de descuidos continuados em relação a nossa integridade física. É o que os Espíritos Superiores chamam de *suicídio moral*, Kardec indaga:

> *Comete suicídio o homem que perece vítima de paixões que ele sabia lhe haviam de apressar o fim, porém a que já não podia resistir, por havê-las o hábito mudado em verdadeiras necessidades físicas?*
>
> "É um suicídio moral. Não percebeis que, nesse caso, o homem é duplamente culpado? Há nele então falta de coragem, e bestialidade, acrescidas do esquecimento de Deus".[268]

A propósito do suicídio moral, extraímos do livro *Nosso lar* algumas explicações do ministro Clarêncio, dadas a André Luiz, a respeito do comportamento suicida deste último:

> *– Vejamos a zona intestinal – disse. – A oclusão derivava de elementos cancerosos, e estes, por sua vez, de algumas leviandades do meu estimado irmão, no campo da sífilis. A moléstia talvez não assumisse características tão graves se o seu procedimento mental no planeta estivesse enquadrado nos princípios da fraternidade e da temperança. Entretanto, seu modo especial de conviver, muita vez exasperado e sombrio, captava destruidoras vibrações naqueles que o ouviam. Nunca imaginou que a cólera fosse manancial de forças negativas*

> *para nós mesmos? A ausência do autodomínio, a inadvertência no trato com os semelhantes, aos quais muitas vezes ofendeu sem refletir, conduziam-no frequentemente à esfera dos seres doentes e inferiores. Tal situação agravou de muito o seu estado físico. [...]*
>
> *– Já observou, meu amigo, que seu fígado foi maltratado pela sua própria ação; que seus rins foram esquecidos, com terrível menosprezo às dádivas sagradas?*
>
> *[...]*
>
> *– Os órgãos do corpo somático possuem incalculáveis reservas, segundo os desígnios do Senhor. O meu amigo, no entanto, iludiu excelentes oportunidades, desperdiçando patrimônios preciosos da experiência física. [...] Todo o aparelho gástrico foi destruído à custa de excessos de alimentação e bebidas alcoólicas, aparentemente sem importância. Devorou-lhe a sífilis energias essenciais. Como vê, o suicídio é incontestável.*[269]

Os cuidados com a existência física emergem, de igual modo, da orientação dos instrutores espirituais acerca da pena de morte. Dizem esses que tal penalidade desaparecerá da legislação de todos os povos e que sua supressão assinalará um avanço para a Humanidade.[270] E acrescentam: "Há outros meios de ele [o ser humano] se preservar do perigo, que não matando. Ademais, é preciso abrir e não fechar ao criminoso a porta do arrependimento".[271]

O mesmo sentido de preservação da existência, para que o ser humano consiga realizar sua programação de ascensão espiritual, se evidencia pela forma como a Espiritualidade Superior toca a questão do aborto.

Kardec pergunta:

> *Constitui crime a provocação do aborto, em qualquer período da gestação?*
>
> "Há crime sempre que transgredis a Lei de Deus. Uma mãe, ou quem quer que seja, cometerá crime sempre que tirar a vida a uma criança antes do seu nascimento, por isso que impede uma alma de passar pelas provas a que serviria de instrumento o corpo que se estava formando".[272]

Dentre os casos de atentados contra a Lei de Conservação, um deles, entretanto, pode apresentar-se com feição amorável. Referimo-nos à tentativa de abreviar a existência física de alguém, quando essa existência atinge um estágio desesperador, sem que haja qualquer esperança de recuperação.

> Um homem está agonizante, presa de cruéis sofrimentos. Sabe-se que seu estado é desesperador. Será lícito pouparem-se-lhe alguns instantes de angústias, apressando-se-lhe o fim?
>
> *Quem vos daria o direito de prejulgar os desígnios de Deus? Não pode Ele conduzir o homem até à borda do fosso, para daí o retirar, a fim de fazê-lo voltar a*

si e alimentar ideias diversas das que tinha? Ainda que haja chegado ao último extremo um moribundo, ninguém pode afirmar com segurança que lhe haja soado a hora derradeira. A Ciência não se terá enganado nunca em suas previsões?

Sei bem haver casos que se pode, com razão, considerar desesperadores; mas, se não há nenhuma esperança fundada de um regresso definitivo à vida e à saúde, existe a possibilidade, atestada por inúmeros exemplos, de o doente, no momento mesmo de exalar o último suspiro, reanimar-se e recobrar por alguns instantes as faculdades! Pois bem: essa hora de graça, que lhe é concedida, pode ser-lhe de grande importância. Desconheceis as reflexões que seu Espírito poderá fazer nas convulsões da agonia e quantos tormentos lhe pode poupar um relâmpago de arrependimento.

O materialista, que apenas vê o corpo e em nenhuma conta tem a alma, é inapto a compreender essas coisas; o espírita, porém, que já sabe o que se passa no Além-Túmulo, conhece o valor de um último pensamento. Minorai os derradeiros sofrimentos, quanto puderdes; mas, guardai-vos de abreviar a vida, ainda que de um minuto, porque esse minuto pode evitar muitas lágrimas no futuro. – São Luís (Paris, 1860).[273]

O estudo dessas questões, à luz dos ensinamentos espíritas, ajuda-nos a compreender a real dimensão da vida na Terra, levando-nos a valorizá-la, por necessidade evolutiva. Com efeito, a existência física é uma Bênção Divina, oportunidade única de expiação e resgate, de provas e missões, tudo isso convergindo para o destino que nos foi traçado pelo Criador: a perfeição espiritual.

4.2 OS RECURSOS DO ESPIRITISMO

O Espiritismo, a par dos esclarecimentos que levam à valorização da vida, acima vistos, oferece-nos recursos valiosos para sua sustentação em face das provações. Esses recursos revelam-se sob a forma de ensinamentos, que nos auxiliam a adquirir uma fé fundamentada no raciocínio e na lógica. Despertando-nos para a compreensão da Justiça Divina, sensibilizando-nos para que sejamos gratos a Deus, pelo benefício da vida e pela faculdade de amar, ele, o Espiritismo, nos habilita ao enfrentamento de todas as dores ou desafios, ainda que se nos apresentem superlativos ou arrasadores ante a vontade enfraquecida. Passamos, assim, a adquirir a precisa coragem de não desistir diante do obstáculo, mas a prosseguir um pouco mais, confiantes na Providência Divina, a qual jamais deixa de socorrer o peregrino de boa vontade.

A título de ilustração, vejam-se duas passagens de *O evangelho segundo o espiritismo*, de grande alento para todo aquele que se sente enfraquecido diante dos grandes dissabores da existência. São pontos específicos de contribuição da Doutrina Espírita para a sustentação da vida, pelo fortalecimento da vontade e pela manutenção da fé.

4.2.1 Mensagens de sustentação da vida
» O suicídio e a loucura

14. *A calma e a resignação hauridas da maneira de considerar a vida terrestre e da confiança no futuro dão ao espírito uma serenidade que é o melhor preservativo contra a loucura e o suicídio. Com efeito, é certo que a maioria dos casos de loucura se deve à comoção produzida pelas vicissitudes que o homem não tem a coragem de suportar. Ora, se encarando as coisas deste mundo da maneira por que o Espiritismo faz que ele as considere, o homem recebe com indiferença, mesmo com alegria, os reveses e as decepções que o houveram desesperado noutras circunstâncias, evidente se torna que essa força, que o coloca acima dos acontecimentos, lhe preserva de abalo a razão, os quais, se não fora isso, a conturbariam.*

15. *O mesmo ocorre com o suicídio. Postos de lado os que se dão em estado de embriaguez e de loucura, aos quais se pode chamar de inconscientes, é incontestável que tem ele sempre por causa um descontentamento, quaisquer que sejam os motivos particulares que se lhe apontem. Ora, aquele que está certo de que só é desventurado por um dia e que melhores serão os dias que hão de vir, enche-se facilmente de paciência. Só se desespera quando nenhum termo divisa para os seus sofrimentos. E que é a vida humana, com relação à eternidade, senão bem menos de um dia? Mas para o que não crê na eternidade e julga que com a vida tudo se acaba, se os infortúnios e as aflições o acabrunham, unicamente na morte vê uma solução para as suas amarguras. Nada esperando, acha natural, muito lógico mesmo, abreviar pelo suicídio, as suas misérias.*

16. *A incredulidade, a simples dúvida sobre o futuro, as ideias materialistas, numa palavra, são os maiores incitantes ao suicídio; ocasionam a covardia moral. Quando homens de ciência, apoiados na autoridade do seu saber, se esforçam por provar aos que os ouvem ou leem que estes nada têm a esperar depois da morte, não estão de fato levando-os a deduzir que, se são desgraçados, coisa melhor não lhes resta senão se matarem? Que lhes poderiam dizer para desviá-los dessa consequência? Que compensação lhes podem oferecer? Que esperança lhes podem dar? Nenhuma, a não ser o nada. Daí se deve concluir que, se o nada é o único remédio heroico, a única perspectiva, mais vale buscá-lo imediatamente e não mais tarde, para sofrer por menos tempo.*

A propagação das ideias materialistas é, pois, o veneno que inocula a ideia do suicídio na maioria dos que se suicidam, e os que se constituem apóstolos de semelhantes doutrinas assumem tremenda responsabilidade. Com o Espiritismo, tornada impossível a dúvida, muda o aspecto da vida. O crente sabe que a existência se propaga indefinidamente para lá do túmulo, mas em condições muito diversas; donde a paciência e a resignação que o afastam muito naturalmente de pensar no suicídio; donde, em suma, a coragem moral.

17. O Espiritismo ainda produz, sob esse aspecto, outro resultado igualmente positivo e talvez mais decisivo. Apresenta-nos os próprios suicidas a informar--nos da situação desgraçada em que se encontram e a provar que ninguém viola impunemente a Lei de Deus, que proíbe ao homem encurtar a sua vida. Entre os suicidas, alguns há cujos sofrimentos, nem por serem temporários e não eternos, não são menos terríveis e de natureza a fazer refletir os que porventura pensam em daqui sair, antes que Deus o haja ordenado. O espírita tem, assim, vários motivos a contrapor à ideia do suicídio: a certeza de uma vida futura, em que, sabe-o ele, será tanto mais ditoso, quanto mais inditoso e resignado haja sido na Terra; a certeza de que, abreviando seus dias, chega, precisamente, a resultado oposto ao que esperava; que se liberta de um mal, para incorrer num mal pior, mais longo e mais terrível; que se engana, imaginando que, com o matar-se, vai mais depressa para o céu; que o suicídio é um obstáculo a que no outro mundo ele se reúna aos que foram objeto de suas afeições e aos quais esperava encontrar; donde a consequência de que o suicídio, só lhe trazendo decepções, é contrário aos seus próprios interesses. Por isso mesmo, considerável já é o número dos que têm sido, pelo Espiritismo, obstados de suicidar-se, podendo daí concluir-se que, quando todos os homens forem espíritas [isto é, aceitarem as ideias espíritas], deixará de haver suicídios conscientes [...].[274]

» A melancolia

25. Sabeis por que, às vezes, uma vaga tristeza se apodera dos vossos corações e vos leva a considerar amarga a vida? É que vosso Espírito, aspirando à felicidade e à liberdade, se esgota, jungido ao corpo que lhe serve de prisão, em vão esforços para sair dele. Reconhecendo inúteis esses esforços, cai no desânimo e, como o corpo lhe sofre a influência, toma-vos a lassidão, o abatimento, uma espécie de apatia, e vos julgais infelizes.

Crede-me, resisti com energia a essas impressões que vos enfraquecem a vontade. São inatas no espírito de todos os homens as aspirações por uma vida melhor; mas, não a busqueis neste mundo e, agora, quando Deus vos envia os Espíritos que lhe pertencem, para vos instruírem acerca da felicidade que Ele vos reserva, aguardai pacientemente o anjo da libertação, para vos ajudar a romper os liames que vos mantêm cativo o Espírito. Lembrai-vos de que, durante o vosso degredo na Terra, tendes de desempenhar uma missão de que não suspeitais, quer dedicando-vos à vossa família, quer cumprindo as diversas obrigações que Deus vos confiou. Se, no curso desse degredo–provação, exonerando-vos dos vossos encargos, sobre vós desabarem os cuidados, as inquietações e tribulações, sede fortes e corajosos para os suportar. Afrontai-os resolutos. Duram pouco e vos conduzirão à companhia dos amigos por quem chorais e que, jubilosos por ver-vos de novo entre eles, vos estenderão os braços, a fim de guiar-vos a uma região inacessível às aflições da Terra. – FRANÇOIS DE GENÈVE (Bordeaux).[275]

» Instruções dos Espíritos – Advento do Espírito de Verdade

7. Sou o grande médico das almas e venho trazer-vos o remédio que vos há de curar. Os fracos, os sofredores e os enfermos são os meus filhos prediletos. Venho salvá-los. Vinde, pois, a mim, vós que sofreis e vos achais oprimidos, e sereis aliviados e consolados. Não busqueis alhures a força e a consolação, pois que o mundo é impotente para dá-las. [...] Extirpados sejam de vossas almas doloridas a impiedade, a mentira, o erro, a incredulidade. São monstros que sugam o vosso mais puro sangue e que vos abrem chagas quase sempre mortais. Que, no futuro, humildes e submissos ao Criador, pratiqueis a sua Lei Divina. Amai e orai; sede dóceis aos Espíritos do Senhor; invocai-o do fundo de vossos corações. Ele, então, vos enviará o seu Filho bem-amado, para vos instruir e dizer estas boas palavras: "Eis-me aqui; venho até vós, porque me chamastes." – O Espírito de Verdade *(Bordeaux, 1861).*

8. Deus consola os humildes e dá força aos aflitos que lha pedem. Seu poder cobre a Terra e, por toda a parte, junto de cada lágrima colocou Ele um bálsamo que consola. A abnegação e o devotamento são uma prece contínua e encerram um ensinamento profundo. [...] Possam todos os Espíritos sofredores compreender essa verdade, em vez de clamarem contra suas dores, contra os sofrimentos morais que neste mundo vos cabem em partilha. Tomai, pois, por divisa estas duas palavras: devotamento e abnegação, e sereis fortes, porque elas resumem todos os deveres que a caridade e a humildade vos impõe. O sentimento do dever cumprido vos dará repouso ao espírito e resignação. O coração bate então melhor, a alma se asserena e o corpo se forra aos desfalecimentos, por isso que o corpo tanto menos forte se sente, quanto mais profundamente golpeado é o espírito. – O Espírito de Verdade *(Havre, 1863).*[276]

Como se vê, os ensinos do Espiritismo possuem fortes argumentos em prol da valorização e sustentação da vida, em quaisquer circunstâncias, ainda que ideias, inspiradas pelas doutrinas materialistas e por nossa própria fraqueza se apresentem, insidiosas, conduzindo-nos ao desrespeito pela existência física. E isso porque somente a Doutrina Espírita tem o preciso embasamento filosófico e científico para explicar a razão da vida e inspirar-nos a necessária coragem à frente do infortúnio.

REFERÊNCIAS

[265] KARDEC, Allan. *O livro dos espíritos.* Trad. Guillon Ribeiro. 93. ed. 9. imp. (Edição Histórica) Brasília: FEB, 2019. q. 880.

[266] _____. _____. q. 746.

[267] _____. _____. q. 944.

[268] _____. _____. q. 952.

269 XAVIER, Francisco Cândido. *Nosso lar*. Pelo Espírito André Luiz. 64. ed. 15. imp. Brasília: FEB, 2020. cap. 4 – *O médico espiritual*.
270 KARDEC, Allan. *O livro dos espíritos*. Trad. Guillon Ribeiro. 93. ed. 9. imp. (Edição Histórica) Brasília: FEB, 2019, q. 760.
271 _____. _____. q. 761.
272 _____. _____. q. 358.
273 _____. *O evangelho segundo o espiritismo*. Trad. Guillon Ribeiro. 131. ed. 14. imp. (Edição Histórica). Brasília: FEB, 2019. cap. 5, it. 28.
274 _____. _____. its. 14 a 17.
275 _____. _____. it. 25.
276 _____. _____. cap. 6, its. 7 e 8.

PROGRAMA FUNDAMENTAL

MÓDULO XV
Lei de Igualdade

OBJETIVO GERAL

Possibilitar entendimento da Lei de Igualdade e das desigualdades existentes entre os homens.

"[...] Amarás o teu próximo como a ti mesmo." – Jesus (*Mateus*, 22:39).

ROTEIRO 1

IGUALDADE NATURAL E DESIGUALDADE DE APTIDÕES

1   OBJETIVOS ESPECÍFICOS

» Refletir sobre a Lei de Igualdade.

» Analisar a questão da desigualdade de aptidões, segundo a Doutrina Espírita.

2   CONTEÚDO BÁSICO

» *Todos os homens estão submetidos às mesmas Leis da Natureza. Todos nascem igualmente fracos, acham-se sujeitos às mesmas dores e o corpo do rico se destrói como o do pobre. Deus a nenhum homem concedeu superioridade natural, nem pelo nascimento, nem pela morte: todos, aos seus olhos, são iguais* (Allan Kardec, O livro dos espíritos, comentário de Kardec à q. 803).

» *Por que não outorgou Deus as mesmas aptidões a todos os homens?* "Deus criou iguais todos os Espíritos, mas cada um destes vive há mais ou menos tempo, e, conseguintemente, tem feito maior ou menor soma de aquisições. A diferença entre eles está na diversidade dos graus da experiência alcançada e da vontade com que obram, vontade que é o livre-arbítrio. Daí o se aperfeiçoarem uns mais rapidamente do que outros, o que lhes dá aptidões diversas. Necessária é a variedade das aptidões, a fim de que cada um possa concorrer para a execução dos desígnios da Providência, no limite do desenvolvimento de suas forças físicas e intelectuais. O que um não faz, fá-lo outro. Assim é que cada qual tem seu papel útil a desempenhar. Ademais, sendo *solidários entre si todos os mundos*, necessário se torna que os habitantes dos mundos superiores, que, na sua maioria, foram criados antes do vosso, venham habitá-lo, para vos dar o exemplo." (Allan Kardec, *O livro dos espíritos*, q. 804).

3 SUGESTÕES DIDÁTICAS

3.1 SUGESTÃO 1:

Introdução

Introduzir o assunto fazendo a seguinte pergunta

» *Todos nós somos iguais? Por quê?*

Ouvir as respostas, comentando-as rapidamente.

Desenvolvimento

Expor o tema, resumindo o conteúdo dos subsídios deste Roteiro. Para dinamizar esta explanação, sugerimos o seguinte:

1) utilizar projeções ou cartazes;

2) fazer perguntas aos participantes, de modo que os objetivos sejam contemplados;

3) comentar as respostas, inserindo-as no contexto do assunto;

4) citar exemplos que ilustrem as diferentes aptidões humanas, explicando como elas podem concorrer para a execução dos desígnios da Providência Divina.

Pedir, então, aos participantes que formem um semicírculo, para que, um a um, responda, oralmente, à seguinte pergunta:

» *Como a desigualdade de aptidões pode concorrer para o progresso moral dos homens?*

Registrar as respostas, resumidamente, em folhas de cartolina/papel pardo, ou no próprio quadro de giz.

Observação: Durante a sessão de respostas, é desejável que cada um contribua para a resolução da questão apresentada. Caso o participante não tenha uma ideia naquele momento, o próximo colega do grupo deve emitir a sua, e assim sucessivamente.

Conclusão

Encerrar o estudo, analisando, com a turma, as contribuições registradas, aprimorando as respostas, e prestando os esclarecimentos cabíveis.

Avaliação

O estudo será considerado satisfatório se o grupo participar ativamente da exposição e responder corretamente as perguntas propostas.

Técnica(s): explosão de ideias; exposição; discussão circular adaptada.

Recurso(s): projeção/cartazes/quadro de giz; pincel atômico/caneta hidrográfica; cartolina/papel pardo.

3.2 SUGESTÃO 2:

Introdução

Iniciar o estudo com a seguinte pergunta

Todos nós somos iguais?

Ouvir o comentário participando e estimulando a grupo nas reflexões compartilhadas.

Desenvolvimento

Dividir os participantes em quatro grupos:

Grupos 1 e 2: Fazer a leitura e breves comentários das questões 803 a 805 de *O livro dos espíritos*.

Grupos 3 e 4: Fazer a leitura e breves comentários dos subsídios do Roteiro (tempo de até 15 minutos).

Após a atividade acima, os grupos fazem um breve resumo de pontos importantes, e, em seguida, os participantes dos Grupos 1 e 2 fazem perguntas aos participantes dos Grupos 3 e 4 e vice-versa.

O facilitador pode iniciar as reflexões fazendo uma pergunta para todos, passando a palavra aos grupos para iniciarem seus comentários:

» *O que a Doutrina Espírita esclarece acerca da Lei de igualdade e da desigualdade das aptidões?*

Nesse momento, o facilitador esclarece dúvidas e complementa informações enriquecendo a reflexão de acordo com as questões de *O livro dos espíritos* e os subsídios do Roteiro.

A reflexão pode ser aprofundada com a apresentação das seguintes questões:

» *Podemos contribuir na melhoria de alguma atividade? Como?*

» *Minhas aptidões podem ser úteis à Humanidade? À sociedade? Em meu trabalho? Em meu lar?*

» *Como deve ser a sociedade que cumpre a Lei Natural de Igualdade?*

Propor a seguinte reflexão individual (não há a necessidade de comentário):

Como tenho aproveitado minha reencarnação?

Conclusão

Fazer o fechamento com a leitura do texto:

> Todos os homens estão submetidos às mesmas Leis da Natureza. Todos nascem igualmente fracos, acham-se sujeitos às mesmas dores e o corpo do rico se destrói como o do pobre. Deus a nenhum homem concedeu superioridade natural, nem pelo nascimento, nem pela morte: todos, aos seus olhos, são iguais. (Allan Kardec, *O livro dos espíritos*, comentário de Kardec à q. 803).

Avaliação

O estudo será considerado satisfatório se as ideias dos participantes refletirem entendimento do assunto.

Técnica(s): explosão de ideias; leitura silenciosa; discussão circular.

Recurso(s): *O livro dos espíritos*; subsídios do Roteiro.

3.3 SUGESTÃO 3:

Introdução

Iniciar o estudo fazendo a leitura da poesia *Onde estiveres*, Auta de Souza (ver Anexo desse Roteiro).

Sugestão de vídeo para conclusão do estudo do tema: *A caminho da luz* – Haroldo Dutra Dias (59:06), disponível em:

https://bit.ly/2IeqjTd

Sugestão para aprofundar as reflexões:

» *Como analisar a nossa trajetória existencial?*

» *Qual a relação do assunto trazido no vídeo com a Lei de Igualdade?*

» *Auxiliar a Humanidade, melhora minha situação espiritual?*

» *Comente: Respeito às diferenças, regra para convivência em paz. etc.*

Conclusão

Fazer a leitura do mandamento de Jesus: "[...] Amarás o teu próximo como a ti mesmo." (*Mateus*, 22:39).

3.4 SUGESTÃO 4

Introdução

Apresentar o texto a ser estudado, destacando que é de lavra de Allan Kardec, elaborar a fonte das referências, inserir a data do texto (1862) e a proposta de emancipação da mulher, antecipando aos movimentos sociais atuais, realizando ainda comentários sobre o tema.

Desenvolvimento

Dividir os participantes em minigrupos, solicitando que procedam a leitura do texto retirado do livro *Viagem espírita de 1862*, capítulo *Instruções Particulares dadas nos Grupos em Resposta a algumas das Questões Propostas*, item 10 "Sobre a formação de grupos e sociedades espíritas", no qual o Codificador aborda a questão da emancipação da mulher no Espiritismo, procedendo-se o debate.

> Excluir as mulheres seria injuriar sua capacidade de julgamento que, seja dito sem lisonja, muitas vezes leva vantagem sobre a de certos homens e até mesmo sobre a de alguns críticos ilustres. Sua presença exige uma observação mais rigorosa das leis de urbanidade e interdita o desleixo comum às reuniões compostas exclusivamente de homens. Além disso, por que privá-las da influência moralizadora do Espiritismo? A mulher sinceramente espírita só poderá ser uma boa filha, boa esposa e boa mãe de família; por sua própria posição, muitas vezes tem mais necessidade do que qualquer outra pessoa das sublimes consolações; será mais forte e mais resignada nas provas da vida. Aliás, não se sabe que os Espíritos só têm sexo para a encarnação? Se a igualdade dos direitos da mulher deve ser reconhecida em alguma parte, seguramente deve ser entre os espíritas, e a propagação do Espiritismo apressará, infalivelmente, a abolição dos privilégios que o homem a si mesmo concedeu pelo direito do mais forte. O advento do Espiritismo marcará a era da emancipação legal da mulher. (Trad. Evandro Noleto Bezerra. FEB Editora.)

Na sequência, os integrantes retornam à formação inicial, propondo o facilitador que se inicie a exposição de ideias dos minigrupos, na forma de debates, intervindo o facilitador, quando necessário, para assegurar o seu bom andamento.

Conclusão

Finalizar o encontro ressaltando que as desigualdades sociais mitigaram com o progresso moral da Humanidade.

Avaliação

O estudo será considerado satisfatório com a participação dos integrantes, assim como com o entendimento sobre as desigualdades sociais e a igualdade de direitos entre homem e mulher.

Atividade extrarreunião de preparação para o próximo encontro de estudo – Sugestão 2:

» Esta atividade pode ser proposta para dois grupos, ou pesquisa livre para todos:

Grupo 1 – Fazer o estudo dos subsídios, do Roteiro 2 – Módulo XIV, do Roteiro em estudo e das questões 817 a 822 de *O livro dos espíritos*. Com base no conceito espírita, pesquisar sobre igualdade dos direitos do homem e da mulher. Como o mundo, ou o nosso país trata os direitos de homens e mulheres?

Grupo 2 – Fazer o estudo dos subsídios, do Roteiro 2 – Módulo XIV, do Roteiro em estudo e das questões 806 a 807 de *O livro dos espíritos*. Com base no conceito espírita, pesquisar sobre desigualdades sociais.

Observação 1: Lembramos que a pesquisa deve ser restrita aos aspectos morais e materiais das situações apresentadas.

Observação 2: O facilitador deverá acompanhar as pesquisas, orientando-os e direcionando-os para reflexões espíritas, não partidárias.

4 SUBSÍDIOS

De acordo com a Doutrina Espírita todos os homens são iguais, uma vez que "[...] *tendem para o mesmo fim e Deus fez suas leis para todos* [...]".[277] Assim é que, criando os Espíritos simples e ignorantes,[278] possibilitou-lhes Deus que, na condição de homens, por meio de múltiplas existências corporais, atingissem a perfeição,[279] submetendo-se a leis "[...] *apropriadas à natureza de cada mundo e adequadas ao grau de progresso dos seres que os habitam*".[280]

Dessa forma, na Terra,

> Todos *os homens estão submetidos às mesmas Leis da Natureza. Todos nascem igualmente fracos, acham-se sujeitos às mesmas dores e o corpo do rico se destrói como o do pobre. Deus a nenhum homem concedeu superioridade natural, nem pelo nascimento, nem pela morte: todos, aos seus olhos, são iguais.*[281]

Muito embora a existência de igualdade entre os homens, não têm eles as mesmas aptidões. Isto porque, como ensinam os Espíritos Superiores,

> *Deus criou iguais todos os Espíritos, mas cada um destes vive há mais ou menos tempo, e, conseguintemente, tem feito maior ou menor soma de aquisições. A diferença entre eles está na diversidade dos graus da experiência alcançada e da vontade com que obram, vontade que é o livre-arbítrio. Daí o se aperfeiçoarem uns mais rapidamente do que outros, o que lhes dá aptidões diversas [...].*[282]

Nesse contexto, convém se ressalve que, por vezes, mesmo possuindo determinada aptidão, em virtude do progresso alcançado, esta

> *[...] pode permanecer adormecida durante uma existência, por querer o Espírito exercitar outra, que nenhuma relação tem com aquela. Esta, então, fica em estado latente, para reaparecer mais tarde.*[283]

> *[...] Necessária é a variedade das aptidões, a fim de que cada um possa concorrer para a execução dos desígnios da Providência, no limite do desenvolvimento de suas forças físicas e intelectuais. O que um não faz, fá-lo outro. Assim é que cada qual tem seu papel útil a desempenhar [...].*[284]

Portanto, o homem, à medida que progride, torna-se, segundo os desígnios de Deus, colaborador na obra da Criação.[285]

> *[...] Ademais, sendo solidários entre si todos os mundos, necessário se torna que os habitantes dos mundos superiores, que, na sua maioria, foram criados antes do vosso, venham habitá-lo, para vos dar o exemplo.*[286]

Essa passagem dos Espíritos de um mundo superior para um outro inferior, porém, não afeta as faculdades por eles adquiridas, uma vez que "[...] *o Espírito que progrediu não retrocede* [...]".[287] A vinda desses Espíritos de mundos superiores para a Terra pode dar-se de forma individual ou coletiva. Individualmente, podem ser identificados, através dos tempos, como os grandes líderes da Humanidade, em todas as áreas do conhecimento, embora nem todos tenham atingido altos níveis de progresso moral. Coletivamente, entretanto, conforme instruções recebidas do Plano Espiritual, vieram para a Terra, nos primórdios do planeta,

> *[...] que deu origem à raça simbolizada na pessoa de Adão e, por essa razão mesma, chamada* raça adâmica. *Quando ela aqui chegou, a Terra já estava povoada desde tempos imemoriais,* como a América, quando aí chegaram os europeus.

> *Mais adiantada do que as que a tinham precedido neste planeta, a raça adâmica é, com efeito, a mais inteligente, a que impele ao progresso todas as outras [...].*[288]

Ela se mostra, "[...] *desde os seus primórdios, industriosa, apta às artes e às ciências, sem haver passado aqui pela infância espiritual, o que não se dá com as raças primitivas* [...]".[289] Esse fato demonstra "[...] *que ela* [a raça adâmica] *se compunha de Espíritos que já tinham progredido bastante* [...]".[290]

A propósito, registra Emmanuel:

> *Há muitos milênios, um dos orbes da Capela* [grande estrela da constelação do Cocheiro], *que guarda muitas afinidades com o globo terrestre, atingira a culminância de um dos seus extraordinários ciclos evolutivos.*
>
> *As lutas finais de um longo aperfeiçoamento estavam delineadas, como ora acontece convosco, relativamente às transições esperadas no século XX, neste crepúsculo de civilização.*
>
> *Alguns milhões de Espíritos rebeldes lá existiam, no caminho da evolução geral, dificultando a consolidação das penosas conquistas daqueles povos cheios de piedade e virtudes, mas uma ação de saneamento geral os alijaria daquela humanidade, que fizera jus à concórdia perpétua, para a edificação dos seus elevados trabalhos.*
>
> *As grandes comunidades espirituais, diretoras do Cosmo, deliberam, então, localizar aquelas entidades, que se tornaram pertinazes no crime, aqui na Terra longínqua, onde aprenderiam a realizar, na dor e nos trabalhos penosos do seu ambiente, as grandes conquistas do coração e impulsionando, simultaneamente, o progresso dos seus irmãos inferiores.*[291]

Assim, pode-se dizer que

> *[...] a diversidade das aptidões entre os homens não deriva da natureza íntima da sua criação, mas do grau de aperfeiçoamento a que tenham chegado os Espíritos encarnados neles. Deus, portanto, não criou faculdades desiguais; permitiu, porém, que os Espíritos em graus diversos de desenvolvimento estivessem em contato, para que os mais adiantados pudessem auxiliar o progresso dos mais atrasados e também para que os homens, necessitando uns dos outros, compreendessem a Lei de Caridade que os deve unir.*[292]

Esses ensinamentos revelam que

> *– A concepção igualitária absoluta é um erro grave dos sociólogos, em qualquer departamento da vida. A tirania política poderá tentar uma imposição nesse sentido, mas não passará das espetaculosas uniformizações simbólicas para efeitos exteriores, porquanto o verdadeiro valor de um homem está no seu íntimo, onde cada Espírito tem sua posição definida pelo próprio esforço.*[293]

"A harmonia do mundo não virá por decretos, nem de parlamentos que caracterizam sua ação por uma força excessivamente passageira [...]".[294] Temos observado a desilusão de muitos estadistas e condutores de multidões que propugnam bem-estar social, por processos mecânicos de aplicação, sem atender à iluminação espiritual dos indivíduos.

> *[...] sonharam com a igualdade irrestrita das criaturas, sem compreender que, recebendo os mesmos direitos de trabalho e de aquisição perante Deus, os homens, por suas próprias ações, são profundamente desiguais entre si, em inteligência, virtude, compreensão e moralidade.*[295]

Sabemos que

> [...] existe uma igualdade absoluta de direitos dos homens perante Deus, que concede a todos os seus filhos uma oportunidade igual nos tesouros inapreciáveis do tempo. Esses direitos são os da conquista da sabedoria e do amor, através da vida, pelo cumprimento do sagrado dever do trabalho e do esforço individual. Eis por que cada criatura terá o seu mapa de méritos nas sendas evolutivas, constituindo essa situação, nas lutas planetárias, uma grandiosa escala progressiva em matéria de raciocínios e sentimentos, em que se elevará naturalmente todo aquele que mobilizar as possibilidades concedidas à sua existência para o trabalho edificante na iluminação de si mesmo, nas sagradas expressões do esforço individual.[296]

REFERÊNCIAS

[277] KARDEC, Allan. *O livro dos espíritos*. Trad. Guillon Ribeiro. 93. ed. 9. imp. (Edição Histórica). Brasília: FEB, 2019. q. 803.

[278] _____. _____. q. 115.

[279] _____. _____. q. 132.

[280] _____. _____. q. 618.

[281] _____. _____. q. 803.

[282] _____. _____. q. 804.

[283] _____. _____. q. 220.

[284] _____. _____. q. 804.

[285] _____. _____. q. 132.

[286] _____. _____. q. 804.

[287] _____. _____. q. 805.

[288] _____. *A gênese*. Trad. Guillon Ribeiro. 53. ed. 9. imp. (Edição Histórica). Brasília: FEB, 2020. cap. 11, it. 38.

[289] _____. _____.

[290] _____. _____.

[291] XAVIER, Francisco Cândido. *A caminho da luz*. Pelo Espírito Emmanuel. 38. ed. 13. imp. Brasília: FEB, 2020. cap. 3 – *As raças adâmicas*, it. Um mundo em transições.

[292] KARDEC, Allan. *O livro dos espíritos*. Trad. Guillon Ribeiro. 93. ed. 9. imp. (Edição Histórica). Brasília: FEB, 2019. q. 805.

[293] XAVIER, Francisco Cândido. *O consolador*. Pelo Espírito Emmanuel. 29. ed. 11. imp. Brasília: FEB, 2020. q. 56.

[294] _____. _____. q. 234.

[295] _____. _____.

[296] _____. _____. q. 56.

ANEXO

ONDE ESTIVERES

Enquanto o dia canta, enquanto o dia
Esperanças e flores te revela,
Segue na estrada primorosa e bela
Da bondade que atende, ampara e cria.

Não desprezes o tempo que te espia
Por santa e infatigável sentinela...
E, alma do amor que se desencastela,
Perdoa, alenta e crê, serve e confia.

Lembra-te, enquanto é cedo! Tudo, tudo
O tempo extingue generoso e mudo,...
Menos o Eterno Bem que, excelso, arde...

E onde estiveres, torturado embora,
Faze do bem a luz de cada hora,
Antes que a dor te ajude, triste e tarde!

AUTA DE SOUZA

FONTE: XAVIER, Francisco Cândido. *Poetas redivivos*. Diversos Espíritos. 4. ed. Brasília: FEB, 2007.

ROTEIRO 2

DESIGUALDADES SOCIAIS. IGUALDADE DE DIREITOS DO HOMEM E DA MULHER

1 **OBJETIVOS ESPECÍFICOS**

» Refletir sobre a questão das desigualdades sociais, segundo a Doutrina Espírita.

» Analisar a questão da desigualdade de direitos, segundo a Doutrina Espírita.

2 **CONTEÚDO BÁSICO**

» As desigualdades sociais não estão na Lei da Natureza, são obra do homem e não de Deus. (Allan Kardec, *O livro dos espíritos*, q. 806).

» As desigualdades sociais desaparecerão quando "[...] *o egoísmo e o orgulho deixarem de predominar. Restará apenas a desigualdade do merecimento. Dia virá em que os membros da grande família dos filhos de Deus deixarão de considerar-se como de sangue mais ou menos puro. Só o Espírito é mais ou menos puro e isso não depende da posição social.*" (Allan Kardec, *O livro dos espíritos*, q. 806-a).

» *São iguais perante Deus o homem e a mulher e têm os mesmos direitos?* "Não outorgou Deus a ambos a inteligência do bem e do mal e a faculdade de progredir?" (Allan Kardec, *O livro dos espíritos*, q. 817).

» [...] *Todo privilégio a um ou a outro concedido é contrário à justiça. A* emancipação da mulher acompanha o progresso da civilização. [...] *Visto que os Espíritos podem encarnar num e noutro, sob esse aspecto nenhuma diferença há entre eles. Devem, por conseguinte, gozar dos mesmos direitos* (Allan Kardec, *O livro dos espíritos*, q. 822-a).

3 SUGESTÕES DIDÁTICAS

3.1 SUGESTÃO 1:

Introdução

Apresentar os objetivos do Roteiro e tecer comentários gerais sobre o tema.

Desenvolvimento

Solicitar aos participantes que leiam os subsídios do Roteiro, destacando as ideias principais, e recorrendo à Referência indicada (*O evangelho segundo o espiritismo* e *O livro dos espíritos*) para mais esclarecimentos do assunto, se necessário.

Pedir aos participantes que se organizem em duplas para seleção, ao acaso, de um trecho dos subsídios.

Em seguida, pedir-lhes que realizem a seguinte tarefa:

1) uma das duplas faz leitura, em voz alta, do trecho selecionado;

2) outra dupla comenta as ideias expressas no texto anteriormente lido;

3) concluída a exposição, esta dupla faz a leitura do trecho, previamente escolhido, aos demais colegas.

Prosseguir assim com a realização da dinâmica, até que todas as duplas tenham lido e comentado o trecho selecionado.

Conclusão

Encerrar o estudo, ressaltando que as desigualdades e os privilégios sociais desaparecerão com o progresso moral da Humanidade.

Avaliação

O estudo será considerado satisfatório se todas as duplas participarem da atividade, contribuindo com as leituras e interpretações dos trechos, demonstrando que houve entendimento sobre as *desigualdades sociais e a igualdade de direitos do homem e da mulher.*

Técnica(s): exposição; leitura; estudo em duplas.

Recurso(s): subsídios do Roteiro.

3.2 SUGESTÃO 2:

Introdução

Iniciar o encontro com a apresentação dos resultados da pesquisa solicitada, na semana anterior, como atividade extra.

Pedir aos participantes ou grupos apresentarem a conclusão de seus trabalhos.

Desenvolvimento

Fazer comentários pertinentes aos resultados apresentados, destacando pontos interessantes e importantes acerca das pesquisas, sob o enfoque espírita.

Observação: Lembramos que a apresentação deve ser restrita aos aspectos materiais e morais das situações.

Nesse momento, o facilitador esclarece dúvidas e complementa informações enriquecendo a apresentação.

A seguir, fazer a leitura oral do texto de *O evangelho segundo o espiritismo*, capítulo 17 – *Sede perfeitos*, item 7 – O dever.

Propor discussão circular:

» *O que é Lei de Igualdade para você?*
» *Como a Doutrina Espírita esclarece acerca das desigualdades sociais*
» *E a desigualdade de direitos do homem e da mulher?*

Nesse momento, o facilitador esclarece dúvidas e complementa informações enriquecendo a discussão.

Propor a seguinte reflexão individual (não há a necessidade de comentário):

Minhas ações na sociedade estão de acordo com a Lei de Igualdade?

Conclusão

Fazer o fechamento reforçando que a desigualdade das condições sociais é obra do homem e não de Deus e que todos são iguais perante Deus (ver *O livro dos espíritos*, q. 806 e 803, respectivamente).

Avaliação

O estudo será considerado satisfatório se as ideias dos participantes refletirem entendimento do assunto.

Técnica(s): apresentação de pesquisas; discussão circular.

Recurso(s): *O livro dos espíritos*; subsídios do Roteiro; vídeo.

4 SUBSÍDIOS

4.1 DESIGUALDADES SOCIAIS

As questões sociais preocupam vivamente a nossa época. Vê-se, não sem espanto, que os progressos da civilização, o aumento enorme dos agentes produtivos e da riqueza, o desenvolvimento da instrução não têm podido extinguir o pauperismo nem curar os males do maior número. Entretanto, os sentimentos generosos e humanitários não desapareceram. No coração dos povos aninham-se instintivas aspirações para a justiça e bem assim anseios vagos de uma vida melhor. Compreende-se geralmente que é necessária uma divisão mais equitativa dos bens da Terra. Daí mil teorias, mil sistemas diversos, tendentes a melhorar a situação das classes pobres, a assegurar a cada um os meios do estritamente necessário. Mas, a aplicação desses sistemas exige da parte de uns muita paciência e habilidade; da parte de outros, um espírito de abnegação que lhes é absolutamente essencial. Em vez dessa mútua benevolência que, aproximando os homens, lhes permitiria estudar em comum e resolver os mais graves problemas, é com violência e ameaças nos lábios que o proletário reclama seu lugar no banquete social; é com acrimônia que o rico se confina no seu egoísmo e recusa abandonar aos famintos as menores migalhas da sua fortuna. Assim, um abismo abre-se; as desavenças, as cobiças, o furores acumulam-se de dia em dia.

[...]

A causa do mal e o seu remédio estão, muitas vezes, onde não são procurados, e por isso é em vão que muitos se têm esforçado por criar combinações engenhosas. Sistemas sucedem a sistemas, instituições dão lugar a instituições, mas o homem permanece desgraçado, porque se conserva mau. A causa do mal está em nós, em nossas paixões e em nossos erros. Eis o que se deve transformar. Para melhorar a sociedade, é preciso melhorar o indivíduo; é necessário o conhecimento das leis superiores de progresso e de solidariedade, a revelação da nossa natureza e dos nossos destinos, e isso somente pode ser obtido pela filosofia dos Espíritos.

Talvez haja quem não admita essa ideia. Acreditar que o Espiritismo possa influenciar sobre a vida dos povos, facilitar a solução dos problemas sociais é ainda muito incompreensível para as ideias da época. Mas, por pouco que se reflita, seremos forçados a reconhecer que as crenças têm uma influência considerável sobre a forma das sociedades.

Na Idade Média, a sociedade [ocidental] era a imagem fiel das concepções católicas. A sociedade moderna, sob a inspiração do materialismo, vê apenas [...] a luta dos seres, luta ardente, na qual todos os apetites estão em liberdade. Tende a fazer do mundo atual a máquina formidável e cega que tritura as existências, e onde o indivíduo não passa de partícula, ínfima e transitória, saída do nada para, em breve, a ele voltar.

Mas, quanta mudança nesse ponto de vista, logo que o novo ideal vem esclarecer-nos o ser e regular-nos a conduta! Convencido de que esta vida é um meio de depuração e de progresso, que não está isolada de outras existências, ricos e pobres, todos ligarão menos importância aos interesses do presente. Em virtude de estar estabelecido que cada ser humano deve renascer muitas vezes sobre este mundo, passar por todas as condições sociais, sendo as existências obscuras e dolorosas então as mais numerosas e a riqueza mal empregada, acarretando gravosas responsabilidades, todo homem compreenderá que, trabalhando em benefício da sorte dos humildes, dos pequenos, dos deserdados, trabalhará para si próprio, pois lhe será preciso voltar à Terra e haverá nove probabilidades sobre dez de renascer pobre.

Graças a essa revelação, a fraternidade e a solidariedade impõem-se; os privilégios, os favores, os títulos perdem sua razão de ser. A nobreza dos atos e dos pensamentos substitui a dos pergaminhos.

Assim concebida, a questão social mudaria de aspecto; as concessões entre classes tornar-se-iam fáceis e veríamos cessar todo o antagonismo entre o capital e o trabalho. Conhecida a verdade, compreender-se-ia que os interesses de uns são os interesses de todos e que ninguém deve estar sob a pressão de outros. Daí a justiça distributiva, sob cuja ação não mais haveria ódios nem rivalidades selvagens, porém, sim, uma confiança mútua, a estima e a afeição recíprocas; em uma palavra, a realização da lei de fraternidade, que se tornará a única regra entre os homens. [...][297]

Como se vê,

Muitos fatores importantes entram na composição ou delineamento do problema [social] [...] e, deles, os que pela generalidade sobrelevam aos demais são o capital e o trabalho.

No entanto, se não considerarmos outro fator, de si importantíssimo, será impossível a solução. Já dissemos: é de ética o problema social, sem a qual não pode ser solucionado. Juntemos, pois, esse outro fator importantíssimo aos primeiros e teremos a chave da solução. O amor: eis aí o importantíssimo fator, que, com o capital e o trabalho, formam a trindade da questão.[298]

Pelo exposto, pode dizer-se que desigualdades sociais são "[...] *o mais elevado testemunho da verdade da reencarnação, mediante a qual cada Espírito tem sua posição definida de regeneração e resgate* [...]".[299]

Dessa forma, aqueles que, por exemplo, "[...] *numa existência, ocuparam as mais elevadas posições, descem, em existência seguinte, às mais ínfimas condições, desde que os tenham dominado o orgulho e a ambição* [...]".[300]

Consideradas sob esse ponto de vista

> [...] *a pobreza, a miséria, a guerra, a ignorância, como outras calamidades coletivas, são enfermidades do organismo social, devido à situação de prova da quase generalidade dos seus membros. Cessada a causa patogênica com a iluminação espiritual de todos em Jesus Cristo, a moléstia coletiva estará eliminada dos ambientes humanos.*[301]

Por outro lado, as desigualdades sociais não estão na Lei da Natureza, são "[...] obra do homem e não de Deus".[302] Assim, desaparecerão um dia,

> [...] *quando o egoísmo e o orgulho deixarem de predominar. Restará apenas a desigualdade de merecimento. Dia virá em que os membros da grande família dos filhos de Deus deixarão de considerar-se como de sangue mais ou menos puro. Só o Espírito é mais ou menos puro e isso não depende da posição social.*[303]

4.2 IGUALDADE DE DIREITOS DO HOMEM E DA MULHER

> *A questão social não abrange somente as relações das classes entre si, abrange também a mulher* [...] *à qual seria equitativo restituir-se os direitos naturais, uma situação digna, para que a família se torne mais forte, mais moralizada e mais unida* [...].[304]

Com efeito, o homem e a mulher são iguais perante Deus, tendo, pois os mesmos direitos, uma vez que a ambos Deus outorgou a inteligência do bem e do mal, assim como a faculdade de progredir.[305] A inferioridade da mulher em alguns países é devido ao

> [...] *predomínio injusto e cruel que sobre ela assumiu o homem. É resultado das instituições sociais e do abuso da força sobre a fraqueza. Entre homens moralmente pouco adiantados, a força faz o direito.*[306]

Note-se, entretanto, que a constituição física mais fraca da mulher, em relação ao homem, tem a finalidade

> *Para lhe determinar funções especiais. Ao homem, por ser mais forte, os trabalhos rudes; à mulher, os trabalhos leves; a ambos, o dever de se ajudarem mutuamente a suportar as provas de uma vida cheia de amargor.*[307]

Assim,

> *Deus apropriou a organização de cada ser às funções que lhe cumpre desempenhar. Tendo dado à mulher menor força física, deu-lhe ao mesmo tempo maior sensibilidade, em relação com a delicadeza das funções maternais e com a fraqueza dos seres confiados aos seus cuidados.*[308]

Em decorrência desses ensinamentos, Kardec pergunta aos Espíritos Superiores se uma legislação, para ser justa, deve prever a igualdade dos direitos do homem e da mulher. Respondem eles:

> *Dos direitos, sim; das funções, não. Preciso é que cada um esteja no lugar que lhe compete. Ocupe-se do exterior o homem e do interior a mulher, cada um de acordo com a sua aptidão. A lei humana, para ser equitativa, deve consagrar a igualdade dos direitos do homem e da mulher. Todo privilégio a um ou a outro concedido é contrário à justiça. A emancipação da mulher acompanha o progresso da civilização. Sua escravização marcha de par com a barbaria. [...] Visto que os Espíritos podem encarnar num e noutro, sob esse aspecto nenhuma diferença há entre eles. Devem, por conseguinte, gozar dos mesmos direitos.*[309]

De fato,

> *A mulher é um Espírito reencarnado, com uma considerável soma de experiências em seu arquivo perispiritual. Quantas dessas experiências já vividas terão sido em corpos masculinos? Impossível precisar, mas, seguramente, muitas, se levarmos em conta os milênios que a Humanidade já conta de experiência na Terra.*

> *Para definir a mulher moderna, precisamos acrescentar às considerações anteriores o difícil caminho da emancipação feminina. A mulher de hoje não vive um contexto cultural em que os papéis de ambos os sexos estejam definidos por contornos precisos. A sociedade atual não espera da mulher que ela apenas abrigue e alimente os novos indivíduos, exige que ela seja também capaz de dar sua quota de produção à coletividade [...].*[310]

Em síntese, pode-se dizer que

> *– O homem e a mulher, no instituto conjugal, são como o cérebro e o coração do organismo doméstico.*

> *Ambos são portadores de uma responsabilidade igual no sagrado colégio da família [...].*[311]

> *– Uma e outro [a mulher e o homem] são iguais perante Deus [...] e as tarefas de ambos se equilibram no caminho da vida, completando-se perfeitamente, para que haja, em todas as ocasiões, o mais santo respeito mútuo [...].*[312]

REFERÊNCIAS

297 DENIS, Léon. *Depois da morte*. Trad. João Lourenço de Souza. 28. ed. 4. imp. Brasília: FEB, 2016. 5ª pt. O Caminho Reto, cap. 55 – *Questões sociais*.

298 AGUAROD, Angel. *Grandes e pequenos problemas*. Trad. Guillon Ribeiro. 8. ed. 1. imp. Brasília: FEB, 2020. cap. 8 – *O problema social*, it. 8.3 Os principais fatores dos problemas.

299 XAVIER, Francisco Cândido. *O consolador*. Pelo Espírito Emmanuel. 29. ed. 11. imp. Brasília: FEB, 2020. q. 55.

300 KARDEC, Allan. *O evangelho segundo o espiritismo*. Trad. Guillon Ribeiro. 131. ed. 14. imp. (Edição Histórica). Brasília: FEB, 2019. cap. 7, it. 6.

301 XAVIER, Francisco Cândido. *O consolador*. Pelo Espírito Emmanuel. 29. ed. 11. imp. Brasília: FEB, 2020. q. 55

302 KARDEC, Allan. *O livro dos espíritos*. Trad. Guillon Ribeiro. 93. ed. 9. imp. (Edição Histórica). Brasília: FEB, 2019. q. 806.

303 _____. _____. q. 806-a.

304 DENIS, Léon. *Depois da morte*. Trad. João Lourenço de Souza. 28. ed. 4. imp. Brasília: FEB, 2016. 5ª pt. O Caminho Reto, cap. 55 – *Questões sociais*.

305 KARDEC, Allan. *O livro dos espíritos*. Trad. Guillon Ribeiro. 93. ed. 9. imp. (Edição Histórica). Brasília: FEB, 2019. q. 817.

306 _____. _____. q. 818.

307 _____. _____. q. 819.

308 _____. _____. Comentário de Kardec à q. 820.

309 _____. _____. q. 822-a.

310 SOUZA, Dalva Silva. *Os caminhos do amor*. 3. ed. 1. imp. Brasília: FEB, 2014. cap. 2 – Mulher/mãe, it. 2.1 Quem é a mulher?.

311 XAVIER, Francisco Cândido. *O consolador*. Pelo Espírito Emmanuel. 29. ed. 11. imp. Brasília: FEB, 2020. q. 67.

312 _____. *Boa nova*. Pelo Espírito Humberto de Campos. 37. ed. 15. imp. Brasília: FEB, 2020. cap. 22 – *Maria de Magdala*.

ROTEIRO 3

DESIGUALDADE DAS RIQUEZAS: AS PROVAS DA RIQUEZA E DA POBREZA

1 OBJETIVOS ESPECÍFICOS

» Refletir sobre as provas da riqueza e da pobreza, bem como as dificuldades de uma e de outra.

» Refletir sobre a desigualdade das riquezas.

2 CONTEÚDO BÁSICO

» *A desigualdade das riquezas não se originará da das faculdades, em virtude da qual uns dispõem de mais meios de adquirir bens do que outros?* "Sim e não. Da velhacaria e do roubo, que dizes?" (Allan Kardec, *O livro dos espíritos*, q. 808).

» *Mas, a riqueza herdada, essa não é fruto de paixões más.* "Que sabes a respeito? Busca a fonte de tal riqueza e verás que nem sempre é pura. Sabes, porventura, se não se originou de uma espoliação ou de uma injustiça? [...]" (Allan Kardec, *O livro dos espíritos*, q. 808-a).

» *Os bens da Terra pertencem a Deus, que os distribui a seu grado, não sendo o homem senão o usufrutuário, o administrador mais ou menos íntegro e inteligente desses bens* [...] (Allan Kardec, *O evangelho segundo o espiritismo*, cap. 16, it. 10).

» *Por que Deus a uns concedeu as riquezas e o poder, e a outros, a miséria?* "Para experimentá-los de modos diferentes. Além disso, como sabeis, essas provas foram escolhidas pelos próprios Espíritos, que nelas, entretanto, sucumbem com frequência." (Allan Kardec, *O livro dos espíritos*, q. 814).

> [...] A miséria provoca as queixas *contra a Providência, a riqueza incita a todos os excessos.* (Allan Kardec, *O livro dos espíritos*, q. 815).

> A alta posição do homem neste mundo e o ter autoridade sobre os seus semelhantes são provas tão grandes e tão escorregadias como a desgraça, porque, quanto mais rico e poderoso é ele, tanto mais obrigações tem que cumprir *e tanto mais abundantes são os meios de que dispõe para fazer o bem e o mal. Deus experimenta o pobre pela resignação e o rico pelo emprego que dá aos seus bens e ao seu poder.*

> A riqueza e o poder fazem nascer todas as paixões que nos prendem à matéria e nos afastam da perfeição espiritual [...]. (Allan Kardec, *O livro dos espíritos*, comentário de Kardec à q. 816).

3 SUGESTÕES DIDÁTICAS

3.1 SUGESTÃO 1:

Introdução

Apresentar os objetivos do Roteiro.

Em seguida, apresentar a seguinte pergunta

Riqueza ou pobreza – qual a prova mais difícil?

Ouvir as respostas, comentando-as.

Desenvolvimento

Dividir os participantes em pequenos grupos.

Entregar a cada grupo uma ficha com um texto retirado dos subsídios.

Pedir aos grupos que façam o seguinte:

1) leitura das fichas;

2) análise e discussão das ideias aí expressas;

3) preparar uma pequena apresentação em que conste defesa ou refutação dessas ideias;

4) apresentação não ultrapassando o tempo de 5 minutos.

Observação1: Cada ficha deve conter numa face o texto selecionado e, no verso, a fonte das referências (os livros destas referências podem ser colocados à disposição dos grupos para consultas).

Observação 2: Os textos escolhidos deverão abranger, em seu conjunto, todo o conteúdo dos subsídios.

Observação 3: Cada grupo pode utilizar esquemas, diagramas ou outros recursos didáticos disponíveis na apresentação. Ouvir as apresentações dos grupos, comentando-as.

Conclusão
Encerrar destacando os aspectos mais relevantes do estudo.

Avaliação
O estudo será considerado satisfatório se os participantes interpretarem corretamente as ideias contidas nas fichas.

Técnica(s): explosão de ideias; estudo em grupo.

Recurso(s): fichas com textos; subsídios e Referências do Roteiro; recursos didáticos disponíveis.

3.2 SUGESTÃO 2:

Introdução
Iniciar o estudo com a seguinte questão

Riqueza ou pobreza – qual a prova mais difícil?

Ouvir o comentário, participando e estimulando o grupo nas reflexões compartilhadas.

Desenvolvimento
Dividir os participantes em grupos:

Grupo 1 – Fazer a leitura e breves comentários das questões 814 a 816 de *O livro dos espíritos*.

Grupo 2 – Fazer a leitura e breves comentários dos subsídios do Roteiro de acordo com o item 4.1 Desigualdade das riquezas.

Grupo 3 – Fazer a leitura e breves comentários dos subsídios do Roteiro de acordo com o item 4.2 As provas da riqueza e da miséria (tempo de até 15 minutos).

Após a atividade acima, os grupos fazem um breve resumo de pontos importantes, e, em seguida, participam de reflexões em discussão circular:

» O que a Doutrina Espírita esclarece acerca das provas da riqueza e da pobreza?

» Quais as consequências das desigualdades das riquezas?

» Qual a prova mais difícil: da riqueza ou da pobreza? Justifique.

» Estamos preparados para reencarnar nas duas possibilidades sociais? Por quê? etc.

Nesse momento, o facilitador esclarece dúvidas e complementa informações enriquecendo a discussão de acordo com as questões de *O livro dos espíritos*, *O evangelho segundo o espiritismo* e os subsídios do Roteiro.

A reflexão pode ser aprofundada com a apresentação das seguintes questões:

» Por que o apego aos bens terrenos constitui um dos maiores óbices ao adiantamento moral?

» Por que a prova da pobreza é também tão difícil?

Propor a seguinte reflexão individual (não há a necessidade de comentário):

Tenho trabalhado meu sentimento direcionando-o para meu adiantamento moral?

Conclusão

Fazer o fechamento com a leitura do texto:

> O homem só possui em plena propriedade aquilo que lhe é dado levar deste mundo. [...] Forçado, porém, que é a abandonar tudo isso, não tem das suas riquezas a posse real, mas simplesmente, o usufruto. Que é então que ele possui. Nada do que é do uso do corpo; tudo o que é de uso da alma: a inteligência, os conhecimentos, as qualidades morais [...] (Allan Kardec, *O evangelho segundo o espiritismo*, cap. 16, it. 9).

Avaliação

O estudo será considerado satisfatório se as ideias dos participantes refletirem entendimento do assunto.

Técnica(s): explosão de ideias; estudo de grupo; discussão circular.

Recurso(s): *O livro dos espíritos*; subsídios do Roteiro; lápis e papel.

4 SUBSÍDIOS

4.1 DESIGUALDADES DAS RIQUEZAS

> [...] *Para trabalhos que são obra dos séculos, teve o homem de extrair os materiais até das entranhas da Terra; procurou na Ciência os meios de os executar com maior segurança e rapidez. Mas para os levar a efeito, precisa de recursos: a necessidade fê-lo criar a riqueza, como o fez descobrir a Ciência* [...][313]

A riqueza, contudo, nunca esteve repartida igualmente entre os homens, fato que sempre preocupou os pensadores de todos os tempos.

Nesse aspecto, porém, é importante observar que inutilmente se buscará resolver o problema da desigualdade das riquezas

> [...] *desde que se considere apenas a vida atual. A primeira questão que se apresenta é esta: Por que não são igualmente ricos todos os homens? Não o são por uma razão muito simples: por não serem igualmente inteligentes, ativos e laboriosos para adquirir, nem sóbrios e previdentes para conservar. É, aliás, ponto matematicamente demonstrado que a riqueza, repartida com igualdade, a cada um daria uma parcela mínima e insuficiente; que, supondo efetuada essa repartição, o equilíbrio em pouco tempo estaria desfeito, pela diversidade dos caracteres e das aptidões; que, supondo-a possível e durável, tendo cada um somente com que viver, o resultado seria o aniquilamento de todos os grandes trabalhos que concorrem para o progresso e para o bem-estar da Humanidade; que, admitido desse ela a cada um o necessário, já não haveria o aguilhão que impele os homens às grandes descobertas e aos empreendimentos úteis* [...].[314]

Nada obstante, deve-se considerar, na análise dessa questão, o fato de que nem sempre a causa da desigualdade das riquezas está na diversidade das faculdades, em virtude da qual uns dispõe de mais condições de adquirir bens do que outros. Muitas vezes, a desigualdade na repartição das riquezas se origina, como dizem os Espíritos Superiores, da velhacaria e do roubo.[315] Mesmo a riqueza herdada não está isenta dessa origem, uma vez que pode ter sido fruto da espoliação ou da injustiça.[316] Entretanto, acima de tudo se vê a ação de Deus, que distribui entre os homens, a seu grado, os bens da Terra, que lhe pertencem,

> [...] *não sendo o homem senão o usufrutuário, o administrador mais ou menos íntegro e inteligente desses bens. Tanto eles não constituem propriedade individual do homem, que Deus frequentemente anula todas as previsões e a riqueza foge àquele que se julga com os melhores títulos para possuí-la.*
>
> *Direis, porventura, que isso se compreende no tocante aos bens hereditários, porém, não relativamente aos que são adquiridos pelo trabalho. Sem dúvida alguma,*

se há riquezas legítimas, são estas últimas, quando honestamente conseguidas, porquanto uma propriedade só é legitimamente adquirida quando, da sua aquisição, não resulta dano para ninguém. [...] O fato, porém, de um homem dever a si próprio a riqueza que possua, seguir-se-á que, ao morrer, alguma vantagem lhe advenha desse fato? Não são amiúde inúteis as precauções que ele toma para transmiti-la a seus descendentes? Decerto, porquanto, se Deus não quiser que ela lhes vá ter às mãos, nada prevalecerá contra a sua vontade [...].[317]

A riqueza é poderoso instrumento de progresso. Desse modo,

[...] não quer Deus que ela permaneça longo tempo improdutiva, pelo que incessantemente a desloca. Cada um tem de possuí-la para se exercitar em utilizá-la e demonstrar que uso sabe fazer dela. Sendo, no entanto, materialmente impossível que todos a possuam ao mesmo tempo, e acontecendo, além disso, que, se todos a possuíssem, ninguém trabalharia, com o que o melhoramento do planeta ficaria comprometido, cada um a possui por sua vez. Assim, um que não na tem hoje, já a teve ou terá noutra existência; outro, que agora a tem, talvez não na tenha amanhã. Há ricos e pobres, porque sendo Deus justo, como é, a cada um prescreve trabalhar a seu turno [...].[318]

4.2 AS PROVAS DA RIQUEZA E DA MISÉRIA

Ensina o Espiritismo que Deus concedeu as riquezas e o poder a uns e a miséria a outros para "[...] *experimentá-los de modos diferentes. Além disso, como sabeis, essas provas foram escolhidas pelos próprios Espíritos, que nelas, entretanto, sucumbem com frequência*".[319]

Pode parecer estranho que os Espíritos escolham provas dolorosas, como a da miséria. Com efeito,

Sob a influência das ideias carnais, o homem, na Terra, só vê das provas o lado penoso. Tal a razão de lhe parecer natural sejam escolhidas as que, do seu ponto de vista, podem coexistir com os gozos materiais. Na Vida Espiritual, porém, compara esses gozos fugazes e grosseiros com a inalterável felicidade que lhe é dado entrever e desde logo nenhuma impressão mais lhe causam os passageiros sofrimentos terrenos. Assim, pois, o Espírito pode escolher prova muito rude e, conseguintemente, uma angustiada existência, na esperança de alcançar depressa um estado melhor, como o doente escolhe muitas vezes o remédio mais desagradável para se curar de pronto [...].[320]

Contudo, tanto a prova da miséria como a da riqueza são difíceis de serem suportadas, porque, enquanto a "[...] *miséria provoca as queixas contra a Providência, a riqueza incita a todos os excessos*".[321] O rico, entretanto, possui, de um modo geral, mais instrumentos para fazer o bem do que o pobre. Todavia, nem sempre o faz, "[...] *Torna-se egoísta, orgulhoso e insaciável. Com a riqueza, suas necessidades aumentam e ele nunca julga possuir o bastante para si unicamente".*[322]

Em verdade,

> *A alta posição do homem neste mundo e o ter autoridade sobre os seus semelhantes são provas tão grandes e tão escorregadias como a desgraça, porque, quanto mais rico e poderoso é ele, tanto mais obrigações tem que cumprir e tanto mais abundantes são os meios de que dispõe para fazer o bem e o mal. Deus experimenta o pobre pela resignação e o rico pelo emprego que dá aos seus bens e ao seu poder.*
>
> *A riqueza e o poder fazem nascer todas as paixões que nos prendem à matéria e nos afastam da perfeição espiritual. Por isso foi que Jesus disse: "Em verdade vos digo que mais fácil é passar um camelo por um fundo de agulha do que entrar um rico no Reino dos Céus".*[323]
>
> *Qual, então, o melhor emprego que se pode dar à riqueza? Procurai nestas palavras: "Amai-vos uns aos outros", a solução do problema. Elas guardam o segredo do bom emprego das riquezas. Aquele que se acha animado do amor do próximo tem aí toda traçada a sua linha de proceder. Na caridade está, para as riquezas, o emprego que mais apraz a Deus. [...] Rico!... dá do que te sobra; faze mais: dá um pouco do que te é necessário, porquanto o de que necessitas ainda é supérfluo;mas dá com sabedoria. Não repilas o que se queixa, com receio de que te engane; vai às origens do mal. Alivia, primeiro; em seguida, informa-te, e vê se o trabalho, os conselhos, mesmo a afeição não serão mais eficazes do que a tua esmola. Difunde em torno de ti, como os socorros materiais, o amor de Deus, o amor do trabalho, o amor do próximo. [...] A riqueza da inteligência deves utilizá-la como a do ouro. Derrama em torno de ti os tesouros da instrução; derrama sobre teus irmãos os tesouros do teu amor e eles frutificarão.*[324]

Ressalte-se, no entanto, que somente a fé inabalável na vida futura – fé que o Espiritismo faculta – propiciará melhores condições de enfrentamento, tanto da prova da miséria quanto a da riqueza.[325]

É que

> *[...] Para quem se coloca, pelo pensamento, na Vida Espiritual, que é indefinida, a vida corpórea se torna simples passagem, breve estada num país ingrato. As vicissitudes e tribulações dessa vida não passam de incidentes que ele suporta com paciência, por sabê-las de curta duração, devendo seguir-se-lhes um estado mais ditoso [...].*[326]

Passa a perceber, então,

> *[...] que grandes e pequenos estão confundidos, como formigas sobre um montículo de terra; que proletários e potentados são da mesma estatura, e lamenta*

que essas criaturas efêmeras a tantas canseiras se entreguem para conquistar um lugar que tão pouco as elevará e que por tão pouco tempo conservarão. Daí se segue que a importância dada aos bens terrenos está sempre em razão inversa da fé na vida futura.[327]

REFERÊNCIAS

[313] KARDEC, Allan. *O evangelho segundo o espiritismo*. Trad. Guillon Ribeiro. 131. ed. 14. imp. (Edição Histórica). Brasília: FEB, 2019. cap. 16, it. 7.

[314] _____. _____. it. 8.

[315] _____. *O livro dos espíritos*. Trad. Guillon Ribeiro. 93. ed. 9. imp. (Edição Histórica). Brasília: FEB, 2019. q. 808.

[316] _____. _____. q. 808-a.

[317] _____. *O evangelho segundo o espiritismo*. Trad. Guillon Ribeiro. 131. ed. 14. imp. (Edição Histórica). Brasília: FEB, 2019. cap. 16, it. 10.

[318] _____. _____.

[319] _____. *O livro dos espíritos*. Trad. Guillon Ribeiro. 93. ed. 9. imp. (Edição Histórica). Brasília: FEB, 2019. q. 814.

[320] _____. _____. Comentário de Kardec à q. 266.

[321] _____. _____. q. 815.

[322] _____. _____. q. 816.

[323] _____. _____. Comentário de Kardec à q. 816.

[324] _____. *O evangelho segundo o espiritismo*. Trad. Guillon Ribeiro. 131. ed. 14. imp. (Edição Histórica). Brasília: FEB, 2019. cap. 16, it. 11.

[325] _____. _____. cap. 2, it. 5.

[326] _____. _____.

[327] _____. _____.

PROGRAMA FUNDAMENTAL

MÓDULO XVI
Lei de Reprodução

OBJETIVO GERAL

Possibilitar entendimento da Lei de Reprodução.

"Amarás o teu próximo como a ti mesmo." – Jesus (*Mateus*, 22:39).

ROTEIRO 1

CASAMENTO E CELIBATO

1 **OBJETIVOS ESPECÍFICOS**

» Refletir sobre a função do casamento.
» Refletir acerca da dissolução do casamento.
» Analisar a questão do celibato, segundo a Doutrina Espírita.

2 **CONTEÚDO BÁSICO**

» O Espiritismo esclarece que o [...] *estado de natureza é o da união livre e fortuita dos sexos. O casamento constitui um dos primeiros atos de progresso nas sociedades humanas, porque estabelece a solidariedade fraterna e se observa entre todos os povos, se bem que em condições diversas* [...] (Allan Kardec, O livro dos espíritos, comentário de Kardec à q. 696).

» Segundo os Espíritos Superiores, o celibato pode traduzir-se como ação de egoísmo ou de benevolência, pois, [...] *se o celibato, em si mesmo, não é um estado meritório, outro tanto não se dá quando constitui, pela renúncia às alegrias da família, um sacrifício praticado em prol da Humanidade. Todo sacrifício pessoal, tendo em vista o bem e sem qualquer ideia egoísta, eleva o homem acima da sua condição material* (Allan Kardec, O livro dos espíritos, comentário de Kardec à q. 699).

» *Qual das duas, a poligamia ou a monogamia, é mais conforme à Lei da Natureza?* "A poligamia é lei humana cuja abolição marca um progresso social. O casamento, segundo as vistas de Deus, tem que se fundar na afeição dos seres que se unem. Na poligamia não há afeição real: há apenas sensualidade." (Allan Kardec, *O livro dos espíritos*, q. 701).

> *Se a poligamia fosse conforme à Lei da Natureza, devera ter possibilidade de tornar-se universal, o que seria materialmente impossível, dada a igualdade numérica dos sexos* [...] (Allan Kardec, O livro dos espíritos, comentário de Kardec à q. 701).

> *A abolição do casamento seria, pois, regredir à infância da Humanidade e colocaria o homem abaixo mesmo de certos animais que lhe dão o exemplo de uniões constantes* (Allan Kardec, O livro dos espíritos, comentário de Kardec à q. 696).

> *O matrimônio na Terra é sempre uma resultante de determinadas resoluções, tomadas na vida do Infinito, antes da reencarnação dos Espíritos, seja por orientação dos mentores mais elevados* [...] *ou em consequência de compromissos livremente assumidos pelas almas, antes de suas novas experiências no mundo* [...] (Emmanuel, O consolador, q. 179).

3 SUGESTÕES DIDÁTICAS

3.1 SUGESTÃO 1:

Introdução

Apresentar a seguinte questão

> *Casamento e celibato – opção ou imposição?*

Solicitar aos participantes que, em grupos de três, discutam a questão proposta e apresentem as suas opiniões, em plenário.

Ouvir as respostas dadas à questão, comentando-as brevemente.

Desenvolvimento:

Pedir aos participantes que se dividam em quatro grupos e que realize as seguintes tarefas:

1) ler e discutir um dos itens dos subsídios, indicados abaixo;

2) redigir pequeno texto no qual constem as principais ideias do assunto lido e discutido;

3) apresentar, em plenária, os resultados do trabalho por um relator indicado pelo grupo.

Grupo 1 – Leitura e discussão dos subsídios do item 4.1 – Visão espírita do casamento.

Grupo 2 – Leitura e discussão dos subsídios do item 4.2 – Visão espírita do celibato.

Grupo 3 – Leitura e discussão dos subsídios do item 4.3 – A monogamia entendida como uma Lei da Natureza.

Grupo 4 – Leitura e discussão dos subsídios do item 4.4 – A inconveniência da abolição e da dissolução do casamento.

Concluídos os relatos dos grupos, apresentar os gráficos que fazem referências às taxas de casamento e divórcio, ocorridos em nosso país, segundo o Instituto Brasileiro de Geografia e Estatística (IBGE).

Conclusão

Fazer o fechamento reforçando que:

> O estado de natureza é o da união livre e fortuita dos sexos. O casamento constitui um dos primeiros atos de progresso nas sociedades humanas, porque estabelece a solidariedade fraterna e se observa entre todos os povos, se bem que em condições diversas [...] (Allan Kardec, *O livro dos espíritos*, comentário de Kardec à q. 696).

Avaliação

O estudo será considerado satisfatório se participantes realizarem corretamente as tarefas propostas para o trabalho em grupo.

Técnica(s): zum-zum; trabalho em pequenos grupos; exposição.

Recurso(s): cartaz; subsídios do Roteiro; gráficos.

3.2 SUGESTÃO 2:

Introdução

Iniciar o estudo com a seguinte questão

Por que nos casamos?

Ouvir o comentário, participando e estimulando oa grupo nas reflexões compartilhadas.

Desenvolvimento

Dividir os participantes em grupos:

Grupo 1 – Fazer a leitura e breves comentários dos subsídios do Roteiro – item 4.3 A monogamia entendida como uma Lei da Natureza.

Grupo 2 – Fazer a leitura e breves comentários dos subsídios do Roteiro – item 4.4 A inconveniência da abolição e da dissolução do casamento.

(Tempo de até 15 minutos.)

Em seguida, convidá-los para ouvir o áudio:

Sexualidade e Energia Sexual – Haroldo Dutra Dias (8:17), disponível em:

https://bit.ly/36HWmEs

Logo após propor uma reflexão circular:

» *O que a Doutrina Espírita esclarece acerca do casamento?*
» *Como devemos nos comportar no relacionamento?*
» *Estamos estabelecendo vínculos saudáveis?* etc.

Nesse momento, o facilitador esclarece dúvidas e complementa informações enriquecendo a discussão de acordo com os subsídios do Roteiro, esclarecendo também sobre o celibato.

Propor a seguinte reflexão individual (não há a necessidade de comentário):

Eu respeito meu relacionamento ou casamento?

Conclusão

Fazer o fechamento reforçando que:

> O estado de natureza é o da união livre e fortuita dos sexos. O casamento constitui um dos primeiros atos de progresso nas sociedades humanas, porque estabelece a solidariedade fraterna e se observa entre todos os povos, se bem que em condições diversas [...] (Allan Kardec, *O livro dos espíritos*, comentário de Kardec à q. 696).

Avaliação

O estudo será considerado satisfatório se as ideias dos participantes refletirem entendimento do assunto.

Técnica(s): explosão de ideias; estudo de grupo; discussão circular.

Recurso(s): *O livro dos espíritos*; subsídios do Roteiro.

4 SUBSÍDIOS

4.1 VISÃO ESPÍRITA DO CASAMENTO

O Espiritismo esclarece que

> [...] O casamento constitui um dos primeiros atos de progresso nas sociedades humanas, porque estabelece a solidariedade fraterna e se observa entre todos os povos, se bem que em condições diversas [...].[328]

Elucida igualmente que

> O casamento ou a união permanente de dois seres, como é óbvio, implica o regime de vivência pelo qual duas criaturas se confiam uma à outra, no campo da assistência mútua.
>
> Essa união reflete as Leis Divinas que permitem seja dado um esposo para uma esposa, um companheiro para uma companheira, um coração para outro coração ou vice-versa, na criação e desenvolvimento de valores para a vida.[329]

O casamento deve ser, pois,

> [...] a união permanente de um homem e uma mulher, atraídos por interesses afetivos e vínculos sexuais profundos. Essa união não é uma invenção humana, mas, sim, o resultado da Lei Divina que nos criou para o regime de interdependência.[330]
>
> Imperioso, porém, que a ligação se baseie na responsabilidade recíproca, uma vez que na comunhão sexual um ser humano se entrega a outro ser humano e, por isso mesmo, não deve haver qualquer desconsideração entre si.[331]

Dessa forma,

> O casamento será sempre um instituto benemérito, acolhendo, no limiar, em flores de alegria e esperança, aqueles que a vida aguarda para o trabalho do seu próprio aperfeiçoamento e perpetuação. Com ele, o progresso ganha novos horizontes e a lei do renascimento atinge os fins para os quais se encaminha.[332]
>
> Com a união conjugal, nasce automaticamente o compromisso de um para com o outro, pois ambos viverão na dependência um do outro.
>
> [...]
>
> O casamento não é, pois, somente um contrato de compromisso jurídico, mas, muito mais, um contrato espiritual de consciência para consciência, de coração para coração, onde surgem compromissos mútuos: materiais, afetivos, morais, espirituais e cármicos, determinando responsabilidades intransferíveis de apoio mútuo.
>
> A responsabilidade conjugal não se resume simplesmente em adquirir um título de mulher e de marido, de mãe e de pai, mas, muito mais, o desenvolvimento da compreensão precisa, do desejo sincero e do esforço constante para cumprir da melhor maneira possível os compromissos individuais, visando a um fim

único, que é a sustentação da união para a felicidade mútua dos cônjuges e, consequentemente, a dos filhos [...].[333]

Essas são, pois, as razões de os Espíritos Superiores afirmarem incisivamente que o casamento é "[...] *um progresso na marcha da Humanidade*".[334]

4.2 VISÃO ESPÍRITA DO CELIBATO

Sabemos, no entanto, que existem muitas pessoas que preferem não se casar, optando pela vida celibatária. A propósito, Emmanuel assim nos esclarece a respeito:

> *Abstinência, em matéria de sexo e celibato, na vida de relação pressupõe experiências da criatura em duas faixas essenciais – a daqueles Espíritos que escolhem semelhantes posições voluntariamente para burilamento ou serviço, no curso de determinada reencarnação, e a daqueles outros que se veem forçados a adotá-las, por força de inibições diversas.*
>
> *Indubitavelmente, os que consigam abster-se da comunhão afetiva, embora possuindo em ordem todos os recursos instrumentais para se aterem ao conforto de uma existência a dois, com o fim de se fazerem mais úteis ao próximo, decerto que traçam a si mesmos escaladas mais rápidas aos cimos do aperfeiçoamento.*
>
> *Agindo assim, por amor, doando o corpo a serviço dos semelhantes, e, por esse modo, amparando os irmãos de Humanidade, por meio de variadas maneiras, convertem a existência, sem ligações sexuais, em caminho de acesso à sublimação, ambientando-se em climas diferentes de criatividade, porquanto a energia sexual neles não estancou o próprio fluxo; essa energia simplesmente se canaliza para outros objetivos – os de natureza espiritual. [...][porém] encontramos aqueles outros, os que já renasceram no corpo físico induzidos ou obrigados à abstinência sexual, atendendo a inibições irreversíveis ou a processos de inversão pelos quais sanam erros do pretérito ou se recolhem a pesadas disciplinas que lhes facilitem a desincumbência de compromissos determinados, em assuntos de espírito.*[335]
>
> *As criaturas com vida celibatária na Terra muito dificilmente são compreendidas e normalmente sofrem críticas e acusações, por parte de familiares e amigos, de possuírem indiferença, frieza, preguiça, irresponsabilidade ou de serem afeitos à vida fácil, porque não se casaram, fugindo das obrigações sagradas do matrimônio. São acusações que não retratam a realidade espiritual destas criaturas, na maioria dos casos. Não podemos taxar as pessoas que vivem em solidão afetiva, sejam homens ou mulheres, servindo a uma ordem religiosa qualquer ou participando da vida em sociedade, como criaturas sem necessidades afetivas, assexuais e sem anseios do coração [...].*[336]

Sendo assim, é necessário compreender que

[...] Se o celibato, em si mesmo, não é um estado meritório, outro tanto não se dá quando constitui, pela renúncia às alegrias da família, um sacrifício praticado em prol da Humanidade. Todo sacrifício pessoal, tendo em vista o bem e sem qualquer ideia egoísta, *eleva o homem acima da sua condição material.*[337]

4.3 A MONOGAMIA ENTENDIDA COMO UMA LEI DA NATUREZA

A monogamia está de acordo com a Lei da Natureza.

> *A poligamia é lei humana cuja abolição marca um progresso social. O casamento, segundo as vistas de Deus, tem que se fundar na afeição dos seres que se unem. Na poligamia não há afeição real: há apenas sensualidade.*[338]

> *Se a poligamia fosse conforme a Lei da Natureza, devera ter possibilidade de tornar-se universal, o que seria materialmente impossível, dada a igualdade numérica dos sexos.*

> *Deve ser considerada como um uso ou legislação especial apropriada a certos costumes e que o aperfeiçoamento social fez que desaparecesse pouco a pouco.*[339]

O ser humano pouco espiritualizado possui acentuado instinto sexual, fundamental à perpetuação da espécie no planeta. É necessário que seja assim, pois, como sabemos,

> [...] *Em sua origem, o homem só tem instintos; quando mais avançado e corrompido* [pelos prazeres materiais], *só tem sensações; quando instruído e depurado, tem sentimentos. E o ponto delicado do sentimento é o amor, não o amor no sentido vulgar do termo, mas esse sol interior que condensa e reúne em seu ardente foco todas as aspirações e todas as revelações sobre-humanas. A Lei de Amor substitui a personalidade pela fusão dos seres* [...].[340]

Por força da Lei do Progresso

> [...] *tem a criatura que vencer os instintos, em proveito dos sentimentos, isto é,* [tem] *que aperfeiçoar estes últimos, sufocando os germes latentes da matéria. Os instintos são a germinação e os embriões do sentimento; trazem consigo o progresso, como a glande encerra em si o carvalho, e os seres menos adiantados são os que, emergindo pouco a pouco de suas crisálidas, se conservam escravizados aos instintos* [...].[341]

A passagem da poligamia para a monogamia, nas vinculações sexuais e afetivas humanas, acontece de forma paulatina, porque

> [...] *à medida que se nos dilata o afastamento da animalidade quase absoluta, para a integração com a Humanidade, o amor assume dimensões mais elevadas, tanto para os que se verticalizam na virtude como para os que se horizontalizam na inteligência.*

> *Nos primeiros, cujos sentimentos se alteiam para as Esferas Superiores, o amor se ilumina e purifica, mas ainda é o instinto sexual nos mais nobres aspectos, imanizando-se às forças com que se afina em radiante ascensão para Deus.*

Nos segundos, cujas emoções se complicam, o amor se requinta, transubstanciando-se o instinto sexual em constante exigência de satisfação imoderada do "eu".[342]

O instinto sexual, então, a desvairar-se na poligamia, traça para si mesmo largo roteiro de aprendizagem a que não escapará pela matemática do destino que nós mesmos criamos.

Entretanto, quanto mais se integra a alma no plano da responsabilidade moral para com a vida, mais apreende o impositivo da disciplina própria, a fim de estabelecer, com o dom de amar que lhe é intrínseco, novos programas de trabalho que lhe facultem acesso aos planos superiores.

O instinto sexual nessa fase da evolução não encontra alegria completa senão em contato com outro ser que demonstre plena afinidade [...].

Em semelhante eminência, a monogamia é o clima espontâneo do ser humano, uma vez que dentro dela realiza, naturalmente, com a alma eleita de suas aspirações a união ideal do raciocínio e do sentimento, com a perfeita associação dos recursos ativos e passivos, na constituição do binário de forças, capaz de criar não apenas formas físicas, para a encarnação de outras almas na Terra, mas também as grandes obras do coração e da inteligência, suscitando a extensão da beleza e do amor, da sabedoria e da glória espiritual que vertem, constantes, da Criação Divina.[343]

4.4 A INCONVENIÊNCIA DA ABOLIÇÃO E DA DISSOLUÇÃO DO CASAMENTO

A despeito das uniões matrimoniais representarem, na maioria, instâncias de reajustes espirituais, a "[...] *abolição do casamento seria, pois, regredir à infância da Humanidade e colocaria o homem abaixo mesmo de certos animais que lhe dão o exemplo de uniões constantes*".[344]

Para o espírita,

– O matrimônio na Terra é sempre uma resultante de determinadas resoluções, tomadas na vida do Infinito, antes da reencarnação dos Espíritos, seja por orientação dos mentores mais elevados, quando a entidade não possui a indispensável educação para manejar as suas próprias faculdades, ou em consequência de compromissos livremente assumidos pelas almas, antes de suas novas experiências no mundo; razão pela qual os consórcios humanos estão previstos na existência dos indivíduos, no quadro escuro das provas expiatórias, ou no acervo de valores das missões que regeneram e santificam.[345]

Casais que orientam a vida conjugal, no que toca à coexistência íntima, segundo os padrões do amor que ultrapassam as fronteiras do interesse corporal, que se põem acima do desejo e da posse, exercitam, no dia a dia de santificantes renúncias, valores eternos que engrandecem corações em trânsito para o Supremo Bem.

> *Espiritismo e Evangelho contribuem, assim, de maneira inigualável, para que os alicerces do instituto do matrimônio se consolidem na esfera terrestre e se prolonguem nos Planos Espirituais, por ensinarem que as ligações humanas respeitáveis objetivam, em princípio, redimir almas.*[346]

Infelizmente, constatamos que é elevada a taxa de dissolução de uniões matrimoniais no mundo atual. Essas dissoluções matrimoniais, contudo, deixarão de existir quando a Humanidade estiver mais moralizada. Os Espíritos Superiores nos orientam que

> *[...] na união dos sexos, a par da Lei Divina material, comum a todos os seres vivos, há outra Lei Divina, imutável como todas as Leis de Deus, exclusivamente moral: a Lei de Amor. Quis Deus que os seres se unissem, não só pelos laços da carne, mas também pelos da alma, a fim de que a afeição mútua dos esposos se lhes transmitisse aos filhos e que fossem dois, e não um somente, a amá-los, a cuidar deles e a fazê-los progredir. Nas condições ordinárias do casamento, a Lei de Amor é tida em consideração? De modo nenhum. Não se leva em conta a afeição de dois seres que, por sentimentos recíprocos, se atraem um para o outro, visto que, as mais das vezes, essa afeição é rompida. O de que se cogita não é da satisfação do coração, e sim da do orgulho, da vaidade, da cupidez, numa palavra: de todos os interesses materiais. Quando tudo vai pelo melhor consoante esses interesses, diz-se que o casamento é de conveniência e, quando as bolsas estão bem aquinhoadas, diz-se que os esposos igualmente o são e muito felizes hão de ser.*
>
> *Nem a lei civil, porém, nem os compromissos que ela faz se contraiam podem suprir a Lei de Amor, se esta não preside à união, resultando, frequentemente, separarem-se por si mesmos os que à força se uniram [...]. Daí as uniões infelizes, que acabam tornando-se criminosas, dupla desgraça que se evitaria se, ao estabelecerem-se as condições do matrimônio, se não abstraísse da única que o sanciona aos olhos de Deus: a Lei de Amor [...].*[347]

Outro ponto importante que devemos considerar é que o casamento, no sentido de organização social, não deverá desaparecer da face do planeta porque faz parte do processo civilizatório. Existirá sempre uma fórmula normativa para regulamentar as relações humanas, uma vez que

> *[...] A lei civil tem por fim regular as relações sociais e os interesses das famílias, de acordo com as exigências da civilização; por isso, é útil, necessária, mas variável. Deve ser previdente, porque o homem civilizado não pode viver como selvagem; nada, entretanto, nada absolutamente se opõe a que ela seja um corolário da Lei de Deus [...].*[348]

Em suma, temos consciência à luz do entendimento espírita,

> *[...] que há casamento de amor, de fraternidade, de provação, de dever [...]. O matrimônio espiritual realiza-se, alma com alma, representando os demais*

*simples conciliações indispensáveis à solução de necessidades ou processos retificadores, embora todos sejam sagrados.*³⁴⁹

REFERÊNCIAS

328 KARDEC, Allan. *O livro dos espíritos*. Trad. Guillon Ribeiro. 93. ed. 9. imp. (Edição Histórica). Brasília: FEB, 2019. q. 696.

329 XAVIER, Francisco Cândido. *Vida e sexo*. Pelo Espírito Emmanuel. 27. ed. 3. imp. Brasília: FEB, 2016. cap. 7 – *Casamento*.

330 BARCELOS, Walter. *Sexo e evolução*. 6. ed. 2. reimp. Brasília: FEB, 2010. cap. 18 – *Sexo e matrimônio*.

331 XAVIER, Francisco Cândido. *Vida e sexo*. Pelo Espírito Emmanuel. 27. ed. 3. imp. Brasília: FEB, 2016. cap. 7 – *Casamento*.

332 _____. _____. cap. 8 – *Divórcio*.

333 BARCELOS, Walter. *Sexo e evolução*. 6. ed. 2. reimp. Brasília: FEB, 2010. cap. 18 – *Sexo e matrimônio*, it. 18.1 Casamento: compromisso e responsabilidade.

334 KARDEC, Allan. *O livro dos espíritos*. Trad. Guillon Ribeiro. 93. ed. 9. imp. (Edição Histórica). Brasília: FEB, 2019. q. 695.

335 XAVIER, Francisco Cândido. *Vida e sexo*. Pelo Espírito Emmanuel. 27. ed. 3. imp. Brasília: FEB, 2016. cap. 23 – *Abstinência e celibato*.

336 BARCELOS, Walter. *Sexo e evolução*. 6. ed. 2. reimp. Brasília: FEB, 2010. cap. 21 – *Abstinência sexual e aperfeiçoamento*, it. 21.1 Pessoas celibatárias sofrem incompreensões. Celibato: período para educação dos próprios impulsos.

337 KARDEC, Allan. *O livro dos espíritos*. Trad. Guillon Ribeiro. 93. ed. 9. imp. (Edição Histórica). Brasília: FEB, 2019. Comentário de Kardec à q. 699.

338 _____. _____. q. 701.

339 _____. _____. Comentário de Kardec à q. 701.

340 _____. *O evangelho segundo o espiritismo*. Trad. Guillon Ribeiro. 131. ed. 14. imp. (Edição Histórica). Brasília: FEB, 2019. cap. 11, it. 8.

341 _____. _____.

342 XAVIER, Francisco Cândido; VIEIRA, Waldo. *Evolução em dois mundos*. Pelo Espírito André Luiz. 27. ed. 13. imp. Brasília: FEB, 2020. 1ª pt., cap. 18 – *Sexo e corpo espiritual*, it. Evolução do amor.

343 _____. _____. it. Poligamia e monogamia.

344 KARDEC, Allan. *O livro dos espíritos*. Trad. Guillon Ribeiro. 93. ed. 9. imp. (Edição Histórica). Brasília: FEB, 2019. Comentário de Kardec à q. 696.

345 XAVIER, Francisco Cândido. *O consolador*. Pelo Espírito Emmanuel. 29. ed. 11. imp. Brasília: FEB, 2020. q. 179.

ROTEIRO 1 – Casamento e celibato

346 PERALVA, Martins. *O pensamento de Emmanuel*. 9. ed. 5. imp. Brasília: FEB, 2020. cap. 27 – *Casamento e sexo*.

347 KARDEC, Allan. *O evangelho segundo o espiritismo*. Trad. Guillon Ribeiro. 131. ed. 14. imp. (Edição Histórica). Brasília: FEB, 2019. cap. 22, it. 3.

348 _____. _____. it. 4.

349 XAVIER, Francisco Cândido. *Nosso lar*. Pelo Espírito André Luiz. 64. ed. 15. imp. Brasília: FEB, 2020. cap. 38 – *O caso Tobias*.

ROTEIRO 2

OBSTÁCULOS À REPRODUÇÃO

1 OBJETIVOS ESPECÍFICOS

» Analisar os obstáculos à reprodução, à luz do Espiritismo.

2 CONTEÚDO BÁSICO

» Dizem os Espíritos que tudo "[...] *o que embaraça a Natureza em sua marcha é contrário à lei geral.*" (Allan Kardec, *O livro dos espíritos*, q. 693).

» *Deus concedeu ao homem, sobre todos os seres vivos, um poder de que ele deve usar, sem abusar. Pode, pois, regular a reprodução, de acordo com as necessidades. Não deve opor-se-lhe sem necessidade. A ação inteligente do homem é um contrapeso que Deus dispôs para restabelecer o equilíbrio entre as forças da Natureza e é ainda isso o que o distingue dos animais, porque ele obra com o conhecimento de causa. Os mesmos animais, porém, também concorrem para a existência desse equilíbrio, porquanto o instinto de destruição que lhes foi dado faz com que, provendo à própria conservação, obstem ao desenvolvimento excessivo, quiçá perigoso, das espécies animais e vegetais de que se alimentam* (Allan Kardec, *O livro dos espíritos*, q. 693-a).

3 SUGESTÕES DIDÁTICAS

3.1 SUGESTÃO 1:

Introdução

Iniciar o estudo fazendo uma ligeira revisão sobre o tema do Roteiro 3 – Retorno à vida corporal: o planejamento reencarnatório (ver Módulo VI do Programa Fundamental – Tomo I. FEB Editora).

Desenvolvimento

Em seguida, pedir aos participantes que se dividam em pequenos grupos para, com base nos subsídios do Roteiro, resolver as seguintes questões:

1) Em *O livro dos espíritos* (q. 693-a), dizem os Espíritos Superiores que tudo "[...] *o que embaraça a Natureza em sua marcha é contrário à lei geral*". Estas palavras podem ser entendidas como uma censura às medidas adotadas pelo homem para regular a reprodução? Justificar a resposta.

2) Como conciliar o controle da natalidade com o planejamento reencarnatório?

3) Analisar, à luz do Espiritismo, o uso de anticonceptivos no planejamento familiar.

Após o trabalho em grupo, discutir com os participantes cada uma das questões propostas, fazendo a integração do assunto.

Conclusão

Encerrar destacando a nossa responsabilidade no uso do livre-arbítrio, uma vez que nada nos afastará das provas necessárias ao progresso espiritual.

Avaliação

O estudo será considerado satisfatório se o grupo resolver corretamente as questões propostas, participando, com interesse, da discussão.

Técnica(s): trabalho em pequenos grupos; discussão; exposição.

Recurso(s): subsídios do Roteiro 3 – Retorno à vida corporal: o planejamento reencarnatório (Módulo VI do Programa Fundamental – Tomo I); *O livro dos espíritos*; questões para o trabalho em grupo; lápis/caneta; papel.

Atividade de preparação para o próximo encontro de estudo, Sugestão 1:

» Solicitar aos participantes que, após a leitura dos subsídios do Roteiro 3 – Retorno à vida corporal: o planejamento reencarnatório (Módulo VI do Programa Fundamental – Tomo I), façam uma pesquisa nos artigos 125 e 128, I e II, do Código Penal Brasileiro, elaborando um resumo escrito sobre o assunto.

3.2 SUGESTÃO 2:

Introdução

Iniciar o estudo convidando os participantes para falarem sobre planejamento reencarnatório, tema já estudado.

Ouvir o comentário, participando e estimulando a grupo nas lembranças do estudo.

Desenvolvimento

Propor leitura oral comentada dos subsídios do Roteiro, com a participação de todos.

Em seguida, refletir em reflexão circular:

» *A que conclusão chegamos acerca dos obstáculos à reprodução?*

» *Qual a importância do planejamento familiar?*

» *Como praticar essa Lei Natural?* etc.

Nesse momento, o facilitador esclarece dúvidas e complementa informações enriquecendo a discussão.

Propor a seguinte reflexão individual (não há a necessidade de comentário):

Tenho agido com responsabilidade em relação ao meu corpo?

Conclusão

Fazer o fechamento com a leitura do texto:

> "Deus concedeu ao homem, sobre todos os seres vivos, um poder de que ele deve usar, sem abusar. Pode, pois, regular a reprodução, de acordo com as necessidades. Não deve opor-se-lhe sem necessidade. A ação inteligente do homem é um contrapeso que Deus dispôs para restabelecer o equilíbrio entre as forças da Natureza e é ainda isso o que o distingue dos animais, porque ele obra com o conhecimento de causa. Os mesmos animais, porém, também concorrem para a existência desse equilíbrio, porquanto o instinto de destruição que lhes foi dado faz com que, provendo à própria conservação, obstem ao desenvolvimento excessivo, quiçá perigoso, das espécies animais e vegetais de que se alimentam." (Allan Kardec, *O livro dos espíritos*, q. 693-a).

Avaliação

O estudo será considerado satisfatório se as ideias dos participantes refletirem entendimento do assunto.

Técnica(s): explosão de ideias; estudo de grupo; discussão circular.

Recurso(s): *O livro dos espíritos*; subsídios do Roteiro.

Atividade de preparação para o próximo encontro de estudo – Sugestões 1 e 2:

Esta atividade pode ser proposta a um grupo pequeno de participantes, para grupos ou pesquisa livre para todos:

» Fazer o estudo dos subsídios do Roteiro 3 (Módulo VI do Programa Fundamental – Tomo I) e das questões 357 a 360 de *O livro dos espíritos*.

» Pesquisar os artigos 125 e 128, I e II, do Código Penal Brasileiro, elaborando um resumo escrito sobre o assunto.

Observação: O facilitador deverá acompanhar as pesquisas, orientando-os e direcionando-os para reflexões espíritas.

4 SUBSÍDIOS

Vimos no Módulo VI, Roteiro 3 (Tomo I), que não há improvisação nos procedimentos que antecedem as experiências reencarnatórias. Existe, na verdade, uma planificação fundamentada na lógica e na moralidade, tendo em vista o progresso espiritual da criatura humana. Dessa forma, estarão previstos no planejamento reencarnatório não somente o tipo e o número de Espíritos reencarnantes, mas também as características de cada renascimento. Trata-se, obviamente, de uma planificação flexível, adaptável à realidade da vida no plano físico e de acordo com as provações programadas para o Espírito, uma vez que os orientadores espirituais compreendem que uma série de interferências pode ocorrer, independentemente da vontade do reencarnante. Entretanto, sabemos que um compromisso dessa envergadura é concretizado cedo ou tarde. Se um Espírito, por exemplo, não pode renascer como filho de um casal, por força das circunstâncias, retornará como neto, sobrinho, filho adotivo ou sob outra forma que a Providência Divina determinar. O importante é que os planos definidos no planejamento reencarnatório sejam atendidos.

A rigor, não deveria haver um controle da natalidade, consoante o entendimento espírita que temos sobre o planejamento reencarnatório. Entretanto, Joanna de Ângelis nos elucida:

> *Alegações ponderosas que merecem consideração vêm sendo arroladas para justificar-se a planificação familiar através do uso dos anticonceptivos de variados*

tipos. São argumentos de caráter sociológico, ecológico, econômico, demográfico, considerando-se com maior vigor os fatores decorrentes das possibilidades de alimentação numa Terra tida como semiexaurida de recursos para nutrir aqueles que se multiplicam geometricamente com espantosa celeridade...

[...]

Sem dúvida, estamos diante de um problema de alta magnitude, que deve ser, todavia, estudado à luz do Evangelho e não por meio dos complexos cálculos frios da precipitação materialista.

O homem pode e deve programar a família que deseja e lhe convém ter: número de filhos, período propício para a maternidade; nunca, porém, se eximirá aos imperiosos resgates a que faz jus, tendo em vista o seu próprio passado.[350]

Em *O livro dos espíritos*, questão 693, há a seguinte indagação de Allan Kardec: *São contrários à Lei da Natureza as leis e os costumes humanos que têm por fim ou por efeito criar obstáculos à reprodução?* Os Espíritos Superiores, respondendo à pergunta do Codificador, afirmam: "Tudo o que embaraça a Natureza em sua marcha é contrário à lei geral".[351] Essa afirmativa merece maior reflexão, a fim de que possamos apreender o seu verdadeiro significado. Por meio de um simples exercício mental, poderíamos reescrever dessa forma o texto: "São contrários à Lei da Natureza as leis e os costumes humanos que, efetivamente, têm por fim ou por efeito criar obstáculos à reprodução, porque sendo contrários à lei geral, embaraçam a Natureza em sua marcha". Em outras palavras, podemos também dizer que, desde que os obstáculos à reprodução não firam a moral nem a ética, podem ser utilizados como, por exemplo, nos casos de gestação que põem em risco a vida da gestante. Sabemos, contudo, que estas são situações específicas, solicitando uma análise mais apurada, envolvendo a opinião dos cônjuges e dos profissionais de Medicina e de Psicologia. Dessa forma, retornando ao questionamento inicial, desenvolvido por Kardec, constata-se a lucidez e a objetividade dos Espíritos orientadores, os quais, ao mesmo tempo em que nos esclarecem a respeito de um assunto tão complexo, não deixam de considerar as implicações das Leis de Causa e Efeito, de Liberdade e do Progresso, importantes na elaboração do planejamento reencarnatório.

Assim é que, atentos às dificuldades e obstáculos que a criatura humana enfrenta no dia a dia da existência planetária, os Espíritos orientadores nos ensinam, de forma ponderada, que

Deus concedeu ao homem, sobre todos os seres vivos, um poder de que ele deve usar, sem abusar. Pode, pois, regular a reprodução, de acordo com as necessidades. Não deve opor-se-lhe sem necessidade. A ação inteligente do homem é

um contrapeso que Deus dispôs para restabelecer o equilíbrio entre as forças da Natureza e é ainda isso o que o distingue dos animais, porque ele obra com conhecimento de causa [...].[352]

Sendo assim,

No que tange ao controle da natalidade humana, objeto, hoje, de complexas pesquisas nos campos da Biologia, da Genética, da Farmacologia, da Sociologia etc. e de acalorados debates entre teólogos e moralistas de várias tendências, a Doutrina Espírita nos autoriza a afirmar que, em havendo razões realmente justas *para isso, pode o homem limitar sua prole,* evitando a concepção.[353]

Dessa forma, o controle da natalidade passa a ser legítimo quando há justificativas de ordem superior que impeçam ou dificultem o renascimento de Espíritos. No entanto, criar obstáculos à reprodução em atendimento aos anseios da sensualidade e da luxúria "[...] *prova a predominância do corpo sobre a alma e quanto o homem é material*".[354] Analisando, especificamente, os efeitos da pílula anticoncepcional no controle da natalidade, Jorge Andréa nos esclarece:

No caso da utilização das pílulas anticonceptivas (anuvolatório oral), no seio das quais se encontram combinados estrógenos e progestágeno, haverá inibição dos hormônios gonadotróficos (FSH e LH) secretados pela hipófise. Consequentemente, não existirá, também, estimulação para a maturação dos folículos ovarianos com a respectiva ovulação [...].

Pelo exposto, podemos avaliar o processo agressivo nas estruturas gonádicas, no organismo feminino, que as pílulas anticoncepcionais podem determinar. [...] Se as pílulas atuassem, exclusivamente, nas regiões materiais, estaríamos, de modo irrestrito, ligados aos conceitos defendidos pela Ciência, quanto ao seu uso; entretanto, a existência dos campos perispirituais, praticamente a zona de acoplamento com a matéria, possibilita novos pensamentos indispensáveis à própria biologia que, por enquanto, não possui condições de mais precisa abordagem.

A utilização de anovulatórios tem indicação da regularização do ciclo menstrual, podendo ser estendida a um equacionamento de planejamento familiar, dentro de certas medidas, nas quais possamos avaliar não só as influências nas estruturas funcionais do corpo físico, como também, e principalmente, na posição ética e moral pelos seus efeitos nos campos espirituais. Conhecer essas posições, na avaliação de utilização adequada de anticoncepcionais, é permitir-se um conhecimento mais profundo das Leis Morais e da própria vida que uma universalidade de posição pode propiciar.

Por tudo isso, o controle de natalidade só poderá ter sentido quando avaliado de muitos ângulos, em que as diversas estruturas individuais, físicas e psíquicas, possam ser devidamente apreciadas e bem equacionadas. Mas, o que se está presenciando é a degradação de costumes ampliando e destroçando a organização genética, com imensos reflexos nos futuros desajustes familiares, em que os mecanismos da reencarnação respondem com severas reações.[355]

A título de ilustração, inserimos, em seguida, pequeno trecho de um diálogo ocorrido entre o assistente Silas e o Espírito Hilário, relatado por André Luiz no livro *Ação e reação*:

> *– Já que nos detemos, em matéria de sexologia, na Lei de Causa e Efeito, como interpretar a atitude dos casais que evitam os filhos, dos casais dignos e respeitáveis, sob todos os pontos de vista, que sistematizam o uso dos anticoncepcionais?*
>
> *Silas sorriu de modo estranho e falou:*
>
> *– Se não descambam para a delinquência do aborto, na maioria das vezes são trabalhadores desprevenidos que preferem poupar o suor, na fome de reconforto imediatista. Infelizmente para eles, porém, apenas adiam realizações sublimes, às quais deverão fatalmente voltar, porque há tarefas e lutas em família que representam o preço inevitável de nossa regeneração. Desfrutam a existência, procurando inutilmente enganar a si mesmos, no entanto, o tempo espera-os, inexorável, dando-lhes a conhecer que a redenção nos pede esforço máximo. Recusando acolhimento a novos filhinhos, quase sempre programados para eles antes da reencarnação, emaranham-se nas futilidades e preconceitos das experiências de subnível, para acordarem, depois do túmulo, sentindo frio no coração...*[356]

REFERÊNCIAS

[350] FRANCO, Divaldo Pereira. *S.O.S família*. Pelo Espírito Joanna de Ângelis e Diversos Espíritos. 3. ed. Salvador (BA): LEAL, 1994. cap. 7 – *Anticonceptivos e Planejamento Familiar* (Joanna de Ângelis), p. 41.

[351] KARDEC, Allan. *O livro dos espíritos*. Trad. Guillon Ribeiro. 93. ed. 9. imp. (Edição Histórica). Brasília: FEB, 2019. q. 693.

[352] _____. _____. q. 693-a.

[353] CALLIGARIS, Rodolfo. *As leis morais*. 15. ed. 5. imp. Brasília: FEB, 2016. cap. 16 – *A lei de reprodução*.

[354] KARDEC, Allan. *O livro dos espíritos*. Trad. Guillon Ribeiro. 93. ed. 9. imp. (Edição Histórica). Brasília: FEB, 2019. q. 694.

[355] ANDRÉA, Jorge. *Forças sexuais da alma*. 10. ed. 4. reimp. Brasília: FEB, 2010. cap. 3, it. Pílula anticoncepcional e controle de natalidade.

[356] XAVIER, Francisco Cândido. *Ação e reação*. 30. ed. 13. imp. Brasília: FEB, 2020. cap. 15 – *Anotações oportunas*.

ROTEIRO 3

O ABORTO

1 **OBJETIVOS ESPECÍFICOS**

» Analisar sobre o aborto delituoso e suas consequências físicas e espirituais.

» Refletir sobre o aborto delituoso em conformidade com o caráter consolador da Doutrina Espírita.

2 **CONTEÚDO BÁSICO**

» [...] *Uma mãe, ou quem quer que seja, cometerá crime sempre que tirar a vida a uma criança antes do seu nascimento, por isso que impede uma alma de passar pelas provas a que serviria de instrumento o corpo que se estava formando* (Allan Kardec, *O livro dos espíritos*, q. 358).

» *Dado o caso que o nascimento da criança pusesse em perigo a vida da mãe dela, haverá crime em sacrificar-se a primeira para salvar a segunda?* "Preferível é se sacrifique o ser que ainda não existe a sacrificar-se o que já existe." (Allan Kardec, *O livro dos espíritos*, q. 359).

» *Para melhorar a própria situação, que deve fazer a mulher que se reconhece, na atualidade, com dívidas no aborto provocado, antecipando-se, desde agora, no trabalho da sua própria melhoria moral, antes que a próxima existência lhe imponha as aflições regenerativas?*

– Sabemos que é possível renovar o destino todos os dias.

Quem ontem abandonou os próprios filhos pode hoje afeiçoar-se aos filhos alheios, necessitados de carinho e abnegação.

O próprio Evangelho do Senhor, na palavra do Apóstolo Pedro, adverte-nos quanto à necessidade de cultivarmos ardente caridade uns para com os outros, porque a caridade cobre a multidão de nossos males (André Luiz, *Evolução em dois mundos*, 2ª pt., cap. 14 – Aborto criminoso).

» O aborto delituoso representa "[...] *um dos grandes fornecedores das moléstias de etiologia obscura e das obsessões catalogáveis na patologia da mente, ocupando vastos departamentos de hospitais e prisões.*" (Emmanuel, *Vida e sexo*, cap. 17– Aborto).

3 SUGESTÕES DIDÁTICAS

3.1 SUGESTÃO 1:

Introdução

Solicitar aos participantes que releiam, silenciosa e individualmente, os subsídios do Roteiro, e, em seguida, apresentem os resultados da pesquisa feita no Código Penal Brasileiro, solicitada na atividade extrarreunião do encontro anterior (ver os subsídios do Roteiro 3, Módulo VI: Programa Fundamental, Tomo I).

Ouvir as apresentações, evitando comentá-las neste momento.

Desenvolvimento

Em seguida, fazer breve exposição sobre o tema *aborto*, tendo como base as ideias desenvolvidas nos subsídios e os resultados da pesquisa apresentados pela grupo.

Propor, então, uma discussão mais aprofundada do assunto, solicitando aos participantes que formem um grande círculo:

» *O que a Doutrina Espírita esclarece acerca do aborto?*

» *Quem sofre as consequências do aborto?*

» *Pelo aborto praticado, a culpa é somente da mulher? Justifique etc.*

Observação: O facilitador deve continuamente utilizar um tom moderado, acalmar ânimos, incentivando a emissão de ideias positivas, contendo com segurança e delicadeza os mais falantes e, sempre que necessário, tecer apreciações em torno de ideias relevantes ao entendimento do assunto.

Conclusão

Alinhavar, ao final do estudo, os pontos principais da discussão, entregando aos participantes uma síntese dos esclarecimentos espíritas sobre o aborto.

Avaliação

O estudo será considerado satisfatório se os participantes realizarem, de forma correta, a atividade extrarreunião e a discussão circular, participando ativamente.

Recurso(s): subsídios do Roteiro; questões para a discussão circular; resumo doutrinário sobre aborto.

Técnica(s): exposição; discussão circular.

3.2 SUGESTÃO 2:

Introdução

Iniciar o encontro com a apresentação dos resultados da pesquisa solicitada, na semana anterior, como atividade extrarreunião.

Pedir aos participantes ou grupos apresentarem a conclusão de seus trabalhos.

Desenvolvimento

Fazer (o facilitador) comentários pertinentes aos resultados apresentados, destacando pontos interessantes e importantes acerca das pesquisas, convergindo para as reflexões espíritas.

Observação: Lembramos que a apresentação deve ser restrita aos aspectos materiais e morais das situações.

Em seguida, passar o vídeo *Aborto na visão espírita* – Haroldo Dutra, Divaldo Franco e Marlene Nobre (26:29), disponível em:

http://bit.ly/35UVrQs

Propor reflexões em discussão circular:

» *O que a Doutrina Espírita esclarece acerca do aborto?*
» *Quem sofre as consequências do aborto?*

» *Pelo aborto praticado, a culpa é somente da mulher? Justifique.*

Nesse momento, o facilitador esclarece dúvidas e complementa informações enriquecendo a discussão.

Conclusão

Fazer a leitura oral seguida de comentário acolhedor:

13º) A duração do castigo depende da melhoria do Espírito culpado. Nenhuma condenação por tempo determinado lhe é prescrita. O que Deus exige por termo de sofrimentos é um melhoramento sério, efetivo, sincero, de volta ao bem.

Deste modo o Espírito é sempre o árbitro da própria sorte, podendo prolongar os sofrimentos pela pertinácia no mal, ou suavizá-los e anulá-los pela prática do bem.

Uma condenação por tempo predeterminado teria o duplo inconveniente de continuar o martírio do Espírito renegado, ou de libertá-lo do sofrimento quando ainda permanecesse no mal. Ora, Deus, que é justo, só pune o mal enquanto existe, e deixa de o punir quando não existe mais; por outra, o mal moral, sendo por si mesmo causa de sofrimento, fará este durar enquanto subsistir aquele, ou diminuirá de intensidade à medida que ele decresça.

14º) Dependendo da melhoria do Espírito a duração do castigo, o culpado que jamais melhorasse sofreria sempre, e, para ele, a pena seria eterna.

15º) Uma condição inerente à inferioridade dos Espíritos é não lobrigarem o termo da provação, acreditando-a eterna, como eterno lhes parece deva ser um tal castigo.

16º) O *arrependimento*, conquanto seja o primeiro passo para a regeneração, não basta por si só; são precisas a *expiação* e a *reparação*.

Arrependimento, expiação e reparação constituem, portanto, as três condições necessárias para apagar os traços de uma falta e suas consequências. O arrependimento suaviza os travos da expiação, abrindo pela esperança o caminho da reabilitação; *só a reparação, contudo, pode anular o efeito destruindo-lhe a causa*. Do contrário, *o perdão seria uma graça, não uma anulação*.

17º) O arrependimento pode dar-se por toda parte e em qualquer tempo; se for tarde, porém, o culpado sofre por mais tempo (Allan Kardec, *O céu e o inferno*, 1ª pt., cap. 7, it. Código penal da vida futura).

Todas as criaturas comentem erros, alguns de natureza grave. No entanto, não têm por desaminar na luta, ou abandonar os compromissos de elevação moral.

[...]

Consciente do erro, torna-se exequível que se busque uma forma de reparação, e nenhuma é mais eficiente do que a de auxiliar aquele a quem se ofendeu ou prejudicou [...] (Joanna de Ângelis, *Conflitos existenciais*, psicografia Divaldo Pereira Franco cap. 6 – *Culpa*, it. Processos de libertação da culpa. LEAL, 2014).

Avaliação

O estudo será considerado satisfatório se as ideias dos participantes refletirem entendimento do assunto.

Técnica(s): apresentação de trabalho; discussão circular.

Recurso(s): *O livro dos espíritos*; subsídios do Roteiro; vídeo.

4 SUBSÍDIOS

4.1 O ABORTO SOB A ÓPTICA ESPÍRITA – AS CONSEQUÊNCIAS FÍSICAS E ESPIRITUAIS – E O CARÁTER CONSOLADOR DA DOUTRINA

Neste Roteiro procuramos focalizar o aborto delituoso que é o que resulta em sofrimentos para todos os Espíritos que direta ou indiretamente estejam envolvidos com esse ato.

> *De todo os institutos sociais existentes na Terra, a família é o mais importante, do ponto de vista dos alicerces morais que regem a vida.*
>
> [...]
>
> *Fácil entender que [...] atendendo aos impositivos do progresso, nos revezamos na arena do mundo, ora envergando a posição de pais, ora desempenhando o papel de filhos, aprendendo, gradativamente, na carteira do corpo carnal, as lições profundas do amor – do amor que nos soerguerá, um dia, em definitivo, da Terra para os Céus.*[357]
>
> *[...] Uma mãe, ou quem quer que seja, cometerá crime sempre que tirar a vida a uma criança antes do seu nascimento, por isso que impede uma alma de passar pelas provas a que serviria de instrumento o corpo que se estava formando.*[358]

De acordo com a Doutrina Espírita não haverá crime de aborto nos casos em que a mãe esteja em perigo de morte: "*Preferível é se sacrifique o ser que ainda não existe a sacrificar-se o que já existe*".[359]

> *[...] considerando o Universo em sua totalidade como Reino Divino, vamos encontrar o bem do Criador para todas as criaturas, como Lei básica, cujas transgressões deliberadas são corrigidas no próprio infrator, com o objetivo natural de conseguir-se, em cada círculo de trabalho no campo cósmico, o máximo de equilíbrio o com respeito máximo aos direitos alheios, dentro da mínima pena.*

Atendendo-se, no entanto, a que a Justiça perfeita se eleva, indefectível, sobre o perfeito Amor, no hausto de Deus "em nos que movemos e existimos", toda reparação, perante a Lei básica a que nos reportamos, se realiza em termos de vida eterna e não segundo a vida fragmentária que conhecemos na encarnação humana, porquanto uma existência pode estar repleta de acertos e desacertos, méritos e deméritos e a misericórdia do Senhor preceitua, não que o delinquente seja flagelado, com extensão indiscriminada de dor expiatória, o que seria volúpia de castigar nos tribunais do destino, invariavelmente regidos pela Equidade Soberana, mas sim que o mal seja suprimido de suas vítimas, com a possível redução do sofrimento.

Desse modo, segundo o princípio universal do Direito cósmico a expressar-se, claro, no ensinamento de Jesus que manda conferir "a cada um de acordo com as próprias obras", arquivamos em nós as raízes do mal que acalentamos para extirpá-las à custa do esforço próprio, em companhia daqueles que se no afinem à faixa de culpa, com os quais, perante a Justiça Eterna, os nossos débitos jazem associados.

[...]

É dessa forma que a mulher e o homem, acumpliciados nas ocorrências do aborto delituoso, mas principalmente a mulher, cujo grau de responsabilidade nas faltas dessa natureza é muito maior, à frente da vida que ela prometeu honrar com nobreza, na maternidade sublime, desajustam as energias psicossomáticas, com mais penetrante desequilíbrio do centro genésico, implantando nos tecidos da própria alma a sementeira de males que frutescerão, mais tarde, em regime de produção a tempo certo.

Isso ocorre não somente porque o remorso se lhes entranhe no ser, à feição de víbora magnética, mas também porque assimilam, inevitavelmente, as vibrações de angústia e desespero e, por vezes, de revolta e vingança dos Espíritos que a Lei lhes reservara para filhos do próprio sangue, na obra de restauração do destino.

No homem, o resultado dessas ações aparece, quase sempre, em existência imediata àquela na qual se envolveu em compromissos desse jaez, na forma de moléstias testiculares, disendocrinias diversas, distúrbios mentais, com evidente obsessão por parte de forças invisíveis emanadas de entidades retardatárias que ainda encontram dificuldade para exculpar-lhes a deserção.

Nas mulheres, as derivações surgem extremamente mais graves. O aborto provocado, sem necessidade terapêutica, revela-se matematicamente seguido por choques traumáticos no corpo espiritual, tantas vezes quantas se repetir o delito de lesa-maternidade, mergulhando as mulheres que o perpetram em angústias indefiníveis, além da morte, uma vez que, por mais extensas se lhes façam as gratificações e os obséquios dos Espíritos amigos e benfeitores que lhes recordam as qualidades elogiáveis, mais se sentem diminuídas moralmente em si mesmas, com o centro genésico desordenado e infeliz, assim como alguém indebitamente admitido num festim brilhante, carregando uma chaga que a todo instante se denuncia.

ROTEIRO 3 – O aborto

Dessarte, ressurgem na vida física, externando gradativamente, na tessitura celular de que se revestem, a disfunção que podemos nomear como a miopraxia do centro genésico atonizado, padecendo, logo que reconduzidas ao curso da maternidade terrestre, as toxemias da gestação.[...]

Enquadradas na arritmia do centro genésico, outras alterações orgânicas aparecem, flagelando a vida feminina como sejam o descolamento da placenta eutópica, por hiperatividade histolítica da vilosidade corial; a hipocinesia uterina, favorecendo a germicultura do estreptococo ou do gonococo, depois das crises endometríticas puerperais; a salpingite tuberculosa; a degeneração cística do cório; a salpingo-oforite, em que o edema e o exsudato fibrinoso provocam a aderência das pregas da mucosa tubária, preparando campo propício às grandes inflamações anexiais, em que o ovário e a trompa experimentam a formação de tumores purulentos que os identificam no mesmo processo de desagregação; as síndromes circulatórias da gravidez aparentemente normal, quando a mulher, no pretérito, viciou também o centro cardíaco, em consequência do aborto calculado e seguido por disritmia das forças psicossomáticas que regulam o eixo elétrico do coração, ressentindo-se, como resultado, na nova encarnação e em pleno surto de gravidez, da miopraxia do aparelho cardiovascular, com aumento da carga plasmática na corrente sanguínea, por deficiência no orçamento hormonal, daí resultando graves problemas da cardiopatia consequente.

Temos ainda a considerar que a mulher sintonizada com os deveres da maternidade na primeira ou, às vezes, até na segunda gestação, quando descamba para o aborto criminoso, na geração dos filhos posteriores, inocula automaticamente no centro genésico e no centro esplênico do corpo espiritual as causas sutis de desequilíbrio recôndito, a se lhe evidenciarem na existência próxima pela vasta acumulação do antígeno que lhe imporá as divergências sanguíneas com que asfixia, gradativamente, por meio da hemólise, o rebento de amor que alberga carinhosamente no próprio seio, a partir da segunda ou terceira gestação, porque as enfermidades do corpo humano, como reflexos das depressões profundas da alma, ocorrem dentro de justos períodos etários.

Além dos sintomas que abordamos em sintética digressão na etiopatogenia das moléstias do órgão genital da mulher, surpreenderemos largo capítulo a ponderar no campo nervoso, em face da hiperexcitação do centro cerebral, com inquietantes modificações da personalidade, a raiarem, muitas vezes, no martirológio da obsessão, devendo-se ainda salientar o caráter doloroso dos efeitos espirituais do aborto criminoso, para os ginecologistas e obstetras delinquentes.

– Para melhorar a própria situação, que deve fazer a mulher que se reconhece, na atualidade, com dívidas no aborto provocado, antecipando-se, desde agora, no trabalho da sua própria melhoria moral, antes que a próxima existência lhe imponha as aflições regenerativas?

– *Sabemos que é possível renovar o destino todos os dias.*

Quem ontem abandonou os próprios filhos pode hoje afeiçoar-se aos filhos alheios, necessitados de carinho e abnegação.

O próprio Evangelho do Senhor, na palavra do Apóstolo Pedro, adverte-nos quanto à necessidade de cultivarmos ardente caridade uns para com os outros, porque a caridade cobre a multidão de nossos males [I Pedro, 4:8].[360]

REFERÊNCIAS

[357] XAVIER, Francisco Cândido. *Vida e sexo*. Pelo Espírito Emmanuel. 27. ed. 3. imp. Brasília: FEB, 2016. cap. 17 – *Aborto*.

[358] KARDEC, Allan. *O livro dos espíritos*. Trad. Guillon Ribeiro. 93. ed. 9. imp. (Edição Histórica). Brasília: FEB, 2019. q. 358.

[359] _____. _____. q. 359.

[360] XAVIER, Francisco Cândido; VIEIRA, Waldo. *Evolução em dois mundos*. Pelo Espírito André Luiz. 27. ed. 13. imp. Brasília: FEB, 2020. 2ª pt., cap. 14 –*Aborto criminoso*.

A LEI

Em reflexões misérrimas, absorto,
Raciocinava: "O último tormento
É regressar à carne e ao sofrimento
Sem o triste fenômeno do aborto!...

Toda a amargura d'alma é o desconforto
De retornar ao corpo famulento,
E apagar toda a luz do pensamento
Nas células de um mundo amargo e morto!..."

Mas, uma voz da luz dos grandes mundos,
Em conceitos sublimes e profundos,
Respondeu-me em acentos colossais:

– Verme que volves dos esterquilínios,
Cessa a miséria de teus raciocínios,
Não insultes as leis universais.

AUGUSTO DOS ANJOS

FONTE: XAVIER, Francisco Cândido. *Parnaso de além-túmulo*. 19. ed. 4. imp. Brasília: FEB, 2016.

PROGRAMA FUNDAMENTAL

MÓDULO XVII
Lei de Justiça, Amor e Caridade

OBJETIVO GERAL

Favorecer entendimento da Lei de Justiça, Amor e Caridade, relacionando-a com as outras leis.

"Assim como quereis que os homens vos façam, da mesma forma fazei vós a eles" (*Lucas*, 6:31).

ROTEIRO 1

JUSTIÇA E DIREITOS NATURAIS

1 OBJETIVOS ESPECÍFICOS

» Analisar a relação existente entre a justiça e os direitos naturais.

» Refletir sobre a variedade de manifestações da justiça entre os homens.

2 CONTEÚDO BÁSICO

» *Os direitos naturais são os mesmos para todos os homens, desde os de condição mais humilde até os de posição mais elevada. Deus não fez uns de limo mais puro do que o de que se serviu para fazer os outros, e todos, aos seus olhos, são iguais. Esses direitos são eternos [...]* (Allan Kardec, *O livro dos espíritos*, q. 878-a).

» *O sentimento da justiça está em a natureza, ou é resultado de ideias adquiridas?* "Está de tal modo na natureza, que vos revoltais à simples ideia de uma injustiça. É fora de dúvida que o progresso moral desenvolve esse sentimento, mas não o dá. Deus o pôs no coração do homem [...]" (Allan Kardec, *O livro dos espíritos*, q. 873).

» *Como se pode definir a justiça?* "A justiça consiste em cada um respeitar os direitos dos demais." (Allan Kardec, *O livro dos espíritos*, q. 875).

» *[...] qual a base da justiça, segundo a Lei Natural?* "Disse o Cristo: Queira cada um para os outros o que quereria para si mesmo. No coração do homem imprimiu Deus a regra da verdadeira justiça, fazendo que cada um deseje ver respeitados os seus direitos. Na incerteza de como deva proceder com o seu semelhante, em dada circunstância, trate o homem de saber como quereria que com ele procedessem, em circunstância idêntica. Guia mais seguro do que a própria consciência não lhe podia Deus haver dado." (Allan Kardec, *O livro dos espíritos*, q. 876).

3 SUGESTÕES DIDÁTICAS

3.1 SUGESTÃO 1:

Introdução

Perguntar à turma no início do encontro

Como se pode definir a justiça?

Ouvir as respostas, apresentando, em seguida, a definição espírita de justiça (ver *O livro dos espíritos*, q. 875).

Desenvolvimento

Pedir aos participantes que formem grupos para leitura das questões 873, 876 e 878-a de *O livro dos espíritos*, realizando, após, o seguinte exercício:

1) troca de ideias sobre o assunto lido;

2) registro escrito e sintético da relação existente entre a justiça e os direitos naturais;

3) relato das conclusões, em plenária, por um participante indicado pelo grupo.

Ouvir os relatos, destacando os pontos relevantes.

Em seguida, fazer uma exposição dialógica do tema, tendo como base as ideias desenvolvidas nos subsídios.

Conclusão

Terminada a explanação, entregar a cada participante uma cópia da mensagem de Emmanuel, *Caridade e Esperança* (ver Anexo 1), esclarecendo que esta mensagem também representa uma introdução ao tema que será estudado no próximo encontro.

Encerrar o estudo pedindo a um dos participantes que leia o texto em voz alta.

Avaliação

O estudo será considerado satisfatório se os participantes conseguirem explicar corretamente a relação existente entre a justiça e os direitos naturais.

Técnica(s): leitura; trabalho em pequenos grupos; exposição.

Recurso(s): *O livro dos espíritos*; subsídios do Roteiro.

ROTEIRO 1 – Justiça e direitos naturais

3.2 SUGESTÃO 2:

Introdução

Iniciar o estudo com a seguida questão

Como se pode definir justiça?

Ouvir o comentário participando e estimulando o grupo nas reflexões. Em seguida, fazer outra pergunta:

Como podemos definir justiça segundo a Lei Natural?

Ouvir o comentário participando e estimulando a grupo nas reflexões.

Logo após fazer a leitura da questão 875 de *O livro dos espíritos*, seguida da resposta.

Desenvolvimento

Dividir os participantes em grupos:

Grupos 1 e 2 – Fazer a leitura das questões 873 a 879 de *O livro dos espíritos*.

Grupos 3 – Fazer a leitura das questões 880 a 885 de *O livro dos espíritos*.

Grupos 4 – Fazer a leitura e breves comentários dos subsídios do Roteiro.

Os grupos devem registrar o conteúdo principal do que foi lido (tempo de até 20 minutos).

Após a primeira atividade, propor uma discussão circular:

» *Como podemos definir justiça segundo a Lei Natural?*

Nesse momento, o facilitador esclarece dúvidas e complementa informações enriquecendo a discussão de acordo com subsídios do Roteiro, trazendo mais questões para a turma à medida que surgem aspectos interessantes e importantes a serem refletidos. Encaminhar para a conclusão do estudo.

Propor a seguinte reflexão individual (não há a necessidade de comentário):

» *A justiça para mim está de acordo com a Lei Natural?*

Conclusão

Fazer o fechamento com a frase:

"[...] Disse o Cristo: *Queira cada um para os outros o que quereria para si mesmo.*[...]" (Allan Kardec, *O livro dos espíritos*, q. 876).

Avaliação

O estudo será considerado satisfatório se as ideias dos participantes refletirem entendimento do assunto.

Técnica(s): explosão de ideias; estudo de grupo; discussão circular.

Recurso(s): *O livro dos espíritos*; subsídios do Roteiro, lápis e papel.

Atividade de preparação para o próximo encontro de estudo – Sugestão 2:

Esta atividade pode ser proposta para cinco grupos, ou leitura livre para todos:

Grupo 1 – Fazer a leitura do texto de *O evangelho segundo o espiritismo*, capítulo 11 – *Amar o próximo como a si mesmo*, item 8 – A lei de amor.

Grupo 2 – Fazer a leitura do texto de *O evangelho segundo o espiritismo*, capítulo 13 – *Não saiba a vossa mão esquerda o que dê a vossa mão direita*, item 4 – O infortúnio oculto.

Grupo 3 – Fazer a leitura do texto de *O evangelho segundo o espiritismo*, capítulo 13 – *Não saiba a vossa mão esquerda o que dê a vossa mão direita*, item 9 – A caridade material e a caridade moral.

Grupo 4 – Fazer a leitura do texto de *O evangelho segundo o espiritismo*, capítulo 13 – *Não saiba a vossa mão esquerda o que dê a vossa mão direita*, itens 11 e 12 – A beneficência.

Grupo 5 – Fazer a leitura do texto de *O evangelho segundo o espiritismo*, capítulo 13 – *Não saiba a vossa mão esquerda o que dê a vossa mão direita*, itens 13 a 16 – A beneficência.

Os grupos devem fazer a leitura e destacar as ideias principais, marcando frases que julgarem importantes de serem lidas.

O trabalho deve ser orientado para que os grupos tenham até 10 minutos para a sua apresentação.

Observação: O facilitador deve acompanhar o trabalho que será apresentado, orientando-os.

4   SUBSÍDIOS

Os direitos naturais são os instituídos pela Lei Divina ou Natural. Sendo assim,

> [...] *são os mesmos para todos os homens, desde os de condição mais humilde até os de posição mais elevada. Deus não fez uns de limo mais puro do que o de que se serviu para fazer os outros, e todos, aos seus olhos, são iguais. Esses direitos são eternos. Os que o homem estabeleceu perecem com as suas instituições [...].*[361]

Dentre os direitos naturais, destacam os Espíritos Superiores, entre outros, o de viver – o primeiro de todos –,[362] e o de legítima propriedade – aquela que é adquirida sem prejuízo de ninguém.[363]

Estando a Lei de Deus escrita na consciência,[364] possuímos todos sentimentos dos direitos que esta lei nos dá, o que nos leva a preservá-los a todo custo. Por outro lado, não nos enganaremos a respeito da extensão dos nossos direitos, se considerarmos que eles devem ter os mesmos limites dos direitos que, com relação a nós mesmos, reconhecemos em nosso semelhante, em idênticas circunstâncias e de forma recíproca.[365]

Esse reconhecimento dos direitos naturais é a base do sentimento de justiça, o qual está de tal maneira na natureza que nos revoltamos

> [...] *à simples ideia de uma injustiça. É fora de dúvida que o progresso moral desenvolve esse sentimento, mas não o dá. Deus o pôs no coração do homem. Daí vem que, frequentemente, em homens simples e incultos se vos deparam noções mais exatas da justiça do que nos que possuem grande cabedal de saber.*[366]

Pode dizer-se que "*A justiça consiste em cada um respeitar os direitos dos demais*".[367] Tais direitos são determinados pela lei humana e pela Lei Natural.

> [...] *Tendo os homens formulado leis apropriadas a seus costumes e caracteres, elas estabeleceram direitos mutáveis com o progresso das luzes. [...] Nem sempre, pois, é acorde com a justiça o direito que os homens prescrevem. Ademais, este direito regula apenas algumas relações sociais, quando é certo que, na vida particular, há uma imensidade de atos unicamente da alçada do tribunal da consciência.*[368]
>
> *Direito e justiça deveriam ser sinônimos perfeitos, ou seja, deveriam expressar a mesma virtude, pois, se aquele significa "o que é justo", esta se traduz por "conformidade com o direito".*
>
> *Lamentavelmente, porém, aqui na Terra, direito e justiça nem sempre se correspondem, porque, ignorando ou desprezando a Lei de Deus, outorgada para a felicidade universal, a justiça humana há feito leis prescrevendo como direitos umas tantas práticas que favorecem apenas os ricos e poderosos, em detrimento dos pobres e dos fracos, o que implica tremenda iniquidade, assim como há concedido a alguns certas prerrogativas que de forma nenhuma poderiam ser generalizadas, constituindo-se, por conseguinte, em privilégios, quando se sabe que todo privilégio é contrário ao direito comum.*[369]

O sentimento de justiça desenvolve-se [...], paulatinamente, no ente humano, começando este por aplicar a si, como justo, tudo quanto ache que lhe convenha, e acabando por exprimi-lo da maneira mais elevada e pura.

Assim, o conceito da justiça varia nos indivíduos, segundo o desenvolvimento que neles alcançou esse sentimento. Varia, portanto, num mesmo indivíduo, conforme ao seu progresso espiritual. Comparados dois períodos da existência de uma criatura, em cada um se deparará com um conceito diferente da justiça.

O modo de exprimir-se esse sentimento também guarda relação com a compreensão das coisas, dos indivíduos e dos acontecimentos. Sobre um mesmo caso, o juízo individual pode apresentar diversidades, segundo o conhecimento que do caso tenha a criatura. Se o conhecimento não é completo e exato, à medida que ele se for aprofundando e ampliando, depois de emitido o primeiro juízo, também se irá modificando o conceito formado acerca do aludido caso.

Não obstante terem todos a retidão por mira, numa coletividade de indivíduos observareis que, sobre casos, coisas e pessoas, são diferentes os juízos que se emitem. É que o sentimento de justiça não é do mesmo grau em todos.

Crê o indivíduo obrar com justiça, até quando comete as maiores atrocidades. Depois vem a reflexão, melhor conhecimento do fato, e o que lhe pareceu justo se lhe torna abominável. [...][370]

Von Liszt, eminente criminalista dos tempos modernos, observa que o Estado, em sua expressão de organismo superior, e excetuando-se, como é claro, os grupos criminosos que por vezes transitoriamente o arrastam a funestos abusos do poder, não prescinde da pena, a fim de sustentar a ordem jurídica. A necessidade da conservação do próprio Estado justifica a pena. Com essa conclusão, apagam-se, quase que totalmente, as antigas controvérsias entre as teorias de Direito Penal, uma vez que, nesse ou naquele clima de arregimentação política, a tendência a punir é congenial ao homem comum, em face da necessidade de manter, tanto quanto possível, a intangibilidade da ordem no plano coletivo.[371]

Todavia,

[...] o Espiritismo revela uma concepção de justiça ainda mais ampla.

A criatura não se encontra simplesmente subordinada ao critério dos penólogos do mundo, categorizados à conta de cirurgiões eficientes no tratamento ou na extirpação da gangrena social. Quanto mais esclarecida a criatura, tanto mais responsável, entregue naturalmente aos arestos da própria consciência, na Terra ou fora dela, toda vez que se envolve nos espinheiros da culpa.[372]

Assim, os

[...] princípios codificados por Allan Kardec abrem uma nova era para o espírito humano, compelindo-o à auscultação de si mesmo, no reajuste dos caminhos traçados por Jesus ao verdadeiro progresso da alma, e explicam que o Espiritismo, por isso mesmo, é o disciplinador de nossa liberdade não apenas para que tenhamos

na Terra uma vida social dignificante, mas também para que mantenhamos, no campo do espírito, uma vida individual harmoniosa, devidamente ajustada aos impositivos da vida universal perfeita, consoante as normas de Eterna Justiça, elaboradas pelo supremo equilíbrio das Leis de Deus.[373]

Insistimos na noção de justiça, que é essencial; porque há precisão, necessidade imperiosa, para todos, de saber que a justiça não é uma palavra vã, que há uma sanção para todos os deveres e compensações para todas as dores. Nenhum sistema pode satisfazer nossa razão, nossa consciência, se não realizar a noção de justiça em toda a sua plenitude. Esta noção está gravada em nós, é a Lei da Alma e do Universo. [...][374]

Com efeito, o fundamento da justiça, segundo a Lei Natural, está, como disse o Cristo,

> [...] Queira cada um para os outros o que quereria para si mesmo. *No coração do homem imprimiu Deus a regra da verdadeira justiça, fazendo que cada um deseje ver respeitados os seus direitos. Na incerteza de como deva proceder com o seu semelhante, em dada circunstância, trate o homem de saber como quereria que com ele procedessem, em circunstância idêntica. Guia mais seguro do que a própria consciência não lhe podia Deus haver dado.*[375]

Dessa forma,

> [...] *Não sendo natural que haja quem deseje o mal para si, desde que cada um tome por modelo o seu desejo pessoal, é evidente que nunca ninguém desejará para o seu semelhante senão o bem. Em todos os tempos e sob o império de todas as crenças, sempre o homem se esforçou para que prevalecesse o seu direito pessoal. A sublimidade da religião cristã está em que ela tomou o direito pessoal por base do direito do próximo.*[376]

Assim, o homem, quando praticar a justiça em toda a plenitude, terá o caráter do "[...] *verdadeiro justo, a exemplo de Jesus, porquanto*[praticará] [...] *também o amor do próximo e a caridade, sem os quais não há verdadeira justiça*".[377]

REFERÊNCIAS

[361] KARDEC, Allan. *O livro dos espíritos*. Trad. Guillon Ribeiro. 93. ed. 9. imp. (Edição Histórica). Brasília: FEB, 2019. q. 878-a.

[362] _____. _____. q. 880.

[363] _____. _____. q. 884.

[364] _____. _____. q. 621.

[365] _____. _____. q. 878.

[366] _____. _____. q. 873.

367 _____. _____. q. 875.
368 _____. _____. q. 875-a.
369 CALLIGARIS, Rodolfo. *As leis morais*. 15. ed. 5. imp. Brasília: FEB, 2016. cap. 39 – *Direito e justiça*.
370 AGUAROD, Angel. *Grandes e pequenos problemas*. Trad. Guillon Ribeiro. 8. ed. 1. imp. Brasília: FEB, 2020. cap. 3 – *O problema da justiça*, it. 3.2 A evolução do sentimento de justiça no ser humano.
371 XAVIER, Francisco Cândido. *Ação e reação*. Pelo Espírito André Luiz. 30. ed. 13. imp. Brasília: FEB, 2020. *Ante o centenário* (prefácio de Emmanuel).
372 _____. _____.
373 _____. _____.
374 DENIS, Léon. *O problema do ser, do destino e da dor*. 32. ed. 11. imp. Brasília: FEB, 2019. 2ª pt. O Problema do Destino, cap. 18 – *Justiça e responsabilidade. O problema do mal*.
375 KARDEC, Allan. *O livro dos espíritos*. Trad. Guillon Ribeiro. 93. ed. 9. imp. (Edição Histórica). Brasília: FEB, 2019. q. 876.
376 _____. _____. Comentário de Kardec à q. 876.
377 _____. _____. q. 879.

ANEXO 1

Texto para leitura:

Caridade e Esperança

Lembra-te da esperança para que a tua caridade não se faça incompleta.

*

Darás ao faminto, não somente a côdea de pão que lhe mitigue a fome, mas também o carinho da palavra fraterna, com que se lhe restaurem as energias.

*

Não apenas entregarás ao companheiro, abandonado à intempérie, a peça que te sobra ao vestiário opulento, mas agasalhá-lo-ás em teu sorriso espontâneo, a fim de que se reerga e prossiga adiante, revigorado e tranquilo.

*

Não olvides a paciência divina com que somos tolerados a cada hora.

*

Qual acontece ao campo da Natureza, em que o Sol mil vezes injuriado pela treva, mil vezes responde com a bênção da luz, dentro de nossa vida, assinalamos a caridade infinita de Deus, refazendo-nos a oportunidade de servir e aprender, resgatar e sublimar todos os dias.

*

Não te faças palmatória dos próprios irmãos, aos quais deves a compreensão e a bondade de que recebes as mais elevadas quotas do Céu, na forma de auxílio e misericórdia, em todos os instantes da experiência.

*

Não profiras maldição nem espalhes o tóxico da crítica, no obscuro caminho em que jornadeiam amigos menos ditosos, ainda incapazes de libertarem a si mesmos das algemas da ignorância.

*

Recorda que Jesus nos chamou à senda terrestre para auxiliar e salvar, onde muitos já desertaram da confiança no eterno bem.

*

Seja onde for e com quem for, atende à esperança para que o mundo conquiste a vitória a que se destina.

*

Aliviar com azedume é alargar a ferida de quem padece e dar com reprimendas é envolver o socorro em repulsivo vinagre de desânimo ou desespero.

*

À maneira de raio solar que desce à furna cada manhã, restaurando o império da luz, sem reclamação e sem mágoa, sê igualmente para os que te rodeiam a permanente mensagem do amor que tudo compreende e tudo perdoa, amparando e auxiliando sem descansar, porque somente pela força do amor alcançaremos a luz imperecível da vida.

EMMANUEL

FONTE: XAVIER, Francisco Cândido. *Caridade*. Espíritos diversos. Araras (SP): IDE, 1978.

LEI

Reencarnação!... Descer de mansão doce e flórea,
Ninho tecido aos sóis qual fúlgida escumilha,
Onde a vida pompeia excelsa maravilha,
E afundar-se na sombra em lodacenta escória!

Ante o ser livre e belo – ave aos cimos da glória –
Recorda o corpo escravo ascorosa armadilha;
O berço – irmão do esquife – é a furna em que se humilha
Todo sonho ideal de ventura incorpórea.

Reencarnação, porém, é a Justiça Perfeita,
A lei que esmonda, ampara, aprimora e endireita,
Por mais o coração inquira, chore ou trema!...

Alma, entre a lama e a dor da luta em que te abrasas,
Crias teu próprio mundo e as tuas próprias asas
Para galgar, um dia, a vastidão suprema!...

CONSTÂNCIO ALVES

FONTE: XAVIER, Francisco Cândido. *Poetas redivivos*. Diversos Espíritos. 4. ed. Brasília: FEB, 2002.

ROTEIRO 2

CARIDADE E AMOR AO PRÓXIMO

1 OBJETIVOS ESPECÍFICOS

» Analisar o conceito de caridade, do ponto de vista da Doutrina Espírita.

» Refletir sobre a relação entre caridade e amor ao próximo.

» Refletir sobre a relação da Lei de Justiça, Amor e Caridade e as outras leis.

2 CONTEÚDO BÁSICO

» *Qual o verdadeiro sentido da palavra* caridade, *como a entendia Jesus?* "Benevolência para com todos, indulgência para as imperfeições dos outros, perdão das ofensas." (Allan Kardec, *O livro dos espíritos*, q. 886).

» *O amor e a caridade são o complemento da Lei de Justiça, pois amar o próximo é fazer-lhe todo o bem que nos seja possível e que desejáramos nos fosse feito. Tal o sentido destas palavras de Jesus: Amai-vos uns aos outros como irmãos.*

» *A caridade, segundo Jesus, não se restringe à esmola, abrange todas as relações em que nos achamos com os nossos semelhantes, sejam eles nossos inferiores, nossos iguais, ou nossos superiores* [...] (Allan Kardec, *O livro dos espíritos*, comentário de Kardec à q. 886).

» *A Lei de Justiça, Amor e Caridade* [...] *é a mais importante, por ser a que faculta ao homem adiantar-se mais na Vida Espiritual, visto que resume todas as outras.* (Allan Kardec, *O livro dos espíritos*, q. 648).

3 SUGESTÕES DIDÁTICAS

3.1 SUGESTÃO 1:

Introdução

Conceituar caridade, do ponto de vista da Doutrina Espírita (*O livro dos espíritos*, q. 886).

Em seguida, pedir a um dos participantes que releia, em voz alta, a mensagem *Caridade e Esperança*, de Emmanuel (ver Anexo 1 do Roteiro 1 desse Módulo).

Estabelecer relação entre o conceito de caridade e amor ao próximo, emitido pelos Espíritos da Codificação, e as ideias desenvolvidas, por Emmanuel, no texto que foi lido.

Desenvolvimento

Pedir aos participantes que leiam, silenciosamente, os subsídios do Roteiro.

Após o trabalho individual, pedir-lhes que se organizem em um grande círculo para discussão sobre o conceito de caridade à luz da Doutrina Espírita, estabelecendo relação entre caridade e amor ao próximo.

Conclusão

Ao final, destacar as ideias constantes da Referência 9, dos subsídios, explicando que a noção espírita de caridade reflete, necessariamente, o conceito de amor ao próximo, o qual está, por sua vez, vinculado à exortação de Jesus de fazer aos outros o que gostaríamos que os outros nos fizessem (*Mateus*, 7:12 ou *Lucas*, 6:31).

Avaliação

O estudo será considerado satisfatório se os participantes conseguirem conceituar caridade, do ponto de vista da Doutrina Espírita, e estabelecer relação entre caridade e amor ao próximo.

Técnica(s): exposição; leitura; discussão circular.

Recurso(s): *O livro dos espíritos*; *O evangelho segundo o espiritismo*; mensagem de Emmanuel; subsídios do Roteiro.

3.2 SUGESTÃO 2:

Introdução

Iniciar o estudo com a leitura do texto de *O evangelho segundo o espiritismo*, capítulo 15 – *Fora da caridade não há salvação*, item 6 – Necessidade da caridade, segundo Paulo:

> "Ainda quando eu falasse todas as línguas dos homens e a língua dos próprios anjos, se eu não tiver caridade, serei como o bronze que soa e um címbalo que retine; ainda quando tivesse o dom de profecia, que penetrasse todos os mistérios, e tivesse perfeita ciência de todas as coisas; ainda quando tivesse a fé possível, até o ponto de transportar montanhas, se não tiver caridade, nada sou. E, quando houvesse distribuído os meus bens para alimentar os pobres e houvesse entregado meu corpo para ser queimado, se não tivesse caridade, tudo isso de nada me serviria.
>
> A caridade é paciente; é branda e benfazeja; a caridade não é invejosa; não é temerária, nem precipitada; não se enche de orgulho; não é desdenhosa; não cuida de seus interesses não se agasta, nem se azeda com coisa alguma; não suspeita mal; não se rejubila com a injustiça, mas se rejubila com a verdade; tudo suporta, tudo crê, tudo espera, tudo sofre.
>
> Agora, estas três virtudes: a fé, a esperança e a caridade permanecem; mas, dentre elas, a mais excelente é a caridade" (I *Coríntios*, 13:1 a 7 e 13).

Desenvolvimento

Sem comentar a mensagem, convidar os participantes para apresentarem os resultados do estudo solicitado, na semana anterior, como atividade extrarreunião.

Fazer os comentários estimulando o grupo nas reflexões compartilhadas.

Logo após, iniciar uma discussão circular:

» *Qual o conceito de caridade segundo a Doutrina Espírita?*
» *Qual o conceito de caridade segundo Paulo?*
» *Onde encontrar a caridade nas demais Leis Naturais?*
» *Onde a relação justiça, amor e caridade?* etc.

Nesse momento, o facilitador esclarece dúvidas e complementa informações, enriquecendo a discussão de acordo com subsídios do Roteiro e dos textos do Evangelho estudados pelos grupos.

Propor a seguinte reflexão individual (não há a necessidade de comentário):

Eu pratico a verdadeira caridade?

Conclusão

Fazer o encerramento com a leitura oral do texto de *O evangelho segundo o espiritismo*, capítulo 15 – *Fora da caridade não há salvação*, item 10 – Fora da caridade não há salvação.

Avaliação

O estudo será considerado satisfatório se as ideias dos participantes refletirem entendimento do assunto.

Técnica(s): apresentação de trabalhos; discussão circular.

Recurso(s): *O evangelho segundo o espiritismo*; subsídios do Roteiro.

3.3 SUGESTÃO 3:

Sugestão de vídeos para comentários e aprofundamentos após os estudos.

Fora da caridade não há salvação? – Divaldo Franco (12:13), disponível em:

https://bit.ly/33HvpPx

I Reunião da Fraternidade sem Fronteiras – A verdadeira caridade – Divaldo Franco (49:58), disponível em:

https://bit.ly/2VHYjuk

4 SUBSÍDIOS

Segundo os Espíritos Superiores, Jesus é "[...] *o tipo mais perfeito que Deus tem oferecido ao homem, para lhe servir de guia e modelo* [...]".[378]

Assim,

> Para o homem, Jesus constitui o tipo da perfeição moral a que a Humanidade pode aspirar na Terra. Deus no-lo oferece como o mais perfeito modelo e a doutrina

que ensinou é a expressão mais pura da Lei do Senhor, porque, sendo Ele o mais puro de quantos têm aparecido na Terra, o Espírito divino o animava.[379]

Entende-se, então, que Jesus é o nosso paradigma e que o Evangelho por Ele ensinado contém as diretrizes morais para o aperfeiçoamento da Humanidade.

À vista disso, Kardec faz a seguinte indagação aos Espíritos Superiores: *Qual o verdadeiro sentido da palavra caridade, como a entendia Jesus?* E os mensageiros divinos respondem: "Benevolência para com todos, indulgência para as imperfeições dos outros, perdão das ofensas".[380]

Pode se dizer que o conceito de caridade apresentado pelos Espíritos da Codificação é a síntese do programa de assistência moral-material e espiritual, exposto, de forma clara e objetiva, pelo Cristo, na passagem evangélica "O Grande Julgamento".

Diz Jesus:

> *Ora, quando o Filho do Homem vier em sua majestade, acompanhado de todos os anjos, sentar-se-á no trono de sua glória; reunidas diante dele todas as nações, separará uns dos outros, como o pastor separa dos bodes as ovelhas e colocará as ovelhas à sua direita e os bodes à sua esquerda.*
>
> *Então, dirá o Rei aos que estiverem à sua direita:* "Vinde, benditos de meu Pai, tomai posse do Reino que vos foi preparado desde o princípio do mundo; porquanto, tive fome e me destes de comer; tive sede e me destes de beber; careci de teto e me hospedastes; estive nu e me vestistes; achei-me doente e me visitastes; estive preso e me fostes ver".
>
> *Então, responder-lhe-ão os justos:* "Senhor, quando foi que te vimos com fome e te demos de comer, ou com sede e te demos de beber? Quando foi que te vimos sem teto e te hospedamos; ou despido e te vestimos? E quando foi que te soubemos doente ou preso e fomos visitar-te?" – *O Rei lhes responderá:* "Em verdade vos digo, todas as vezes que isso fizestes a um destes mais pequeninos dos meus irmãos, foi a mim mesmo que o fizestes".
>
> *Dirá em seguida aos que estiverem à sua esquerda:* "Afastai-vos de mim, malditos; ide para o fogo eterno, que foi preparado para o diabo e seus anjos; porquanto, tive fome e não me destes de comer, tive sede e não me destes de beber; precisei de teto e não me agasalhastes; estive sem roupa e não me vestistes; estive doente e no cárcere e não me visitastes".
>
> *Também eles replicarão:* "Senhor, quando foi que te vimos com fome e não te demos de comer, com sede e não te demos de beber, sem teto ou sem roupa, doente ou preso e não te assistimos?" – *Ele então lhes responderá:* "Em verdade vos digo: todas as vezes que faltastes com a assistência a um destes mais

pequenos, deixastes de tê-la para comigo mesmo. E esses irão para o suplício eterno, e os justos para a vida eterna". (*Mateus*, 25:31 a 46).[381]

Ao se examinar a narrativa evangélica em apreço, uma pergunta vem logo à baila: em que se baseou o veredito do Rei? Decerto, não foi em nenhuma questão de ordem material ou religiosa. O julgamento se fundamentou apenas na prestação, ou não, da assistência. É de notar, entretanto, que Jesus não diz, simplesmente: "sois benditos porque ajudastes". Seria muito impessoal, não realçaria o envolvimento afetivo que deve existir entre as criaturas. Prefere situar o ensino em torno das necessidades humanas, e, para dar maior força ao ensinamento, coloca-se na situação do carente de assistência, dizendo: "tive fome", "tive sede", "careci de teto", "estive nu", "achei-me doente" e, "estive preso". Estimula, assim, o sentimento de piedade ou compaixão pelos que sofrem, sentimento esse que é o móvel da prestação da assistência. Ressalte-se, ainda, nessa lição, o que se dá em relação a todos os ensinos de Jesus: a possibilidade de ver através da letra e perceber a amplitude da mensagem aí contida. Dessa forma, aqui, com certeza, a fome, a sede e a carência de teto não são apenas materiais, mas abrangem os reclamos afetivos e as ânsias de progresso do Espírito necessitado. De igual modo, a nudez, a doença e a prisão exprimem também os estados de penúria moral, em que a alma se encontra ignorante, debilitada pelas próprias imperfeições, ou cativa dos sentimentos inferiores que ainda carrega consigo. Todas essas situações constituem apelos ao coração, incentivando a prestação da assistência. Os que estavam à direita do Rei foram tocados interiormente e compreenderam o chamamento que lhes fora endereçado. Daí haverem recebido a recompensa merecida. Os que estavam à sua esquerda, entretanto, não sentiram compaixão pelos necessitados, não os ajudaram em suas carências, passando a sofrer as consequências dos seus atos.[382]

Como se vê, a caridade "*[...] segundo Jesus, não se restringe à esmola, abrange todas as relações em que nos achamos com os nossos semelhantes, sejam eles nossos inferiores, nossos iguais, ou nossos superiores [...]*".[383] São da sua essência

[...] os sentimentos de benevolência, de indulgência e de perdão, sentimentos esses que constituem a base da harmonia entre os homens. A exortação à caridade se encontra presente na lição em referência, uma vez que o atendimento às carências humanas – tanto materiais, como morais ou espirituais – reclama o comprometimento afetivo entre quem ajuda e quem é ajudado, e esse comprometimento apenas se concretiza onde há os sentimentos de benevolência, de indulgência e de perdão.[384]

Pelo exposto, constata-se que a visão da caridade contida no Evangelho foi transportada, pelos Espíritos Superiores, para o Espiritismo, o que revela não haver diferença, entre o conceito de caridade do ponto de vista espírita e o do Cristo, justamente por Ele ser o Modelo e Guia da Humanidade.

Sendo assim, da mesma forma que o julgamento da narrativa evangélica, reproduzida anteriormente, fundamentou-se na prática, ou não, da caridade, o Espiritismo também assevera que *fora da caridade não há salvação*, uma vez que somente a prática da caridade é capaz de nos salvar das próprias imperfeições, por nos libertar do egoísmo, sentimento "[...] *incompatível com a justiça, o amor e a caridade* [...]".[385]

Nesse sentido, a mensagem do Espírito Paulo, o apóstolo, contida em *O evangelho segundo o espiritismo*:

> *Meus filhos, na máxima:* Fora da caridade não há salvação, *estão encerrados os destinos dos homens, na Terra e no céu; na Terra, porque à sombra desse estandarte eles viverão em paz; no céu, porque os que a houverem praticado acharão graças diante do Senhor. Essa divisa é o facho celeste, a luminosa coluna que guia o homem no deserto da vida, encaminhando-o para a Terra da Promissão. Ela brilha no céu, como auréola santa, na fronte dos eleitos, e, na Terra, se acha gravada no coração daqueles a quem Jesus dirá: "Passai à direita, benditos de meu Pai". Reconhecê-los-eis pelo perfume de caridade que espalham em torno de si. Nada exprime com mais exatidão o pensamento de Jesus, nada resume tão bem os deveres do homem, como essa máxima de ordem divina. Não poderia o Espiritismo provar melhor a sua origem, do que apresentando-a como regra, por isso que é um reflexo do mais puro Cristianismo. Levando-a por guia, nunca o homem se transviará. Dedicai-vos, assim, meus amigos, a perscrutar-lhe o sentido profundo e as consequências, a descobrir-lhe, por vós mesmos, todas as aplicações. Submetei todas as vossas ações ao governo da caridade e a consciência vos responderá. Não só ela evitará que pratiqueis o mal, como também fará que pratiqueis o bem, porquanto uma virtude negativa não basta: é necessária uma virtude ativa. Para fazer-se o bem, mister sempre se torna a ação da vontade; para se não praticar o mal, basta as mais das vezes a inércia e a despreocupação.*
>
> *[...] Esforçai-vos, pois, para que os vossos irmãos, observando-vos, sejam induzidos a reconhecer que verdadeiro espírita e verdadeiro cristão são uma só e a mesma coisa, dado que todos quantos praticam a caridade são discípulos de Jesus* [...].[386]

Todos esses ensinos levam-nos ao entendimento de que a caridade é a própria essência do amor ao próximo, o amor fraternal, uma vez que este sentimento, para se expressar com todo o seu fulgor, deve conter os mesmos ingredientes da caridade, isto é, a benevolência, a indulgência e o perdão.

> *"Amar o próximo como a si mesmo: fazer pelos outros o que quereríamos que os outros fizessem por nós"* [palavras de Jesus], *é a expressão mais completa da caridade, porque resume todos os deveres do homem para com o próximo. Não podemos encontrar guia mais seguro, a tal respeito, que tomar para padrão, do que devemos fazer aos outros, aquilo que para nós desejamos. Com que direito exigiríamos dos nossos semelhantes melhor proceder, mais indulgência, mais benevolência e devotamento para conosco, do que os temos para com eles? A prática dessas máximas tende à destruição do egoísmo. Quando as adotarem*

> *para regra de conduta e para base de suas instituições, os homens compreenderão a verdadeira fraternidade e farão que entre eles reinem a paz e a justiça [...].*[387]

De fato, a fraternidade pura, ou amor fraternal, "[...] é o mais sublime dos sistemas de relações entre as almas".[388]

> *A fraternidade, na rigorosa acepção do termo, resume todos os deveres dos homens, uns para com os outros. Significa: devotamento, abnegação, tolerância, benevolência, indulgência. É, por excelência, a caridade evangélica [...].*[389]

Assim,

> *O amor e a caridade são o complemento da Lei de Justiça, pois amar o próximo é fazer-lhe todo o bem que nos seja possível e que desejáramos nos fosse feito. Tal o sentido destas palavras de Jesus:* Amai-vos uns aos outros como irmãos.[390]

Ressalta-se ainda que a justiça, o amor e a caridade constituem, a rigor, uma só lei, sendo, em verdade, a mais importante de todas as Leis Naturais, uma vez que "[...] *faculta ao homem adiantar-se mais na Vida Espiritual, visto que resume todas as outras*".[391]

Todas essas leis, isto é, as de adoração, do trabalho, da reprodução, da conservação, da destruição, da sociedade, do progresso, da igualdade e da liberdade, têm sua fundamentação na Lei de Justiça, Amor e Caridade, norteando-se por esta última em todas as suas manifestações no Universo.

REFERÊNCIAS

[378] KARDEC, Allan. *O livro dos espíritos*. Trad. Guillon Ribeiro. 93. ed. 9. imp. (Edição Histórica). Brasília: FEB, 2019. q. 625.

[379] _____. _____. Comentário de Kardec à q. 625.

[380] _____. _____. q. 886.

[381] _____. *O evangelho segundo o espiritismo*. Trad. Guillon Ribeiro. 131. ed. 14. imp. (Edição Histórica).Brasília: FEB, 2019. cap. 15, it. 1.

[382] SILVEIRA, José Carlos da Silva. *As características do serviço de assistência e promoção social espírita*. In: Reformador. fev. 2001, p. 28(58)-29(59).

[383] KARDEC, Allan. *O livro dos espíritos*. Trad. Guillon Ribeiro. 93. ed. 9. imp. (Edição Histórica). Brasília: FEB, 2019. Comentário de Kardec à q. 886.

[384] SILVEIRA, José Carlos da Silva. *As características do serviço de assistência e promoção social espírita*. In: Reformador. fev. 2001, p. 28(58)-29(59).

[385] KARDEC, Allan. *O livro dos espíritos*. Trad. Guillon Ribeiro. 93. ed. 9. imp. (Edição Histórica). Brasília: FEB, 2019. q. 913.

386 _____. *O evangelho segundo o espiritismo*. Trad. Guillon Ribeiro. 131. ed. 14. imp. (Edição Histórica).Brasília: FEB, 2019. cap. 15, it. 10.

387 _____. _____. cap. 11, it. 4.

388 XAVIER, Francisco Cândido. *Pão nosso*. Pelo Espírito Emmanuel. 1. ed. 10. imp. Brasília: FEB, 2016. cap.141– *Amor fraternal*.

389 KARDEC, Allan. *Obras póstumas*. Trad. Guillon Ribeiro. 41. ed. 1. imp. (Edição Histórica). Brasília: FEB, 2019. 1ª pt., cap. *Liberdade, igualdade, fraternidade*.

390 _____. *O livro dos espíritos*. Trad. Guillon Ribeiro. 93. ed. 9. imp. (Edição Histórica). Brasília: FEB, 2019. Comentário de Kardec à q. 886.

391 _____. _____. q. 648.

CARIDADE

Caridade é a mão terna e compassiva
Que ampara os bons e aos maus ama e perdoa,
Misericórdia, a qual para ser boa,
De bens paradisíacos se priva.

Mão radiosa, que traz a verde oliva
Da paz, que acaricia e que abençoa,
Voz da eterna verdade que ressoa
Por toda a parte, promissora e ativa.

A caridade é o símbolo da chave
Que abre as portas do céu claro e suave,
Das consciências libertas da impureza;

É a vibração do espírito divino,
Em seu labor fecundo e peregrino,
Manifestando as glórias da Beleza!...

CRUZ E SOUZA

FONTE: XAVIER, Francisco Cândido. *Parnaso de além-túmulo*. 19. ed. 4. imp. Brasília: FEB, 2016.

PROGRAMA FUNDAMENTAL

MÓDULO XVIII
A perfeição moral

OBJETIVO GERAL

Favorecer o entendimento da perfeição moral e de como alcançá-la.

"Sede, pois, vós outros, perfeitos, como perfeito é vosso Pai Celestial." – Jesus (*Mateus*, 5:48).

ROTEIRO 1

OS CARACTERES DA PERFEIÇÃO MORAL

1. **OBJETIVO ESPECÍFICO**

   » Analisar as características da perfeição moral, e de como alcançá-la.

2. **CONTEÚDO BÁSICO**

   » *Eu, porém, vos digo: Amai os vossos inimigos, e orai pelos que vos perseguem [...] Com efeito, se amais aos que vos amam, que recompensa tendes? [...] Portanto, deveis ser perfeitos, como o vosso Pai Celeste é perfeito* (Mateus, 5:44, 46 e 48).

   » *[...] Se à criatura fosse dado ser tão perfeita quanto o Criador, tornar-se-ia ela igual a este, o que é inadmissível. [...]*

   Aquelas palavras [de Jesus], portanto, devem entender-se no sentido da perfeição relativa, a de que a Humanidade é suscetível e que mais a aproxima da Divindade. Em que consiste essa perfeição? Jesus o diz: "Em amarmos os nossos inimigos, em fazermos o bem aos que nos odeiam, em orarmos pelos que nos perseguem". Mostra Ele desse modo que a essência da perfeição é a caridade na sua mais ampla acepção, porque implica a prática de todas as outras virtudes (Allan Kardec, O evangelho segundo o espiritismo, cap. 17, it. 2).

   » *O apego às coisas materiais constitui sinal notório de inferioridade, porque, quanto mais se aferrar aos bens deste mundo, tanto menos compreende o homem o seu destino [...]* (Allan Kardec, O livro dos espíritos, q. 895).

   » *Dentre os vícios, qual o que se pode considerar radical? "Temo-lo dito muitas vezes: o egoísmo. Daí deriva todo mal. Estudai todos os vícios e vereis que no fundo de todos há egoísmo [...]"* (Allan Kardec, O livro dos espíritos, q. 913).

3 SUGESTÕES DIDÁTICAS

3.1 SUGESTÃO 1:

Introdução

Apresentar as seguintes palavras de Jesus: "Sede, pois, vós outros, perfeitos, como perfeito é o vosso Pai Celestial" (*Mateus*, 5:48).

Em seguida, solicitar aos participantes que opinem sobre esta citação evangélica.

Ouvir as ideias emitidas, fazendo os esclarecimentos cabíveis.

Desenvolvimento

Logo após, dividir os participantes em pequenos grupos, para a realização das seguintes tarefas:

1) ler os subsídios do Roteiro;

2) discutir o seu conteúdo;

3) apresentar um resumo do assunto, no qual constem:

a) os caracteres da perfeição moral;

b) os obstáculos que dificultam a sua conquista;

c) os recursos de que dispomos para vencer esses obstáculos;

Solicitar ao representante de cada grupo que apresente as conclusões do trabalho.

Ouvir as conclusões e prestar os esclarecimentos devidos.

Conclusão

Encerrar o estudo esclarecendo à turma por que todo o mal deriva do egoísmo.

Avaliação

O estudo será considerado satisfatório se os participantes realizarem, de forma correta, as tarefas propostas.

Técnica(s): interpretação de texto; trabalho em pequenos grupos; exposição.

Recurso(s): texto de *Mateus*; subsídios do Roteiro; papel; lápis/caneta.

3.2 SUGESTÃO 2:

Introdução

Iniciar o estudo com a citação: "Sede, pois, vós outros, perfeitos, como perfeito é o vosso Pai Celestial" (*Mateus*, 5:48).

Ouvir o comentário participando e estimulando a grupo nas reflexões.

Desenvolvimento

Dividir os participantes em grupos:

Grupos 1 e 2 – Fazer a leitura e breves comentários da questão 918 de *O livro dos espíritos* e dos itens 1 e 2 de *O evangelho segundo o espiritismo*, cap. 17 – *Sede perfeitos*.

Grupos 3 e 4 – Fazer a leitura e breves comentários do subsídio do Roteiro.

(Tempo de até 15 minutos.)

Após a primeira atividade, propor uma discussão circular.

Qualquer participante pode iniciar as reflexões a partir das questões abaixo, segundo o entendimento da leitura realizada no grupo:

» *Quais as características da perfeição moral e como alcançá-la?*

» *Como deve ser a relação entre caridade e amor ao próximo?* etc.

Nesse momento, o facilitador esclarece dúvidas e complementa informações enriquecendo a discussão de acordo com subsídios do Roteiro, *O evangelho segundo o espiritismo* e *O livro dos espíritos*, trazendo mais questões ao grupo, à medida que surgem aspectos interessantes e importantes a serem refletidos.

Propor a seguinte reflexão individual (não há a necessidade de comentário):

Eu possuo caracteres da perfeição moral, segundo o Espiritismo?

Conclusão

Fazer o fechamento com a leitura do texto:

> O dever é o conjunto das prescrições da Lei Moral, a regra pela qual o homem deve conduzir-se nas relações com seus semelhantes e com o Universo inteiro. Figura nobre e santa, o dever paira acima da Humanidade, inspira os grandes sacrifícios, os puros devotamentos, os grandes entusiasmos. Risonho para uns, temível para outros, inflexível sempre, ergue-se perante nós, apontando a escadaria do progresso, cujos degraus se perdem em alturas incomensuráveis. (Léon Denis, *Depois da morte*, 5ª pt., cap. 43 – *O dever*).

Avaliação

O estudo será considerado satisfatório se as ideias dos participantes refletirem entendimento do assunto.

Técnica(s): explosão de ideias; estudo de grupo; discussão circular.

Recurso(s): *O livro dos espíritos*; *O evangelho segundo o espiritismo*; subsídios do Roteiro.

4 SUBSÍDIOS

Os caracteres da perfeição, apresentados por Jesus, no Evangelho, desdobram-se em três pontos fundamentais: amai os vossos inimigos; fazer o bem aos que vos odeiam e orar pelos que vos perseguem e caluniam. E isso porque – explica o Mestre Divino – se somente amarmos os que nos amam, que recompensa teremos disso? Não fazem o mesmo os publicanos? Se somente saudarmos os nossos irmãos, que fazemos com isso mais do que outros? Não fazem o mesmo os pagãos? Concluindo o seu ensinamento, diz Jesus: "[...] *Sede, pois, vós outros, perfeitos, como perfeito é o vosso Pai Celestial*".[392]

Comentando esse ensino, assinala Kardec :

> *Pois que Deus possui a perfeição infinita em todas as coisas, esta proposição: "Sede perfeitos, como perfeito é o vosso Pai Celestial", tomada ao pé da letra, pressuporia a possibilidade de atingir-se a perfeição absoluta. Se à criatura fosse dado ser tão perfeita quanto o Criador, tornar-se-ia ela igual a este, o que é inadmissível. [...]*
>
> *Aquelas palavras, portanto, devem entender-se no sentido da perfeição relativa, a de que a Humanidade é suscetível e que mais a aproxima da Divindade. Em que consiste essa perfeição? Jesus o diz: "Em amarmos os nossos inimigos, em fazermos o bem aos que nos odeiam, em orarmos pelos que nos perseguem". Mostra Ele desse modo que a essência da perfeição é a caridade na sua mais ampla acepção, porque implica a prática de todas as outras virtudes.*
>
> *Com efeito, se se observam os resultados de todos os vícios e, mesmo, dos simples defeitos, reconhecer-se-á nenhum haver que não altere mais ou menos o sentimento da caridade, porque todos têm seu princípio no egoísmo e no orgulho, que lhes são a negação; e isso porque tudo o que sobre-excita o sentimento da personalidade destrói, ou, pelo menos, enfraquece os elementos da verdadeira caridade, que são: a benevolência, a indulgência, a abnegação e o devotamento. Não podendo o amor do próximo, levado até o amor dos inimigos, aliar-se a nenhum defeito contrário à caridade, aquele amor é sempre, portanto, indício de maior ou menor superioridade moral, donde decorre que o grau da perfeição está na razão direta da sua extensão [...].*[393]

Pode dizer-se, em decorrência disso, que

> A virtude, no mais alto grau, é o conjunto de todas as qualidades essenciais que constituem o homem de bem. Ser bom, caritativo, laborioso, sóbrio, modesto, são qualidades do homem virtuoso. [...] Não é virtuoso aquele que faz ostentação da sua virtude, pois que lhe falta a qualidade principal: a modéstia, e tem o vício que mais se lhe opõe: o orgulho. A virtude, verdadeiramente digna desse nome, não gosta de estadear-se. Advinham-na; ela, porém, se oculta na obscuridade e foge à admiração das massas [...].[394]

Entretanto, de todas as virtudes qual a mais meritória? Os Espíritos Superiores respondem:

> Toda virtude tem o seu mérito próprio, porque todas indicam progresso na senda do bem. Há virtude sempre que há resistência voluntária ao arrastamento dos maus pendores. A sublimidade da virtude, porém, está no sacrifício do interesse pessoal, pelo bem do próximo, sem pensamento oculto. A mais meritória é a que assenta na mais desinteressada caridade.[395]

> [...] Frequentemente, as qualidades morais são como, num objeto de cobre, a douradura, que não resiste à pedra de toque. Pode um homem possuir qualidades reais, que levem o mundo a considerá-lo homem de bem. Mas, essas qualidades, conquanto assinalem um progresso, nem sempre suportam certas provas e às vezes basta que se fira a corda do interesse pessoal para que o fundo fique a descoberto. [...]

> O apego às coisas materiais constitui sinal notório de inferioridade, porque, quanto mais se aferrar aos bens deste mundo, tanto menos compreende o homem o seu destino. Pelo desinteresse, ao contrário, demonstra que encara de um ponto mais elevado o futuro.[396]

Dizem os Espíritos Superiores que, de todos os vícios, aquele que se pode considerar radical é o egoísmo.

> [...] Daí deriva todo mal. Estudai todos os vícios e vereis que no fundo de todos há egoísmo. Por mais que lhes deis combate, não chegareis a extirpá-los, enquanto não atacardes o mal pela raiz, enquanto não lhe houverdes destruído a causa [...].[397]

Note-se, entretanto, que, fundando-se o egoísmo no interesse pessoal, só poderá ser extirpado do coração à medida que o homem se instrui a respeito das coisas espirituais, o que fará que dê menos valor aos bens materiais.[398]

Com efeito, ensinam os orientadores espirituais que

> De todas as imperfeições humanas, o egoísmo é a mais difícil de desenraizar-se porque deriva da influência da matéria, influência de que o homem, ainda muito próximo de sua origem, não pôde libertar-se e para cujo entretenimento tudo concorre: suas leis, sua organização social, sua educação. O egoísmo se enfraquecerá à proporção que a vida moral for predominando sobre a vida material e, sobretudo, com a compreensão, que o Espiritismo vos faculta, do vosso estado

> *futuro, real e não desfigurado por ficções alegóricas. Quando, bem compreendido, se houver identificado com os costumes e as crenças, o Espiritismo transformará os hábitos, os usos, as relações sociais. O egoísmo assenta na importância da personalidade. Ora, o Espiritismo, bem compreendido, repito, mostra as coisas de tão alto que o sentimento da personalidade desaparece, de certo modo, diante da imensidade. Destruindo essa importância, ou, pelo menos, reduzindo-a às suas legítimas proporções, ele necessariamente combate o egoísmo.*[399]

> *O egoísmo é irmão do orgulho e procede das mesmas causas. É uma das mais terríveis enfermidades da alma, é o maior obstáculo ao melhoramento social. Por si só ele neutraliza e torna estéreis quase todos os esforços que o homem faz para atingir o bem [...].*[400]

Portanto,

> *O egoísmo, chaga da Humanidade, tem que desaparecer da Terra, a cujo progresso moral obsta. Ao Espiritismo está reservada a tarefa de fazê-la ascender na hierarquia dos mundos. O egoísmo é, pois, o alvo para o qual todos os verdadeiros crentes devem apontar suas armas, dirigir suas forças, sua coragem. Digo: coragem, porque dela muito mais necessita cada um para vencer-se a si mesmo, do que para vencer os outros [...].*[401]

Essa coragem, porém, vai sendo por nós adquirida à medida que despertamos para o sentimento do dever, inserto na própria consciência.

Todos nós trazemos gravados no íntimo do ser

> *[...] os rudimentos da Lei Moral. É neste mundo mesmo que ela recebe um começo de sanção. Qualquer ato bom acarreta para o seu autor uma satisfação íntima, uma espécie de ampliação da alma; as más ações, pelo contrário, trazem, muitas vezes, amargores e desgostos em sua passagem [...].*[402]

Por sua vez,

> *O dever é o conjunto das prescrições da Lei Moral, a regra pela qual o homem deve conduzir-se nas relações com seus semelhantes e com o Universo inteiro. Figura nobre e santa, o dever paira acima da Humanidade, inspira os grandes sacrifícios, os puros devotamentos, os grandes entusiasmos. Risonho para uns, temível para outros, inflexível sempre, ergue-se perante nós, apontando a escadaria do progresso, cujos degraus se perdem em alturas incomensuráveis.*[403]

Afirma o Espírito Lázaro, em comunicação inserida em *O evangelho segundo o espiritismo*, que:

> *O dever é a obrigação moral da criatura para consigo mesma, primeiro, e, em seguida, para com os outros. O dever é a lei da vida. Com ele deparamos nas mais ínfimas particularidades, como nos atos mais elevados. Quero aqui falar apenas do dever moral e não do dever que as profissões impõem.*

> *Na ordem dos sentimentos, o dever é muito difícil de cumprir-se, por se achar em antagonismo com as atrações do interesse e do coração. Não têm testemunhas as suas vitórias e não estão sujeitas à repressão suas derrotas. O dever íntimo do homem fica entregue ao seu livre-arbítrio. O aguilhão da consciência, guardião da probidade interior, o adverte e sustenta; mas, muitas vezes, mostra-se impotente diante dos sofismas da paixão. Fielmente observado, o dever do coração eleva o homem; como determiná-lo, porém, com exatidão? Onde começa ele? onde termina? O dever principia, para cada um de vós, exatamente no ponto em que ameaçais a felicidade ou a tranquilidade do vosso próximo; acaba no limite que não desejais ninguém transponha com relação a vós.*[404]

Assim finaliza o referido instrutor espiritual:

> *O dever cresce e irradia sob mais elevada forma, em cada um dos estágios superiores da Humanidade. Jamais cessa a obrigação moral da criatura para com Deus. Tem esta de refletir as virtudes do Eterno, que não aceita esboços imperfeitos, porque quer que a beleza da sua obra resplandeça a seus próprios olhos.*[405]

REFERÊNCIAS

[392] KARDEC, Allan. *O evangelho segundo o espiritismo*. Trad. Guillon Ribeiro. 131. ed. 14. imp. (Edição Histórica). Brasília: FEB, 2019. cap. 17, it. 1.

[393] _____. _____. it. 2.

[394] _____. _____. it. 8.

[395] _____. *O livro dos espíritos*. Trad. Guillon Ribeiro. 93. ed. 9. imp. (Edição Histórica). Brasília: FEB, 2019. q. 893.

[396] _____. _____. q. 895.

[397] _____. _____. q. 913.

[398] _____. _____. q. 914.

[399] _____. _____. q. 917.

[400] DENIS, Léon. *Depois da morte*. Trad. João Lourenço de Souza. 28. ed. 4. imp. Brasília: FEB, 2016. 5ª pt. O Caminho Reto, cap. 46 – O egoísmo.

[401] KARDEC, Allan. *O evangelho segundo o espiritismo*. Trad. Guillon Ribeiro. 131. ed. 14. imp. (Edição Histórica). Brasília: FEB, 2019. cap. 11, it. 11.

[402] DENIS, Léon. *Depois da morte*. Trad. João Lourenço de Souza. 28. ed. 4. imp. Brasília: FEB, 2016. 5ª pt. O Caminho Reto, cap. 42 – A vida moral.

[403] _____. _____. cap. 43 – O dever.

[404] KARDEC, Allan. *O evangelho segundo o espiritismo*. Trad. Guillon Ribeiro. 131. ed. 14. imp. (Edição Histórica). Brasília: FEB, 2019. cap. 17, it. 7.

[405] _____. _____.

ROTEIRO 2

CONHECIMENTO DE SI MESMO

1   OBJETIVO ESPECÍFICO

» Refletir sobre a importância e necessidade do conhecimento de si mesmo, para o progresso espiritual.

2   CONTEÚDO BÁSICO

» *Qual o meio prático mais eficaz que tem o homem de se melhorar nesta vida e de resistir à atração do mal? "Um sábio da antiguidade vo-lo disse: Conhece-te a ti mesmo."* (Allan Kardec, *O livro dos espíritos*, q. 919).

» *Fazei o que eu fazia, quando vivi na Terra: ao fim do dia, interrogava a minha consciência, passava revista ao que fizera e perguntava a mim mesmo se não faltara a algum dever, se ninguém tivera motivo para de mim se queixar. Foi assim que cheguei a me conhecer e a ver o que em mim precisava de reforma [...]* – SANTO AGOSTINHO (Allan Kardec, *O livro dos espíritos*, q. 919-a).

» *Muitas faltas que cometemos nos passam despercebidas. Se, efetivamente, seguindo o conselho de Santo Agostinho, interrogássemos mais amiúde a nossa consciência, veríamos quantas vezes falimos sem que o suspeitemos, unicamente por não perscrutarmos a natureza e o móvel dos nossos atos [...]* (Allan Kardec, *O livro dos espíritos*, comentário de Kardec à q. 919-a).

3   SUGESTÕES DIDÁTICAS

3.1 SUGESTÃO 1:

Introdução

Solicitar aos participantes que, em duplas, discutam a seguinte afirmação de Léon Denis: "A vontade é a maior de todas as potências; é, em sua ação, comparável ao ímã [...]" (*O problema do ser do destino e da dor*, 3ª pt., cap. 20 – *A vontade*).

Ouvir os comentários e esclarecer as possíveis dúvidas, destacando o papel da vontade no progresso do Espírito (*O livro dos espíritos*, q. 121).

Desenvolvimento

Em seguida, dividir os participantes em pequenos grupos, para a realização das seguintes tarefas:

1) ler os subsídios do Roteiro;

2) responder à seguinte pergunta: *Por que é necessário o conhecimento de si mesmo para alcançar a perfeição moral?*

3) elaborar um roteiro prático para atingi-la;

4) afixar esse roteiro no mural da sala;

5) indicar um colega para apresentar as conclusões, em plenária.

Pedir aos representantes dos grupos que apresentem as conclusões do trabalho.

Ouvir os relatos, prestando os esclarecimentos necessários.

Conclusão

Encerrar o encontro, apresentando a seguinte frase, constante dos subsídios do Roteiro: "O conhecimento de si mesmo é, portanto, a chave do progresso individual [...]" (Allan Kardec, *O livro dos espíritos*, q. 919-a).

Avaliação

O estudo será considerado satisfatório se os participantes realizarem, de forma correta, as tarefas propostas.

Técnica(s): estudo em duplas; trabalho em pequenos grupos; exposição.

Recurso(s): *O problema do ser, do destino e da dor* e *O livro dos espíritos*; subsídios do Roteiro; lápis/caneta; papel; folhas de papel pardo; pincel atômico de cores variadas; cartaz; mural da sala.

3.2 SUGESTÃO 2:

Introdução

Iniciar o estudo distribuindo uma questão para ser discutida em duplas (10 minutos):

> *Qual o meio prático mais eficaz que tem o homem de se melhorar nesta vida e de resistir à atração do mal?*
>
> *"Um sábio da antiguidade vo-lo disse: Conhece-te a ti mesmo."* (Allan Kardec, O livro dos espíritos, q. 919)

Se retirarem a sua profissão, a sua família, os títulos acadêmicos, a sua casa, os seus amigos, os seus bens materiais, o seu corpo... quem fica? Você se conhece?

Desenvolvimento

Convidar as duplas para comentarem, quem quiser, as suas reflexões.

Logo após, fazer a leitura oral comentada e compartilhada da questão 919 de *O livro dos espíritos*.

Nesse momento, o facilitador esclarece dúvidas e complementa informações enriquecendo a discussão de acordo com subsídios do Roteiro, de *O livro dos espíritos*, trazendo mais questões ao grupo à medida que surgem aspectos interessantes e importantes a serem refletidos:

» *Como está meu coração?*

» *Onde estão meus pensamentos?*

» *O que falta para eu me melhorar?*

» *Conhecer-me possibilita a minha reforma íntima?* etc.

Propor a seguinte reflexão individual (não há a necessidade de comentário):

Eu me conheço?

Conclusão

Fazer o fechamento com o texto:

> É necessário um exame profundo, sério, constante do Si, da sua constituição, dos objetivos que deve perseguir, dos meios a utilizar, de como encontrar os recursos para lográ-lo. Essa análise tem por meta a autoconscientização, mediante a qual se aplainam as arestas, e o curso do rio existencial desliza na direção do mar da paz. Para tanto, é imprescindível o autoexame dos comportamentos mentais, emocionais e físico-sociais (Joanna de Ângelis. *Autodescobrimento*: uma busca interior, cap. 8 – *Sicários da alma*, it. Desconhecimento de si mesmo. Psicografia Divaldo Pereira Franco. LEAL).

Avaliação

O estudo será considerado satisfatório se as ideias dos participantes refletirem entendimento do assunto.

Técnica(s): estudo em duplas; leitura oral compartilhada, discussão circular.

Recurso(s): *O livro dos espíritos*; subsídios do Roteiro.

4 SUBSÍDIOS

Allan Kardec pergunta aos Espíritos Superiores:

> Qual o meio prático mais eficaz que tem o homem de se melhorar nesta vida e de resistir à atração do mal?
>
> "Um sábio da antiguidade vo-lo disse: *Conhece-te a ti mesmo*."[406]

À vista da dificuldade de cada um conhecer-se a si mesmo, o Codificador indaga a respeito do meio de consegui-lo, obtendo a seguinte resposta, assinada pelo Espírito Santo Agostinho:

> *Fazei o que eu fazia, quando vivi na Terra: ao fim do dia, interrogava a minha consciência, passava revista ao que fizera e perguntava a mim mesmo se não faltara a algum dever, se ninguém tivera motivo para de mim se queixar. Foi assim que cheguei a me conhecer e a ver o que em mim precisava de reforma. Aquele que, todas as noites, evocasse todas as ações que praticara durante o dia e inquirisse de si mesmo o bem ou o mal que houvera feito, rogando a Deus e ao seu anjo de guarda [Espírito Protetor] que o esclarecessem, grande força adquiriria para se aperfeiçoar, porque, crede-me, Deus o assistiria. Dirigi, pois, a vós mesmos perguntas, interrogai-vos sobre o que tendes feito e com que objetivo procedestes em tal ou tal circunstância, sobre se fizestes alguma coisa que, feita por outrem, censuraríeis, sobre se obrastes alguma ação que não ousaríeis confessar. Perguntai ainda mais: "Se aprouvesse a Deus chamar-me neste momento, teria que temer o olhar de alguém, ao entrar de novo no mundo dos Espíritos, onde nada pode ser ocultado?"*
>
> *Examinai o que pudestes ter obrado contra Deus, depois contra o vosso próximo e, finalmente, contra vós mesmos. As respostas vos darão, ou o descanso para a vossa consciência, ou a indicação de um mal que precise ser curado.*
>
> *O conhecimento de si mesmo é, portanto, a chave do progresso individual. Direis, como há de alguém julgar-se a si mesmo? Não está aí a ilusão do amor-próprio para atenuar as faltas e torná-las desculpáveis? O avarento se considera apenas econômico e previdente; o orgulhoso julga que em si só há dignidade. Isto é muito real, mas tendes um meio de verificação que não pode iludir-vos. Quando estiverdes indecisos sobre o valor de uma de vossas ações, inquiri como*

a qualificaríeis, se praticada por outra pessoa. Se a censurais noutrem, não na podereis ter por legítima quando fordes o seu autor, pois que Deus não usa de duas medidas na aplicação de sua justiça. Procurai também saber o que dela pensam os vossos semelhantes e não desprezeis a opinião dos vossos inimigos, porquanto esses nenhum interesse têm em mascarar a verdade e Deus muitas vezes os coloca ao vosso lado como um espelho, a fim de que sejais advertidos com mais franqueza do que o faria um amigo. Perscrute, conseguintemente, a sua consciência aquele que se sinta possuído do desejo sério de melhorar-se, a fim de extirpar de si os maus pendores, como do seu jardim arranca as ervas daninhas; dê balanço no seu dia moral para, a exemplo do comerciante, avaliar suas perdas e seus lucros e eu vos asseguro que a conta destes será mais avultada que a daquelas. Se puder dizer que foi bom o seu dia, poderá dormir em paz e aguardar sem receio o despertar na outra vida.

Formulai, pois, de vós para convosco, questões nítidas e precisas e não temais multiplicá-las. Justo é que se gastem alguns minutos para conquistar uma felicidade eterna. Não trabalhais todos os dias com o fito de juntar haveres que vos garantam repouso na velhice? Não constitui esse repouso o objeto de todos os vossos desejos, o fim que vos faz suportar fadigas e privações temporárias? Pois bem! que é esse descanso de alguns dias, turbado sempre pelas enfermidades do corpo, em comparação com o que espera o homem de bem? Não valerá este outro a pena de alguns esforços? Sei haver muitos que dizem ser positivo o presente e incerto o futuro. Ora, esta exatamente a ideia que estamos encarregados de eliminar do vosso íntimo, visto desejarmos fazer que compreendais esse futuro, de modo a não restar nenhuma dúvida em vossa alma. Por isso foi que primeiro chamamos a vossa atenção por meio de fenômenos capazes de ferir-vos os sentidos e que agora vos damos instruções, que cada um de vós se acha encarregado de espalhar. Com este objetivo é que ditamos O livro dos espíritos.[407]

Comentando a resposta dada por Santo Agostinho, Kardec assinala:

Muitas faltas que cometemos nos passam despercebidas. Se, efetivamente, seguindo o conselho de Santo Agostinho, interrogássemos mais amiúde a nossa consciência, veríamos quantas vezes falimos sem que o suspeitemos, unicamente por não perscrutarmos a natureza e o móvel dos nossos atos. A forma interrogativa tem alguma coisa de mais preciso do que qualquer máxima, que muitas vezes deixamos de aplicar a nós mesmos. Aquela exige respostas categóricas, por um sim ou não, que não abrem lugar para qualquer alternativa e que são outros tantos argumentos pessoais. E, pela soma que derem as respostas, poderemos computar a soma de bem ou de mal que existe em nós.[408]

Assim, consoante deflui desses ensinamentos, é o conhecimento de si mesmo o primeiro passo para que o Espírito possa atingir a perfeição moral. O processo de renovação para o bem é longo, pois que depende do esforço de vontade de cada um no sentido da sua autoeducação, mais inevitável, de acordo com a Lei do Progresso, a que todos os seres estão submetidos.

Com efeito, sendo a alma, ou Espírito, Criação Divina, suas diversas reencarnações

> [...] têm por objetivo a manifestação cada vez mais grandiosa do que nela há de divino, o aumento do domínio que está destinado a exercer dentro e fora de si, por meio de seus sentidos e energias latentes.
>
> Pode alcançar-se esse resultado por processos diferentes, pela Ciência ou pela meditação, pelo trabalho ou pelo exercício moral. O melhor processo consiste em utilizar todos esses modos de aplicação, em completá-los uns pelos outros; o mais eficaz, porém, de todos, é o exame íntimo, a introspecção. Acrescentemos o desapego das coisas materiais, a firme vontade de melhorar a nossa união com Deus em espírito e verdade, e veremos que toda religião verdadeira, toda filosofia profunda aí vai buscar sua origem e nessas fórmulas se resume. O resto, doutrinas culturais, ritos e práticas não são mais do que o vestuário externo que encobre, aos olhos das turbas, a alma das religiões.
>
> Victor Hugo escrevia no Post scriptum de ma vie [Pós-escrito de minha vida]: "É dentro de nós que devemos olhar o exterior... Inclinando-nos sobre este poço, o nosso espírito, avistamos, a uma distância de abismo, em estreito círculo, o mundo imenso".[409]

Para que possamos, entretanto, realizar esse encontro com nós mesmos, com vistas à perfeição, é necessário, em especial, aprender a disciplinar o pensamento.

> O pensamento é [...] criador. Não atua somente em roda de nós, influenciando nossos semelhantes para o bem ou para o mal; atua principalmente em nós; gera nossas palavras, nossas ações e, com ele, construímos, dia a dia, o edifício grandioso ou miserável de nossa vida presente e futura. Modelamos nossa alma e seu invólucro com os nossos pensamentos; estes produzem formas, imagens que se imprimem na matéria sutil, de que o corpo fluídico [perispírito] é composto. Assim, pouco a pouco, nosso ser povoa-se de formas frívolas ou austeras, graciosas ou terríveis, grosseiras ou sublimes; a alma se enobrece, embeleza ou cria uma atmosfera de fealdade. Segundo o ideal a que visa, a chama interior aviva-se ou obscurece-se.
>
> [...]
>
> Se meditarmos em assuntos elevados, na sabedoria, no dever, no sacrifício, nosso ser impregna-se, pouco a pouco, das qualidades de nosso pensamento. É por isso que a prece improvisada, ardente, o impulso da alma para as potências infinitas, tem tanta virtude. Nesse diálogo solene do ser com sua causa, o influxo do Alto invade-nos e desperta sentidos novos [...].[410]

Por outro lado,

> O estudo silencioso e recolhido é sempre fecundo para o desenvolvimento do pensamento. É no silêncio que se elaboram as obras fortes. A palavra é brilhante, mas degenera demasiadas vezes em conversas estéreis, às vezes maléficas; com

> *isso, o pensamento se enfraquece e a alma esvazia-se. Ao passo que na meditação o Espírito se concentra, volta-se para o lado grave e solene das coisas; a luz do mundo espiritual banha-o com suas ondas [...].*⁴¹¹

Assim,

> *Não há progresso possível sem observação atenta de nós mesmos. É necessário vigiar todos os nossos atos impulsivos para chegarmos a saber em que sentido devemos dirigir nossos esforços para nos aperfeiçoarmos [...].*⁴¹²

Cabe-nos exercitar a disciplina do pensamento.

> *Querer é poder! O poder da vontade é ilimitado. O homem, consciente de si mesmo, de seus recursos latentes, sente crescerem suas forças na razão dos esforços. Sabe que tudo o que de bem e bom desejar há de, mais cedo ou mais tarde, realizar-se inevitavelmente, ou na atualidade ou na série das suas existências, quando seu pensamento se puser de acordo com a Lei Divina. E é nisso que se verifica a palavra celeste: "A fé transporta montanhas".*⁴¹³

Daí os Espíritos instrutores da Codificação Espírita terem assinalado que o homem poderia, pelo esforço da sua vontade, vencer as suas más inclinações,⁴¹⁴ acrescentando que

> *Há pessoas que dizem: Quero, mas a vontade só lhes está nos lábios. Querem, porém muito satisfeitas ficam que não seja como "querem". Quando o homem crê que não pode vencer as suas paixões, é que seu Espírito se compraz nelas, em consequência da sua inferioridade. Compreende a sua natureza espiritual aquele que as procura reprimir. Vencê-las é, para ele, uma vitória do Espírito sobre a matéria.*⁴¹⁵

> *A felicidade não está nas coisas externas nem nos acasos do exterior, mas somente em nós mesmos, na vida interna que soubermos criar. Que importa que o céu esteja escuro por cima de nossas cabeças e os homens sejam ruins em volta de nós, se tivermos a luz na fronte, alegria do bem e a liberdade moral no coração? Se, porém, eu tiver vergonha de mim mesmo, se o mal tiver invadido meu pensamento, se o crime e a traição habitarem em mim, todos os favores e todas as felicidades da Terra não me restituirão a paz silenciosa e a alegria da consciência [...].*⁴¹⁶

É preciso, portanto, como diz Santo Agostinho, passar revista às nossas ações, a fim de identificar os males que precisem ser curados, uma vez que o conhecimento de si mesmo é a chave do progresso individual.

Em síntese, pode dizer-se que, primeiramente, a criatura humana deve buscar conhecer-se a si mesma

> *[...] para saber como orientar a sua autoeducação. A este conhecimento deve seguir-se ou ser adquirido simultaneamente, o do destino que a espera, para que, servindo-lhe de alvo, ela saiba para onde e como dirigir sua ação. Cumpre-lhe, ao mesmo tempo, conhecer as qualidades que deve procurar desenvolver em si*

e os hábitos viciosos e os obstáculos que a poderiam embaraçar no desempenho da sua tarefa, hábitos e vícios que lhe importa destruir sem contemplações.

Com o conhecimento relativo de si mesmo, indispensável a cada momento de sua evolução, fim a que toda a sua ação deve tender com os recursos morais e as experiências próprias e alheias, que lhe facilitam a atuação no plano em que se move, pode muito bem o indivíduo orientar sua autoeducação.[417]

Acima de tudo, porém, busquemos o amor, essência de tudo que há de divino em nós, farol orientador dos nossos esforços de autoeducação:

> *A todas as interrogações do homem, a suas hesitações, a seus temores, a suas blasfêmias, uma voz grande, poderosa e misteriosa responde: Aprende a amar! O amor é o resumo de tudo, o fim de tudo. Dessa maneira, estende-se e desdobra-se sem cessar sobre o Universo a imensa rede de amor tecida de luz e ouro. Amar é o segredo da felicidade. Com uma só palavra o amor resolve todos os problemas, dissipa todas as obscuridades. O amor salvará o mundo; seu calor fará derreter os gelos da dúvida, do egoísmo, do ódio; enternecerá os corações mais duros, mais refratários.*[418]

REFERÊNCIAS

[406] KARDEC, Allan. *O livro dos espíritos.* Trad. Guillon Ribeiro. 93. ed. 9. imp. (Edição Histórica). Brasília: FEB, 2019. q. 919.

[407] _____. _____. q. 919-a.

[408] _____. _____.

[409] DENIS, Léon. *O problema do ser do destino e da dor.* 32. ed. 11. imp. Brasília: FEB, 2019. 3ª pt. As Potências da Alma, cap. 21 – *A consciência. O sentido íntimo.*

[410] _____. _____. cap. 24 – *A disciplina do pensamento e a reforma do caráter.*

[411] _____. _____.

[412] _____. _____.

[413] _____. _____. cap. 20 – *A vontade.*

[414] KARDEC, Allan. *O livro dos espíritos.* Trad. Guillon Ribeiro. 93. ed. 9. imp. (Edição Histórica). Brasília: FEB, 2019. q. 909.

[415] _____. _____. q. 911.

[416] DENIS, Léon. *O problema do ser do destino e da dor.* 32. ed. 11. imp. Brasília: FEB, 2019. 3ª pt. As Potências da Alma, cap. 24 – *A disciplina do pensamento e a reforma do caráter.*

[417] AGUAROD, Angel. *Grandes e pequenos problemas.* Trad. Guillon Ribeiro. 8. ed. 1. imp. Brasília: FEB, 2020. cap. 10 – *Últimos problemas,* it. 10.1 Autoeducação.

[418] DENIS, Léon. *O problema do ser do destino e da dor.* 32. ed. 11. imp. Brasília: FEB, 2019. 3ª pt. As Potências da Alma, cap. 25 – *O amor.*

HOMEM

Argonauta da luz que nasceste nas trevas,
Por térmita perdido em malocas bizarras,
Dormiste com leões de sinistras bocarras
E, símio, atravessaste as solidões grandevas.

Preso aos totens e atado à inspiração dos devas,
Vivias de arco e flecha ao clangor de fanfarras.
Ai! a herança da guerra a que ainda te agarras,
Os impulsos do abismo e as cóleras longevas!

Hoje, razão que brilha e amor que desabrocha,
Prometeu a chorar no coração da rocha,
Circulado de sóis e entre as sombras imerso!

Homem! Anjo nascente e animal inextinto,
Serás, após vencer as injúrias do instinto,
A obra-prima de Deus no esplendor do Universo!

Dario Persiano de Castro Veloso

FONTE: XAVIER, Francisco Cândido; VIEIRA, Waldo. *Antologia dos imortais*. Diversos Espíritos. 4. ed. FEB, Rio de Janeiro, 2002.

O HOMEM DE BEM

1. **OBJETIVOS ESPECÍFICOS**

   » Analisar as características do homem de bem, segundo o Espiritismo.

   » Refletir sobre a importância dos valores morais na conquista da felicidade.

2. **CONTEÚDO BÁSICO**

   » *Verdadeiramente, homem de bem é o que pratica a Lei de Justiça, Amor e Caridade, na sua maior pureza. Se interrogar a própria consciência sobre os atos que praticou, perguntará se não transgrediu essa lei, se não fez o mal, se fez todo bem que podia, se ninguém tem motivos para dele se queixar, enfim se fez aos outros o que desejara que lhe fizessem.*

   Possuído do sentimento de caridade e de amor ao próximo, faz o bem pelo bem, sem contar com qualquer retribuição, e sacrifica seus interesses à justiça.

   É bondoso, humanitário e benevolente para com todos, porque vê irmãos em todos os homens, sem distinção de raças, nem de crenças.

   Se Deus lhe outorgou o poder e a riqueza, considera essas coisas como um depósito, de que lhe cumpre usar para o bem. Delas não se envaidece, por saber que Deus, que lhas deu, também lhas pode retirar.

   Se sob a sua dependência a ordem social colocou outros homens, trata-os com bondade e complacência, porque são seus iguais perante Deus. Usa da sua autoridade para lhes levantar o moral e não para os esmagar com o seu orgulho.

> *É indulgente para com as fraquezas alheias, porque sabe que também precisa da indulgência dos outros e se lembra destas palavras do Cristo:* Atire a primeira pedra aquele que estiver sem pecado.
>
> *Não é vingativo. A exemplo de Jesus, perdoa as ofensas, para só se lembrar dos benefícios, pois não ignora que,* como houver perdoado, assim perdoado lhe será.
>
> *Respeita, enfim, em seus semelhantes, todos os direitos que as Leis da Natureza lhes concedem, como quer que os mesmos direitos lhe sejam respeitados.* (Allan Kardec, O livro dos espíritos, comentário de Kardec à q. 918).

3 SUGESTÕES DIDÁTICAS

3.1 SUGESTÃO 1:

Introdução

Entregar aos participantes uma cópia da questão 918, de *O livro dos espíritos*.

Pedir a um dos participantes que leia em voz alta o texto, enquanto os demais acompanham a leitura.

Desenvolvimento

Em sequência, pedir-lhes que formem dois grupos, indicando-lhes as seguintes tarefas:

a) leitura atenta dos subsídios do Roteiro;

b) rápida troca de ideias sobre o assunto;

c) elaboração de cartaz: o Grupo 1 deve registrar os caracteres do *homem de bem*; o Grupo 2 escreve que esforços ou meios a pessoa deve utilizar para se tornar *homem de bem*;

d) apresentação do cartaz pelo relator do grupo, previamente escolhido.

Ouvir os relatos dos grupos, esclarecendo possíveis dúvidas.

Conclusão

Apresentar a Parábola do Bom Samaritano (*Lucas*, 10:25 a 37), esclarecendo que o *samaritano* representa o paradigma do homem de bem.

Avaliação

O estudo será considerado satisfatório se os participantes realizarem com interesse as tarefas propostas, apresentando: a) características do *homem de bem*; b) esforços ou meios para alcançar esta posição.

Técnica(s): leitura reflexiva; trabalho em grupo com elaboração de cartaz; exposição.

Recurso(s): *O livro dos espíritos*; subsídios do Roteiro; projeção.

3.2 SUGESTÃO 2:

Introdução

Iniciar o estudo com a seguida questão:

» *Quais as qualidades que deve ter o homem de bem?*

Ouvir o comentário participando e estimulando a turma nas reflexões, com base nos conteúdos vistos.

Desenvolvimento

Dividir os participantes em três grupos:

Grupo 1 – Fazer a leitura e breve comentário do item 3 O homem de bem, capítulo 17 – *Sede perfeitos*, de *O evangelho segundo o espiritismo*.

Grupo 2 – Fazer a leitura e breve comentário do item 8 A virtude, capítulo 17 – *Sede perfeitos*, de *O evangelho segundo o espiritismo*.

Grupo 3 – Fazer a leitura e breve comentário do item 10 O homem no mundo, capítulo 17 – *Sede perfeitos*, de *O evangelho segundo o espiritismo*.

Os grupos registrarão a ideia central do assunto lido (tempo de até 15 minutos).

Terminada a leitura comentada, cada grupo apresenta (em até 5 minutos) a ideia principal do assunto.

Após as apresentações, abre-se para pergunta aos grupos:

Grupo 1 – O homem de bem.

Grupo 2 – A virtude.

Grupo 3 – O homem no mundo.

Nesse momento, o facilitador acompanha as respostas dos grupos, esclarece dúvidas e complementa informações enriquecendo a discussão de acordo com subsídios do Roteiro, *O evangelho segundo o espiritismo* e *O livro dos espíritos*, trazendo mais questões à turma, à medida que surgem aspectos interessantes e importantes a serem refletidos sobre o conceito de homem de bem, segundo o Espiritismo.

Propor a seguinte reflexão individual (não há a necessidade de comentário):

Eu sou uma pessoa de bem?

Conclusão

Fazer o fechamento reforçando que:

> Verdadeiramente, homem de bem é o que pratica a Lei de Justiça, Amor e Caridade, na sua maior pureza. Se interrogar a própria consciência sobre os atos que praticou, perguntará se não transgrediu essa lei, se não fez o mal, se fez todo bem que podia, se ninguém tem motivos para dele se queixar, enfim, se fez aos outros o que desejara que lhe fizessem.

> Possuído do sentimento de caridade e de amor ao próximo, faz o bem pelo bem, sem contar com qualquer retribuição, e sacrifica seus interesses à justiça. (Allan Kardec, *O livro dos espíritos*, comentário de Kardec à q. 918).

Avaliação

O estudo será considerado satisfatório se as ideias dos participantes refletirem entendimento do assunto.

Técnica(s): explosão de ideias; estudo de grupo; discussão circular.

Recurso(s): *O evangelho segundo o espiritismo*; *O livro dos espíritos*; subsídios do Roteiro, lápis e papel.

4 SUBSÍDIOS

De acordo com os ensinamentos da Doutrina Espírita,

> *O Espírito prova a sua elevação, quando todos os atos de sua vida corporal representam a prática da Lei de Deus e quando antecipadamente compreende a Vida Espiritual.*[419]

Quando encarnado, o Espírito, nessas condições morais, constitui-se no protótipo do homem de bem.

Pode dizer-se que

> *O verdadeiro homem de bem é o que cumpre a Lei de Justiça, de Amor e de Caridade, na sua maior pureza. Se ele interroga a consciência sobre seus próprios atos, a si mesmo perguntará se violou essa lei, se não praticou o mal, se fez todo*

o bem que podia, se desprezou voluntariamente alguma ocasião de ser útil, se ninguém tem qualquer queixa dele; enfim, se fez a outrem tudo o que desejara lhe fizessem.

Deposita fé em Deus, na sua bondade, na sua justiça e na sua sabedoria. Sabe que sem a sua permissão nada acontece e se lhe submete à vontade em todas as coisas.

Têm fé no futuro, razão por que coloca os bens espirituais acima dos bens temporais.

Sabe que todas as vicissitudes da vida, todas as dores, todas as decepções são provas ou expiações e as aceita sem murmurar.

Possuído do sentimento de caridade e de amor ao próximo, faz o bem pelo bem, sem esperar paga alguma, retribui o mal com bem, toma a defesa do fraco contra o forte e sacrifica sempre seus interesses à justiça.

Encontra satisfação nos benefícios que espalha, nos serviços que presta, no fazer ditosos os outros, nas lágrimas que enxuga, nas consolações que prodigaliza aos aflitos. Seu primeiro impulso é para pensar nos outros, antes de pensar em si, é para cuidar dos interesses dos outros antes do seu próprio interesse. O egoísta, ao contrário, calcula os proventos e as perdas decorrentes de toda ação generosa.

O homem de bem é bom, humano e benevolente para com todos, sem distinção de raças, nem de crenças, porque em todos os homens vê irmãos seus.

Respeita nos outros todas as convicções sinceras e não lança anátema aos que como ele não pensam.

Em todas as circunstâncias, toma por guia a caridade, tendo como certo que aquele que prejudica a outrem com palavras malévolas, que fere com o seu orgulho e o seu desprezo a suscetibilidade de alguém, que não recua à ideia de causar um sofrimento, uma contrariedade, ainda que ligeira, quando a pode evitar, falta ao dever de amar o próximo e não merece a clemência do Senhor.

Não alimenta ódio, nem rancor, nem desejo de vingança; a exemplo de Jesus, perdoa e esquece as ofensas e só dos benefícios se lembra, por saber que perdoado lhe será conforme houver perdoado.

É indulgente para as fraquezas alheias, porque sabe que também necessita de indulgência e tem presente esta sentença do Cristo: "Atire-lhe a primeira pedra aquele que se achar sem pecado".

Nunca se compraz em rebuscar os defeitos alheios, nem, ainda, em evidenciá-los. Se a isso se vê obrigado, procura sempre o bem que possa atenuar o mal.

Estuda suas próprias imperfeições e trabalha incessantemente em combatê-las. Todos os esforços emprega para poder dizer, no dia seguinte, que alguma coisa traz em si de melhor do que na véspera.

> *Não procura dar valor ao seu espírito, nem aos seus talentos, a expensas de outrem; aproveita, ao revés, todas as ocasiões para fazer ressaltar o que seja proveitoso aos outros.*
>
> *Não se envaidece da sua riqueza, nem de suas vantagens pessoais, por saber que tudo o que lhe foi dado pode ser-lhe tirado.*
>
> *Usa, mas não abusa dos bens que lhe são concedidos, sabe que é um depósito de que terá de prestar contas e que o mais prejudicial emprego que lhe pode dar é o de aplicá-lo à satisfação de suas paixões.*
>
> *Se a ordem social colocou sob o seu mando outros homens, trata-os com bondade e benevolência, porque são seus iguais perante Deus; usa da sua autoridade para lhes levantar o moral e não para os esmagar com o seu orgulho. Evita tudo quanto lhes possa tornar mais penosa a posição subalterna em que se encontram.*
>
> *O subordinado, de sua parte, compreende os deveres da posição que ocupa e se empenha em cumpri-los conscienciosamente.*
>
> *Finalmente, o homem de bem respeita todos os direitos que aos seus semelhantes dão as Leis da Natureza, como quer que sejam respeitados os seus.*
>
> *Não ficam assim enumeradas todas as qualidades que distinguem o homem de bem; mas aquele que se esforce por possuir as que acabamos de mencionar, no caminho se acha que a todas as demais conduz.*[420]

Sintetizando todas as qualidades do homem de bem, encontramos, no Evangelho, a figura do bom samaritano, verdadeiro paradigma a ser seguido por todos os que almejam alcançar a perfeição moral. Ao responder ao doutor da lei que lhe pergunta quem é o seu próximo, ao qual deveria amar como a si mesmo, narra o Mestre Divino:

> *Um homem, que descia de Jerusalém para Jericó, caiu em poder de ladrões, que o despojaram, cobriram de ferimentos e se foram, deixando-o semimorto. Aconteceu em seguida que um sacerdote, descendo pelo mesmo caminho, o viu e passou adiante. Um levita, que também veio àquele lugar, tendo-o observado, passou igualmente adiante. Mas um samaritano que viajava, chegando ao lugar onde jazia aquele homem e tendo-o visto, foi tocado de compaixão. Aproximou-se dele, deitou-lhe óleo e vinho nas feridas e as pensou; depois, pondo-o no seu cavalo, levou-o a uma hospedaria e cuidou dele. No dia seguinte, tirou dois denários e os deu ao hospedeiro, dizendo: "Trata muito bem deste homem e tudo o que despenderes a mais, eu te pagarei quando regressar".*
>
> *"Qual desses três te parece ter sido o próximo daquele que caíra em poder dos ladrões?" – O doutor respondeu: "Aquele que usou de misericórdia para com ele". "Então, vai", diz Jesus, "e faze o mesmo".*[421] (*Lucas*, 10:25 a 37).
>
> *Qual o ensinamento que o Mestre aí nos dá?*

> *O de que para entrarmos na posse da vida eterna não basta memorizarmos textos da Sagrada Escritura. O que é preciso, o que é essencial, para a consecução desse objetivo, é pormos em prática, é vivermos a lei de amor e de fraternidade que Ele nos veio revelar e exemplificar.*[422]

Ensina Jesus que "[...] *ser próximo de alguém é assisti-lo em suas aflições, é socorrê-lo em suas necessidades, sem indagar de sua crença ou nacionalidade* [...]".[423] Mostra ainda o Mestre que todos nós temos condições de vivenciarmos o amor ao próximo, mesmo que não sejamos bem considerados pela sociedade, uma vez que

> [...] *Torna um homem desprezível aos olhos dos judeus ortodoxos, tido e havido por eles como herege – um samaritano – e, incrível! aponta-o como "modelo", como "padrão", aos que desejem penetrar nos tabernáculos eternos!*
>
> *É que aquele* renegado *sabia praticar* boas obras, *sabia* amar os seus semelhantes, *e, para Jesus, o que importa, o que vale, o que pesa [são] [...] os "bons sentimentos", porque são eles que modelam ideias e dinamizam ações [...].*[424]

Com efeito, conforme assinala Kardec,

> *Toda a moral de Jesus se resume na caridade e na humildade, isto é, nas duas virtudes contrárias ao egoísmo e ao orgulho. Em todos os seus ensinos, Ele aponta essas duas virtudes como as que conduzem à eterna felicidade: "Bem-aventurados", disse, "os pobres de espírito", isto é, "os humildes, porque deles é o Reino dos Céus; bem-aventurados os que têm puro o coração; bem-aventurados os que são brandos e pacíficos; bem-aventurados os que são misericordiosos; amai o vosso próximo como a vós mesmos; fazei aos outros o que quereríeis vos fizessem; amai os vossos inimigos; perdoai as ofensas, se quiserdes ser perdoados; praticai o bem sem ostentação; julgai-vos a vós mesmos, antes de julgardes os outros". Humildade e caridade, eis o que não cessa de recomendar e o de que dá, Ele próprio, exemplo. Orgulho e egoísmo, eis o que não se cansa de combater. E não se limita a recomendar a caridade; põe-na claramente e em termos explícitos, como condição absoluta da felicidade futura.*[425]

O homem de bem, portanto, é todo aquele que vivencia o sentimento de caridade em todos os atos da sua existência.

Ainda, nesse contexto, é oportuno ressaltar que as qualidades do homem de bem são as que todo espírita sincero deve buscar para si mesmo. Isso porque

> [...] *O Espiritismo não institui nenhuma nova moral; apenas facilita aos homens a inteligência e a prática da do Cristo, facultando fé inabalável e esclarecida aos que duvidam ou vacilam.*[426]

Por isso, afirma Kardec: "[...] *Reconhece-se o verdadeiro espírita pela sua transformação moral e pelos esforços que emprega para domar suas inclinações más* [...]".[427]

Finalmente, diremos, ainda com Kardec:

> *Caridade e humildade, tal a senda única da salvação. Egoísmo e orgulho, tal a da perdição.* [...] *todos os deveres do homem se resumem nesta máxima:* Fora da caridade não há salvação.[428]

REFERÊNCIAS

[419] KARDEC, Allan. *O livro dos espíritos*. Trad. Guillon Ribeiro. 93. ed. 9. imp. (Edição Histórica). Brasília: FEB, 2019. q. 918.

[420] _____. *O evangelho segundo o espiritismo*. Trad. Guillon Ribeiro. 131. ed. 14. imp. (Edição Histórica). Brasília: FEB, 2019. cap. 17, it. 3.

[421] _____. _____. cap. 15, it. 2.

[422] CALLIGARIS, Rodolfo. *Parábolas evangélicas*. 11. ed. 6. imp. Brasília: FEB, 2019. cap. 14 – *Parábola do bom samaritano*.

[423] _____. _____.

[424] _____. _____.

[425] KARDEC, Allan. *O evangelho segundo o espiritismo*. Trad. Guillon Ribeiro. 131. ed. 14. imp. (Edição Histórica). Brasília: FEB, 2019. cap. 15, it. 3.

[426] _____. _____. cap. 17, it. 4.

[427] _____. _____.

[428] _____. _____. cap. 15, it. 5.

PROGRAMA FUNDAMENTAL

MÓDULO XIX
Esperanças e Consolações

OBJETIVO GERAL

Possibilitar o entendimento do significado de esperanças e consolações seguindo o Espiritismo.

"Tenho-vos falado essas coisas para que tenhais paz em mim. No mundo tereis provações, mas animai-vos, eu venci o mundo." – Jesus (*João*, 16:33).

ROTEIRO 1

PENAS E GOZOS TERRESTRES

1   OBJETIVOS ESPECÍFICOS

» Analisar penas e gozos terrenos, segundo a Doutrina Espírita.

» Refletir sobre a relação entre penas, gozos terrenos e livre-arbítrio.

2   CONTEÚDO BÁSICO

» O ser humano ainda não pode gozar de completa felicidade no planeta, porque "[...] *a vida lhe foi dada como prova ou expiação. Dele, porém, depende a suavização de seus males e o ser tão feliz quanto possível na Terra.*" (Allan Kardec, O livro dos espíritos, q. 920).

» *O homem é quase sempre o obreiro da sua própria infelicidade. Praticando a Lei de Deus, a muitos males se forrará e proporcionará a si mesmo felicidade tão grande quanto o comporte a sua existência grosseira* (Allan Kardec, O livro dos espíritos, q. 921).

» *Já nesta vida somos punidos pelas infrações, que cometemos das leis que regem a existência corpórea, sofrendo os males consequentes dessas mesmas infrações e dos nossos próprios excessos. Se, gradativamente, remontarmos à origem do que chamamos as nossas desgraças terrenas, veremos que, na maioria dos casos, elas são a consequência de um primeiro afastamento nosso do caminho reto. Desviando-nos deste, enveredamos por outro, mau, e, de consequência em consequência, caímos na desgraça* (Allan Kardec, O livro dos espíritos, comentário de Kardec à q. 921).

» *O homem carnal, mais preso à vida corpórea do que à Vida Espiritual, tem, na Terra, penas e gozos materiais. Sua felicidade consiste na satisfação fugaz de todos os seus desejos. [...] A morte o assusta, porque ele duvida do futuro e porque tem de deixar no mundo todas as suas afeições e esperanças.*

O homem moral, que se colocou acima das necessidades factícias criadas pelas paixões, já neste mundo experimenta gozos que o homem material desconhece. A moderação de seus desejos lhe dá ao Espírito calma e serenidade. Ditoso pelo bem que faz, não há para ele decepções e as contrariedades lhe deslizam por sobre a alma, sem nenhuma impressão dolorosa deixarem (Allan Kardec, *O livro dos espíritos*, comentário de Kardec à q. 941).

3 SUGESTÕES DIDÁTICAS

3.1 SUGESTÃO 1:

Introdução

Explicar, em linhas gerais, o que é felicidade e infelicidade terrestres, segundo o entendimento espírita (*O livro dos espíritos*, q. 920 e 921).

Desenvolvimento

Em seguida, pedir aos participantes que se organizem em grupos para a realização das seguintes tarefas:

1) leitura dos subsídios deste Roteiro;

2) troca de ideias sobre o assunto lido, destacando os pontos relevantes;

3) recortes de imagens/gravuras, relacionadas aos estados de felicidade e infelicidade terrestres, retiradas de revistas colocadas à disposição dos grupos;

4) colagem dos recortes em folhas de papel pardo/cartolina;

5) apresentação das colagens, em plenária, por um ou mais relatores indicados pelo grupo, relacionando-as aos estados de felicidade e infelicidade terrestres.

Completar as interpretações do grupo, se necessário.

Conclusão

Tendo como base a exposição inicial, o conteúdo doutrinário dos subsídios, e as conclusões do trabalho em grupo, utilizar a Referência 10 (*O evangelho segundo o espiritismo*, cap. 5, it. 4) deste Roteiro para concluir o tema, fazendo com o grupo uma reflexão a respeito das consequências dos atos humanos.

Avaliação

O estudo será considerado satisfatório se os participantes souberem explicar o que é felicidade e infelicidade terrestres, interpretando corretamente os recortes selecionados e apresentados em plenária, refletindo com o facilitador sobre as consequências dos atos humanos.

Técnica(s): exposição; colagem.

Recurso(s): *O livro dos espíritos*; subsídios do Roteiro; recortes de revistas; cartaz com imagens/gravuras; folhas de papel pardo/cartolina; Referência 10 (*O evangelho segundo o espiritismo*, cap. 5, it. 4).

3.2 SUGESTÃO 2:

Introdução

Iniciar o estudo dividindo a turma em duplas para conversarem sobre as seguintes questões (10 minutos):

» *O que é ser feliz*

» *O que você faz para ser feliz?*

Em seguida, ouvir os comentários participando e estimulando a turma nas reflexões.

Desenvolvimento

Dividir os participantes em quatro grupos:

Grupo 1 – Fazer a leitura, breves comentários e resumo de pontos importantes das questões 920 a 923 de *O livro dos espíritos*;

Grupo 2 – Fazer a leitura, breves comentários e resumo de pontos importantes das questões 924 a 928-a de *O livro dos espíritos*;

Grupo 3 – Fazer a leitura, breves comentários e resumo de pontos importantes das questões 929 a 931 de *O livro dos espíritos*;

Grupo 4 – Fazer a leitura, breves comentários e resumo de pontos importantes das questões 932 a 934 de *O livro dos espíritos*.

(Tempo de até 20 minutos.)

Após a primeira atividade, os grupos apresentam o resultado de seus estudos. Abre-se para que os grupos façam perguntas, uns para os outros, mas todos podem participar, compartilhando reflexões.

Nesse momento, o facilitador esclarece dúvidas e complementa informações enriquecendo a discussão de acordo com subsídios do Roteiro, *O evangelho segundo o espiritismo* e *O livro dos espíritos*, trazendo mais questões para a turma à medida que surgem aspectos interessantes e importantes a serem refletidos.

Aprofundar a reflexão do conceito espírita com a questão:

» *Qual relação entre penas, gozos e livre-arbítrio?*

Ouvir as reflexões esclarecendo dúvidas, se ainda houver.

Propor a seguinte reflexão individual (não há a necessidade de comentário):

A felicidade que procuro é possível?

Conclusão

Fazer o fechamento reforçando:

A felicidade comum a todos os homens com "[...] *relação à vida material, é a posse do necessário. Com relação à vida moral, a consciência tranquila e a fé no futuro*" (Allan Kardec, *O livro dos espíritos*, q. 922).

Avaliação

O estudo será considerado satisfatório se as ideias dos participantes refletirem entendimento do assunto.

Técnica(s): discussão em duplas; estudo de grupo; discussão circular.

Recurso(s): *O livro dos espíritos*; subsídios do Roteiro.

4 SUBSÍDIOS

Vive o homem incessantemente em busca da felicidade, que também incessantemente lhe foge, porque felicidade sem mescla não se encontra na Terra. Entretanto, malgrado as vicissitudes que formam o cortejo inevitável da vida terrena, poderia ele, pelo menos, gozar de relativa felicidade, se não a procurasse nas coisas perecíveis e sujeitas às mesmas vicissitudes, isto é, nos gozos materiais em vez de a procurar nos gozos da alma, que são um prelibar dos gozos celestes, imperecíveis; em vez de procurar a paz do coração, única felicidade real neste mundo, ele se mostra ávido de tudo o que o agitará e turbará, e, coisa singular! o homem, como que de intento, cria para si tormentos que está nas suas mãos evitar.

[...]

Que de tormentos, ao contrário, se poupa aquele que sabe contentar-se com o que tem, que nota sem inveja o que não possui, que não procura parecer mais do que é. Esse é sempre rico, porquanto, se olha para baixo de si e não para cima, vê sempre criaturas que têm menos do que ele. É calmo, porque não cria para si necessidades quiméricas. E não será uma felicidade a calma, em meio as tempestades da vida?[429]

Ignorando a realidade espiritual que o cerca e a continuidade da vida após a morte do corpo físico,

O homem carnal, mais preso à vida corpórea do que à Vida Espiritual, tem, na Terra, penas e gozos materiais. Sua felicidade consiste na satisfação fugaz de todos os seus desejos. Sua alma, constantemente preocupada e angustiada pelas vicissitudes da vida, se conserva numa ansiedade e numa tortura perpétuas. A morte o assusta, porque ele duvida do futuro e porque tem de deixar no mundo todas as suas afeições e esperanças.

O homem moral, que se colocou acima das necessidades factícias criadas pelas paixões, já neste mundo experimenta gozos que o homem material desconhece. A moderação de seus desejos lhe dá ao Espírito calma e serenidade. Ditoso pelo bem que faz, não há para ele decepções e as contrariedades lhe deslizam por sobre a alma, sem nenhuma impressão dolorosa deixarem.[430]

Dessa forma,

Muitos se admiram de que na Terra haja tanta maldade e tantas paixões grosseiras, tantas misérias e enfermidades de toda natureza, e daí concluem que a espécie humana bem triste coisa é. Provém esse juízo do acanhado ponto de vista em que se colocam os que o emitem e que lhes dá falsa ideia do conjunto. Deve-se considerar que na Terra não está a Humanidade toda, mas apenas uma pequena fração da Humanidade. Com efeito, a espécie humana abrange todos os seres dotados de razão que povoam os inúmeros orbes do Universo. Ora, o que é a população da Terra, em face da população total desses mundos? Muito menos que a de uma aldeia, em confronto com a de um grande império. A situação material e moral da humanidade terrena nada tem que espante, desde que se leve em conta a destinação da Terra e a natureza dos que a habitam.[431]

Nesse sentido, sabemos que o planeta "[...] *Terra pertence à categoria dos mundos de expiação e provas, razão por que aí vive o homem a braços com tantas misérias*".[432] O habitante do planeta ainda não pode gozar de completa felicidade porque, aqui, "[...] *a vida lhe foi dada como prova ou expiação. Dele, porém, depende a suavização de seus males e o ser tão feliz quanto possível na Terra*".[433]

Na verdade,

O homem é quase sempre o obreiro da sua própria infelicidade. Praticando a Lei de Deus, a muitos males se forrará e proporcionará a si mesmo felicidade tão grande quanto o comporte a sua existência grosseira.[434]

> *Aquele que se acha bem compenetrado de seu destino futuro não vê na vida corporal mais do que uma estação temporária, uma como parada momentânea em péssima hospedaria. Facilmente se consola de alguns aborrecimentos passageiros de uma viagem que o levará a tanto melhor posição, quanto melhor tenha cuidado dos preparativos para empreendê-la.*[435]

Devemos lembrar que a nossa precária evolução espiritual representa sério obstáculo à correta utilização do livre-arbítrio, de forma que as nossas escolhas nem sempre são as mais acertadas. Entretanto, à medida que vamos incorporando maior cabedal de conhecimento e de moralidade, passamos a dar menos importância às exigências impostas pela vida no plano material. Neste sentido, o sentimento de posse, em geral aceito como um estado de felicidade plena, é substituído por outro: o de desprendimento das coisas materiais. Vemos, então, que

> *Verdadeiramente infeliz o homem só o é quando sofre da falta do necessário à vida e à saúde do corpo. Todavia, pode acontecer que essa privação seja de sua culpa. Então, só tem que se queixar de si mesmo. Se for ocasionada por outrem, a responsabilidade recairá sobre aquele que lhe houver dado causa.*[436]

Ensina-nos a Doutrina Espírita que

> *De ordinário, o homem só é infeliz pela importância que liga às coisas deste mundo. Fazem-lhe a infelicidade a vaidade, a ambição e a cobiça desiludidas. Se se colocar fora do círculo acanhado da vida material, se elevar seus pensamentos para o infinito, que é seu destino, mesquinhas e pueris lhe parecerão as vicissitudes da Humanidade, como o são as tristezas da criança que se aflige pela perda de um brinquedo, que resumia a sua felicidade suprema.*
>
> *Aquele que só vê felicidade na satisfação do orgulho e dos apetites grosseiros é infeliz, desde que não os pode satisfazer, ao passo que aquele que nada pede ao supérfluo é feliz com os que outros consideram calamidades.*
>
> *Referimo-nos ao homem civilizado, porquanto, o selvagem, sendo mais limitadas as suas necessidades, não tem os mesmos motivos de cobiça e de angústias. Diversa é a sua maneira de ver as coisas. Como civilizado, o homem raciocina sobre a sua infelicidade e a analisa. Por isso é que esta o fere, mas também lhe é facultado raciocinar sobre os meios de obter consolação e de analisá-los. Essa consolação ele a encontra no sentimento cristão, que lhe dá a esperança de melhor futuro, e no Espiritismo, que lhe dá a certeza desse futuro.*[437]

Compreendendo que somos os próprios artífices do destino, passamos a ser mais cuidadosos com os nossos desejos e com as nossas escolhas. Pelo Espiritismo, dilatamos a visão a respeito das penas e gozos terrestres, percebendo que

> *De duas espécies são as vicissitudes da vida, ou, se o preferirem, promanam de duas fontes bem diferentes, que importa distinguir. Umas têm sua causa na vida presente; outras, fora desta vida.*

Remontando-se à origem dos males terrestres, reconhecer-se-á que muitos são consequência natural do caráter e do proceder dos que os suportam.

Quantos homens caem por sua própria culpa! Quantos são vítimas de sua imprevidência, de seu orgulho e de sua ambição!

Quantos se arruínam por falta de ordem, de perseverança, pelo mau proceder, ou por não terem sabido limitar seus desejos!

Quantas uniões desgraçadas, porque resultaram de um cálculo de interesse ou de vaidade e nas quais o coração não tomou parte alguma!

Quantas dissensões e funestas disputas se teriam evitado com um pouco de moderação e menos suscetibilidade!

Quantas doenças e enfermidades decorrem da intemperança e dos excessos de todo gênero!

Quantos pais são infelizes com seus filhos, porque não lhes combateram desde o princípio as más tendências! Por fraqueza, ou indiferença, deixaram que neles se desenvolvessem os germens do orgulho, do egoísmo e da tola vaidade, que produzem a secura do coração; depois, mais tarde, quando colhem o que semearam, admiram-se e se afligem da falta de deferência com que são tratados e da ingratidão deles.

Interroguem friamente suas consciências todos os que são feridos no coração pelas vicissitudes e decepções da vida; remontem, passo a passo, à origem dos males que os torturam e verifiquem se, as mais das vezes, não poderão dizer: Se eu houvesse feito, ou deixado de fazer tal coisa, não estaria em semelhante condição.

A quem, então, há de o homem responsabilizar por todas essas aflições, senão a si mesmo? O homem, pois, em grande número de casos, é o causador de seus próprios infortúnios; mas, em vez de reconhecê-lo, acha mais simples, menos humilhante para a sua vaidade acusar a sorte, a Providência, a má fortuna, a má estrela, ao passo que a má estrela é apenas a sua incúria.

Os males dessa natureza fornecem, indubitavelmente, um notável contingente ao cômputo das vicissitudes da vida. O homem as evitará quando trabalhar por se melhorar moralmente, tanto quanto intelectualmente.[438]

Esclarece o Espírito François-Nicolas-Madeleine:

[...] Com efeito, nem a riqueza, nem o poder, nem mesmo a florida juventude são condições essenciais à felicidade. Digo mais: nem mesmo reunidas essas três condições tão desejadas, porquanto incessantemente se ouvem, no seio das classes mais privilegiadas, pessoas de todas as idades se queixarem amargamente da situação em que se encontram.

Diante de tal fato, é inconcebível que as classes laboriosas e militantes invejem com tanta ânsia a posição das que parecem favorecidas da fortuna. Neste mundo, por mais que faça, cada um tem a sua parte de labor e de miséria, sua cota de sofrimentos e de decepções, donde facilmente se chega à conclusão de que a Terra é lugar de provas e expiações.

Assim, pois, os que pregam que ela é a única morada do homem e que somente nela e numa só existência é que lhe cumpre alcançar o mais alto grau das felicidades que a sua natureza comporta, iludem-se e enganam os que os escutam, visto que demonstrado está, por experiência arquissecular, que só excepcionalmente este globo apresenta as condições necessárias à completa felicidade do indivíduo.

Em tese geral pode afirmar-se que a felicidade é uma utopia a cuja conquista as gerações se lançam sucessivamente, sem jamais lograrem alcançá-la. Se o homem ajuizado é uma raridade neste mundo, o homem absolutamente feliz jamais foi encontrado.

O em que consiste a felicidade na Terra é coisa tão efêmera para aquele que não tem a guiá-lo a ponderação, que, por um ano, um mês, uma semana de satisfação completa, todo o resto da existência é uma série de amarguras e decepções. E notai, meus caros filhos, que falo dos venturosos da Terra, dos que são invejados pela multidão.

Conseguintemente, se à morada terrena são peculiares as provas e a expiação, forçoso é se admita que, algures, moradas há mais favorecidas, onde o Espírito, conquanto aprisionado ainda numa carne material, possui em toda a plenitude os gozos inerentes à vida humana. Tal a razão por que Deus semeou, no vosso turbilhão, esses belos planetas superiores para os quais os vossos esforços e as vossas tendências vos farão gravitar um dia, quando vos achardes suficientemente purificados e aperfeiçoados.[439]

REFERÊNCIAS

[429] KARDEC, Allan. *O evangelho segundo o espiritismo.* Trad. Guillon Ribeiro. 131. ed. 14. imp. (Edição Histórica). Brasília: FEB, 2019. cap. 5, it. 23.

[430] _____. *O livro dos espíritos.* Trad. Guillon Ribeiro. 93. ed. 9. imp. (Edição Histórica). Brasília: FEB, 2019. Comentário de Kardec à q. 941.

[431] _____. *O evangelho segundo o espiritismo.* Trad. Guillon Ribeiro. 131. ed. 14. imp. (Edição Histórica). Brasília: FEB, 2019. cap. 3, it. 6.

[432] _____. _____. it. 4.

[433] _____. *O livro dos espíritos.* Trad. Guillon Ribeiro. 93. ed. 9. imp. (Edição Histórica). Brasília: FEB, 2019. q. 920.

[434] _____. _____. q. 921.

[435] _____. _____. Comentário de Kardec à q. 921.

[436] _____. _____. q. 927.

[437] _____. _____. Comentário de Kardec à q. 933.

[438] _____. *O evangelho segundo o espiritismo.* Trad. Guillon Ribeiro. 131. ed. 14. imp. (Edição Histórica). Brasília: FEB, 2019. cap. 5, it. 4.

[439] _____. _____. it. 20.

À DOR

Dor, és tu que resgatas, que redimes
Os grandes réus, os míseros culpados,
Os calcetas dos erros, dos pecados,
Que surgem do pretérito de crimes.

Sob os teus pulsos, fortes e sublimes,
Sofri na Terra junto aos condenados,
Seres escarnecidos, torturados,
Entre as prisões da lágrima que exprimes!

Da perfeição és o sagrado Verbo,
Ó portadora do tormento acerbo,
Aferidora da Justiça Extrema...

Bendita a hora em que me pus à espera
De ser, em vez do réprobo que eu era,
O missionário dessa Dor suprema!

Cruz e Souza

FONTE: XAVIER, Francisco Cândido. *Parnaso de além-túmulo*. 19. ed. 4. imp. Brasília: FEB, 2016.

ROTEIRO 2

PENAS E GOZOS FUTUROS

1 **OBJETIVOS ESPECÍFICOS**

» Analisar a natureza e as características das penas e dos gozos futuros.

» Refletir sobre a relação entre penas, gozos futuros e livre-arbítrio.

2 **CONTEÚDO BÁSICO**

» *Donde nasce, para o homem, o sentimento instintivo da vida futura?*

» Antes "[...] *de encarnar, o Espírito conhecia todas essas coisas e a alma conserva vaga lembrança do que sabe e do que viu no estado espiritual.*" (Allan Kardec, O livro dos espíritos, q. 959).

» As penas e os gozos futuros não "[...] *podem ser materiais, di-lo o bom senso, pois que a alma não é matéria. Nada têm de carnal essas penas e esses gozos; entretanto, são mil vezes mais vivos do que os que experimentais na Terra, porque o Espírito, uma vez liberto, é mais impressionável. Então, já a matéria não lhe embota as sensações.*" (Allan Kardec, O livro dos espíritos, q. 965).

» Os sofrimentos dos Espíritos inferiores são "[...] *tão variados como as causas que os determinam e proporcionados ao grau de inferioridade, como os gozos o são ao de superioridade. Podem resumir-se assim: invejarem o que lhes falta para ser felizes e não obterem; verem a felicidade e não na poderem alcançar; pesar, ciúme, raiva, desespero, motivados pelo que os impede de ser ditosos; remorsos, ansiedade moral indefinível. Desejam todos os gozos e não os podem satisfazer: eis o que os tortura.*" (Allan Kardec, O livro dos espíritos, q. 970).

» Os gozos que os bons Espíritos usufruem no Além-Túmulo resultam do fato de "[...] *conhecerem todas as coisas; em não sentirem ódio, nem ciúme, nem inveja, nem ambição, nem qualquer das paixões que* ocasionam a desgraça dos homens. O amor que os une lhes é fonte de suprema felicidade. Não experimentam as necessidades, nem os sofrimentos, nem as angústias da vida material. São felizes pelo bem que fazem. Contudo, a felicidade dos Espíritos é proporcional à elevação de cada um. Somente os puros Espíritos gozam, é exato, da felicidade suprema, mas nem todos os outros são infelizes [...]" (Allan Kardec, O livro dos espíritos, q. 967).

» A ideia que, mediante a sabedoria de suas leis, Deus nos dá de sua justiça e de sua bondade não nos permite acreditar que o justo e o mau estejam na mesma categoria a seus olhos, nem duvidar de que recebam, algum dia, um a recompensa, o castigo o outro, pelo bem ou pelo mal que tenham feito [...] (Allan Kardec, O livro dos espíritos, comentário de Kardec à q. 962).

3 SUGESTÕES DIDÁTICAS

3.1 SUGESTÃO 1:

Introdução

Solicitar aos participantes que imaginem uma viagem ao futuro, após a desencarnação. Esclarecer que cada um deve informar como acredita que será a sua vida no Além-Túmulo.

Conceder alguns minutos para a realização do exercício, e, após ouvir as informações, registrá-las.

Trocar opiniões sobre as ideias apresentadas, procurando classificá-las segundo a natureza das penas e gozos futuros, expressas em *O livro dos espíritos*, questões 965, 967 e 970.

Desenvolvimento

Em seguida, pedir aos participantes que formem quatro grupos para a leitura das questões, acima citadas, de *O livro dos espíritos*, e dos itens 32 e 33, capítulo 1 – *Caráter da revelação espírita*, de *A gênese*.

Terminada a leitura, cada grupo recebe dois envelopes. Um dos envelopes traz, na parte frontal, uma etiqueta com a palavra *Problemas*, e, no interior, tiras de papel contendo relatos de problemas identificados no dia a dia. O outro envelope que traz, na sua etiqueta, a palavra *Soluções*, tem dentro tiras de papel com frases ou expressões indicadas para a resolução dos problemas (ver Anexo). Os grupos devem, então, fazer a seguinte atividade:

1) retirar todas as tiras de papel do envelope *Problemas*, colando-as, uma após a outra, numa folha de cartolina. É importante que entre as colagens seja mantido um espaço de 5 centímetros aproximadamente;

2) repetir a operação com as tiras de papel do envelope *Soluções*, tendo, porém o cuidado de colar cada solução ao lado do respectivo problema;

3) apresentar os resultados em plenária, indicando, para isso, um representante.

Ouvir os relatos, fazendo possíveis correções.

Observação 1: Os problemas e soluções devem, necessariamente, estar relacionados com o tema do estudo.

Observação 2: A atividade fica mais dinâmica se os grupos trabalharem diferentes problemas.

Observação 3: Pode existir mais de uma solução para o mesmo problema.

Conclusão

Fazer considerações finais, destacando que as penas e os gozos futuros estão, necessariamente, relacionados ao uso do livre-arbítrio (*O livro dos espíritos*, q. 962).

Avaliação

O estudo será considerado satisfatório se os participantes souberam correlacionar a natureza das penas e dos gozos futuros ao uso do livre-arbítrio.

Recurso(s): *O livro dos espíritos* e *A gênese*; envelopes com tiras de papel contendo, respectivamente, problemas e soluções; cola, folhas de cartolinas.

Técnica(s): exercício de criatividade; dinâmica dos problemas e das soluções.

3.2 SUGESTÃO 2:

Introdução

Iniciar o estudo com o vídeo: *Objetivos da Vida* – Haroldo Dutra Dias e outros convidados. (27:50), disponível em:

https://bit.ly/37CigZh

Desenvolvimento

Após o vídeo conversar sobre seu conteúdo, estimulando o grupo nas reflexões.

Dividir os participantes em grupos:

Grupos – Fazer a leitura dos subsídios do Roteiro, breves comentários e responder a questão abaixo (tempo de até 20 minutos).

> » *Como correlacionar a natureza das penas e dos gozos futuros ao uso do livre-arbítrio?*

Em seguida, convidar os grupos para comentarem suas reflexões acerca do conteúdo e da questão propostos.

Nesse momento, o facilitador esclarece dúvidas e complementa informações enriquecendo a discussão de acordo com os subsídios do Roteiro, trazendo mais questões para a turma à medida que surgem aspectos interessantes e importantes a serem refletidos.

Propor a seguinte reflexão individual (não há a necessidade de comentário):

Eu tenho claro meu objetivo de vida?

Conclusão

Fazer o fechamento concluindo que:

> "Deus tem suas leis a regerem todas as vossas ações. Se as violais, vossa é a culpa. Indubitavelmente, quando um homem comete um excesso qualquer, Deus não profere contra ele um julgamento, dizendo-lhe, por exemplo: 'Foste guloso, vou punir-te'. Ele traçou um limite; as enfermidades e muitas vezes a morte são a consequência dos excessos. Eis aí a punição: é o resultado da infração da lei. Assim em tudo." (Allan Kardec, *O livro dos espíritos*, q. 964).

Avaliação

O estudo será considerado satisfatório se as ideias dos participantes refletirem entendimento do assunto.

Técnica(s): estudo de grupo; discussão circular.

Recurso(s): subsídios do Roteiro; vídeo; lápis e papel.

4 SUBSÍDIOS

Os ensinamentos espíritas sobre as penas e gozos futuros fazem oposição ao materialismo.

> *Cada um é, certamente, livre de crer no que quiser ou de não crer em coisa alguma; e não toleraríamos mais uma perseguição contra aquele que acredita no nada depois da morte, assim como na promovida contra um cismático de qualquer religião.*
>
> *Combatendo o materialismo, não atacamos os indivíduos, mas sim uma doutrina que, se é inofensiva para a sociedade, quando se encerra no foro íntimo da consciência de pessoas esclarecidas, é uma chaga social, se vier a se generalizar-se.*
>
> *A crença de tudo acabar para o homem depois da morte, que toda solidariedade cessa com a extinção da vida corporal, leva-o a considerar como um disparate o sacrifício do seu bem-estar presente, em proveito de outrem; donde a máxima: "Cada um por si durante a vida terrena, porque com ela tudo se acaba".*
>
> *A caridade, a fraternidade, a moral, em suma, ficam sem base alguma, sem nenhuma razão de ser. Para que nos molestarmos, nos constrangermos e nos sujeitarmos a privações hoje, quando amanhã, talvez, já nada sejamos?*
>
> *A negação do futuro, a simples dúvida sobre outra vida, são os maiores estimulantes do egoísmo, origem da maioria dos males da Humanidade. É necessário possuir alta dose de virtude para não seguir a corrente do vício e do crime, quando para isso não se tem outro freio além do da própria força de vontade.*
>
> *[...]*
>
> *A crença na vida futura, mostrando a perpetuidade das relações entre os homens, estabelece entre eles uma solidariedade que não se quebra na tumba; desse modo, essa crença muda o curso das ideias. Se essa crença fosse um simples espantalho, não duraria senão um tempo curto; mas como a sua realidade é fato adquirido pela experiência, é um dever propagá-la e combater a crença contrária, mesmo no interesse da ordem social. É o que faz o Espiritismo; e o faz com êxito, porque fornece provas, e porque, decididamente, o homem antes quer ter a certeza de viver e poder ser feliz em um mundo melhor, para compensação das misérias deste mundo, do que a de morrer para sempre. [...]*[440]

Complementando essas ideias, Allan Kardec nos esclarece:

> *Tirai ao homem o Espírito livre e independente, sobrevivente à matéria, e fareis dele uma simples máquina organizada, sem finalidade, nem responsabilidade; sem outro freio além da lei civil e própria a ser explorada como um animal inteligente. Nada esperando depois da morte, nada obsta a que aumente os gozos do presente; se sofre, só tem a perspectiva do desespero e o nada como refúgio. Com a certeza do futuro, de encontrar de novo aqueles a quem amou e com o temor de tornar a ver aqueles a quem ofendeu, todas as suas ideias mudam. O Espiritismo, ainda que só fizesse forrar o homem à dúvida relativamente à vida futura, teria feito mais pelo seu aperfeiçoamento moral do que todas as leis disciplinares, que o detêm algumas vezes, mas que o não transformam.*[441]
>
> *A Doutrina Espírita, no que respeita às penas futuras, não se baseia numa teoria preconcebida; não é um sistema substituindo outro sistema: em tudo ela*

> *se apoia nas observações, e são estas que lhe dão plena autoridade. Ninguém jamais imaginou que as almas, depois da morte, se encontrariam em tais ou quais condições; são elas, essas mesmas almas, partidas da Terra, que nos vêm hoje iniciar nos mistérios da vida futura, descrever-nos sua situação feliz ou desgraçada, as impressões, a transformação pela morte do corpo, completando, em uma palavra, os ensinamentos do Cristo sobre este ponto.*
>
> *Preciso é afirmar que se não trata neste caso das revelações de um só Espírito, o qual poderia ver as coisas do seu ponto de vista, sob um só aspecto, ainda dominado por terrenos prejuízos. Tampouco se trata de uma revelação feita exclusivamente a um indivíduo que pudesse deixar-se levar pelas aparências, ou de uma visão extática suscetível de ilusões, e não passando muitas vezes de reflexo de uma imaginação exaltada.*
>
> *Trata-se, sim, de inúmeros exemplos fornecidos por Espíritos de todas as categorias, desde os mais elevados aos mais inferiores da escala, por intermédio de outros tantos auxiliares (médiuns) disseminados pelo mundo, de sorte que a revelação deixa de ser privilégio de alguém, pois todos podem prová-la, observando-a, sem obrigar-se à crença pela crença de outrem.*[442]
>
> *[...] Com o Espiritismo, a vida futura deixa de ser simples artigo de fé, mera hipótese; torna-se uma realidade material, que os fatos demonstram, porquanto são testemunhas oculares os que a descrevem nas suas fases todas e em todas as suas peripécias, e de tal sorte que, além de impossibilitarem qualquer dúvida a esse propósito, facultam à mais vulgar inteligência a possibilidade de imaginá-la sob seu verdadeiro aspecto, como toda gente imagina um país cuja pormenorizada descrição leia. Ora, a descrição da vida futura é tão circunstanciadamente feita, são tão racionais as condições, ditosas ou infortunadas, da existência dos que lá se encontram, quais eles próprios pintam, que cada um, aqui, a seu mau grado, reconhece e declara a si mesmo que não pode ser de outra forma, porquanto, assim sendo, patente fica a verdadeira Justiça de Deus.*[443]

É importante também considerar que todos nós trazemos, desde o nascimento, o sentimento instintivo da vida futura, porque, "[...] *antes de encarnar, o Espírito conhecia todas essas coisas e a alma conserva vaga lembrança do que sabe e do que viu no estado espiritual*".[444] Independentemente do materialismo reinante no mundo,

> *Em todos os tempos, o homem se preocupou com o seu futuro para lá do túmulo e isso é muito natural. Qualquer que seja a importância que ligue à vida presente, não pode ele furtar-se a considerar quanto essa vida é curta e, sobretudo, precária, pois que a cada instante está sujeita a interromper-se, nenhuma certeza lhe sendo permitida acerca do dia seguinte. Que será dele, após o instante fatal? Questão grave esta, porquanto não se trata de alguns anos apenas, mas da eternidade. Aquele que tem de passar longo tempo, em país estrangeiro, se preocupa com a situação em que lá se achará. Como, então, não nos havia de preocupar a em que nos veremos, deixando este mundo, uma vez que é para sempre?*

> *A ideia do nada tem qualquer coisa que repugna à razão. O homem que mais despreocupado seja durante a vida, em chegando o momento supremo, pergunta a si mesmo o que vai ser dele e, sem o querer, espera.*
>
> *Crer em Deus, sem admitir a vida futura, fora um contrassenso. O sentimento de uma existência melhor reside no foro íntimo de todos os homens e não é possível que Deus aí o tenha colocado em vão.*
>
> *A vida futura implica a conservação da nossa individualidade, após a morte. Com efeito, que nos importaria sobreviver ao corpo, se a nossa essência moral houvesse de perder-se no oceano do infinito? As consequências, para nós, seriam as mesmas que se tivéssemos de nos sumir no nada.*[445]

O intercâmbio mediúnico representa outra forma de comprovação da sorte das pessoas, após a morte do corpo físico.

> *Pelas relações que hoje pode estabelecer com aqueles que deixaram a Terra, possui o homem não só a prova material da existência e da individualidade da alma, como também compreende a solidariedade que liga os vivos aos mortos deste mundo e os deste mundo aos dos outros planetas. Conhece a situação deles no mundo dos Espíritos, acompanha-os em suas migrações, aprecia-lhes as alegrias e as penas; sabe a razão por que são felizes ou infelizes e a sorte que lhes está reservada, conforme o bem ou o mal que fizerem. Essas relações iniciam o homem na vida futura, que ele pode observar em todas as suas fases, em todas as suas peripécias; o futuro já não é uma vaga esperança: é um fato positivo, uma certeza matemática. Desde então, a morte nada mais tem de aterrador, por lhe ser a libertação, a porta da verdadeira vida.*[446]
>
> *Se a razão repele, como incompatível com a bondade de Deus, a ideia das penas irremissíveis, perpétuas e absolutas, muitas vezes infligidas por uma única falta; a dos suplícios do inferno, que não podem ser minorados nem sequer pelo arrependimento mais ardente e mais sincero, a mesma razão se inclina diante dessa justiça distributiva e imparcial, que leva tudo em conta, que nunca fecha a porta ao arrependimento e estende constantemente a mão ao náufrago, em vez de o empurrar para o abismo.*[447]

As penas e recompensas estão, necessariamente, relacionadas ao uso do livre-arbítrio, uma vez que

> *A responsabilidade dos nossos atos é a consequência da realidade da vida futura. Dizem-nos a razão e a justiça que, na partilha da felicidade a que todos aspiram, não podem estar confundidos os bons e os maus. Não é possível que Deus queira que uns gozem, sem trabalho, de bens que outros só alcançam com esforço e perseverança.*
>
> *A ideia que, mediante a sabedoria de suas leis, Deus nos dá de sua justiça e de sua bondade não nos permite acreditar que o justo e o mau estejam na mesma categoria a seus olhos, nem duvidar de que recebam, algum dia, um a*

> *recompensa, o castigo o outro, pelo bem ou pelo mal que tenham feito. Por isso é que o sentimento inato que temos da justiça nos dá a intuição das penas e recompensas futuras.*[448]
>
> *Pelo estudo da situação dos Espíritos, o homem sabe que a felicidade e a desdita, na Vida Espiritual, são inerentes ao grau de perfeição e de imperfeição; que cada qual sofre as consequências diretas e naturais de suas faltas, ou, por outra, que é punido no que pecou; que essas consequências duram tanto quanto a causa que as produziu; que, por conseguinte, o culpado sofreria eternamente, se persistisse no mal, mas que o sofrimento cessa com o arrependimento e a reparação; ora, como depende de cada um o seu aperfeiçoamento, todos podem, em virtude do livre-arbítrio, prolongar ou abreviar seus sofrimentos, como o doente sofre, pelos seus excessos, enquanto não lhes põe termo.*[449]

A natureza das penas e dos gozos futuros guarda relação com o grau de evolução do Espírito, e com as ações por ele desenvolvidas. Assim, a felicidade dos bons Espíritos consiste

> *Em conhecerem todas as coisas; em não sentirem ódio, nem ciúme, nem inveja, nem ambição, nem qualquer das paixões que ocasionam a desgraça dos homens. O amor que os une lhes é fonte de suprema felicidade. Não experimentam as necessidades, nem os sofrimentos, nem as angústias da vida material. São felizes pelo bem que fazem. Contudo, a felicidade dos Espíritos é proporcional à elevação de cada um. Somente os puros Espíritos gozam, é exato, da felicidade suprema, mas nem todos os outros são infelizes. Entre os maus e os perfeitos há uma infinidade de graus em que os gozos são relativos ao estado moral. Os que já estão bastante adiantados compreendem a ventura dos que os precederam e aspiram a alcançá-la, mas esta aspiração lhes constitui uma causa de emulação, não de ciúme. Sabem que deles depende o consegui-la e para a conseguirem trabalham, porém com a calma da consciência tranquila e ditosos se consideram por não terem que sofrer o que sofrem os maus.*[450]

Por outro lado, o sofrimento dos Espíritos inferiores

> *São tão variados como as causas que os determinam e proporcionados ao grau de inferioridade, como os gozos o são ao de superioridade. Podem resumir-se assim: invejarem o que lhes falta para ser felizes e não obterem; verem a felicidade e não na poderem alcançar; pesar, ciúme, raiva, desespero, motivados pelo que os impede de ser ditosos; remorsos, ansiedade moral indefinível. Desejam todos os gozos e não os podem satisfazer: eis o que os tortura.*[451]
>
> *Das penas e gozos da alma após a morte forma o homem ideia mais ou menos elevada, conforme o estado de sua inteligência. Quanto mais ele se desenvolve, tanto mais essa ideia se apura e se escoima da matéria; compreende as coisas de um ponto de vista mais racional, deixando de tomar ao pé da letra as imagens de uma linguagem figurada. Ensinando-nos que a alma é um ser todo espiritual, a razão, mais esclarecida, nos diz, por isso mesmo, que ela não pode ser atingida*

pelas impressões que apenas sobre a matéria atuam. Não se segue, porém, daí que esteja isenta de sofrimentos, nem que não receba o castigo de suas faltas.

As comunicações espíritas tiveram como resultado mostrar o estado futuro da alma, não mais em teoria, porém na realidade. Põem-nos diante dos olhos todas as peripécias da vida de Além-Túmulo. Ao mesmo tempo, entretanto, no-las mostram como consequências perfeitamente lógicas da vida terrestre e, embora despojadas do aparato fantástico que a imaginação dos homens criou, não são menos pessoais para os que fizeram mau uso de suas faculdades. Infinita é a variedade dessas consequências, mas, em tese geral, pode-se dizer: cada um é punido por aquilo em que pecou. Assim é que uns o são pela visão incessante do mal que fizeram; outros, pelo pesar, pelo temor, pela vergonha, pela dúvida, pelo insulamento, pelas trevas, pela separação dos entes que lhes são caros etc.[452]

REFERÊNCIAS

[440] KARDEC, Allan. *O que é o espiritismo*. Trad. Redação de *Reformador* em 1884. 56. ed. 7. imp. (Edição Histórica). Brasília: FEB, 2019. cap. 1, it. Terceiro diálogo – O padre.

[441] _____. *A gênese*. Trad. Guillon Ribeiro. 53. ed. 9. imp. (Edição Histórica). Brasília: FEB, 2020. cap. 1, it. 37.

[442] _____. *O céu e o inferno*. Trad. de Manuel Justiniano Quintão. 61. ed. 8. imp. (Edição Histórica). Brasília: FEB, 2020. 1ª pt., cap. 7, it. Princípios da Doutrina Espírita sobre as penas futuras.

[443] _____. *O evangelho segundo o espiritismo*. Trad. Guillon Ribeiro. 131. ed. 14. imp. (Edição Histórica). Brasília: FEB, 2019. cap. 2, it. 3.

[444] _____. *O livro dos espíritos*. Trad. Guillon Ribeiro. 93. ed. 9. imp. (Edição Histórica). Brasília: FEB, 2019. q. 959.

[445] _____. _____. Comentário de Kardec à q. 959.

[446] _____. *A gênese*. Trad. Guillon Ribeiro. 53. ed. 9. imp. (Edição Histórica). Brasília: FEB, 2020. cap. 1, it. 31.

[447] _____. _____. it. 33.

[448] _____. *O livro dos espíritos*. Trad. Guillon Ribeiro. 93. ed. 9. imp. (Edição Histórica). Brasília: FEB, 2019. Comentário de Kardec à q. 962.

[449] _____. *A gênese*. Trad. Guillon Ribeiro. 53. ed. 9. imp. (Edição Histórica). Brasília: FEB, 2020. cap. 1, it. 32.

[450] _____. *O livro dos espíritos*. Trad. Guillon Ribeiro. 93. ed. 9. imp. (Edição Histórica). Brasília: FEB, 2019. q. 967.

[451] _____. _____. q. 970.

[452] _____. _____. Comentário de Kardec à q. 973.

ANEXO

Exemplos para a atividade grupal:

SOLUÇÕES	PROBLEMAS
A pessoa materialista não acredita em nada após a morte, o que a leva a considerar um "[...] disparate o sacrifício do seu bem-estar presente em proveito de outrem [...]" (*O que é o espiritismo*, cap. 1, it. Terceiro diálogo – O padre).	"A crença na vida futura, mostrando a perpetuidade das relações entre os homens, estabelece entre eles uma solidariedade que não se quebra na tumba [...]" (*O que é o espiritismo*, ap. 1, it. Terceiro diálogo – O padre).
"A negação do futuro, a simples dúvida sobre outra vida, são os maiores estimulantes do egoísmo, origem da maioria dos males da Humanidade. [...]" (*O que é o espiritismo*, cap. 1, it. Terceiro diálogo – O padre).	"[...] Com a certeza do futuro, de encontrar de novo [no Plano Espiritual] aqueles a quem amou e *com o temor de tornar a ver aqueles a quem ofendeu*, todas as suas ideias [do homem] mudam. [...]" (*A gênese*, cap. 1, item 37.)
O homem que não acredita na sobrevivência após a morte assemelha-se a "[...] uma simples máquina organizada, sem finalidade, nem responsabilidade; sem outro freio além da lei civil e *própria a ser explorada* como um animal inteligente. [...]" (*A gênese*, cap. 1, item 37.)	"Deus tem suas leis a regerem todas as vossas ações. Se as violais, vossa é a culpa. Indubitavelmente, quando um homem comete um excesso qualquer, Deus não profere contra ele um julgamento [...]. Ele traçou um limite; as enfermidades e muitas vezes a morte são a consequência dos excessos. [...]" (*O livro dos espíritos*, q. 964.)

SOLUÇÕES	PROBLEMAS
Em que consiste os sofrimentos dos Espíritos inferiores? "São tão variados como as causas que os determinam [...]. Podem resumir-se assim: invejarem o que lhes falta para ser felizes e não obterem; verem a felicidade e não na poderem alcançar; pesar, ciúme, raiva, desespero, motivados pelo que os impede de ser ditosos; remorsos, ansiedade moral indefinível. Desejam todos os gozos e não os podem satisfazer: eis o que os tortura." (*O livro dos espíritos*, q. 970).	Todas as nossas ações estão submetidas às Leis de Deus. Nenhuma há, *por mais insignificante que nos pareça*, que não possa ser uma violação daquelas leis. Se sofremos as consequências dessa violação, só nos devemos queixar de nós mesmos, que desse modo nos fazemos os causadores da nossa felicidade, ou da nossa infelicidade futuras (*O livro dos espíritos*, comentário de Kardec à q. 964).

ORIENTAÇÕES PEDAGÓGICO-DOUTRINÁRIAS

"Se me amais, guardai os meus mandamentos; e eu rogarei a meu Pai e ele vos enviará outro Consolador, a fim de que fique eternamente convosco: O Espírito de Verdade, que o mundo não pode receber, porque não o vê e absolutamente não o conhece. Mas, quanto a vós, conhecê-lo-eis, porque ficará convosco e estará em vós.

Porém, o Consolador, que é o Santo Espírito, que meu Pai enviará em meu nome, vos ensinará todas as coisas e vos fará recordar tudo o que vos tenho dito" (*João*, 14:15 a 17, 26).

Qual a missão do Espiritismo?

O Espiritismo, em sua feição de Cristianismo redivivo, tem papel muito mais alto que o simples campo para novas observações técnicas da ciência instável do mundo.

[...]

Espiritismo sem Evangelho é apenas sistematização de ideias para transposição da atividade mental, sem maior eficiência na construção do porvir humano.

[...]

[...] A missão da Doutrina é consolar e instruir, em Jesus, para que todos mobilizem as suas possibilidades divinas no caminho da vida. [...] a verdadeira construção da felicidade geral só será efetiva com bases legítimas no espírito das criaturas. (XAVIER Francisco C. *Palavras de Emmanuel*, pelo Espírito Emmanuel, cap. 17 – *Espiritismo, Espiritualismo e Evangelho*).

Qual a melhor metodologia para os estudos espíritas com adultos?

Não se espantem os adeptos com esta palavra – ensino. Não constitui ensino unicamente o que é dado do púlpito ou da tribuna. Há também o da simples conversação. Ensina todo aquele que procura persuadir a outro, seja pelo processo das explicações, seja pelo das experiências. [...]

Todo ensino metódico tem que partir do conhecido para o desconhecido. [...]

[...] O verdadeiro espírita jamais deixará de fazer o bem. Lenir corações aflitos; consolar, acalmar desesperos, operar reformas morais, essa a sua missão. É nisso também que encontrará satisfação real. O Espiritismo anda no ar;

difunde-se pela força mesma das coisas, porque torna felizes os que o professam [...] (KARDEC, Allan. *O livro dos médiuns*, cap. 3, its. 18, 19 e 30).

O que é ser facilitador de estudos espíritas?

Capacitemo-nos de que o estudo reclama esforço de equipe. E a vida em equipe é disciplina produtiva, com esquecimento de nós mesmos, em favor de todos.

Destacar a obra e olvidar-nos.

Compreender que realização e educação solicitam entendimento e apoio mútuo.

Associarmo-nos sem a pretensão de comando.

Aceitar as opiniões claramente melhores que as nossas; resignarmo-nos a não ser pessoa providencial. (XAVIER, Francisco C; VIEIRA, Waldo, *Estude e viva*, pelos Espíritos Emmanuel e André Luiz. *Estude e viva* [prefácio de André Luiz]).

A importância do estudo e da formação continuada do facilitador

É grande a missão do Espiritismo, são incalculáveis as suas consequências morais. Data somente de ontem, entretanto, que tesouros de consolação e esperança já não espalhou no mundo! Quantos corações contristados, frios, não aqueceu ou reconfortou! Quantos desesperados retidos sobre o declive do suicídio! [...]

O Espiritismo é, pois, uma poderosa síntese das leis físicas e morais do Universo e, simultaneamente, um meio de regeneração e de adiantamento [...] (DENIS, Léon. *Depois da morte*, 3ª pt., cap. 28 – *Utilidade dos estudos psicológicos*).

Para refletir a tarefa do facilitador de estudos da Doutrina Espírita no contexto o *Consolador*, é preciso, primeiro, responder as seguintes questões:

» *Qual a tarefa dos estudos da Doutrina Espírita nesse contexto* (o Consolador)?

» *Qual a tarefa do facilitador de estudos nesse contexto?*

Outro ponto importante é definir: *tarefa* como *ações*. Portanto, ao facilitador do ESDE cabe: acolher, consolar, orientar e esclarecer, conforme as diretrizes estabelecidas para esse trabalho.

Para que essas ações sejam contempladas, o facilitador precisa proporcionar ambiente de estudos que promovam a integração entre os participantes, clima respeitoso e acolhedor entre todos – por meio de seu exemplo: acolhedor, respeitoso, integrador e pesquisador – colocando-se na posição de aprendiz, como os próprios participantes.

A proposta deste material é de estimular o estudo ativo dos participantes em convivência fraterna, por isso, o perfil de facilitador é o mais adequado na condução dos estudos. Três aspectos merecem cuidados especiais: o *participante*, o *conteúdo* e o *processo de aprendizagem*. Como servidor do Cristo, o facilitador estará atento na condução da *Doutrina Espírita* como o *Consolador Prometido*.

É preciso reconhecer que o *participante* é o irmão que busca na Doutrina Espírita (*conteúdo*) esclarecimentos que o conforte, console, auxilie na compreensão da vida e que proporcione meios de conquista espiritual, que o mundo não contempla. A reforma íntima é tarefa que lhe cabe (ao participante). A Doutrina Espírita (*conteúdo*) fornece recursos seguros para essa conquista. O facilitador é o servidor de Jesus que acolhe, em seu nome, orienta e esclarece; acompanhando-o (o participante) em seu processo de autoesclarecimento e autoiluminação. Nesse contexto, sua presença fraterna reforça a convivência e a integração entre todos. Para o *processo de aprendizagem* precisamos considerar as bases fundamentais da aprendizagem do adulto. Adequar recursos, metodologias e ambientes para favorecer as reflexões e a construção coletiva, facilitando na compreensão dos assuntos.

O estudo da Doutrina Espírita implica o estudo da vida, das questões fundamentais: De onde vim? Para onde vou? Por que estou aqui? Ao facilitador não cabe o papel de "professor", "dono do conhecimento", pois, o conhecimento, atualmente, está na palma da mão. A tecnologia traz-nos a facilidade de acesso, mas a reflexão, o estudo sério e a aplicação, é responsabilidade de cada um e de todos.

Exemplos de ações que refletem postura acolhedora do facilitador espírita-cristão:

» Saber ouvir a todos e respeitar suas opiniões;

» Esclarecer assuntos de acordo com a Doutrina Espírita à luz do Evangelho;

» Respeitar o tempo de cada um, muitos assuntos demandam amadurecimento conquistado pela vivência (a "verdade relativa" de cada um);

» Lembrar-se de que alguns estão ali porque buscam um ambiente acolhedor, esclarecimentos para dúvidas "particulares", mesmo que não se exponham;

- » O encontro para estudos espíritas não é apenas sala de discussões doutrinárias;
- » Jamais fazer piadas preconceituosas e/ou julgamentos;
- » Criar um grupo integrado no qual o respeito deve permear todas as atividades propostas, se o facilitador não respeitar o grupo, não criará um ambiente acolhedor;
- » Colocar-se na posição de aprendiz etc.

Criar ambiente acolhedor é promover um ambiente de convivência fraterna, favorecendo o amadurecimento do grupo, transformando-o em grupo de aprendizagem.

Para criar um grupo de aprendizagem é importante:

- » Favorecer respeito às diferenças, sejam quais forem;
- » Criar, junto ao grupo, "regras" para o desenvolvimento das atividades (domínio do tempo, objetividade nas colocações, dar oportunidade para quem não falou ainda etc.);
- » Construir ambiente de confiança: colocar-se (facilitador) em situação de "aprendiz";
- » Ouvir opiniões para perceber o nível de compreensão e onde ser útil nos esclarecimentos;
- » Compartilhar com os participantes as fontes de suas pesquisas;
- » Perguntar ao grupo como preferem a condução de determinados assuntos, se gostariam que modificasse algo na condução dos estudos, tornando-os partícipes corresponsáveis pelo seu processo de aprendizagem;
- » Dividir responsabilidade nas pesquisas e apresentação de temas, auxiliando-os, orientando-os, fortalecendo-os em suas aprendizagens;
- » Incentivar o participante a ser autodidata, auxiliando-o a buscar fontes seguras de estudos, para sua reforma íntima.

O facilitador deve estar atento durante o desempenho da tarefa:

- » Ações falam mais que palavras;
- » Não existe convivência (de qualquer espécie) se não existir RESPEITO;

» Os temas devem ser trabalhados gradualmente, contextualizados, crescendo em complexidade, partindo do conhecido para o desconhecido;

» É importante ter uma visão "integral" do ser, visão holística;

» O diálogo é a melhor metodologia de compreensão e de envolvimento daqueles que participam do processo de aprendizagem;

» ESTUDAR sempre;

» Aprender **ouvir** e **sentir** para **servir**;

Muitos irmãos frequentadores podem estar vivendo: perda de entes amados; baixa autoestima; rejeição familiar/escolar/trabalho etc.; dificuldades financeiras extremas; problemas de saúde graves (ou na família); problemas com vícios; perturbação espiritual; distúrbios psicológicos; em processo de separação, outros.

Colocarmo-nos no lugar do outro ainda é a melhor medida para nossas ações.

> "Vinde a mim, todos vós que estais aflitos e sobrecarregados, que eu vos aliviarei. Tomai sobre vós o meu jugo e aprendei comigo que sou brando e humilde de coração e achareis repouso para vossas almas, pois é suave o meu jugo e leve o meu fardo" (*Mateus*, 11: 28 a 30).

Para o uso das apostilas, é importante destacar:

» A apostila serve como referência de bibliografia, **roteiro** de estudos, evitando ser o fim (conteúdo) em si mesma;

» Cada roteiro apresenta duas ou mais sugestões de atividades. Leia-as atentamente, escolha a que melhor se adeque ao seu grupo de estudos, podendo, inclusive, desenvolver todas as atividades (o estudo será profundo), ou criar outra;

» O ideal é que o estudo não seja interrompido, ou seja, se o assunto não for esgotado em um encontro, **incentivamos** continuá-lo em outro, aprofundando reflexões;

» Não substitua o estudo sério por dinâmicas de vivência, cada recurso com seu objetivo;

» Sugerimos algumas dinâmicas com objetivo de: revisão ou, integração ou introdução de assuntos, que podem ser incorporadas aos roteiros complementando as atividades sugeridas;

» Se possível, faça o fechamento dos módulos, integrando todos os assuntos estudados nos roteiros. Essa integração poderá ser por meio de discussões livres, cinedebates (filmes com conteúdo afim), estudos de livros etc.;

» Estar aberto aos compartilhamentos de referência e vídeos, antes da reunião de estudos, para que os participantes tenham oportunidade de estudarem antes do encontro, trazendo mais reflexões, incentivando o participante a ser autodidata;

» Incentive a leitura nas obras e, sempre que possível, peça aos participantes que levem suas obras (especialmente do pentateuco).

Além das atividades desenvolvidas na apostila, sugerimos que o facilitador:

» Proporcione aos participantes momentos de integração, confraternização e descontração – sem atividades dirigidas – para que os participantes possam conversar livremente, estreitando laços com quem quiser;

» Trabalhe com leitura de obras que tenham relação com os assuntos estudados, aprofundando e complementando as reflexões. Os trabalhos podem contemplar: estudos na turma; estudos entre turmas; debates envolvendo convidados e várias turmas etc. O importante é o contato com a obra, na íntegra, para conhecer a mensagem ali contida. Para a leitura de obras, reforçamos a não divisão em capítulos, pois não se trata de estudo apenas, mas de conhecimento da mensagem consoladora e a divisão pode impedir que o "consolo" chegue ao que precisa, porque está no capítulo que o outro ficou responsável. Extrair a mensagem da obra é o importante a ser considerado; não apenas repetir o que consta de cada capítulo, como fazem os cursos escolares;

» As mídias sociais são excelentes recursos que devem ser aproveitados. A turma pode criar grupo de *e-mail* e *WhatsApp* para envio de sugestões de leitura, encontros, estudos, vídeos etc., comunicação restrita aos aspectos de estudo.

Orientações para a condução das atividades sugeridas na apostila:

Discussão circular: usar a metodologia dialógica, para que a turma compartilhe reflexões, em construção coletiva com orientação e esclarecimentos do facilitador (não há necessidade de que todos os trabalhos de grupo façam apresentação da conclusão do grupo; quando o texto é comum a todos, pode-se partir direto para a discussão);

Leitura oral compartilhada: leitura oral com comentários pelos participantes e esclarecimentos do facilitador. Esse recurso é preferível às projeções (ex.: *PowerPoint*), pois nas projeções teremos trechos de textos, enquanto na leitura de texto, teremos um tema mais desenvolvido, mais completo, ampliando a compreensão. Para alguns assuntos, a leitura direto na obra é mais segura, profunda e facilitadora das reflexões que o assunto proporciona;

Debates: chamamos de debates ou debates livres as discussões que podem ser feitas entre os participantes: a partir de temas já estudados; fatos relevantes ocorridos no mundo, no país, na região, no estado e na cidade. Podem ser convidadas pessoas especiais, com conhecimento, sensíveis aos conteúdos espíritas, em quem o facilitador tenha confiança de que as discussões serão respeitosas e fraternas.

Propomos a seguinte condução para o desenvolvimento dos encontros:

1) Pedir a leitura antecipada do roteiro a ser estudado no encontro;

2) Compartilhar a Referência a ser lida, caso haja alguma extra, além da contida no Roteiro. Mesmo que o grupo todo não leia a Referência e o Roteiro, precisamos reforçar a importância da leitura (não apenas para o encontro, mas, principalmente, para uma melhor compreensão da vida);

3) Permitir que o grupo participe ativamente, nas reflexões, nos comentários, nos estudos, nas pesquisas e compartilhamentos;

4) Proporcionar sempre reflexões em discussão circular, conduzindo as discussões com respeito, afastando-se (como observador, porém atento) para permitir que o grupo compartilhe entre si;

5) As reflexões devem conduzir os conceitos para a vida, em sociedade, na família, no trabalho e pessoal;

6) Quando utilizar exposição na condução de estudos, preferir a exposição dialogada, com pouca projeção, até 16 lâminas;

7) Formar um grupo de estudos é proporcionar oportunidade de reflexões mais profundas e mais próximas da vida, em construção coletiva a partir da análise e compreensão dos conceitos;

8) Não cabe, em ação acolhedora e consoladora, cobrar presença, mas dizer que as ausências foram sentidas (saber se o participante precisa de algo);

9) Permitir que o participante que se afastou, independente do motivo, volte, se quiser, ao mesmo grupo, pedindo que, se possível, faça a leitura do conteúdo que não viu para acompanhar as discussões (quando a turma se sente acolhida, ela acolhe os colegas, naturalmente);

10) Para a utilização de dinâmicas é importante considerar alguns aspectos, dentre outros:

» Qual é o **objetivo** da dinâmica (toda dinâmica tem objetivo que pode não ser o que você gostaria de atingir, por isso cuidado na escolha);

» O nível de integração da turma;

» O perfil dos participantes;

» Tempo disponível para a realização;

» Estar adequada a faixa etária;

» A dinâmica não pode substituir o estudo sério e reflexivo do conteúdo.

As dinâmicas sugeridas neste material, restringem-se a revisão, discussão livre e introdução de assunto para o estudo. O facilitador pode adequá-las, criar outras, tendo o cuidado de não trazer para o ESDE práticas, não espíritas, que possam confundir o participante neófito.

> "A [...] facilitação da aprendizagem significativa se baseia na qualidade das atitudes que existem no relacionamento pessoal entre o facilitador e aquele que aprende." – CARL ROGERS (JR. Harold C. Lyon. *Aprender a sentir – sentir para aprender*: educação humanista para o homem completo. Trad. Maria Clotilde Santoro. 1. ed. Brasileira 1977. Livraria Martins Fontes Editora Ltda.).
>
> Estude e viva.
>
> [...]
>
> Como desinteressarmo-nos dos encontros espíritas, nos quais se ventilam questões fundamentais da vida eterna?
>
> A reunião espírita não é um culto estanque de crença embalsamada em legendas tradicionalistas. Define-se como assembleia de fraternidade ativa, procurando na fé raciocinada a explicação lógica aos problemas da vida, do ser e do destino.

Todos somos chamados a participar dela.

Falar e ouvir.

Ensinar e aprender. (XAVIER, Francisco C.; VIEIRA, Waldo, *Estude e viva*, pelos Espíritos Emmanuel e André Luiz. *Estude e viva* [prefácio de André Luiz]).

"[...] Paz convosco! Assim como o Pai me enviou, eu também vos envio." (*João*, 20:21)

SUGESTÕES DE DINÂMICAS DE ESTUDO

Orientação pedagógico-doutrinária para o uso das dinâmicas sugeridas neste material:

» As dinâmicas são para o trabalho de integração entre os participantes e de estudo.

» As dinâmicas não devem substituir o estudo dos roteiros; são recursos de integração, ou de revisão, ou para introdução de assuntos.

» Em caso de revisão, sugerimos que ampliem a revisão contemplando todo o módulo e este com os anteriores, proporcionando complemento aos assuntos em reflexão continuada.

1) Dupla rotativa

Sugestão de uso:

» Introduzir tema de estudo;

» Revisão de conteúdo;

» Discussão livre de assunto.

Turma de pé, dividida em duplas.

Distribuir uma pergunta para cada participante (a mesma pergunta para todos).

A dupla discute por até 2 minutos.

Terminado o tempo, o facilitador pede aos participantes que troquem de dupla.

A atividade continua enquanto houver duplas novas a serem formadas, ou enquanto houver envolvimento de todos.

Finalizar a atividade com discussão circular, dirimindo dúvidas, em caso de revisão e discussão livre, ou dando seguimento ao estudo do Roteiro em caso de introdução de assunto.

2) **Trios rotativos. Variação**

Sugestão de uso:

» Introduzir tema de estudo;

» Revisão de conteúdo;

» Discussão livre de assunto.

Seguir a mesma dinâmica acima com a turma dividida em trios.

O tempo de discussão nos trios será de 3 minutos.

Finalizar a atividade com discussão circular, dirimindo dúvidas, em caso de revisão e discussão livre, ou dando seguimento ao estudo do Roteiro em caso de introdução de assunto.

3) **Discussão ampliada**

Sugestão de uso:

» Introduzir tema de estudo;

» Discussão livre de assunto.

Preparar cópias de três frases diferentes, contendo o assunto que será estudado.

Dividir a turma em duplas.

Entregar a frase 1 para que as duplas iniciem discussão (2 minutos).

Ao comando do facilitador, as duplas se desfazem e formam trios, para discutirem a frase 2 (2 minutos).

Novo comando para que os trios se desfaçam e formem grupos de quatro participantes, para discutirem a frase três (3 minutos).

Finalizar a atividade com discussão circular, dirimindo dúvidas, em caso de discussão livre, ou dando seguimento ao estudo do Roteiro em caso de introdução de assunto.

4) **Formando frases**

Sugestão de uso:

» Introduzir tema de estudo;

» Revisão de conteúdo;

» Discussão livre de assunto.

Preparar frases diferentes contendo o assunto (para a revisão, pode ser do mesmo módulo ou de vários módulos estudados).

Cada frase deve estar dividida em dois cartões, de modo que os participantes encontrem a sequência correta do seu cartão – assunto.

Distribuir, aleatoriamente, um cartão (trecho de uma frase) para cada participante.

Ao comando do facilitador, cada participante procura o trecho correspondente, com outro participante, completando a frase.

Quando todas as duplas estiverem formadas, terão 3 minutos para refleti-la.

Em discussão circular, as duplas vão ler e comentar suas reflexões, permitindo a participação dos demais (até 20 minutos).

Finalizar a atividade dirimindo dúvidas, em caso de revisão e discussão livre, ou dando seguimento ao estudo do Roteiro em caso de introdução de assunto.

5) Dúvida ou entendimento

Sugestão de uso:

» Introduzir tema de estudo;

» Discussão livre de assunto.

Distribuir uma tira de papel para cada participante.

Comentar, brevemente, sobre o assunto que será estudado.

Em seguida, pedir para que escrevam na tira de papel, uma dúvida ou seu entendimento sobre o assunto comentado (1 minuto) – sem nomeá-lo.

Todos devem dobrar os papéis, colocando dentro de uma caixa ou saco opaco.

Segue o estudo do Roteiro, normalmente.

Findo o estudo do Roteiro, distribuir os papéis aleatoriamente. Pedir para que um participante inicie com a leitura em voz alta.

A turma analisa se a dúvida foi esclarecida durante o estudo, ou se o entendimento do assunto está de acordo com os preceitos estudados.

Em caso positivo, o facilitador pergunta se há ainda alguma dúvida, esclarecendo se necessário. Se a dúvida ou entendimento não tiverem sido contemplados pelo estudo, o facilitador esclarece, brevemente, orientando leituras.

6) Dúvida ou entendimento. Variação

Sugestão de uso:

» Introduzir tema de estudo;

» Discussão livre de assunto.

Distribuir uma tira de papel para cada participante.

Comentar, brevemente, sobre o assunto que será estudado.

Em seguida, pede para que escrevam na tira de papel, uma dúvida ou seu entendimento sobre o assunto comentado (1 minuto).

Pedir para que guardem os papéis consigo.

Finalizado o estudo do Roteiro, cada um relê sua dúvida ou entendimento, silenciosamente. Analisa se a dúvida foi esclarecida durante o estudo, ou se o seu entendimento do assunto está de acordo com os preceitos estudados.

Em caso positivo, o facilitador pergunta se há ainda alguma dúvida, esclarecendo se necessário. Se a dúvida ou entendimento não tiverem sido contemplados pelo estudo, o facilitador esclarece, brevemente, orientando leituras.

7) Palavra cruzada

Sugestão de uso:

» Revisão de conteúdo;

» Discussão livre de assunto.

Escrever na cartolina (ou similar), ou no quadro, na vertical, a palavra-chave do tema a ser estudado, por exemplo: ESPÍRITO.

E
S
P
Í
R
I
T
O

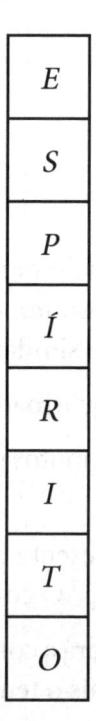

Dividir a turma em grupos.

Cada grupo deverá pensar e escrever duas perguntas, cujas respostas compreendam duas palavras na cruzada:

Grupo 1 – duas palavras (RESPOSTAS) que se encaixem nas duas primeiras letras – E, S;

Grupo 2 – duas palavras (RESPOSTAS) que se encaixem nas duas seguintes – P, I;

Os demais grupos fazem o mesmo para as letras seguintes.

Cada grupo desenha, na cruzada, os quadrinhos que correspondam as respostas (palavras) a serem completadas pelos demais grupos.

Quando a cruzada estiver pronta – com todos os quadrinhos desenhados – o facilitador dá o comando para que o Grupo 1 leia sua primeira pergunta, dando tempo para que os outros grupos pensem na resposta. Acertando a resposta, preenche os quadrinhos da cruzada. Em seguida, o Grupo 1 lê a segunda pergunta.

Repetir as ações até que a cruzada toda tenha sido preenchida.

O facilitador acompanha a atividade dirimindo dúvidas, mantendo o grupo em possível harmonia.

8) Síntese coletiva

Sugestão de uso:

» Revisão de conteúdo;

» Reforço de conceitos.

Após o estudo do Roteiro, ou do módulo, propor a construção de um pequeno texto coletivo sobre o assunto. O texto deve ser objetivo e caber em até duas folhas de cartolina ou similar.

Dividir a turma em três ou quatro grupos.

Iniciar dando aos grupos 3 minutos para discutirem sobre o que abordarão **objetivamente** do assunto.

Em seguida, o facilitador apresenta um cartaz contendo o TEMA, por exemplo: Sobre a REENCARNAÇÃO concluímos que...

Entrega ao Grupo 1 que iniciará a conclusão. O grupo discute e elabora a sequência em até 3 minutos, mais o tempo para escrever no cartaz.

O Grupo 2 observa, recebe o rascunho da resposta, em papel, enquanto o Grupo 1 escreve no cartaz, o Grupo 2 discute e elabora a sequência, preparando o rascunho para ser entregue ao Grupo 3.

Quando o Grupo 1 terminar de escrever, o Grupo 2 dará sequência a conclusão, observando a coerência e coesão do texto.

Enquanto o Grupo 2 escreve no cartaz, o Grupo 3 recebe o rascunho da resposta, em papel, discute e elabora a sequência, preparando o rascunho para ser entregue ao Grupo 4.

O grupo que tiver terminado sua parte, observa e ajuda os demais, caso queiram ajuda.

Terminada a CONCLUSÃO, todos comentam e o facilitador participa dirimindo dúvidas e complementando as informações.

9) Continue

Sugestão de uso:

» Introduzir tema de estudo;

» Revisão de conteúdo;

» Discussão livre de assunto.

O facilitador comenta brevemente um assunto.

Em seguida, convida os participantes para escreverem, em até quatro palavras, algo sobre o assunto. Quem não quiser, ou não tiver nenhuma opinião sobre o assunto, passa a vez.

Inicia passando a folha de papel com o assunto, por exemplo: Mundo de expiação por ser entendido como... (se a turma for grande, podem ser passadas duas folhas, uma em cada ponta, com o mesmo teor).

Terminada a atividade de escrita, o facilitador faz a leitura seguida de breves comentários, se a dinâmica for utilizada como introdução; ou esclarece as dúvidas, complementando as informações, se a dinâmica for utilizada como revisão ou discussão livre.

10) Revisando

Sugestão de uso:

» Revisão de conteúdo;

» Discussão livre de assunto.

Dividir a turma em grupos e distribuir três tiras de papel para cada grupo.

Cada grupo deverá escolher um módulo (sem que o outro saiba), e escrever três conceitos dentre os assuntos estudados, um em cada tira de papel. Dobrá-las.

O facilitador recolhe e mistura todas as tiras de papel.

Cada grupo retira três tiras de papel, comentando-as e relacionando-as, se possível.

Em seguida, o facilitador pede ao Grupo 1 que inicie a apresentação das tiras retiradas, comentando-as e relacionando-as, se possível.

O grupo que tiver o assunto correspondente se manifesta fazendo a leitura justificando a relação.

Toda a turma analisa o assunto complementando informações.

Ao final, os grupos recolhem suas tiras elaboradas e fixam na ordem, em local visível a todos.

O facilitador acompanha o trabalho, dirimindo dúvidas e complementando informações.

11) **Perguntando ao outro grupo**

Sugestão de uso:

» Revisão de conteúdo;

» Discussão livre de assunto.

Dividir a turma em grupos.

Cada grupo vai elaborar uma questão que deverá ser respondida por outro grupo (em até 5 minutos).

O grupo A pergunta ao B; o grupo B pergunta ao C; o grupo C pergunta ao D; o grupo D pergunta ao A.

O grupo entrega sua pergunta ao grupo que irá responder. O tempo destinado ao trabalho de resposta será de até 10 minutos para cada grupo. Os grupos poderão consultar fontes.

Terminado o tempo para a elaboração das respostas, inicia-se a apresentação delas, seguindo a sequência sugerida acima.

O facilitador acompanha o trabalho dos grupos, esclarecendo as dúvidas e complementando informações.

12) **Perguntando ao outro grupo – tarefa de casa. Variação**

Sugestão de uso:

» Introduzir tema de estudo;

» Revisão de conteúdo;

» Discussão livre de assunto.

Dividir a turma em grupos.

Cada grupo vai elaborar uma questão que deverá ser respondida por outro grupo.

O grupo A pergunta ao B; o grupo B pergunta ao C; o grupo C pergunta ao D; o grupo D pergunta ao A.

O grupo entrega sua pergunta ao grupo que irá responder.

As perguntas são sugeridas para casa, como trabalho de apresentação para o próximo encontro.

O facilitador acompanha o trabalho dos grupos e orienta a consulta de fontes bibliográficas.

13) Do aspecto geral para o particular

Sugestão de uso:

» Introduzir tema de estudo;

» Revisão de conteúdo;

» Discussão livre de assunto.

Iniciar com uma breve exposição dialogada do assunto.

Distribuir uma pergunta ou um texto para cada participante.

Dividir a turma em dois grupos para conversarem sobe os aspectos gerais do assunto (até 10 minutos).

Em seguida, pedir para que se dividam em trios e discutam sobre a relação do assunto em situações cotidianas, aplicações das reflexões na vida prática.

As reflexões podem ser encaminhadas para uma reflexão ou uma tarefa individual.

O facilitador encaminha a conclusão esclarecendo as dúvidas e complementando informações.

14) Caixinha de assuntos

Sugestão de uso:

» Introduzir tema de estudo;

» Revisão de conteúdo;

» Discussão livre de assunto.

Uma caixinha contendo vários assuntos estudados ou não.

Turma em círculo, a caixinha passa de mão em mão. Ao sinal do facilitador a caixa para e o participante retira um assunto. O participante comenta o que sabe, ou diz sua curiosidade sobre o assunto, ou se não quiser comentar, passar o comentário ao grupão.

Essa atividade deve respeitar o tempo de interesse do grupo.

15) Grupo de observação e grupo de discussão (variação do GV – GO)

Sugestão de uso:

» Revisão de conteúdo;

» Discussão livre de assunto.

Apresentar o tema a ser discutido para a turma.

Dividir a turma em dois grupos: um de observação e um de discussão.

O grupo de observação ficará em volta do grupo de discussão.

Distribuir um texto para todos os participantes. Dar tempo para a leitura individual e silenciosa.

Em seguida, convidar o grupo de discussão para iniciar suas reflexões acerca do que foi lido, relacionando-o, se possível, com outros assuntos que foram estudados (até 20 minutos).

O grupo de observação apenas observa, registrando, se quiser.

Terminado o tempo estipulado, fazer a troca de lugares. Os participantes observadores serão discutidores e os discutidores serão observadores.

O novo grupo de discutidores faz reflexões sobre o texto e sobre o que observou (20 minutos).

Encerrado o tempo, propor uma discussão circular encaminhando para a conclusão, esclarecendo dúvidas e complementando conceitos.

16) Em torno do tema

Sugestão de uso:

» Introduzir tema de estudo.

Escrever o tema no quadro ou em papel fixado na parede.

Convidar os participantes para:

» Refletir sobe o tema e o que ele sugere;
» Escrever, em volta do tema, algo que o tema significa;
» Deixar um tempo para a reflexão com a participação de todos.

Seguir com o estudo do Roteiro.

Terminado o estudo do Roteiro, convidar os participantes para analisarem o tema e as palavras escritas na atividade inicial: Resume o que foi estudado? Precisa de algum complemento? Alguém entendeu diferente? etc.

Fazer o fechamento esclarecendo dúvidas e complementando informações.

17) Corrigindo e complementando

Sugestão de uso:

» Revisão de conteúdo;

» Discussão livre de assunto.

Uma caixa com várias frases, com diversos assuntos estudados. Algumas com conceitos completos, outras incompletas, outras com algum ponto errado.

Em duplas, retirar uma frase da caixa. Discutir por 5 minutos.

Terminado o tempo cada dupla vai ler sua frase, confirmando, corrigindo ou complementando a frase.

Todos podem participar concordando ou discordando, justificando sua compreensão.

O facilitador acompanha os trabalhos, esclarecendo dúvidas, reforçando conceitos e complementando informações.

18) Complementando

Sugestão de uso:

» Revisão de conteúdo.

Dividir a turma em 4 grupos. Preparar quatro folhas com assuntos diferentes para serem comentados e escrito pequenos resumos, por exemplo: folha 1 – tema: Espírito e matéria; folha 2 – tema: Diferentes categorias de mundos habitados; folha 3 – tema: Encarnação nos diferentes mundos; folha 4 – tema: Terra, mundo de expiação e de provas.

Cada grupo recebe uma folha. Discute e inicia um resumo, em até 8 minutos.

Ao comando do facilitador, trocam-se as folhas dos grupos.

O grupo continua o resumo em que o grupo anterior parou (5 minutos).

Trocar as folhas até que o grupo receba a sua primeira. Analisar e complementar fazendo a conclusão do resumo.

Os grupos fazem a leitura em voz alta e todos participam comentando todos os assuntos.

O facilitador acompanha o trabalho, esclarecendo dúvidas, complementando as informações em construção coletiva.

PLANEJAMENTO DO ESTUDO ESPÍRITA

"Podes dizer-me, por favor, que caminho devo seguir para sair daqui?"

Isso depende muito para onde você quer ir – respondeu o gato.

Preocupa-me pouco aonde ir – disse Alice.

Nesse caso, pouco importa o caminho que sigas – replicou o gato (Extraído de *Alice nos país das maravilhas*, Lewis Carroll).

Para iniciar o planejamento, o facilitador/evangelizador deve estar preparado para atender ao público ao qual se integrará. Conhecer os fundamentos da aprendizagem é ponto essencial para a orientação segura do planejamento.

> Lindeman identificou [...] cinco pressupostos-chave para a educação de adultos e que mais tarde se transformaram em suporte de pesquisas. Hoje, eles fazem parte dos fundamentos da moderna teoria de aprendizagem de adulto:
>
> 1) Adultos são motivados a aprender quando percebem que suas necessidades e interesses serão satisfeitos. Por isso, estes são os pontos mais apropriados para se iniciar a organização das atividades de aprendizagem do adulto;
>
> 2) A orientação de aprendizagem do adulto está centrada na vida. Por isso, as unidades apropriadas para se organizar seu programa de aprendizagem são as situações de vida e não disciplina;
>
> 3) A experiência é a mais rica fonte para o adulto aprender, logo, o centro da metodologia da educação do adulto é a análise das experiências;
>
> 4) Adultos têm profunda necessidade de serem autodirigidos. O papel do professor é engajar-se no processo de mútua investigação com os alunos e não apenas transmitir-lhes seu conhecimento e depois avaliá-los;
>
> 5) As diferenças individuais entre pessoas crescem com a idade, então, a educação de adultos deve considerar as diferenças de estilo, tempo, lugar e ritmo de aprendizagem." – EDUARDO C. LINDEMAN (CASTRO, Eder A.; OLIVEIRA, Paulo R. (Org.). *Educando para o pensar*. São Paulo: Editora Pioneira Thomson Learning, 2002. pt. 3, cap. *O pensar no ensino superior*, p. 113).

Ao facilitador de estudo para adultos o ideal é proporcionar ações que promovam a autonomia do pensamento e a reflexão. Como o adulto é autodidata, podem ser oferecidas atividades como: incentivar a leitura prévia da referência a ser trabalhada, destacando pontos relevantes; incentivar pesquisas que enriqueçam o estudo e os debates. Pesquisas que não se limitem aos temas espíritas, mas que sirvam para complementação científica, social e cultural e promover debates e discussões.

Elementos do planejamento

Objetivos gerais e específicos na prática

Todo estudo deve conter elementos básicos que organizam e direcionam as ações para o alcance de um determinado fim.

O módulo de estudo, que compreende o conjunto de temas a serem estudados no decorrer de alguns encontros, tem objetivo geral que especifica, em linhas gerais, o que se pretende com o estudo daquele módulo. Por exemplo:

Módulo: Reencarnação.

Objetivo geral: Possibilitar entendimento da reencarnação segundo a Doutrina Espírita.

O módulo pode conter tantos temas quantos forem necessários para o estudo que se deseja alcançar. Para cada tema que o módulo oferece é importante observar:

Os objetivos específicos (que compreendem as ações que são esperadas do participante naquele estudo), por exemplo:

Módulo Reencarnação.

Tema/Roteiro: Provas da reencarnação.

Objetivos específicos: Analisar evidências da reencarnação; Refletir sobre estudos de casos científicos da reencarnação.

E qual a tarefa do facilitador?

Oferecer conteúdo suficiente para que os objetivos específicos sejam alcançados pelos participantes.

Para isso, além da escolha/seleção do conteúdo, é necessário planejar a maneira como esse conteúdo será abordado, analisado e estudado. Nesse momento, o facilitador elege recursos que melhor lhe atendam aos propósitos, respeitando:

» O perfil do grupo;

» A disponibilidade de recursos humanos e materiais e,

» O tempo de duração do encontro.

O conteúdo na prática

Para a escolha do conteúdo, primeiro é preciso saber o que se pretende com o estudo.

Os programas prontos, por exemplo: ESDE, EADE etc., trazem os objetivos: geral e específicos, conteúdo básico, subsídios ao facilitador e referência. A partir do conteúdo selecionado, basta planejar a maneira de condução do estudo e os recursos para facilitar a compreensão.

O conteúdo pode ser estudado nos subsídios, nos livros, em pequenos vídeos, em exposições dialógicas etc., destacamos que nesse momento é importante ter claros os objetivos a serem alcançados para decidir, também, o quanto apresentar.

Joseph Lowman em *Dominando as técnicas de ensino* esclarece que apenas um pequeno número de pontos relevantes pode ser apresentado eficazmente em um único estudo e que pesquisas sobre o que pode ser lembrado após os estudos indicam que a maioria pode absorver, independente do conteúdo que está sendo ensinado, em 50 minutos = 3 ou 4 pontos; 75 minutos = 4 ou 5 pontos. Por isso, abranger muitas coisas torna a abordagem de cada ponto superficial, o ritmo apressado para o facilitador e frenético para o participante.

É importante dar uma pausa, a fim de que as ideias assentem, e esse momento (de pausa) é muito importante para a compreensão dos assuntos.

A profundidade e a complexidade de um assunto também influenciam na hora de escolher o que apresentar. Um estudo não pode ser tão simplista ou óbvio que os participantes não aprendem nada novo; nem deve ser tão sofisticado e denso que impede a participação do grupo.

A melhor exposição é aquela totalmente compreensível para a maioria dos ouvintes, e que envolve alguma reflexão nova ou a organização daquilo que eles já sabem. (Adaptado: LOWMAN, J. *Dominando as técnicas de ensino*. Trad. Haure Ohara Avritscher. 2. ed. São Paulo: Atlas, 2004).

O planejamento é um momento destinado ao facilitador para refletir, escolher, programar, organizar e elaborar o roteiro de estudo. É também um momento de sintonia com o Plano Espiritual que o auxiliará na condução dos estudos, na integração entre os participantes e no acolhimento ao grupo.

"Os pontos cuidadosamente selecionados e organizados, embora sejam louváveis, constituem uma aula de qualidade apenas média, a menos que eles sejam bem comunicados." (LOWMAN, J. *Dominando as técnicas de ensino*. Trad. Haure Ohara Avritscher. 2. ed. São Paulo: Atlas, 2004).

Recursos na prática

Recursos são os meios e instrumentos de que podemos nos utilizar para facilitar a compreensão de assuntos em momentos de estudo. Recomendamos a leitura do Módulo II: Estratégias de dinamização dos processos de estudo, desse mesmo Eixo.

Avaliação do estudo espírita na prática

A avaliação tem sido, ao longo de muito tempo, utilizada como um instrumento de controle. É necessário ressaltar que a avaliação tem várias utilidades e a que importa ao estudo espírita é a de *acompanhar o desenvolvimento do grupo*. Nessa perspectiva, a avaliação objetiva atender ao acolhimento do participante no grupo, sua integração ao grupo, sua integração e permanência no estudo.

A integração do grupo faz com que os membros se acolham e se cuidem durante todo o processo de aprendizagem. O facilitador tem papel importantíssimo nessa tarefa.

Quando o grupo se sente acolhido e existe respeito entre os membros, o facilitador pode proporcionar "momentos de avaliação" das atividades, em que todos os participantes podem falar ou escrever suas impressões sobre o estudo. Podem ser distribuídas perguntas claras, objetivas e que chamem o participante para a responsabilidade de sua participação, por exemplo:

» *Do que você mais gosta no estudo?*

» *Você se envolve nas propostas de estudo? Por quê?*

» *O que você propõe melhorar* (participante) *nos próximos encontros?*

» *O que precisa melhorar para os próximos encontros* (metodologia, recursos... etc.)?

» *Os temas têm contribuído para suas reflexões pessoais? Para sua reforma íntima?* etc.

A avaliação é um termômetro do trabalho. Ela auxilia na melhoria das atividades e da integração quando bem utilizada. A partir de seus resultados o trabalho pode ser replanejado, reforçado aspectos positivos e melhorados os aspectos negativos.

Lembrando ao trabalhador espírita, que sua tarefa é receber os participantes que buscam a Doutrina para encontrar Jesus:

> Vinde a mim, todos vós que estais aflitos e sobrecarregados, que eu vos aliviarei. Tomai sobre vós o meu jugo e aprendei comigo que sou brando e humilde de coração e achareis repouso para vossas almas, pois é suave o meu jugo e leve o meu fardo (*Mateus*, 11:28 a 30. *In: O evangelho segundo o espiritismo*, cap. 6, it. 1).

TABELA DE EDIÇÕES				
ED.	IMPR.	ANO	TIRAGEM	FORMATO
1	1	2007	10.000	18x25
1	2	2008	10.000	18x25
1	3	2010	15.000	18x25
1	4	2011	10.000	18x25
1	5	2012	6.000	18x25
1	6	2012	10.000	18x25
1	7	2014	2.000	18x25
1	8	2015	6.000	17x24
1	9	2015	4.000	17x24
1	10	2015	6.000	17x24
1	11	2016	6.000	17x25
1	12	2017	5.500	17x25
1	13	2017	5.500	17x25
1	14	2018	4.000	17x25
1	15	2019	2.200	17x25
1	16	2019	3.000	17x25
1	17	2019	3.500	17x25
2	1	2022	10.000	17x25
2	2	2024	3.500	17x25
2	3	2025	3.500	17x25

LITERATURA ESPÍRITA

Em qualquer parte do mundo, é comum encontrar pessoas que se interessem por assuntos como imortalidade, comunicação com Espíritos, vida após a morte e reencarnação. A crescente popularidade desses temas pode ser avaliada com o sucesso de vários filmes, seriados, novelas e peças teatrais que incluem em seus roteiros conceitos ligados à Espiritualidade e à alma.

Cada vez mais, a imprensa evidencia a literatura espírita, cujas obras impressionam até mesmo grandes veículos de comunicação devido ao seu grande número de vendas. O principal motivo pela busca dos filmes e livros do gênero é simples: o Espiritismo consegue responder, de forma clara, perguntas que pairam sobre a Humanidade desde o princípio dos tempos. Quem somos nós? De onde viemos? Para onde vamos?

A literatura espírita apresenta argumentos fundamentados na razão, que acabam atraindo leitores de todas as idades. Os textos são trabalhados com afinco, apresentam boas histórias e informações coerentes, pois se baseiam em fatos reais.

Os ensinamentos espíritas trazem a mensagem consoladora de que existe vida após a morte, e essa é uma das melhores notícias que podemos receber quando temos entes queridos que já não habitam mais a Terra. As conquistas e os aprendizados adquiridos em vida sempre farão parte do nosso futuro e prosseguirão de forma ininterrupta por toda a jornada pessoal de cada um.

Divulgar o Espiritismo por meio da literatura é a principal missão da FEB, que, há mais de cem anos, seleciona conteúdos doutrinários de qualidade para espalhar a palavra e o ideal do Cristo por todo o mundo, rumo ao caminho da felicidade e plenitude.

CARIDADE: AMOR EM AÇÃO

SEDE BONS E CARIDOSOS: essa a chave que tendes em vossas mãos. Toda a eterna felicidade se contém nesse preceito: "Amai-vos uns aos outros". KARDEC, Allan. *O evangelho segundo o espiritismo*, cap. 13, it. 12.

A Federação Espírita Brasileira (FEB), em 20 de abril de 1890, iniciou sua *Assistência aos Necessitados* após sugestão de Polidoro Olavo de S. Thiago ao então presidente Francisco Dias da Cruz. Durante oitenta e sete anos, esse atendimento representava o trabalho de auxílio espiritual e material às pessoas que o buscavam na Instituição. Em 1977, esse serviço passou a chamar-se Departamento de Assistência Social (DAS), cujas atividades assistenciais nunca se interromperam.

Desde então, a FEB, por seu DAS, desenvolve ações socioassistenciais de proteção básica às famílias em situação de vulnerabilidade e risco socioeconômico. Fortalece os vínculos familiares por meio de auxílio material e orientação moral-doutrinária com vistas à promoção social e crescimento espiritual de crianças, jovens, adultos e idosos.

Seu trabalho alcança centenas de famílias. Doa enxovais para recém-nascidos, oferece refeições, cestas de alimentos, cursos para jovens, serviços de convivência e fortalecimento de vínculos para idosos e organiza doações de itens que são recebidos na Instituição e repassados a quem necessitar.

Essas atividades são organizadas pelas equipes do DAS e apoiadas com recursos financeiros da Instituição, dos frequentadores da Casa e por meio de doações recebidas, num grande exemplo de união e solidariedade.

Seja sócio-contribuinte da FEB, adquira suas obras e estará colaborando com o seu Departamento de Assistência Social.

O EVANGELHO NO LAR

Quando o ensinamento do Mestre vibra entre quatro paredes de um templo doméstico, os pequeninos sacrifícios tecem a felicidade comum.[*]

Quando entendemos a importância do estudo do Evangelho de Jesus, como diretriz ao aprimoramento moral, compreendemos que o primeiro local para esse estudo e vivência de seus ensinos é o próprio lar.

É no reduto doméstico, assim como fazia Jesus, no lar que o acolhia, a casa de Pedro, que as primeiras lições do Evangelho devem ser lidas, sentidas e vivenciadas.

O espírita compreende que sua missão no mundo principia no reduto doméstico, em sua casa, por meio do estudo do Evangelho de Jesus no Lar.

Então, como fazer?

Converse com todos que residem com você sobre a importância desse estudo, para que, em família, possam compreender melhor os ensinamentos cristãos, a partir de um momento de união fraterna, que se desenvolverá de maneira harmônica e respeitosa. Explique que as reflexões conjuntas acerca do Evangelho permitirão manter o ambiente da casa espiritualmente saneado, por meio de sentimentos e pensamentos elevados, favorecendo a presença e a influência de Mensageiros do Bem; explique, também, que esse momento facilitará, em sua residência, a recepção do amparo espiritual, já que auxilia na manutenção de elevado padrão vibratório no ambiente e em cada um que ali vive.

Convide sua família, quem mora com você, para participar. Se mora sozinho, defina para você esse momento precioso de estudo e reflexões. Lembre-se de que, espiritualmente, sempre estamos acompanhados.

Escolha, na semana, um dia e horário em que todos possam estar presentes.

O tempo médio para a realização do Evangelho no Lar costuma ser de trinta minutos.

---

[*] XAVIER, Francisco Cândido. *Luz no lar*. Por Espíritos diversos. 12. ed. 7. imp. Brasília: FEB, 2018. Cap. 1.

As crianças são bem-vindas e, se houver visitantes em casa, eles também podem ser convidados a participar. Se não forem espíritas, apenas explique a eles a finalidade e importância daquele momento.

O seguinte roteiro pode ser utilizado como sugestão:

1. Preparação: leitura de mensagem breve, sem comentários;
2. Início: prece simples e espontânea;
3. Leitura: *O evangelho segundo o espiritismo* (um ou dois itens, por estudo, desde o prefácio);
4. Comentários: breves, com a participação dos presentes, evidenciando o ensino moral aplicado às situações do dia a dia;
5. Vibrações: pela fraternidade, paz e pelo equilíbrio entre os povos; pelos governantes; pela vivência do Evangelho de Jesus em todos os lares; pelo próprio lar...
6. Pedidos: por amigos, parentes, pessoas que estão necessitando de ajuda...
7. Encerramento: prece simples, sincera, agradecendo a Deus, a Jesus, aos amigos espirituais.

As seguintes obras podem ser utilizadas nesse momento tão especial:

- *O evangelho segundo o espiritismo*, como obra básica;
- *Caminho, verdade e vida*; *Pão nosso*; *Vinha de luz*; *Fonte viva*; *Agenda cristã*.

Esse momento no lar não se trata de reunião mediúnica e, portanto, qualquer ideia advinda pela via da intuição deve permanecer como comentário geral, a ser dito de maneira simples, no momento oportuno.

No estudo do Evangelho de Jesus no Lar, a fé e a perseverança são diretrizes ao aprimoramento moral de todos os envolvidos.

FEB editora
Livro espírita para um novo mundo
www.febeditora.com.br
@febeditoraoficial
@febeditora

Conselho Editorial:
Carlos Roberto Campetti
Cirne Ferreira de Araújo
Evandro Noleto Bezerra
Geraldo Campetti Sobrinho – Coord. Editorial
Jorge Godinho Barreto Nery – Presidente
Maria de Lourdes Pereira de Oliveira
Miriam Lúcia Herrera Masotti Dusi

Produção Editorial:
Elizabete de Jesus Moreira

Revisão e atualização de conteúdo:
Carlos Roberto Campetti (Coordenação)
Maria Tulia Bertoni
Paula Pantalena
Veridiana de Paula Reis Castro

Revisão:
Mônica dos Santos

Capa:
Fátima Agra

Projeto Gráfico e Diagramação:
Rones José Silvano de Lima - instagram.com/bookebooks_designer

Normalização Técnica:
Biblioteca de Obras Raras e Documentos Patrimoniais do Livro

Esta edição foi impressa pela Coronário Editora Gráfica Ltda., Brasília, DF, com uma tiragem de 3,5 mil exemplares, todos em formato fechado de 170x250 mm e com mancha de 124x204 mm. Os papéis utilizados foram o Offset 63 g/m² para o miolo e o Cartão 250 g/m² para a capa. O texto principal foi composto em fonte Zurich Cn BT 18/21,6 e os títulos em Minion Pro 12/15. Impresso no Brasil. *Presita en Brazilo.*